Isolde Kommer, Bernd Held

Microsoft PowerPoint – Das Profibuch

Isolde Kommer, Bernd Held

Microsoft PowerPoint – Das Profibuch

Isolde Kommer, Bernd Held: Microsoft PowerPoint – Das Profibuch
Microsoft Press Deutschland, Konrad-Zuse-Str. 1, 85716 Unterschleißheim
Copyright © 2004 Microsoft Press Deutschland

15 14 13 12 11 10 9 8 7 6 5 4 3 2 1
06 05 04

ISBN 3-86063-599-9

© Microsoft Press Deutschland
(ein Unternehmensbereich der Microsoft Deutschland GmbH)
Konrad-Zuse-Str. 1, D-85716 Unterschleißheim
Alle Rechte vorbehalten

Fachlektorat: Uwe Thiemann
Korrektorat: Karin Baeyens, Siegen
Satz: Cordula Winkler, mediaService, Siegen (www.media-service.tv)
Umschlaggestaltung: Hommer Design GmbH, Haar (www.HommerDesign.com)
Layout und Gesamtherstellung: Kösel, Krugzell (www.KoeselBuch.de)

Inhaltsverzeichnis

1 **Grundlagen der Planung von PowerPoint-Präsentationen**

Zuvor: Die Planung einer PowerPoint-Präsentation

Beim Gestalten von Präsentationen lohnt es sich meist nicht, einfach »drauflos zu arbeiten«. Vielmehr sollten Sie vor der eigentlichen Gestaltungsarbeit ein fertiges Präsentationskonzept haben. Durch diese Vorarbeit wird Ihnen die eigentliche Arbeit mit PowerPoint viel leichter fallen. Bei einem solchen Konzept muss es sich nicht unbedingt um ein aufwändig ausgearbeitetes Storyboard handeln. Bei einfacheren Präsentationen genügt manchmal schon ein schlichter Notizzettel. Das Konzept sollte mindestens darstellen, aus wie vielen Folien Ihre Präsentation bestehen soll und wie die Texte und Informationen darauf angeordnet sein sollen.

Außerdem gehören zur Planung die genaue Kenntnis der Zielgruppe und dementsprechend ein visuelles Konzept bezüglich der Schrift-, Bild- und Farbauswahl. Denn letztendlich sollen die Teilnehmer an Ihrer Präsentation von dieser so viel wie möglich aufnehmen und auch behalten. Damit dies gewährleistet ist, müssen Sie die Informationen angemessen »dosieren« und strukturieren.

Ebenfalls wesentlich ist es, im Vorfeld zu klären, welches Medium für die Ausgabe der Präsentation verwendet wird. Bei einer herkömmlichen Folienpräsentation mit einem Overhead-Projektor lohnt es sich beispielsweise nicht, Zeit und Mühe auf die Gestaltung von animierten Folienübergängen zu verwenden; wird die Präsentation hingegen mittels eines Data-Displays oder eines Video-Beamers vorgeführt, können solche Folienübergänge Ihre Präsentationen visuell interessanter gestalten.

Zielgruppe und Botschaft

Wie gesagt, sollten Sie im Vorfeld auch überlegen, wie Ihre Zielgruppe aussieht und ob Sie diese lediglich sachlich informieren oder ihr etwas verkaufen möchten etc. Es lohnt sich, sich mit der Person, die den Vortrag halten soll, und mit dem Auftraggeber der Präsentation zusammenzusetzen und gemeinsam konkrete Formulierungen, Aussagen und Botschaften, die die Präsentation »'rüberbringen« soll, aufzuschreiben. Einigen Sie sich auf einen oder auch mehrere griffige, sinnvolle Slogans für den wesentlichen Inhalt des Vortrags, die sowohl vom Redner als auch in den Präsentationsfolien verwendet werden. Das Publikum wird sich solche, sowohl auf den Folien gezeigten als auch in der Rede verwendeten Worte besonders gut einprägen.

Machen Sie sich klar, ob sich Ihre Präsentation an interessierte Laien wendet, die Sie eventuell leicht begeistern und überzeugen können oder an ein sachkundiges, vielleicht besonders kritisches Publikum. Im letzteren Fall sollten Sie zusätzliche Folien mit überzeugenden Fakten und Zahlen oder Zusatzargumenten vorsehen, mit denen Sie die kritischen Einwände dieses Publikums entkräften und Gegner besänftigen können.

Notieren Sie alle notwendigen Maßnahmen. Das ist besonders dann wichtig, wenn nur wenig Zeit für die Vorbereitung der Präsentation bleibt; denn nur so können Sie sicher sein, dass Sie in der Hektik nichts vergessen. Sinnvoll ist ein genauer Aktionsplan mit Botschaften, Hauptaussagen und Zielen der Präsentation, einer Definition der Zielgruppe und wahrscheinlichen Haltung gegenüber den Aussagen der Präsentation und den technischen Voraussetzungen.

Das Storyboard

Nach der Klärung dieser Fragen kommen Sie zu dem Inhalt der geplanten Präsentation. Verteilen Sie die Inhalte auf die geplanten Folien und machen Sie sich Gedanken über die benötigten Formulierungen. Denken Sie darüber nach, welche Informationen Sie in grafischer Form darstellen können. Erstellen Sie dementsprechend Skizzen der einzelnen Folien. Sie können hier entweder traditionelle Scribbles, also eine bemaßte Zeichnung, auf Papier anfertigen oder ein beliebiges Grafikprogramm verwenden.

Wichtig sind hierbei aussagekräftige Formulierungen. Eine Folie sollte nicht mehr als sechs Informationen enthalten. Jede Informationseinheit sollte nicht mehr als zwei Zeilen beanspruchen. Hilfreich sind auch Nummerierungen und Aufzählungszeichen sowie verschiedene Textebenen. Solche Gliederungselemente sorgen dafür, dass die Betrachter die dargebotenen Informationen leicht aufnehmen können.

Das Storyboard sorgt nicht nur für einen guten Start in die Gestaltung der Präsentation. Sie werden schnell feststellen, dass es auch in jeder Phase der Arbeit mit PowerPoint ein sinnvolles Kontrollinstrument ist.

Die Gliederung

Nachdem Sie diese Vorarbeiten erledigt haben, können Sie mit der eigentlichen Arbeit in PowerPoint beginnen. Aber auch jetzt sollten Sie noch keine einzelnen Folien ausgestalten. Vielmehr sollte am Anfang jeder Präsentation die Arbeit mit der

Gliederung stehen. Es gibt ohnehin zu viele Präsentationen mit vielen bunten Bildern, Animationen und jeder Menge Text, aber ohne jegliches Konzept. Arbeiten Sie hingegen zunächst mit der PowerPoint-Gliederung, erziehen Sie sich quasi selbst dazu, zunächst eine sinnvolle textliche Strukturierung Ihrer Folien auszuarbeiten, bevor Sie die Folien im Detail gestalten.

Die nüchterne und rein textorientierte Gliederungsansicht ist ein exzellentes Hilfsmittel zur Strukturierung von Präsentationen, das in der standardmäßig eingestellten Normalansicht von PowerPoint am linken Bildschirmrand angezeigt werden kann:

Das linke, senkrecht angeordnete Teilfenster bietet Ihnen zwei Registerkarten: Ein Klick auf das linke Register zeigt Ihnen die textlichen Inhalte der einzelnen Folien in Form einer Gliederung, ein Klick auf das rechte – das standardmäßig eingestellt ist – eine Miniaturansicht der einzelnen Folien.

Für eine rationelle Arbeit mit der Gliederung benötigen Sie die Symbolleiste Gliederung, die standardmäßig am linken Bildschirmrand erscheint, aber wie alle Symbolleisten auch frei angeordnet oder horizontal angedockt werden kann. Um die Symbolleiste *Gliederung* ein- und auszublenden, wählen Sie die Befehlsfolge *Ansicht/ Symbolleisten/Gliederung*.

Abbildung 1.1:
Mit der Symbolleiste Gliederung
strukturieren Sie Ihre Präsentation

Die Symbolleiste *Gliederung* enthält die folgenden Schaltflächen:

Tabelle 1.1:
Die Schaltflächen der Symbolleiste Gliederung

Symbol	Beschreibung
⬅	Die Schaltfläche *Höher stufen* setzt den markierten Text in die nächst höhere Ebene. Der Text wird nach links verschoben und erhält Schriftgrad und auch Aufzählungszeichen der neuen Ebene.
➡	Die Schaltfläche *Tiefer stufen* verlagert den markierten Text in die nächst tiefere Überschriftenebene. Er wird dabei nach rechts verschoben und erhält Schriftgrad und Aufzählungszeichen dieser neuen Ebene.
⬆ ⬇	Die Schaltfläche *Nach oben* bzw. *Nach unten* verschiebt den markierten Text in der Reihenfolge der Listenpunkte um eins nach oben bzw. nach unten. Die Überschriftebene ändert sich hingegen nicht.
− +	Mit den Schaltflächen *Gliederung reduzieren* bzw. *Gliederung erweitern* blenden Sie in der aktuell ausgewählten Folie alle Ebenen außer der Überschrift aus bzw. ein.
⬆▤	Mit der Schaltfläche *Alle Ebenen reduzieren* blenden Sie für alle Folien der Gliederung nur die Titel ein. Benötigen Sie eine schnelle Übersicht über Ihre Präsentation, aktivieren Sie diese Schaltfläche und wählen dann die Übersicht aus. Wenn Sie einmal schnell Ihre Gliederung ausdrucken wollen (*Datei/Drucken* im Listenfeld *Drucken*: den Eintrag *Gliederungsansicht* auswählen), dann wird diese in langer oder kurzer Form gedruckt, je nachdem, was in der Gliederungsansicht gerade festgelegt ist. Benötigen Sie nur eine Liste Ihrer Folienüberschriften, wäre es wichtig, zuvor in der Gliederungsansicht auf die Schaltfläche *Alle Ebenen reduzieren* zu klicken. Brauchen Sie hingegen eine komplette Auflistung aller Folientexte samt Unterpunkten, klicken Sie vorher auf die Schaltfläche *Alle Ebenen erweitern*.
⬇▤	Mit der Schaltfläche *Alle Ebenen erweitern* blenden Sie die Ebenen aller Folien wieder komplett ein. ▶

Symbol	Beschreibung
	Mit der Schaltfläche *Inhaltsfolie* generieren Sie automatisch eine Übersichtsfolie auf der Basis der Überschriften der markierten Folien. Mehr darüber erfahren Sie im Anschluss an diese Tabelle.
	Mit der Schaltfläche *Formatierung anzeigen* schalten Sie zwischen der Anzeige des Textes mit und ohne Formatierungsmerkmale hin und her.

Eine Gliederung direkt in PowerPoint erstellen

Wenn Sie Ihre Präsentation von Grund auf neu erstellen müssen, also noch keinerlei digitales Material dafür vorliegt, können Sie die Gliederung direkt in PowerPoint erstellen.

1. Erstellen Sie mit der Befehlsfolge *Datei/Neu* und einem Klick auf *Leere Präsentation* im Aufgabenbereich eine neue, leere Präsentation.

2. Öffnen Sie im linken Teilfenster die Registerkarte *Gliederung*.

3. Sie können nun unmittelbar mit der Eingabe beginnen – der eingegebene Text wird automatisch zum Titel der Begrüßungsfolie –, drücken Sie anschließend die Tastenkombination Strg + Eingabe, mit der Sie in die nächste Textebene der Folie gelangen, und geben Sie einen Untertitel für die Titelfolie ein.

4. Mit einem erneuten Betätigen der Tastenkombination Strg + Eingabe erzeugen Sie eine neue Folie, deren Folientitel Sie anschließend eingeben.

5. Betätigen Sie wieder die Tastenkombination Strg + Eingabe. Sie befinden sich nun im Aufzählungstextbereich der Folie. Geben Sie das erste Stichwort ein.

6. Um einen neuen Absatz einzufügen, drücken Sie die Eingabe-Taste.

7. Fahren Sie so fort, bis Sie alle in Ihrem Storyboard geplanten Folien erstellt haben.

Eine Gliederung in Word erstellen

Eine typische Aufgabe bei der Vorbereitung einer Präsentation ist es, vielseitige, in Word erstellte Berichte, die fast nur aus Text bestehen, als Grundlage für eine Power-Point-Präsentation zu verwenden. Diese Aufgabe ist zwar nicht einfach, aber mit ein wenig Planung doch rationell lösbar.

Dabei hilft Ihnen ein sehr praktisches Office-Feature, mit dem Sie in Word eingegebene und gegliederte Texte als Gerüst für eine PowerPoint-Präsentation verwenden können. Damit übernehmen Sie diese ohne aufwändige Konvertierungen als grundlegende Gliederung in PowerPoint und gestalten im Anschluss mit relativ wenig Mühe eine Präsentation daraus. Beachten Sie, dass bei dieser Vorgehensweise lediglich Texte übernommen werden können, keine Bilder usw.

Textformatierung

Damit Sie nach der Konvertierung eine optimale Folienaufteilung in PowerPoint erhalten, sollten Sie bei der Textvorbereitung in Word einige Grundsätze beherzigen. Kennen Sie sich mit Word-Formatvorlagen aus, können Sie sich sicherlich schon denken, worauf wir hinaus wollen: Der Word-Text sollte möglichst mit Überschrift-Formatvorlagen gegliedert sein, damit PowerPoint bestimmen kann, welche Textteile zu einer neuen Folie werden sollen, welche zu einem Absatz mit einem Aufzählungspunkt usw.

Die praktikabelste Vorgehensweise ist es unserer Ansicht nach, wenn Sie in Word die Überschrift-Formatvorlagen der Ebene 1 bis 3 verwenden. Dazu gibt es die folgenden Tastenkombinationen:

- ○ Überschrift 1: Alt + 1
- ○ Überschrift 2: Alt + 2
- ○ Überschrift 3: Alt + 3

Abbildung 1.2:
Nur die Über-
schriften dieses
Dokuments wer-
den in Power-
Point erscheinen,
die Fließtexte
nicht

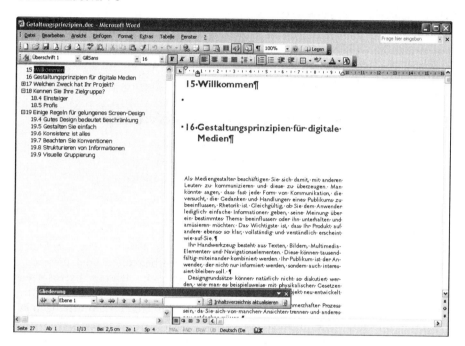

Nach dem Zuweisen der Überschrift-Formatvorlagen kann aus dieser Word-Gliederung in PowerPoint eine Präsentation generiert werden – und zwar wird jeder Absatz, dem Sie die Formatvorlage *Überschrift 1* zugewiesen haben, zu einer eigenen Folie; der Text dieses Absatzes wird zum Folientitel.

Alle Absätze, denen Sie in Word die Formatvorlage *Überschrift 2* zuweisen, werden in PowerPoint zu Gliederungspunkten (Aufzählungen) der ersten Ebene; alle Absätze mit der Formatvorlage *Überschrift 3* zu Gliederungspunkten der zweiten Ebene und so fort. Absätze, denen Sie die Formatvorlagen Überschrift 6, Überschrift 7 etc. zugewiesen haben, werden in PowerPoint zur Gliederungsebene 5 zugehörig betrachtet, da es in PowerPoint lediglich fünf Gliederungsebenen gibt.

ACHTUNG Bei dieser Vorgehensweise exportiert Word Absätze ohne Überschrift-Formatvorlage nicht nach PowerPoint. Möchten Sie solche Absätze ebenfalls konvertieren, bedienen Sie sich der nachfolgend geschilderten Vorgehensweise.

Wenn Sie Ihren Texten keine Überschrift-Formatvorlagen zuweisen möchten, gehen Sie folgendermaßen vor:

Statt der Überschrift-Formatvorlagen verwenden Sie linke Einzüge (aber keine Erstzeileneinzüge!) oder Tabstopps am Absatzanfang: PowerPoint wendet beim Import von Texten ohne Überschrift-Formatvorlagen die folgenden Regeln an:

- Nicht eingerückte Absätze werden zu Folientiteln.
- Absätze mit Einrückungen – auch Absätze, die mit einem Tabstopp beginnen – werden je nach Größe des Einzugs zu Aufzählungstexten der ersten, zweiten bis hin zur fünften Stufe.

Wenn Sie Ihre Texte richtig formatieren, können Sie auf diese Weise die gesamte Präsentation mit einem Textverarbeitungsprogramm strukturieren.

Vermeiden Sie Leerzeilen, da PowerPoint diese als leere Folien interpretiert.

▌ **ACHTUNG**

Sobald Sie die Vorbereitungen in Word abgeschlossen haben, stehen Ihnen zwei grundsätzliche Wege offen, um den Text von Word nach PowerPoint zu transferieren: entweder der Export aus Word nach PowerPoint oder der Import eines Word-Textes in eine geöffnete PowerPoint-Präsentation.

Das Word-Dokument nach PowerPoint exportieren

Am effizientesten ist die erste Variante, mit der Sie ein fertiges Dokument, das als Grundlage für eine Präsentation dienen soll, nach PowerPoint exportieren.

1. Öffnen Sie das Word-Dokument mit der Präsentationsgliederung.

2. Wählen Sie die Befehlsfolge *Datei/Senden an* und dann *Microsoft PowerPoint*. Das Dokument wird in eine RTF-Datei umgewandelt und an PowerPoint übergeben.

3. Das Präsentationsprogramm startet mit einer neuen Präsentation und bietet die aus Word übergebenen Daten als Folien an. Sie bearbeiten nur noch diese Rohfassung der Präsentation. Diese Rohfassung gestaltet sich nach der Textvorbereitung in Word, auf die wir weiter unten noch zurückkommen werden: Überschriftenzuweisungen werden in die entsprechenden hierarchischen Textanordnungen in der PowerPoint-Folie übernommen.

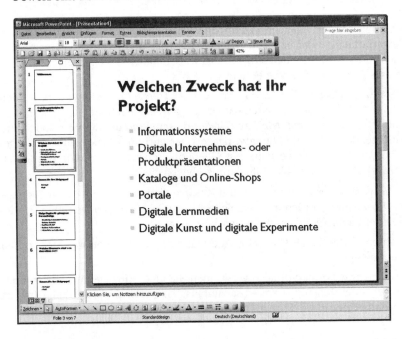

Abbildung 1.3:
Aus dem Word-Dokument wurde ein durchaus brauchbares Präsentationsgerüst erstellt

Die Alternative: Das Word-Dokument in PowerPoint importieren

Die alternative Variante ist der Import in PowerPoint. Hier haben Sie zwei Möglichkeiten: Eine führt über das Menü *Datei*, die andere über das Menü *Einfügen*. Das Vorgehen über das *Datei*-Menü im Detail:

1. Wählen Sie in PowerPoint die Befehlsfolge *Datei/Öffnen*.

2. Im folgenden Dialogfeld wählen Sie aus dem Listenfeld *Dateityp* den Eintrag *Alle Gliederungen*. Markieren Sie links unten im Feld *Dateityp* den Eintrag *Alle Gliederungen*.

3. Wählen Sie dann Ihre Datei aus und klicken Sie auf die Schaltfläche *Öffnen*.

Fertig! Ein vollständiges Präsentationsgerüst erscheint.

Der *Einfügen*-Befehl verhält sich ähnlich:

1. Wählen Sie im Menü *Einfügen* den Befehl *Folien aus Gliederung*.

2. Diesmal ist im Feld *Dateityp* der Eintrag *Alle Gliederungen* schon ausgewählt. Wählen Sie das gewünschte Word-Dokument aus.

3. Klicken Sie auf *Einfügen*.

Mit diesen Techniken können Sie den Inhalt einer Präsentation sehr schnell erstellen.

TIPP Sollte der Import von Word-Dateien mit dem Format *.doc* einmal nicht gelingen, speichern Sie das Dokument als RTF-Datei (*Datei/Speichern unter/*Dateityp *Rich Text Format*). Damit klappt der Import stets.

Die Analyse der Inhalte

Allerdings haben Berichte für gewöhnlich keine gegliederte Form, meist sind sie auch viel zu lang für eine Präsentation. Die enthaltenen Daten, Tabellen und Grafiken sind häufig für eine Präsentation ungeeignet.

Muss sehr viel Text in eine Präsentation konvertiert werden, müssen Sie diesen erst auf das Wesentlichste reduzieren. Dabei stellen Sie sich am besten die folgenden Fragen:

- Welches sind die wichtigsten Punkte?
- Was ist die Hauptaussage?

Leider gibt es in diesem Fall keinen kürzeren Weg. Sie müssen das ganze Material durchgehen und es in die richtige Form bringen.

Eine praktische Technik besteht darin, beim Lesen die wichtigsten Teile mit einem Marker hervorzuheben. Am Einfachsten wäre es natürlich, wenn Sie nun nur noch die hervorgehobenen Texte herausschreiben und aus diesen eine Gliederung erstellen müssten. Doch mit dem Ausschneiden von wenigen Zeilen ist es nicht getan. Die Herausforderung besteht darin, jeweils mehrere Absätze zu einem einzigen Satz zusammenzufassen, sodass das Wesentliche in der Kürze einer Präsentation vermittelt werden kann. Das Ergebnis sollte ein kurzes Dokument sein, das die wichtigsten Punkte des Originals enthält.

Die folgenden Methoden sollen Ihnen helfen, die Hauptinformation aus einem Text herauszuziehen:

- Schreiben Sie die drei oder vier Hauptpunkte des Berichts heraus.
- Entscheiden Sie, welche zusätzlichen Angaben besonders wichtig sind.
- Überlegen Sie, auf welche Weise Bilder und Grafiken die Präsentation unterstützen könnten.
- Formulieren Sie eine Schlussfolgerung.
- Fassen Sie den Bericht zusammen und tragen Sie ihn in einem fünfminütigen Gespräch laut vor.
- Am Schluss notieren Sie Ihren Vortrag.

Sätze in Aufzählungstexte umwandeln

Präsentationen, die von einem Sprecher vorgetragen werden, sind normalerweise nicht in ganzen Sätzen formuliert. Der nächste Schritt der Umsetzung besteht darin, die Sätze Ihres Dokuments in griffige Schlagwörter umzuwandeln und damit die Anzahl der Wörter weiter zu reduzieren.

Aufzählungstexte ähneln den Schlagzeilen in Zeitungen. Füllwörter sind häufig überflüssig. In einer Überschrift zählt jedes Wort, da wenig Platz zur Verfügung steht. Eine gute Überschrift soll den Leser neugierig auf den Artikel machen, trotzdem soll die Bedeutung sofort klar sein.

Genauso sollten die Stichworte eines Aufzählungstextes sein: kurz und klar. Während des Vortrags bezieht sich der Vortraghaltende auf diesen Text, wobei er die zugehörigen Details verbal erläutert.

Beim Zusammenstellen der Präsentation müssen Sie entscheiden, wie viele Folien sie enthalten soll. Wenn Sie wissen, wie lange die Präsentation dauern soll, können Sie eine Schätzung vornehmen. Nehmen wir beispielsweise an, dass der Präsentierende für jede Folie im Durchschnitt zwei Minuten benötigt. So ergibt sich bei 15 Folien eine Zeit von 30 Minuten.

Wenn Sie erst einmal eine kurze Gliederung der Hauptpunkte haben, können Sie die PowerPoint-Präsentation bereits durch Import der Gliederung erstellen, wie schon oben erläutert.

Bilder hinzufügen

Als Nächstes überlegen Sie, auf welche Weise Sie Grafiken verwenden können, um die Präsentation einerseits zu kürzen und andererseits den Sachverhalt zu verdeutlichen. Wenn der Bericht seitenweise Tabellen enthält, sollten Sie diese in einem einfachen Schaubild zusammenfassen. Bei komplexen Sachverhalten hilft oft auch ein Diagramm, um sie besser zu erläutern. Bei produktspezifischen Inhalten sind Bilder mit Beschriftungen hilfreich. Produktdatenblätter etc. haben in der Präsentation selbst nichts zu suchen; diese sollten Sie dem Publikum auf Handzetteln zur Verfügung stellen.

Das Ergebnis

Die fertige Präsentation sollte die Informationen des Originals in Kurzform enthalten. Wenn nicht der Autor des Berichts selbst der Vortragende ist, sollte dieser in der Präsentation genannt werden.

Informationen, die Sie in den Folien nicht unterbringen können, die Ihnen aber wichtig erscheinen, fügen Sie am besten in das Notizfenster ein. Dies stellt auch eine gute Unterstützung für den Präsentierenden dar.

TIPP Der Inhalt des Notizfensters wird während der Präsentation nicht angezeigt.

Mit den genannten Schritten erzielen Sie eine Präsentation, die sich vom Originaldokument vollständig unterscheidet, aber seine wesentlichen Hauptaussagen enthält.

Eine Inhaltsübersicht aus den Folien erstellen

Haben Sie Ihre Präsentation fertig gegliedert, erstellen Sie bei Bedarf eine Übersichtsfolie – eine Art Inhaltsverzeichnis, aus dem die Teilnehmer die Inhalte der Folien entnehmen können. Dazu setzt PowerPoint die Überschriften aller Folien in eine neue Folie. Diese Funktion spart viel Zeit und Mühe.

1. In der *Foliensortierungsansicht*, die Sie über die gleichnamige Schaltfläche am linken unteren Dokumentfensterrand erreichen, markieren Sie alle Folien, die Sie in der Übersicht zeigen möchten.

HINWEIS Zum Auswählen der einzelnen Folien halten Sie Umschalt-Taste gedrückt.

2. Klicken Sie auf der Symbolleiste *Foliensortierung* auf die Schaltfläche *Übersichtsfolie*.

3. Daraufhin wird jede Folienüberschrift als Listenpunkt auf einer neuen Folie erstellt, die den Titel Inhaltsfolie trägt.

HINWEIS Wenn Sie sehr viele Folien markiert haben, sodass nicht alle Titel auf die Inhaltsfolie passen, erstellt PowerPoint automatisch eine weitere Inhaltsfolie.

Das Folienlayout

Nachdem Sie die Gliederung nach den obigen Ratschlägen erstellt haben, weisen alle Folien dasselbe Layout auf: oben die Überschrift und darunter – den Hauptteil der Folie einnehmend – der Aufzählungstext.

Allerdings können – und sollen in den meisten Fällen – auf den verschiedenen Folien der Präsentation die unterschiedlichsten Informationen dargestellt werden: Text, Grafiken, Schaubilder, Diagramme, Tabellen, Fotos etc.

Ein vordefiniertes Folienlayout als Grundlage verwenden

PowerPoint erleichtert Ihnen die Arbeit mit solch unterschiedlichen Informationstypen, indem es Ihnen eine große Anzahl so genannter Folienlayouts anbietet.

Dies sind vorgefertigte Muster für die Anordnung bestimmter Informationstypen auf einer Folie. Je nach dem gewünschten Inhalt können Sie jeder einzelnen Folie Ihrer Präsentation ein anderes Folienlayout zuweisen. Die Anwendung von Folienlayouts garantiert eine Präsentation, deren Inhalte über alle Folien hinweg konsistent angeordnet sind.

 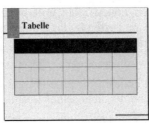 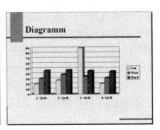

Abbildung 1.4:
Folienlayouts
sorgen auch in
Präsentationen
mit unterschied-
lichen Inhalten
für eine konsis-
tente Gestaltung

1. Wählen Sie im linken Teilfenster der Normalansicht die Folie, deren Layout Sie einrichten möchten.

TIPP

Möchten Sie mehreren Folien dasselbe Layout zuweisen, können Sie diese in einem Zug auswählen: Markieren Sie mehrere nicht nebeneinander liegende Folien, indem Sie sie im linken Teilfenster mit gedrückter Strg-Taste anklicken. Aufeinander folgende Folien wählen Sie aus, indem Sie die erste anklicken, die Umschalt-Taste gedrückt halten und dann auch die letzte anklicken.

2. Wählen Sie die Befehlsfolge *Format/Folienlayout*. Der Aufgabenbereich *Folienlayout* wird angezeigt.

Abbildung 1.5:
Der Aufgaben-
bereich Folien-
layout

Die Folienlayout-Liste ist in die Bereiche *Textlayouts, Inhaltlayouts, Text- und Inhaltlayouts* sowie *Sonstige Layouts* unterteilt. Bei den meisten Layouts erkennen Sie schon am Symbol, wie die Folie aufgeteilt ist; wenn nicht, zeigen Sie auf das jeweilige Symbol und erkennen an der QuickInfo, worum es sich handelt.

3. Mit einem einfachen Klick wählen Sie das gewünschte Folienlayout aus und weisen es der aktuellen Folie zu.

TIPP Bei den Inhaltslayouts sowie den Text- und Inhaltslayouts müssen Sie sich nicht sofort entscheiden, welche Informationstypen Sie einfügen möchten – z.B. ein Diagramm, ein Bild oder ein Video. Vielmehr lassen diese Layouts Ihnen die Möglichkeit, später per Klick auf eine der Schaltflächen im Platzhalter den gewünschten Inhaltstyp einzufügen.

Abbildung 1.6:
Bei den Inhalts-
layouts können
Sie später noch
entscheiden, wel-
che Inhaltsart
Sie einfügen
möchten

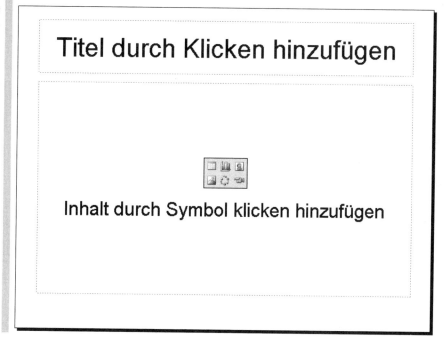

Andererseits haben Sie auch die Möglichkeit, nach der aktuell auf dem Bildschirm angezeigten Folie eine neue Folie mit dem ausgewählten Folienlayout einzufügen: Dazu zeigen Sie im Aufgabenbereich Folienlayout auf das gewünschte Vorschaubild, bis rechts davon ein Listenpfeil erscheint. Klicken Sie diesen an und wählen Sie aus dem angezeigten Menü den Befehl *Neue Folie einfügen*.

TIPP Eine irrtümlich eingefügte Folie können Sie übrigens leicht wieder mit *Bearbeiten/ Folie löschen* entfernen.

Auf die bisher beschriebene Weise planen und entwerfen Sie Ihre Präsentation so detailliert wie möglich, bevor Sie sich an die Gestaltungsarbeiten machen.

Das Foliendesign

In der Grundeinstellung sind alle Folien weiß. PowerPoint bietet Ihnen verschiedene Entwurfsvorlagen, um die Gestaltung Ihrer Präsentation zu vereinfachen. Diese Vorlagen bestimmen die Farbgebung, die Schriftarten, die Hintergrundgestaltung usw. für die komplette Präsentation.

Zeigen Sie mit dem Befehl *Format/Foliendesign* den Aufgabenbereich *Foliendesign* mit der Liste *Entwurfsvorlage übernehmen* an. Sie sehen hier eine große Anzahl von vorgefertigten Entwurfsvorlagen, also Gestaltungsschablonen, für Ihre PowerPoint-Präsentation.

Abbildung 1.7:
Der Aufgaben-
bereich Folien-
design

Die erste Entwurfsvorlage in der Vorlagenliste ist immer die leere Vorlage, welche den Namen *Standarddesign.pot* trägt.

Die nächsten Vorlagen in der Liste stammen nicht von Microsoft, es handelt sich um Vorlagen, die Sie in letzter Zeit am häufigsten verwendet haben. Diese Vorlagen werden in der Reihenfolge ihrer Verwendung aufgelistet. Es folgen die restlichen Vorlagen, die mit PowerPoint geladen werden.

Diese Vorlagen sind nach ihrer Farbe in Gruppen aufgeteilt – und zwar nach blauen, grünen, orangefarbenen, roten, schwarzen und weißen Hintergründen.

Klicken Sie im Aufgabenbereich *Foliendesign* ganz unten auf die Schaltfläche *Durchsuchen*. Dadurch gelangen Sie in den Vorlagen-Ordner. Schauen Sie den Inhalt der darin enthaltenen Ordner einmal durch, Sie finden dort weitere Vorlagen.

Abbildung 1.8:
Weitere
Entwurfs-
vorlagen im Vor-
lagen-Ordner.

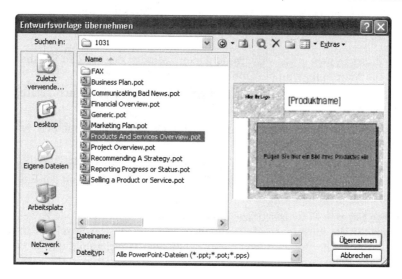

PowerPoint 2003 unterscheidet zwischen den von PointPoint zur Verfügung gestellten Vorlagen und solchen, die Sie selbst hinzugefügt haben.

Wenn Sie eine neue Präsentation erstellen, sehen Sie im Aufgabenbereich *Neue Präsentation* drei Bereiche:

- ◉ Neu

- ◉ Vorlagen

- ◉ Zuletzt verwendete Vorlagen (nur, wenn Vorlagen bereits verwendet wurden)

Abbildung 1.9:
Einstellungen für
neue Präsenta-
tion im Aufga-
benbereich

Wenn Sie aus dem Bereich *Neu* ganz oben einen der Links *Leere Präsentation*, *Von einer Entwurfsvorlage* und *Vom AutoInhalt-Assistenten* klicken, haben Sie Zugriff auf die PowerPoint-eigenen Vorlagen.

Möchten Sie hingegen eine eigene Vorlage anwenden, die Sie selbst auf Ihrer Festplatte gespeichert haben, klicken Sie unter *Vorlagen* auf den Link *Auf meinem Computer*.

Zu Anfang mag dieses System etwas verwirrend wirken. Mit der Zeit werden Sie aber feststellen, dass die Anordnung und die Optionen ganz praktisch sind.

Scrollen Sie durch die Liste, bis Sie ein Design gefunden haben, das Ihnen gefällt, und weisen Sie es der Präsentation mit einem Klick zu.

Werfen Sie einen Blick in die Statusleiste: In der Mitte wird stets der Name der verwendeten Entwurfsvorlage angezeigt.   **TIPP**

Wenn Sie weitere Folien in Ihre mit einer Entwurfsvorlage gestaltete Präsentation einfügen, erhalten diese neuen Folien standardmäßig ebenfalls dasselbe, von der Entwurfsvorlage bestimmte, Design.

Alternativ können Sie eine Entwurfsvorlage auch nur einer bestimmten Folie zuweisen. Dazu zeigen Sie die entsprechende Folie an, zeigen auf die gewünschte Entwurfsvorlage, klicken auf den kleinen Pfeil rechts neben dem Vorschaubild und wählen *Für ausgewählte Folien übernehmen*.   **TIPP**

Falls das Ganze bei Ihnen nicht funktioniert, könnte der Grund vielleicht sein, dass Sie die *Mehrere Master*-Funktion deaktiviert haben. Dann wählen Sie die Befehlsfolge *Extras/Optionen*. Im folgenden Dialogfeld öffnen Sie die Registerkarte *Bearbeiten* und schauen unter *Neue Features deaktivieren* nach, ob die Option *Mehrere Master* deaktiviert ist (richtig – dieses Kontrollkästchen muss deaktiviert sein, damit die Option *Mehrere Master* aktiviert ist.

Sicherlich fällt Ihnen auf, dass sich durch das Zuweisen einer Entwurfsvorlage nicht nur Hintergrundfarbe und -bild Ihrer Folie ändern, sondern auch Details wie Schriftart und -farbe, Stand der Folienplatzhalter etc. Das ist das ungeheuer Praktische an der Arbeit mit Entwurfsvorlagen: In einem Zug versehen Sie Ihre Folien mit einem ganz anderen, harmonischen Erscheinungsbild.

Ein paar Seiten weiter erfahren Sie, wie Sie Ihre eigenen Entwurfsvorlagen gestalten und speichern.   **TIPP**

Eine Standardvorlage festlegen

Die Standardvorlage ist in der Grundeinstellung, wie gerade erwähnt, die leere Vorlage *Standarddesign.pot*. Bei Bedarf legen Sie eine andere Vorlage als Standardvorlage fest.

Diese Vorgehensweise bietet sich an, wenn Sie eine bestimmte Vorlage für fast jede Präsentation verwenden. Wenn Sie dann nämlich im Aufgabenbereich auf den Link *Leere Präsentation* klicken, erhalten Sie keine leere Präsentation, sondern eine Präsentation mit den Eigenschaften der gewählten Standardvorlage.

Gehen Sie folgendermaßen vor:

1. Klicken Sie im Aufgabenbereich mit der rechten Maustaste auf die Vorlage, die Sie als neuen Standard einrichten möchten.

2. Wählen Sie aus dem Kontextmenü den Befehl *Für alle neuen Präsentationen verwenden*.

Abbildung 1.10:
*Über das
Kontextmenü
wird die neue
Standardvorlage
definiert*

Wenn Sie von nun eine neue Präsentation erstellen, wird dieser automatisch die neu definierte Standardvorlage zugewiesen.

TIPP Möchten Sie wissen, wo die Entwurfsvorlagen auf Ihrem Computer gespeichert sind, finden Sie dies heraus, indem Sie in PowerPoint die Befehlsfolge *Datei/Speichern unter* wählen und über das Listenfeld *Dateityp* den Eintrag *Entwurfsvorlage* wählen. Anschließend wird der Vorlagen-Ordner automatisch eingestellt. Öffnen Sie ganz oben das Listenfeld *Suchen in*. Dort sehen Sie nun den Pfad zum Ordner *Vorlagen*.

Eigene Vorlagen gestalten

Wie bereits erwähnt, können Sie neben den mit PowerPoint ausgelieferten Vorlagen jederzeit eigene Vorlagen erstellen. Gehen Sie dazu folgendermaßen vor:

1. In PowerPoint erstellen Sie eine neue, leere Präsentation und gestalten die Master und den Hintergrund neu (mehr darüber erfahren Sie weiter unten).

2. Wählen Sie die Befehlsfolge *Datei/Speichern unter*. Im folgenden Dialogfeld wählen Sie aus dem Listenfeld *Dateityp* den Eintrag *Entwurfsvorlage (*.pot)* aus. Nun wird bereits der richtige Ordner für die Vorlage als Speicherort ausgewählt. Geben Sie Ihrer Vorlage einen Namen und speichern Sie die neue Präsentationsvorlage mit der Schaltfläche *Speichern*.

Die Farben der Präsentation

Jede mit PowerPoint erstellte Präsentation enthält mindestens ein Farbschema, die meisten mehrere. Es handelt sich bei einem Farbschema um acht aufeinander abgestimmte Farben. Diese verwenden Sie für die Texte, Diagramme und Vektorgrafiken Ihrer Präsentation. Die Schemafarben sind zudem für den Text, den Hintergrund, die Füllfarbe der Objekte, Hervorhebungen usw. in der gesamten Präsentation festgelegt und werden automatisch auf diese Elemente angewandt, wenn Sie sie erstellen oder einfügen. Um die Farbschemas anzuzeigen, klicken Sie im linken Teilfenster mit der rechten Maustaste auf eine Folie und wählen aus dem angezeigten Kontextmenü den Befehl *Foliendesign*. Im Aufgabenbereich auf der rechten Seite klicken Sie dann ganz oben auf den Link *Farbschemas*, sodass im unteren Bereich die verfügbaren Farbschemas eingeblendet werden.

Mit einem Klick auf ein anderes Farbschema wählen Sie dieses für Ihre Präsentation aus.

Möchten Sie hingegen nur die aktuell angezeigte Folie bzw. nur die in der Gliederung ausgewählten Folien mit einem anderen Farbschema versehen, klicken Sie auf den Pfeil rechts vom Vorschaubild und wählen den Befehl *Für ausgewählte Folien übernehmen*.

Wenn Sie in einer fertigen, also bereits mit Texten und Grafiken ausgestatteten Präsentation, die Entwurfsvorlage wechseln, wechseln Sie automatisch auch das Farbschema. Das heißt, dass Texte und Grafikobjekte neu eingefärbt werden, sofern Sie die Farben des Farbschemas verwendet haben.

TIPP

Abbildung 1.12:
Die Farbschemas im Aufgabenbereich

Neben den acht Hauptfarben des Farbschemas können Sie selbstverständlich auch beliebige andere Farben für die Objekte Ihrer Präsentation verwenden. Allerdings ist es durchaus hilfreich, bei den Farben des Farbschemas zu bleiben, denn auf diese Weise erzielen Sie mit wenig Mühe eine attraktive farbliche Gestaltung Ihrer Power-Point-Präsentation.

Ganz unten in dieser Palette sehen Sie den Link *Farbschemas bearbeiten*. Klicken Sie diesen an, wird das gleichnamige Dialogfeld eingeblendet. Auf der Registerkarte *Standard* werden dieselben Farbschemas angezeigt wie im Aufgabenbereich.

Abbildung 1.13:
Das Dialogfeld
zum Bearbeiten
von Farbschemas

Bevor Sie hier das Farbschema Ihrer Präsentation verändern, sollten Sie sich vergegenwärtigen, welche Elemente mit welchem Farbschema in Verbindung stehen. Dazu wechseln Sie zur Registerkarte *Benutzerdefiniert*. Dort erhalten Sie eine Auflistung der einzelnen Folienelemente und ihrer Farben.

Abbildung 1.14:
Die Schema-
farben in der
Übersicht

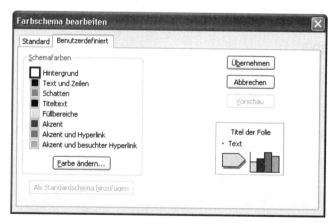

Nachfolgend erhalten Sie eine Übersicht über die einzelnen Elemente.

◑ *Hintergrund*: Es handelt sich hier um die Hintergrundfarbe der Folie. Diese Farbe sehen Sie nicht, wenn Sie den Hintergrund Ihrer Präsentation mit einem Hintergrundmuster versehen (mehr darüber weiter unten). Zusätzlich auch die Hintergrundfarbe von Tabellen und Diagrammen.

- *Text und Zeilen*: Die Standardfarbe für alle Texte, die in einen Platzhalter wie ein Textfeld oder eine AutoForm eingegeben werden. Zusätzlich die Standardfarbe für die Rahmen von AutoFormen, aber auch die Standardfarbe für Texte und Linien in Tabellen und Diagrammen.
- *Schatten*: Standardfarbe für AutoFormen, Schatten und für ausgewählten Text. Standardfüllfarbe der fünften Datenreihe eines Diagramms bzw. einer Diagramm-Datentabelle.
- *Titeltext:* Standardfarbe für alle Titeltexte in Folien, Tabellen und Diagrammen, Standardfüllfarbe für die sechste Datenreihe eines Diagramms.
- *Füllbereiche*: Standardfarbe für die Füllung von AutoFormen und Standardfüllfarbe für die erste Datenreihe eines Diagramms.
- *Akzent*: Standardfüllfarbe der zweiten Datenreihe eines Diagramms.
- *Akzent und Hyperlink*: Standardfarbe für unbesuchte Hyperlinks und Standardfüllfarbe der dritten Datenreihe eines Diagramms.
- *Akzent und besuchter Hyperlink*: Standardfarbe für besuchte Hyperlinks sowie Standardfüllfarbe der vierten Datenreihe eines Diagramms.

Diese acht Farben werden auch angezeigt, wenn Sie die Farbe eines beliebigen Elements in Ihrer Präsentation ändern möchten. Wenn Sie beispielsweise die Hintergrundfarbe einer Folie ändern möchten, wählen Sie die Befehlsfolge *Format/Hintergrund*. Wenn Sie daraufhin das Listenfeld im unteren Bereich des angezeigten Dialogfelds öffnen, erhalten Sie an erster Stelle die Option *Automatisch*, in der nächsten Reihe die acht Schemafarben und schließlich die Möglichkeit, über die Optionen *Weitere Farben* und *Fülleffekte* eigene Farben und Fülleffekte zur kreieren.

Der Befehl *Automatisch* bezieht sich auf die dem jeweiligen Element – in diesem Fall dem Hintergrund – durch das Farbschema zugeordnete Standardfarbe. Wenn Sie den Eintrag *Automatisch* für die Hintergrundfarbe belassen und das Farbschema Ihrer Präsentation anschließend ändern, ändert sich der Präsentationshintergrund entsprechend der neuen Schemafarbe für den Hintergrund.

Abbildung 1.15: Die Schemafarben in der Übersicht

Eine Schemafarbe ändern

Sagt Ihnen die Farbzusammenstellung eines bestimmten Farbschemas nicht zu, können Sie in diesem auch noch einzelne Farben ändern. Dazu klicken Sie in der Registerkarte *Benutzerdefiniert* des bereits gezeigten Dialogfelds *Farbschema bearbeiten* zuerst die auf die entsprechende Farbe und anschließend auf die Schaltfläche *Farbe ändern*.

Im angezeigten Farbwähler erstellen Sie eine eigene Farbe. Sie haben hier die Wahl zwischen den Farbmodellen RGB und HSL. Verschieben Sie das Fadenkreuz, um eine Farbe auszuwählen. Bei Bedarf passen Sie deren Helligkeit noch über den Schieberegler rechts daneben an. Oder geben Sie in die drei Eingabefelder entsprechende Zahlenwerte ein, um die gewünschte Farbe zusammenzumischen.

Bestätigen Sie mit *OK* und klicken anschließend auf die Schaltfläche *Vorschau*, um die Wirkung direkt in der Präsentation zu kontrollieren. Sind Sie zufrieden, klicken Sie auf *Übernehmen*, um das Dialogfeld zu schließen und die Änderungen auf die Präsentation anzuwenden. Sie speichern damit das neue Farbschema mit der Präsentation. Bis zu 16 Farbschemas kann eine PowerPoint-Präsentation enthalten.

TIPP Je nachdem, ob Sie mehrere Folien ausgewählt haben oder nicht, wird die Farbänderung für alle oder nur für die gewählten Folien wirksam.

Neben der Möglichkeit, schnell und einfach zueinander passende Farben für Ihre Präsentation zu finden, gibt es noch einen wichtigen Nutzen von Farbschemas: Konsistenz. Wenn Sie eine Präsentationsvorlage für Ihre Arbeitsgruppe erstellen, stellen Sie durch Farbschemas sicher, dass alle Nutzer der Vorlage dieselben Farben verwenden. Erstellen Sie am besten Farbschemas für Präsentationen, die in abgedunkelten Räumen gezeigt werden, solche für helle Räume (Tageslichtprojektor beispielsweise) und ein Farbschema mit einem weißen Hintergrund für den Druck.

Abbildung 1.16:
Auf der Register-
karte Benutzer-
definiert erstellen
Sie eine eigene
Farbe

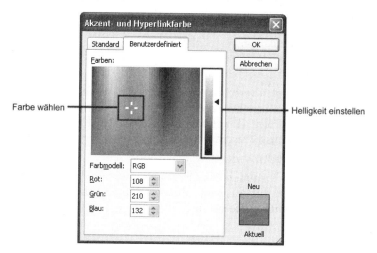

Hintergründe

Der Hintergrund ist quasi die Leinwand Ihrer Präsentation. Ein gut gestalteter Hintergrund ist wesentlich für das Erscheinungsbild Ihrer Präsentation. Farben, Texturen und Bilder spielen eine wichtige psychologische Rolle. Ein dem Thema oder der Zielgruppe unangemessener Hintergrund kann die Wirkung Ihrer Präsentation vollkommen zerstören.

Grundsätzlich sollten Hintergründe stets elegant und gedämpft sein und die Betrachter nicht von der tatsächlichen Aussage der Folien ablenken. Einfachheit ist das höchste Gebot.

Hintergründe können in PowerPoint auf sehr vielfältige Art und Weise eingesetzt werden.

So unwahrscheinlich es klingt, ein weißer Hintergrund kann unter Umständen einen hervorragenden Präsentationshintergrund abgeben.

Verläufe eignen sich für einfache Präsentationen und Diashows, jedoch auf keinen Fall als Hintergrund für Zahlen, Tabellen oder Diagramme. Einfache Strukturen in hellen Pastellfarben funktionieren gut bei Präsentationen, die einem Publikum vorgeführt werden. Für Kiosk-Anwendungen sind sie eher nicht geeignet.

Diese Beispiele zeigen, dass Sie sich einige Gedanken über das Konzept und die Gestaltung von Hintergründen machen sollten. Eine der wichtigsten Fragen ist, ob Sie einen der vorgefertigten, mit PowerPoint ausgelieferten Hintergründe verwenden oder ob Sie selbst einen Hintergrund erstellen möchten.

Auch auf der CD-ROM zu diesem Buch finden Sie einige Hintergründe, die Sie für Ihre Präsentationen verwenden können.

Hintergründe selbst gestalten

Wenn Sie den Hintergrund für Ihre Präsentation selbst gestalten möchten, stellt PowerPoint Ihnen dazu ein paar Gestaltungsfunktionen zur Verfügung. Doch für ausgefeiltere Ergebnisse sollten Sie ein Bildbearbeitungsprogramm wie Adobe Photoshop oder Corel PhotoPaint verwenden. Diese Programme verfügen über professionellere und umfangreichere Möglichkeiten.

Die Hintergrundfarbe ändern

Wenn Sie eine Präsentation mit vielen verschiedenen Elementen, wie z.B. Diagrammen, Tabellen, Bildern, Texten etc. erstellen, sollten Sie einen einfarbigen Hintergrund in Erwägung ziehen. Einfarbige Hintergründe wirken elegant und können jederzeit durch eine andere Farbe ausgetauscht werden.

1. Wählen Sie die Befehlsfolge *Format/Hintergrund*.
2. Im folgenden Dialogfeld öffnen Sie unten das Listenfeld unterhalb der Vorschau. Es stehen Ihnen acht Farbfelder zur Auswahl. Möchten Sie eine der Farben als Hintergrundfarbe verwenden, klicken Sie sie an.

Abbildung 1.17:
Die Farbfelder
für den Hinter-
grund

3. Finden Sie hier keine geeignete Farbe, klicken Sie auf die Schaltfläche *Weitere Farben*. Dadurch gelangen Sie in das Dialogfeld *Farben* mit der Registerkarte *Standard*. In der sechseckigen Farbfläche können Sie eine vordefinierte Farbe anklicken.

Abbildung 1.18:
Die Register-
karte Standard
mit den vordefi-
nierten Farben

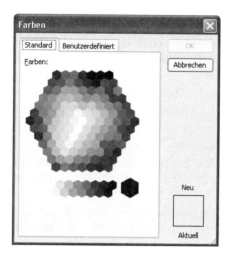

4. Wechseln Sie zur Registerkarte *Benutzerdefiniert*, um selbst eine Farbe zu definieren. Im oberen Bereich sehen Sie das RGB-Farbspektrum. Klicken Sie mit dem Fadenkreuz auf eine Farbe, werden unten die Werte der jeweiligen Felder angezeigt. Sie können die Werte auch beliebig ändern, um die gewünschte Farbe zu definieren. Bei Bedarf können Sie über das Listenfeld *Farbmodell* auch in das Farbmodell HSL umschalten.

Abbildung 1.19:
Die Register-
karte Benutzer-
definiert im
Dialogfeld
Farben.

HINWEIS Mehr über dieses Farbmodell erfahren Sie in Kapitel 3.

5. Haben Sie die gewünschte Farbe eingestellt, bestätigen Sie mit der Schaltfläche *OK*. Nachdem Sie zum Dialogfeld *Hintergrund* zurückgekehrt sind, sehen Sie in der Vorschau, dass die neue Farbe hier bereits angezeigt wird.

6. Klicken Sie auf die Schaltfläche *Für alle übernehmen*, um die neue Hintergrundfarbe auf die gesamte Präsentation zu übertragen. Klicken Sie hingegen auf die Schaltfläche *Übernehmen*, wird die neue Hintergrundfarbe nur auf der aktuellen Folie angewendet.

Graduelle Hintergründe

Graduelle Hintergründe bieten eine schnelle Möglichkeit, um mehrfarbige Hintergründe zu gestalten. Ein weiterer Vorteil ist, dass sie nicht so rechenintensiv sind wie texturierte oder Vollbild-Bitmap-Hintergründe.

Graduelle Hintergründe sind für Präsentationen mit vielen verschiedenen Elementen allerdings recht ungeeignet. Zudem werden die Verläufe auf verschiedenen Systemen unterschiedlich angezeigt.

1. Wählen Sie die Befehlsfolge *Format/Hintergrund*.

2. Aus dem Farben-Listenfeld wählen Sie den Eintrag *Fülleffekte* aus, um in das gleichnamige Dialogfeld zu gelangen. In der Regel ist bereits die Registerkarte *Graduell* eingeblendet.

3. Nun legen Sie fest, ob der Verlauf einfarbig oder zweifarbig sein soll. Bei Bedarf verwenden Sie voreingestellte Verläufe, indem Sie das Optionsfeld *Voreinstellung* aktivieren.

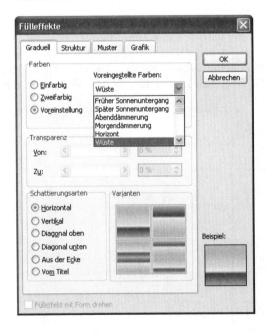

Abbildung 1.20:
Voreingestellte
Farben für den
Fülleffekt
Graduell

4. Anschließend legen Sie links unten die Schattierungsart fest. Die Vorschau auf der rechten Seite hilft Ihnen bei der Auswahl der richtigen Einstellung.

5. Zuletzt bestätigen Sie mit der Schaltfläche *OK* und legen im letzten Dialogfeld fest, ob der Farbverlauf auf alle Folien oder nur auf die aktuelle übertragen werden soll.

Muster und Strukturen in Hintergründen

Sie können in PowerPoint die Hintergründe Ihrer Folien auch mit nahtlos kachelnden Mustern gestalten – ganz ähnlich wie auf Webseiten – und damit sehr attraktive Effekte erzielen. Sie können beliebige, auf Ihrer Festplatte gespeicherte, Bitmaps verwenden. Wichtig ist nur, dass sie nahtlose Wiederholungen ergeben. Verschiedene Bildbearbeitungsprogramme geben Ihnen die Möglichkeit, solche nahtlosen Kacheln zu erstellen.

 Die beigefügte CD-ROM stellt Ihnen verschiedene geeignete Muster zur Verfügung.

PowerPoint selbst stellt für die Erstellung eines gekachelten oder texturierten Hintergrunds nur wenige Standard-Texturen zur Verfügung.

1. Wählen Sie die Befehlsfolge *Format/Hintergrund*.

2. Wählen Sie aus dem Farben-Listenfeld den Befehl *Fülleffekte*. Im folgenden Dialogfeld wechseln Sie zur Registerkarte *Struktur* und wählen aus den Standard-Strukturen von PowerPoint eine Struktur für den Hintergrund aus.

3. Alternativ klicken Sie auf die Schaltfläche *Weitere Strukturen*. Dadurch gelangen Sie in das Dialogfeld *Struktur markieren*, wo Sie selbst ein Bild als Struktur auswählen können.

Abbildung 1.21:
Bei Bedarf wählen Sie eine Struktur von Ihrer Festplatte aus

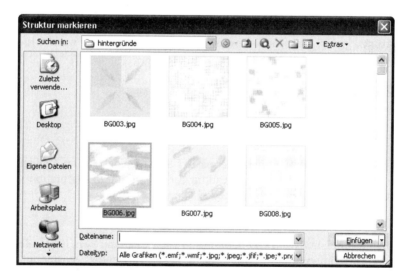

4. Bestätigen Sie die ausgewählte Grafik mit der Schaltfläche *Einfügen*. Danach erscheint die neue Struktur am Ende der Strukturenauswahlliste.

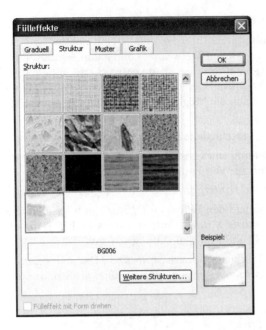

Ist eine Struktur zu groß, sodass Sie in PowerPoint nicht übernommen werden kann, erhalten Sie eine entsprechende Mitteilung.

5. Bestätigen Sie das Dialogfeld *Fülleffekte* mit der Schaltfläche *OK*. Im Dialogfeld *Hintergrund* entscheiden Sie, ob die Struktur für die gesamte Präsentation verwendet werden soll oder nur für die aktuelle Folie.

Muster

Muster erstellen Sie, indem Sie ein vordefiniertes Musterdesign mit zwei Farben Ihrer Wahl versehen. Für Hintergründe werden Muster selten verwendet. Muster sollten auf jeden Fall vorsichtig eingesetzt werden, da sie die Augen des Betrachters anstrengen können.

Wählen Sie für ein Muster bedacht zwei Pastell- oder neutrale Farben aus, wie z.B. Blasslila und Grau oder Vanillegelb und Grau. Solche Kombinationen wirken unaufdringlich.

Hintergründe aus Bildern

Attraktiv wirken Hintergründe mit Bildern. Vermeiden Sie solche Hintergründe dennoch, wenn Ihre Präsentation aus vielen Elementen besteht – es sei denn, Ihr Hintergrundbild ist sehr neutral. Dieser Rat wird leider sehr selten beachtet. Momentan möchte fast jeder im Hintergrund ein Bild verwenden, sodass heutzutage eher darüber diskutiert wird, wie solche Hintergründe gestaltet werden können und nicht, ob sie für eine bestimmte Präsentation überhaupt geeignet sind.

In den meisten Fällen müssen Hintergrundbilder in einem Bildbearbeitungsprogramm korrigiert werden. Stellen Sie Helligkeit, Kontrast, Gamma oder Sättigung so ein, dass das Bild als Hintergrund taugt.

ACHTUNG Ein wichtiges Gesetz der Wahrnehmungspsychologie ist das Gesetz von Figur und Grund. Dieses besagt, dass unser Auge immer nur entweder eine Figur im Vordergrund oder den Hintergrund scharf stellen kann. Es ist unmöglich, Figur und Grund gleichzeitig wahrzunehmen. Gerade in Präsentationen, die ja meist recht oberflächlich aufgenommen werden, müssen Sie für eine klare Figur-Grund-Beziehung sorgen, damit das Publikum die Folien schnell lesen kann.

Abbildung 1.24:
Kontraststarke
oder hoch gesät-
tigte Hinter-
gründe sind ein
ungeeignetes Trä-
germaterial für
Präsentations-
inhalte

Abbildung 1.25:
In einem guten
Bildbearbei-
tungsprogramm
lässt sich jedes
Bild absoften
oder auf andere
Weise dezenter
gestalten, sodass
es doch noch
einen guten Hin-
tergrund abgibt

Mehrere Hintergründe innerhalb einer Präsentation

PowerPoint ermöglicht es Ihnen, für jede Folie einen eigenen Hintergrund zu definieren.

Dazu zeigen Sie die gewünschte Folie an und wählen die Befehlsfolge *Format/Hintergrund*. Im folgenden Dialogfeld wählen Sie den gewünschten Hintergrund. Im darüber liegenden Vorschaubereich können Sie die neu eingestellte Farbe nochmals kurz im Zusammenhang mit der Folie überblicken. Zuletzt bestätigen Sie das Dialogfeld *Hintergrund* mit der Schaltfläche *Übernehmen*. Die neue Hintergrundfarbe wird nur für die aktuelle Folie übernommen.

Ein solcher Folienhintergrund erhält dann auf jeden Fall den Vorzug vor einem eventuell definierten Hintergrund im Master der Präsentation (mehr über Master erfahren Sie weiter unten).

Sie werden oft der Ansicht sein, dass eine lange Präsentation eintönig wirkt. In diesem Fall können Sie versuchen, die Monotonie zu durchbrechen, indem Sie für manche Folien unterschiedliche Hintergründe verwenden. Das bedeutet aber nicht, dass eine Präsentation mit 15 Folien auch mit 15 verschiedenen Hintergründen ausgestattet sein sollte!

Haben Sie beispielsweise eine solche Präsentation mit 15 Folien, könnten Sie diese so aufteilen, dass sie aus drei Teilen mit jeweils fünf Folien besteht. Jeder dieser drei Teile könnte einen anderen Hintergrund erhalten.

Ein weiterer Vorteil ist, dass Sie Ihrem Publikum mit solchen Hintergrundänderungen auf unaufdringliche Weise thematische Änderungen signalisieren können. Stellen Sie nur sicher, dass alle Hintergründe auf den Folien richtig koordiniert werden. Die Änderung von Muster, Farbe oder anderen Merkmalen des Hintergrunds sollte zwar deutlich sein, jedoch nicht auf Kosten des Zusammenhangs gehen.

Master

Durch die Arbeit mit den Mastern der Präsentation sparen Sie sich viel Zeit und Mühe. Jede neu erzeugte Folie Ihrer Präsentation basiert auf dem Master. Dies gewährleistet eine schnelle und konsistente Gestaltung. Bei einem Master handelt es sich um eine Art Vorlage, deren Elemente (Hintergrundfarbe, Hintergrundbild, Platzhalter usw.) auf jeder Folie wiederkehren und somit für das gesamte Aussehen der Präsentation verantwortlich sind. Alle Änderungen am Master wirken sich auf sämtliche Folien Ihrer Präsentation aus. Selbstverständlich lassen sich die einzelnen Elemente später auf den Folien noch abändern (ohne dass dies allerdings wiederum den Master beeinflussen würde).

Jede PowerPoint-Präsentation enthält drei Master:

- den Folienmaster,
- den Handzettelmaster und
- den Notizenmaster.

Der Folienmaster bestimmt die Position und das Format der Platzhalter für die Präsentationselemente, die Schriftart und -formatierung, die Hintergrundfarbe usw. jeder Folie der Präsentation. Elemente, die Sie in den Folienmaster einfügen, erscheinen ebenfalls auf jeder Folie.

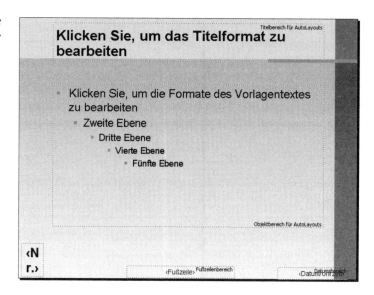

Mit dem Handzettelmaster definieren Sie das Erscheinungsbild der Handzettel für die Teilnehmer der Präsentation. Am Ende dieses Kapitels kommen wir noch einmal darauf zurück.

Neben Handzetteln für das Publikum lassen sich auch Rednernotizen für den Vortragenden ausdrucken. Dies sind verkleinerte Folien, die so auf das Blatt gedruckt werden, dass unten genug Raum für beliebige Notizen bleibt. Diese Notizen geben Sie in der Normalansicht im unteren Bereich des Bildschirms zu jeder Folie ein. Über den Notizmaster bestimmen Sie die Anordnung der Folien und Notizen auf der Seite.

Master einrichten

Alle wiederkehrenden Elemente auf den Folien werden im Master eingerichtet, z.B. Textplatzhalter, vorgegebene Texte usw. Wenn Sie beispielsweise für Ihre Präsentation eine bestimmte Entwurfsvorlage ausgesucht haben und Ihnen diese eigentlich ganz gut gefällt, bis auf die verwendete Schriftart – dann ändern Sie am besten den Folienmaster ab.

1. Schalten Sie mit der Befehlsfolge *Ansicht/Master/Folienmaster* in den Folienmaster um.

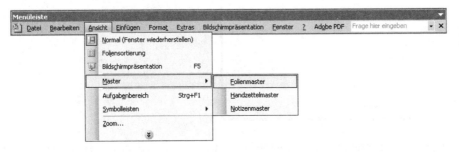

Ein besonders schneller Weg, um zum Folienmaster umzuschalten: Klicken Sie mit gedrückter Umschalt-Taste auf die Schaltfläche *Normalansicht* am linken unteren Bildschirmrand.

TIPP

2. Betrachten Sie die Folienliste im linken Bereich: Wie Sie sehen, gibt es für die Titelfolie, die gewöhnlich am Anfang einer Präsentation gezeigt wird, und die Inhaltsfolien je einen gesonderten Master, den Sie für Änderungen an den Textplatzhaltern gesondert bearbeiten müssen.

3. Beginnen Sie mit dem Ändern des Titelmasters, indem Sie im linken Teilfenster auf die untere Miniatur klicken.

4. Wählen Sie alle Objekte auf dem Titelmaster aus, indem Sie entweder die Tastenkombination Strg+A betätigen oder die Befehlsfolge *Bearbeiten/Alles markieren* wählen.

5. In der *Format*-Symbolleiste wählen Sie aus dem Listenfeld *Schriftart* die gewünschte Schrift aus.

6. Verfahren Sie analog mit dem Folienmaster, indem Sie ihn im linken Teilfenster anklicken.

7. Schließen Sie die Ansicht, indem Sie aus dem Menü *Ansicht* den Befehl *Folie* wählen oder in der automatisch eingeblendeten Symbolleiste *Folienmasteransicht* auf die Schaltfläche *Masteransicht schließen* klicken.

Scrollen Sie mit der Bildlaufleiste bzw. den Tasten Pfeil auf und Pfeil ab durch Ihre Präsentationsfolien. Wie Sie sehen, hat PowerPoint alle im Folienmaster vorgenommenen Änderungen automatisch auf sämtliche Folien Ihrer Präsentation übertragen. Genauso könnten Sie Schriftformatierung, Aufzählungszeichen, Stand der Platzhalter, den Hintergrund (Befehlsfolge *Format/Hintergrund*) etc. ändern oder eine Grafik in den Master einfügen *(Einfügen/Grafik)*.

Eigene Entwurfsvorlagen erzeugen

Es liegt nahe, aus einer Präsentation mit den eigenen Bedürfnissen angepassten Mastern selbst eine Entwurfsvorlage zu erzeugen. Diese Aufgabe erledigen Sie im Handumdrehen:

1. Wählen Sie die Befehlsfolge Datei/Speichern unter.
2. Im Listenfeld Dateityp wählen Sie den Eintrag Entwurfsvorlage.
3. Geben Sie in das Feld *Dateiname* einen aussagekräftigen Namen ein und bestätigen Sie mit Speichern.
4. Schließen Sie PowerPoint und öffnen Sie das Programm wieder. Die neue Vorlage wird im Aufgabenbereich angezeigt. Sie können sie von nun an mit einem Klick beliebigen Präsentationen zuweisen.

Tipps und Tricks für den Umgang mit Mastern

Vielen Anwendern erscheint die Arbeit mit Mastern schwierig und kompliziert. z.B. ist kein Titelmaster zu finden, bestimmte Platzhalter fehlen und können scheinbar nicht mehr rekonstruiert werden etc.

Fehlt beispielsweise der Titelmaster, haben Sie Ihre Präsentation wahrscheinlich aus einer in Word erstellten Gliederung erstellt oder über die Befehlsfolge *Datei/Neu* eine leere Präsentation erzeugt. Dieses Problem ist leicht zu lösen: Weisen Sie der Präsentation einfach mit *Format/Foliendesign* eine Entwurfsvorlage zu.

Standardmäßig verfügt der Folienmaster über fünf Platzhalter: *Titel, Text, Datum, Foliennummer* und *Fußzeile*. Nun kann es während der Arbeit in einem Master einmal vorkommen, dass ein Platzhalter versehentlich gelöscht wurde. Das ist kein Beinbruch, weil Sie die mastereigenen Platzhalter problemlos wiederherstellen können.

1. Klicken Sie zunächst auf der Symbolleiste *Folienmasteransicht* auf die Schaltfläche *Masterlayout*.
2. Daraufhin öffnet sich das gleichnamige Dialogfeld. Hier wird jeder mögliche Platzhalter aufgelistet.

Abbildung 1.31: Im Dialogfeld Masterlayout *sind die Kontrollkästchen für momentan nicht vorhandene Platzhalter deaktiviert*

3. Fehlt ein Platzhalter, ist das zugehörige Kontrollkästchen deaktiviert. Die Kontrollkästchen für sämtliche im Master vorhandenen Platzhalter werden abgeblendet und mit einem Häkchen dargestellt.
4. Aktivieren Sie den gewünschten Platzhalter mit einem Klick wieder.

Im Folienmaster ist nun der Platzhalter für die Foliennummer wieder an derselben Stelle zu sehen. Auf diese Weise können Sie jeden fehlenden Platzhalter eines Masters wiederherstellen.

Mehrere Master in einer Präsentation verwenden

Oben haben Sie bereits gesehen, dass der Folienmaster standardmäßig aus zwei Mastern besteht: dem Titel- und dem eigentlichen Folienmaster.

Bei Bedarf fügen Sie noch mehr Master hinzu. Das ist immer dann interessant, wenn in Ihrer Präsentation verschiedene Folienarten vorkommen, die sich so gar nicht in ein gemeinsames Schema pressen lassen.

Vergewissern Sie sich zuerst, dass im Dialogfeld *Optionen* (*Extras/Optionen*) auf der Registerkarte *Bearbeiten* das Kontrollkästchen *Mehrere Master* **de**aktiviert ist.

Um einen weiteren Folienmaster zu erstellen, wechseln Sie nun zur Folienmaster-Ansicht und klicken mit der rechten Maustaste in das linke Teilfenster mit den Master-Miniaturen. Aus dem Kontextmenü wählen Sie den Befehl *Neuer Folienmaster*. Gestalten Sie diesen nach Ihren Wünschen und verlassen Sie anschließend die Masteransicht.

Möchten Sie nun den Master einer bestimmten Folie ändern, wählen Sie diese aus bzw. zeigen sie an. Im Aufgabenbereich *Foliendesign* (*Format/Foliendesign*) zeigt PowerPoint Ihnen die verschiedenen Master-Varianten im Bereich *In dieser Präsentation verwendet*.

Abbildung 1.32:
Alle drei Folien-
master der
Präsentation
werden im
Bereich In dieser
Präsentation ver-
wendet *angezeigt*

1. Klicken Sie rechts neben dem gewünschten Folienmaster auf die Pfeil-Schaltfläche. Im angezeigten Kontextmenü wählen Sie den Eintrag *Für ausgewählte Folien übernehmen*. Dadurch wird die Gestaltungsvorlage nur auf die aktuell angezeigte bzw. auf die von Ihnen ausgewählten Folien angewendet.

Ein Foliendesign beim Einfügen in eine andere Präsentation erhalten

Smart Tags sind eine feine Sache. Im Folgenden erfahren Sie, wie Sie damit die Vorlage einer Folie erhalten können, wenn Sie sie in eine andere Präsentation einfügen.

1. Als Erstes stellen Sie wieder sicher, dass das Kontrollkästchen *Mehrere Master* aktiviert ist (*Extras/Optionen*, Registerkarte *Bearbeiten*).

2. Öffnen Sie beide Präsentationen. Zur Demonstration dieser Technik sollten die beiden Präsentationen mit unterschiedlichen Foliendesigns versehen sein.

3. Ziehen Sie die Folien aus der Quell- in die Ziel-Präsentation. Alternativ verwenden Sie die Befehle *Bearbeiten/Kopieren* und *Einfügen*. Beachten Sie dabei das angezeigte Smart Tag, symbolisiert durch eine Stecknadel.

Abbildung 1.33: Das Smart Tag wird durch eine Stecknadel symbolisiert

4. Klicken Sie diese mit der rechten Maustaste an und vergewissern Sie sich, dass der Befehl *Master beibehalten* aktiviert ist. Die eingefügten Folien behalten ihre Originalvorlage.

5. Wählen Sie *Ansicht/Master/Folienmaster*, dann sehen Sie an den Miniaturdarstellungen auf der linken Seite, dass mehrere Vorlagen in der Folie enthalten sind.

Gestaltung der Einzelfolien

Mit diesen umfangreichen Vorarbeiten haben Sie ein sicheres Fundament geschaffen, auf dessen Basis sich die Einzelfolien Ihrer Präsentation schnell und sicher gestalten lassen. Haben Sie die Folienlayouts überlegt ausgewählt, wird das Einfügen von Elementen geradezu zum Kinderspiel. Zudem bietet PowerPoint Ihnen weit reichende Gestaltungsmöglichkeiten für die Elemente auf Ihrer Folie, die durchweg sehr leicht anzuwenden und teilweise geradezu selbst erklärend sind. Einer der größten Vorzüge des Programms ist seine flache Lernkurve. Auch unter Zeitdruck gelingen Ihnen so sehenswerte Materialien zur Vortragsbegleitung, für das Internet oder auch einfach für private Anwendungen.

Am rationellsten arbeiten Sie, wenn Sie die Texte und sonstigen Elemente Ihrer Präsentation über die entsprechenden, im Master festgelegten Platzhalter einfügen: Klicken Sie in den gewünschten Platzhalter, etwa den Titel-Platzhalter, und tippen Sie den entsprechenden Text ein. Formatieren Sie diesen Text bei Bedarf noch über das Menü *Format* bzw. die gleichnamige Symbolleiste (im nächsten Kapitel gehen wir etwas näher auf Text ein).

HINWEIS

Berücksichtigen Sie allerdings vor der Textformatierung, dass Textplatzhalter im Master ja bereits vorformatiert sind, sodass eigentlich gewährleistet ist, dass die Texte auf allen Folien ein konsistentes Gesamtbild ergeben. Allzu weit reichende Textformatierungen auf den Einzelfolien sind aus diesem Grund nicht nur überflüssig, sondern aus gestalterischer Sicht auch eher fragwürdig. Sagen Ihnen die Formatierungen der Texte in den Platzhaltern nicht zu, sollten Sie eher den Folienmaster abändern, wie Sie oben gesehen haben.

In einer Folie mit einem Inhaltslayout klicken Sie im Inhaltsplatzhalter auf die Schaltfläche, die den von Ihnen gewünschten Inhaltstyp repräsentiert. Klicken Sie beispielsweise auf die Schaltfläche für die Diagrammerstellung, um Microsoft Graph zu öffnen. In diesem Zusatzprogramm können Sie ganz ähnlich wie in Excel ein Diagramm erstellen.

Wenn Sie das jeweils passende Folienlayout gewählt haben, können Sie beim Einfügen von Elementen in Ihre Folien kaum etwas falsch machen.

Handzettel

Außer Folien können Sie in PowerPoint sowohl Handzettel für das Publikum als auch Rednernotizen für den Vortragenden erstellen. Diese Werkzeuge werden meist leider viel zu wenig in Anspruch genommen.

Handzettel sind grundsätzlich Folien im Kleinformat, von denen mehrere auf einen Papierbogen gedruckt werden – wie viele, entscheiden Sie. Sie können beispielsweise 2, 3 oder 6 solcher Miniaturfolien zusammen auf ein A4-Blatt drucken.

Die Handzettel können einerseits verwendet werden, um die Präsentation vor dem Vortrag zu überprüfen und mit Kollegen zu diskutieren. Andererseits können Sie sie vor oder während der Präsentation selbst an Ihr Publikum verteilen.

Handzettelmaster gestalten

Anders als Folien sind Handzettel stets für den Druck bestimmt. Aus diesem Grund sollten Sie den Handzettel-Master entsprechend einrichten, ihn z.B. mit einem Farbschema in Graustufen und einem weißen Hintergrund versehen. Wählen Sie dazu die Befehlsfolge *Ansicht/Master/Handzettelmaster.*

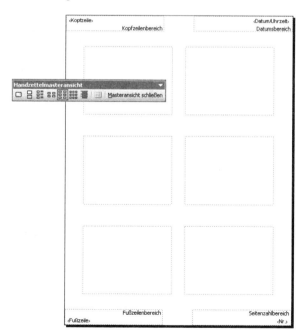

Abbildung 1.34:
Die Ansicht des
Handzettel-
masters zeigt
Platzhalter für
die Folienminia-
turen

Über die ersten sechs Schaltflächen der Symbolleiste *Handzettelmasteransicht* legen Sie fest, wie viele Handzettel auf einer Seite Platz finden sollen.

In den vier Ecken der dargestellten Seite finden Sie einen Kopfzeilenbereich, einen Datumsbereich, einen Fußzeilenbereich und einen Seitenzahlenbereich. Diese vier Bereiche bearbeiten Sie bei Bedarf. Das Ergebnis erscheint auf jedem gedruckten Handzettel.

Weniger bekannt ist es, dass Sie auch den Hauptbereich des Handzettels ändern können. So spricht etwa nichts dagegen, mit der Befehlsfolge *Einfügen/Grafik* das Logo der Veranstaltung oder Ihrer Firma in den Handzettelmaster einzufügen – dieses wird dann ebenfalls auf jedem Handzettel ausgedruckt – oder die Hintergrundfarbe des Handzettels zu ändern (*Format/Handzettelhintergrund*).

Abbildung 1.35: Der Hintergrund des Handzettels wurde geändert und es wurde das Veranstaltungslogo eingefügt

Handzettel ausdrucken

Um die Handzettel auszudrucken, wählen Sie die Befehlsfolge *Datei/Drucken*. Im linken unteren Bereich des Druckdialogfelds wählen Sie aus dem Listenfeld *Drucken* den Eintrag *Handzettel*. Entscheiden Sie, ob Sie die Handzettel in Farbe, in Graustufen oder in reinem Schwarzweiß drucken möchten.

Rechts daneben haben Sie verschiedene Möglichkeiten, das Layout der Handzettel zu definieren.

Abbildung 1.36:
Für Präsenta-
tionen mit Fotos
ist die Option
Schwarzweiß
gänzlich ungeeig-
net, denn die
Fotos werden
hier nicht mit
ausgegeben

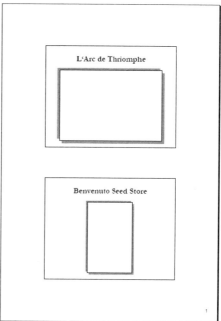

Handzettel an Word übergeben

Möchten Sie Ihre Handzettel mit einem differenzierteren Layout versehen, bietet sich die Möglichkeit an, diese in Microsoft Word zu exportieren, dort zu bearbeiten und dann zu drucken. Wählen Sie dazu die Befehlsfolge *Datei/Senden an/Microsoft Office Word*.

Abbildung 1.37:
Im Dialogfeld An
Microsoft Office
Word senden
legen Sie fest, wie
Ihre Handzettel
in Microsoft
Word aussehen
sollen

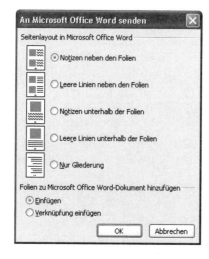

Legen Sie im folgenden Dialogfeld das Aussehen der Handzettel fest und bestätigen Sie mit *OK*

2 Texte und Tabellen

Texte eingeben und formatieren

Im vorigen Kapitel haben Sie gesehen, wie Sie Texte in die im Master definierten Platzhalter eingeben. Zusätzlich haben Sie die Möglichkeit, Texte in so genannten AutoFormen und Textfeldern frei auf der Folie anzuordnen.

Texte frei anordnen

Dazu verwenden Sie in der Symbolleiste *Zeichnen* das Symbol *Textfeld*. Ziehen Sie das Textfeld mit gedrückter Maustaste auf der Folie auf und beginnen Sie mit der Texteingabe.

Abbildung 2.1:
Über die Symbol-
leiste Zeichnen
fügen Sie ein
Textfeld ein

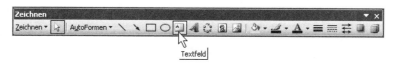

Sie können aber auch ein beliebiges PowerPoint-Zeichenelement mit Text versehen. Dazu klicken Sie in der Symbolleiste *Zeichnen* auf die Schaltfläche *Rechteck* bzw. *Ellipse* bzw. wählen über die Schaltfläche *AutoFormen* ein Zeichenobjekt aus und ziehen das Element auf der Folie auf. Gleich danach können Sie mit der Texteingabe beginnen. Sie können in PowerPoint fast jede AutoForm als Textcontainer verwenden, ausgenommen von Linien und Freihandformen.

Abbildung 2.2:
Verschiedene
AutoFormen mit
Text versehen

Den Container der Textmenge anpassen

Wenn der eingegebene Text das »Fassungsvermögen« der Form übersteigt, bricht PowerPoint den Text nicht automatisch um, sondern der Text wächst einfach über die Form hinaus. Für den Umbruch müssen Sie selbst mit der Tastenkombination Umschalt + Eingabe oder Eingabe sorgen.

ACHTUNG

Haben Sie hingegen ein Textfeld mit einer festen Größe gezeichnet, passt sich der Text während der Eingabe der Breite an und wird automatisch umgebrochen. Die Länge des Textfelds wird ebenso automatisch der eingegebenen Textmenge angepasst.

Anders verhält es sich, wenn Sie das Textfeld nicht mit gedrückter Maustaste aufgezogen haben, sondern nach dem Anklicken der Schaltfläche *Textfeld* direkt mit der Texteingabe auf der Folie begonnen haben. In diesem Fall wird die Breite des Textfelds automatisch an die eingegebene Textmenge angepasst.

HINWEIS

Bei Bedarf ändern Sie dieses Verhalten:

1. Klicken Sie das Textfeld oder die AutoForm an und wählen Sie die Befehlsfolge *Format/AutoForm* bzw. *Textfeld*.

2. Wechseln Sie in die Registerkarte *Textfeld* und aktivieren Sie die beiden Kontrollkästchen *Text in AutoForm umbrechen* und *Größe der AutoForm dem Text anpassen*.

   - Ist das Kontrollkästchen *Text in AutoForm umbrechen* aktiviert, erfolgt automatisch ein Textumbruch, wenn Sie Texte in eine AutoForm oder ein Textfeld eingeben. Der Umbruch orientiert sich an der Breite des Felds: Sobald der Text von der Länge her nicht mehr in eine Zeile passen würde, fügt PowerPoint automatisch einen Umbruch ein.

Abbildung 2.3:
Links: Text ohne Umbruch. Rechts: Text mit automatischem Umbruch in der AutoForm.

   - Ist das Kontrollkästchen *Größe der AutoForm dem Text anpassen* aktiviert, bestimmt die Textmenge die Höhe der AutoForm. Sobald während der Eingabe die Textmenge die Höhe der AutoForm überschreitet, wird diese Zeile für Zeile entsprechend vertikal vergrößert.

Beachten Sie, dass die Einstellungen nur für das aktuelle Objekt gelten und nicht allgemein für PowerPoint.

HINWEIS

Abbildung 2.4:
Im Register Text-
feld des Dialog-
felds AutoForm
formatieren bie-
tet PowerPoint
Ihnen verschie-
dene Möglichkei-
ten zum
Formatieren
Ihrer Textcontai-
ner

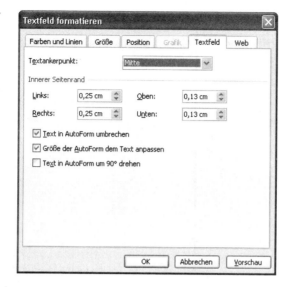

Wie Sie sehen, erscheint der Text in der Grundeinstellung sowohl horizontal als auch vertikal zentriert ausgerichtet in der Form. Das ist die Standardeinstellung von PowerPoint. Sie können die Textausrichtung jederzeit verändern, indem Sie die Befehlsfolge *Format/Ausrichtung* wählen.

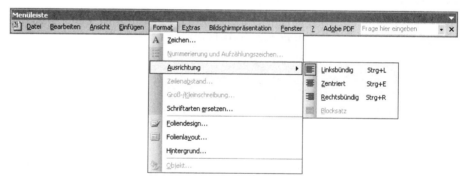

Zusätzlich können Sie auch die vertikale Ausrichtung des Textes in einem Textfeld oder in einer AutoForm ändern. Damit bestimmten Sie, ob der Text oben, unten oder mittig im Textfeld angeordnet werden soll.

1. Klicken Sie auf die AutoForm oder auf das Textfeld und wählen Sie die Befehlsfolge *Format/AutoForm* bzw. *Textfeld*. Je nach Objekt erscheint entweder das Dialogfeld *AutoForm formatieren* bzw. *Textfeld formatieren*.

2. Öffnen Sie die Registerkarte *Textfeld* und das Listenfeld *Textankerpunkt*. Wählen Sie die gewünschte vertikale Ausrichtung für Ihren Text.

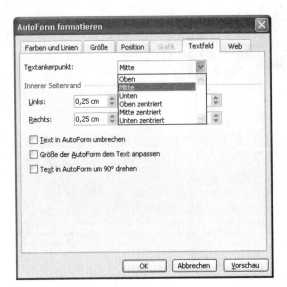

Abbildung 2.6:
*Die vertikale
Textausrichtung
ändern*

Möchten Sie den Text in der AutoForm um 90 Grad nach rechts drehen, aktivieren Sie das Kontrollkästchen *Text in AutoForm um 90° drehen*.

Weitere Textformatierungen

Ansonsten stehen Ihnen alle üblichen Möglichkeiten zur Textformatierung offen, die die Symbolleiste und das Menü *Format* bieten.

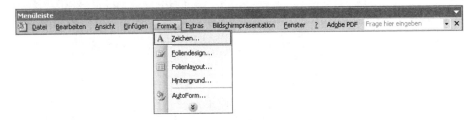

Abbildung 2.7:
*Im oberen
Abschnitt des
Menüs* Format
*finden Sie viel-
fältige Möglich-
keiten zur
Formatierung
von markierten
Texten – sowohl
in AutoFormen
als auch in Text-
platzhaltern*

Aufzählungen

Die meisten Texte in PowerPoint-Präsentationen werden der besseren Übersichtlichkeit wegen mit Aufzählungspunkten versehen.

Sie können in PowerPoint über die Befehlsfolge *Format/Nummerierung und Aufzählungszeichen* und einen Klick auf die Schaltfläche *Benutzerdefiniert* jedes beliebige Schriftzeichen als Aufzählungszeichen verwenden, solange dieses auf Ihrem Computer installiert ist. Auf diese Weise haben Sie eine große Auswahlmöglichkeit an Aufzählungszeichen für Ihre Präsentationen. Viele Anwender vergessen aber, diese Schriften in Ihre PowerPoint-Präsentation einzubetten, sodass die fehlende Schrift in der Präsentationssituation schließlich durch eine andere Schrift ersetzt wird, was zu unschönen Effekten führen kann.

Mehr über das Einbetten von Schriften erfahren Sie weiter unten.

TIPP

Seit der Version PowerPoint 2000 ist es auch möglich, Grafiken als Aufzählungszeichen zu verwenden. Sie können jede Grafik mit geringen Abmessungen als Aufzählungszeichen einsetzen. In PowerPoint werden diese Aufzählungszeichen als *Bildaufzählungszeichen* bezeichnet. Um ein solches Aufzählungszeichen einzusetzen, klicken Sie im Dialogfeld *Nummerierung und Aufzählungszeichen* auf die Schaltfläche *Bild*.

Abbildung 2.8:
Bildaufzählungs-
zeichen für Auf-
zählungen in
PowerPoint-
Präsenationen

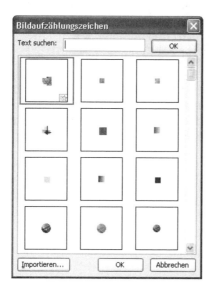

ACHTUNG Wenn der Endbenutzer die Präsentation mit einer älteren PowerPoint-Version betrachten möchte, z.B. PowerPoint 97, werden die Bildaufzählungszeichen durch normale Aufzählungszeichen ersetzt. Aus diesen Gründen ist es sinnvoll, den Power-Point-Viewer auf Ihrem System zu installieren. Damit können Sie dann die Aufzählungszeichen und andere Inkompatibilitäten überprüfen.

Tabellen für die Präsentation einsetzen

PowerPoint bietet Ihnen auch die Möglichkeit, Tabellen einzufügen, um Zahlenfakten darzustellen. Dabei sollten Sie aber bedenken, dass umfangreiche Tabellen in Präsentationen schnell verwirrend und ermüdend auf den Betrachter wirken. Damit das Publikum interessiert bleibt, sollten Sie es in PowerPoint-Präsentationen bei kleinen Tabellen belassen – maximal vier Zeilen/Spalten sind genug.

Die meisten Fakten lassen sich auch durch Diagramme oder Schaubilder visualisieren. Solche Grafiken werden in Präsentationen auch leichter aufgenommen als Tabellen. Tabellen und Diagramme lassen sich im Bedarfsfall auch miteinander kombinieren.

Am schnellsten erstellen Sie eine Folie mit einer Tabelle, indem Sie aus dem Aufgabenbereich *Folienlayout (Format/Folienlayout)* ein entsprechendes Folienlayout auswählen. Wenn Sie die Liste etwa zum Ende durchscrollen, finden Sie den Abschnitt *Andere Layouts* mit dem Folienlayout *Titel und Tabelle*. Dieses enthält neben der Überschrift nur eine folienfüllende Tabelle. Klicken Sie es an, um es der aktuellen Folie zuzuweisen.

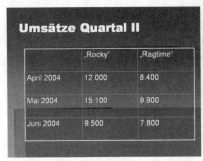 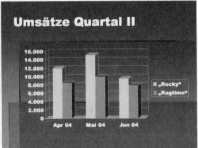

Sollen neben der Tabelle hingegen noch andere Elemente auf der Folie Platz finden, suchen Sie das entsprechende Layout aus der Gruppe *Text- und Inhaltslayouts* im mittleren Bereich der Liste heraus. Beim Layout *Titel und Text über Inhalt* etwa können Sie die Tabelle im unteren Bereich der Folie, unter einem Aufzählungstext, einfügen.

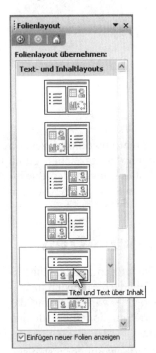

Abbildung 2.10:
Das Layout Titel und Text über Inhalt

Anschließend doppelklicken Sie in der Folie auf den Platzhalter, um die Tabelle zu erstellen. Dazu erscheint ein Dialogfeld, in dem Sie die Spalten- und Zeilenanzahl festlegen.

Abbildung 2.11:
Die Tabelle definieren

Bestätigen Sie zuletzt mit der Schaltfläche *OK*, um die Tabelle in die Folie einzufügen. Die Tabelle wird in der Größe des Platzhalters erstellt. Dabei macht es keinen Unterschied wie viele Spalten oder Zeilen Sie für die Tabelle angegeben haben, sie füllt auf jeden Fall den gesamten Platzhalter aus. Als Nächstes passen Sie die Tabellengröße Ihren Wünschen an, indem Sie die runden Ziehpunkte am Rahmen ziehen.

Selbstverständlich können Sie auch eine Tabelle ohne die Verwendung eines Layouts auf einer Folie erstellen und frei positionieren.

Wählen Sie dazu entweder die Befehlsfolge *Einfügen/Tabelle* und legen die Tabelleneigenschaften fest, oder Sie klicken auf der *Standard*-Symbolleiste auf die Schaltfläche *Tabelle einfügen*. Sie erhalten unterhalb der Schaltfläche ein Menü mit Feldern für die Tabellenzellen. Bewegen Sie den Mauszeiger über die Felder. Die überfahrenen Felder werden grau dargestellt, wodurch Sie die Spalten- und Zeilenanzahl der Tabelle definieren. Mit einem Klick wird die Tabelle mit der gewählten Zeilen- und Spaltenanzahl auf der Folie erstellt.

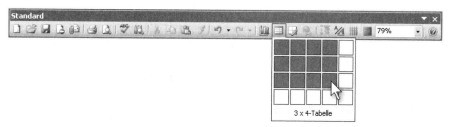

Abbildung 2.12:
Über die Symbol-
leiste Standard
eine Tabelle
erstellen.

Eine weitere Möglichkeit besteht darin, die Symbolleiste *Tabellen und Rahmen*, die Sie über die Befehlsfolge *Ansicht/Symbolleisten* aktivieren können, zu verwenden. Hier können Sie dann gleich verschiedene Tabelleneigenschaften definieren.

Hier können Sie nun entweder eine Tabelle zeichnen, indem Sie die gleichnamige Schaltfläche links oben auf der Symbolleiste anklicken und mit dem Stift arbeiten. Oder Sie klicken auf die Schaltfläche *Tabelle* und wählen den Befehl *Tabelle einfügen*. Weiterhin können Sie mit den einzelnen Schaltflächen der Symbolleiste Ihre Tabelle formatieren, etwa die Rahmenlinie, -farbe, -stärke usw.

Grafischer Text: WordArt

Effektvoll gestaltete Texte werden heutzutage in gedruckten und digitalen Medien vielfältig verwendet. Bei WordArt handelt es sich um eine kleine Applikation, auf die Sie aus allen Office-Anwendungen zugreifen können (übrigens auch aus jeder anderen Anwendung, die OLE-Objekte unterstützt). Mit WordArt können Sie Wörter dehnen, verformen, biegen, spiegeln oder drehen. Darüber hinaus können Sie die Buchstaben mit den verschiedensten Füllungen, Umrissen, 3D-Effekten und Schatten versehen. Das Programm ist nicht für die Gestaltung längerer Texte, sondern für Überschriften, einzelne Begriffe oder Aussagen gedacht.

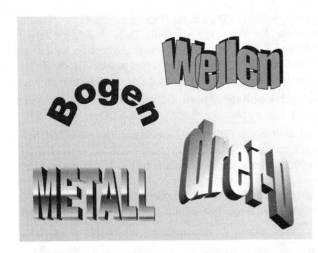

Der größte Vorteil von WordArt ist, dass der gestaltete Text nachträglich noch bearbeitet werden kann, ohne dass der Effekt nochmals zugewiesen werden müsste.

WordArt hat allerdings auch Nachteile: Die Kanten sehen etwas grob aus, auch bei aktivierter Schriftglättung. WordArt-Schrifteffekte sollten bedacht verwendet werden. Ein Zuviel kann den Betrachter irritieren und auf Dauer ermüden. Zu häufig eingesetzte WordArt-Effekte wirken marktschreierisch und unseriös. Faustregel: Pro Präsentation nur ein, höchstens zwei WordArt-Effekte.

Um ein WordArt-Objekt zu erstellen, klicken Sie in der Symbolleiste *Zeichnen* am unteren Programmfensterrand *(Ansicht/Symbolleisten/Zeichnen)* auf die Schaltfläche *WordArt einfügen*. Der WordArt-Katalog wird geöffnet. Wählen Sie aus diesem eine Vorlage und klicken Sie auf *OK*.

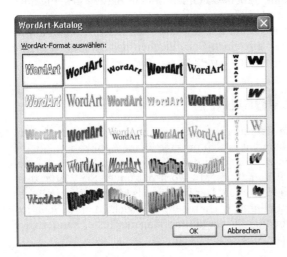

Abbildung 2.14:
Der WordArt-Katalog bietet verschiedene vordefinierte Vorlagen

Überschreiben Sie die Vorgabe und wählen Sie die gewünschte Schriftart, -größe und Schriftauszeichnung und bestätigen Sie mit *OK*. Das WordArt-Objekt verhält sich in Ihrem Dokument wie jedes beliebige andere Grafikobjekt; das heißt, dass Sie es wie eine AutoForm bearbeiten können.

Zusätzlich können Sie sich aber auch der *WordArt*-Symbolleiste bedienen, um für diesen Grafiktyp spezifische Einstellungen vorzunehmen. Sie wird standardmäßig immer dann eingeblendet, wenn Sie ein WordArt-Objekt markieren.

Wenn die Vorlagen im WordArt-Katalog nicht exakt Ihren Wünschen entsprechen, wählen Sie am besten als Ausgangspunkt die Katalogvorlage, die Ihren Vorstellung am nächsten kommt. Passen Sie diese Vorlage dann entsprechend an.

Um die Füllung oder Linien der WordArt-Grafik anzupassen, wählen Sie die Schaltfläche *WordArt formatieren*. Im angezeigten Dialogfeld nehmen Sie die gewünschten Änderungen vor. Es gleicht größtenteils dem Dialogfeld *AutoForm formatieren*. Die Registerkarte *Farben und Linien* dieses Dialogfelds dient zum Ändern der Füllfarbe und Umrisslinien. Hier wählen Sie entweder eine Farbe aus dem Listenfeld oder klicken auf *Weitere Farben*, um eine eigene Farbe zu definieren. Oder Sie weisen einen Farbverlauf, eine Struktur, ein Muster oder eine gespeicherte Grafik als Füllung zu.

Die Optionsgruppe *Linie* ist nur bei manchen Katalogvorlagen aktiv. In dieser können Sie Farbe und Art der Buchstabenumrisse bestimmen. Auf der Registerkarte *Größe* definieren Sie Breite, Höhe und Drehung der WordArt-Grafik und passen auch die Skalierung, also die Proportionen der Grafik, an. Auf der Registerkarte *Position* schließlich haben Sie die Möglichkeit, die Platzierung der WordArt-Grafik auf der Folie zu bestimmen. Für den Fall, dass Sie Ihre PowerPoint-Präsentation im Web veröffentlichen wollen, können Sie auf der Registerkarte *Web* einen Text eintragen, der im Browser angezeigt werden soll, solange das Bild geladen wird.

Mit einem Klick auf die Schaltfläche *WordArt-Form* öffnen Sie eine Palette, die Ihnen verschiedene interessante Formen anbietet. Sobald Sie eine anklicken, passt sich der WordArt-Text umgehend der ausgewählten Form an.

Abbildung 2.15:
WordArt-Formen

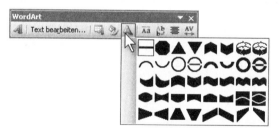

Das Ergebnis hängt unter anderem davon ab, aus wie vielen Zeilen Ihre WordArt-Grafik besteht. Betrachten Sie z.B. das vierte Symbol von links in der zweiten Reihe, die Knopfform. Um die vollständige Form darstellen zu können, benötigen Sie einen dreizeiligen Text. Eine einzelne Zeile würde bei dieser Auswahl lediglich als nach oben gewölbter Bogen dargestellt. Hier gilt es zu experimentieren, um zum gewünschten Ergebnis zu kommen.

Eine interessante Funktion in WordArt ist die Fülle von 3D-Effekten und Schriftschatten. Achten Sie bei Schriftschatten und 3D-Effekten darauf, dass der Effekt immer die gleiche Richtung hat. Auch grafisch ungeübte Betrachter merken normalerweise sofort, dass »irgendetwas nicht stimmt«, wenn die Schatten und 3D-Effekte kreuz und quer verlaufen.

Abbildung 2.16:
Schatten und 3D-
Effekte sollten –
im Gegensatz zu
denen auf der
Abbildung –
immer die gleiche
Richtung haben

Schriftwahl für Präsentationen

Da Schrift auch in Präsentationen in erster Linie zur Informationsaufnahme dient, ist ihre Lesbarkeit von großer Bedeutung – besonders, weil der Betrachter einer Präsentation häufig nur wenig Zeit hat, um den Text auf dem Bildschirm zu erfassen.

Die Lesbarkeit

Die Lesbarkeit einer Schrift, die bereits seit über 100 Jahren wissenschaftlich untersucht wird, bemisst sich an der Zeit, die erforderlich ist, einen Text ohne Ermüdungserscheinungen zu erfassen.

Unter anderem hat man erkannt, dass die obere Hälfte der Buchstaben für die Lesbarkeit wichtiger ist als ihre untere Hälfte. Wenn Sie sich die folgende Abbildung ansehen, wird Ihnen sofort klar, was damit gemeint ist.

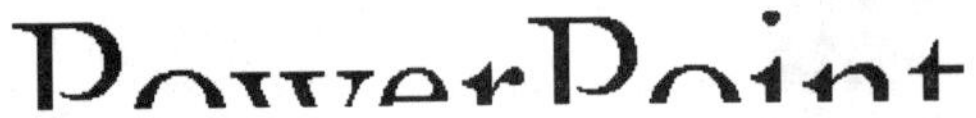

PowerPoint

Abbildung 2.17:
Die obere Hälfte
einer Schrift ver-
rät uns mehr
über ihre Lesbar-
keit …

Der obere Bereich dieses Textes enthält mehr Unterscheidungsmerkmale als die untere Hälfte. In der oberen Abbildung erkennen Sie sofort das dargestellte Wort. Stünde die untere Abbildung alleine, wäre es schon schwieriger, das Wort »PowerPoint« zu identifizieren.

PowerPoint

Abbildung 2.18:
… als die untere
Hälfte.

- Die gute Lesbarkeit hängt aber nicht nur allein von der gewählten Schriftart ab, sondern vor allem auch von der Schriftgröße (Bei Präsentationen geht es selbstverständlich nicht einfach um die absolute Schriftgröße, sondern auch um die Entfernung zwischen dem angezeigten Text und dem Betrachter sowie dem Betrachtungswinkel).

○ Fast ebenso kritisch sind sowohl der Abstand zwischen den einzelnen Zeilen als auch die Länge der Zeilen. Ist der Zeilenabstand zu gering eingestellt, hat das Auge Schwierigkeiten, die Zeilen voneinander zu unterscheiden, sodass man beim Betrachten abrutschen oder Zeilen verwechseln könnte. Das Auge kann sich dann nur schwer auf die aktuelle Zeile konzentrieren. Dieser Abstand darf aber auf der anderen Seite nicht zu groß festgelegt werden, da sonst der Zusammenhalt der Zeilenbänder verloren geht. Ähnliches gilt für die Zeilenlänge, die zirka 40 bis 60 Buchstaben nicht überschreiten sollte. Je länger die Zeilen, desto größer sollte der Zeilenabstand sein.

TIPP Den Zeilenabstand des markierten Textes stellen Sie über die Befehlsfolge *Format/Zeilenabstand* ein. Im folgenden Dialogfeld können Sie sowohl den Zeilenabstand eines Textes einstellen als auch den Abstand vor oder nach einem Absatz. Die Schaltfläche *Vorschau* im Dialogfeld ist sehr praktisch, da Sie damit die Einstellungen direkt an Ihrem Text betrachten können. Stellen Sie die gewünschten Werte ein und klicken Sie auf die Schaltfläche *Vorschau*. Die neuen Abstände werden dem Text zugewiesen und Sie können das Ergebnis direkt auf Ihrer Folie betrachten.

Abbildung 2.19: Versehen Sie Ihre Texte mit ausreichend Zeilenabstand

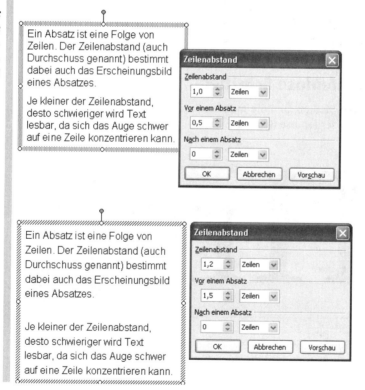

○ Auch Schriftschnitte wie Kursiv, Fett etc. (vom Normalschnitt abweichende Schnitte), können die Lesbarkeit eines Textes negativ beeinflussen, wobei von allen Varianten der Kursivschnitt offenbar noch am schnellsten gelesen werden kann. Für die schnelle Informationsaufnahme von Texten setzen Sie am besten geläufige, vertraute Schriften ein. Lesen ist an Konventionen gebunden.

Texte und Tabellen

- Die Lesbarkeit hängt aber auch davon ab, auf welchem Untergrund die Schrift dargestellt wird. Wird eine Präsentation auf einem Bildschirm vorgeführt, haben auch Einstellungen wie der Bildschirmkontrast Einfluss. Untersuchungen haben ergeben, dass weißer Text auf schwarzem Hintergrund um 11% schwerer lesbar ist.

- Auch die Textausrichtung ist wesentlich für die Lesbarkeit. Linksbündiger Flattersatz lässt sich von allen Ausrichtungsarten am leichtesten lesen.

- Rein in Versalien (Großbuchstaben) gesetzte Texte lassen sich um zirka 12% schlechter lesen als Texte mit regulären Groß- und Kleinbuchstaben.

Abbildung 2.20:
Rein in Versalien gesetzte Texte bilden unterschiedslose Zeilenbänder, die weniger leicht gelesen werden können als regulär in Groß- und Kleinbuchstaben gesetzter Text

Serifen- und serifenlose Schriften

Anders als in gedruckten Medien sind die meisten Serifenschriften in Präsentationen etwas schwerer lesbar als serifenlose Schriften.

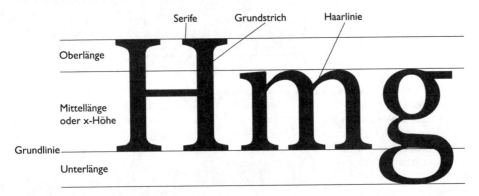

Abbildung 2.21:
Schriftbestandteile einer Serifenschrift

Allerdings gibt es verschiedene Serifenschriften, die meist speziell für die Darstellung am Bildschirm entwickelt wurden und die auch für Präsentationen sehr gut geeignet sind. Durchweg weisen diese Schriften Serifen mit kräftigen Strichen und hohe Mittellängen aus. Beispiele dafür sind Rockwell und Georgia.

Rockwell wirkt mit ihren geraden Serifen allerdings immer etwas starr. Die freundlichere Georgia ist eine hervorragende Präsentationsschrift, die ohne Einschränkungen zu empfehlen ist.

Rockwell
Georgia

Die Mittellänge

Für Präsentationen eignen sich am besten Schriften mit etwas erhöhter Mittellänge. Die Mittellänge ist maßgeblich für die Wahrnehmung von Kleinbuchstaben. Ist die Mittellänge einer Schrift etwas erhöht, werden wichtige Buchstabenteile besser dargestellt und erkannt.

Eine Faustregel dazu lautet: Die Mittellänge sollte ein wenig höher sein als die Hälfte der Buchstabenhöhe.

Der Buchstabenabstand

Bei der Schriftwahl sollten Sie auch auf den Buchstabenabstand der in die engere Wahl kommenden Schrift achten. Für Präsentationen sind Schriften mit etwas größeren Abständen zwischen den einzelnen Buchstaben gut geeignet. Ein zu großer Buchstabenabstand wiederum würde die Lesbarkeit erschweren, da die Zusammengehörigkeit verloren ginge.

Die Unverwechselbarkeit der Buchstaben

Bei der Schriftwahl für Präsentationen sollten Sie besonders darauf achten, dass einzelne Buchstaben nicht verwechselt werden können. Vergleichen Sie dazu einmal kritische Buchstabenkombinationen der verschiedensten, auf den ersten Blick präsentationstauglichen Schriften. Je eindeutiger die Buchstabenformen, desto einfacher lesbar ist die jeweilige Schrift.

Ilona isst gerne Gouda
Ilona isst gerne Gouda

Schriftfamilien

Neuere, professionelle Schriftarten verfügen meist über eine ganze Reihe von verschiedenen Schnitten. Alle diese Schnitte zusammengenommen ergeben die Schriftfamilie. Wenn Sie eine für Präsentationen geeignete Schrift gefunden haben, bedeutet das nicht, dass deren Familienmitglieder ebenso gut geeignet sind.

Franklin Gothic

Franklin Gothic Demi

Franklin Gothic Demi Condensed

Franklin Gothic Heavy

Franklin Gothic Medium

Franklin Gothic Medium Condensed

Abbildung 2.24:
Die Schriftfami-
lie Franklin
Gothic – die Con-
densed-Schnitte
sind für Präsen-
tationen weniger
geeignet

Zusammenfassung

Hier die wichtigsten Punkte noch einmal im Überblick:

Die beste Lesbarkeit in Präsentationen erreichen Sie mit serifenlosen Schriften, deren Schriftbild weit und rund ist und normal starke Striche aufweist. Enge und hohe Schriften sowie Schriften mit niedriger Mittellänge sind in Präsentationen schwerer zu lesen.

Geeignet sind Schriften mit den folgenden Charakteren:

- Die Formen sollten klar und gut unterscheidbar sein.
- Das Schriftbild sollte weit und offen sein.
- Die Schrift sollte kräftige Striche haben.
- Die Laufweite sollte etwas höher sein.

Weniger geeignet sind Schriften mit den folgenden Charakteren:

- Verschiedene Buchstaben lassen sich schlecht unterscheiden und könnten verwechselt werden.
- Die Buchstaben sind schmal, die Laufweite eng.
- Die Schrift enthält feine Serifen und feine Striche.

Abbildung 2.25:
Geeignete
Schriften für
Präsentationen

Tahoma

Georgia

Lucida Fax

Comic Sans

ALGERIAN

Gigi

Niagara Solid

Edwardian Script

Microsoft verwendet häufig Schriften, die sich nicht nur für die Darstellung am Bildschirm, sondern auch in Präsentationen sehr gut eignen – die so genannten Web-Core-Fonts:

- Andale Mono
- Arial
- Georgia
- Courier New
- Impact
- Times New Roman
- Verdana
- Trebuchet

Besonders Georgia und Verdana sind hervorragende Präsentationsschriften, die ausgezeichnet geschnitten und gut lesbar sind. Die meisten dieser Schriften sind in Office bereits vorinstalliert.

Die Anmutung

Neben den Überlegungen zur leichten Lesbarkeit ist auch die Anmutung der Schrift von Bedeutung. Verschiedene präsentationstaugliche Schriften weichen in ihrer Anmutung teilweise stark voneinander ab. Die Anmutungsqualität einer Schrift kann beispielsweise streng, heiter, elegant oder nüchtern sein. Der Leser nimmt die feinen Nuancen, die jedes Schriftbild ausstrahlt, meist unbewusst auf (selbst in kleinen Schriftgraden). Dies weckt entsprechende Emotionen und Assoziazionen – die Schrift wird nicht nur gelesen, sondern gleichzeitig als Ganzes bildhaft wahrgenommen. Diese Schriftbilder werden vom ästhetischen Bewusstsein gewertet.

In Untersuchungen ergab sich unter anderem, dass Schriften wie Comic Sans, Bradley Hand oder Monotype Corsiva den Untersuchungsteilnehmern als mit mehr Persönlichkeit ausgestattet schienen als Times New Roman, Tahoma, Courier etc. Jugendlich wirkten Schriften wie Comic Sans, Georgia und Verdana. Am schlechtesten schnitten in dieser Beziehung Times New Roman und Courier ab. Als besonders geschäftsmäßig erschienen Schriften wie Times New Roman und Courier, aber auch Century Schoolbook, Arial, Tahoma und Verdana schnitten hier gut ab.

In der folgenden Abbildung sehen Sie unten ein deutliches Beispiel für die Nicht-übereinstimmung zwischen Schrift und Inhalt. Eine solche Nichtübereinstimmung erschwert es dem Betrachter, den Sinn des gezeigten Wortes auf Anhieb zu interpretieren.

Oben sehen Sie dieselben Wörter, wobei hier die Schriftwahl die Aussage des Wortes unterstützt. Es wird dadurch nicht nur leichter erfassbar, sondern erscheint auch »glaubwürdiger«, weil stimmig. Allerdings empfiehlt es sich in den meisten Fällen nicht, die gewünschten Assoziationen auf solch vordergründige Weise herzustellen – ein Text über Gletscher sollte eben nicht aus Buchstaben bestehen, die wie schmelzendes Eis aussehen usw. Die Buchstaben sollen ja nicht den Inhalt des Textes bildlich darstellen – sie sind keine Piktogramme (eine Ausnahme ist das Design von Logos etc.; hier können Sie durchaus zu derartigen Mitteln greifen).

Eleganz

Schwerindustrie

Backwaren

Eleganz

Schwerindustrie

Backwaren

Abbildung 2.27:
Oben: Übereinstimmung zwischen Schrift und Inhalt. Unten: Nichtübereinstimmung zwischen Schrift und Inhalt.

Ein rein formaler Gesichtspunkt für die Schriftwahl ist die Beziehung der Schriftform zum Textinhalt. Diese kann klar kontrastieren, exakt oder nur andeutungsweise übereinstimmen. Wenn Ihr Thema literarisch oder historisch ist, können Sie versucht sein, die Zeitperiode des Textes durch die Wahl einer Schrift aus dieser Epoche zu unterstreichen.

Dies ist aber – gerade bei Präsentationen, die ja strenge Einschränkungen bezüglich der guten Lesbarkeit der verwendeten Schrift fordern – häufig nicht möglich und auch gar nicht erwünscht. In diesem Fall ist es oft besser, sich über den grafischen Wert der Buchstaben und die daraus resultierenden Assoziationen klar zu werden – manche Schriften wirken glatt und präzise, andere grob. Die Breite des Grundstrichs und sein Verhältnis zur Buchstabenhöhe erzeugen schmale oder breite, fette oder leichte Buchstaben. Diese Proportionen und die fett-leicht-Kontraste lassen manche Schriften luftig und schlank, andere dunkel und schwer wirken.

Auch die Proportionen der Grundstriche und der Verbindungen zwischen ihnen erzeugen Assoziationen wie rund, weich, pointiert, hart etc. Nicht zu vergessen der Schriftrhythmus – er kann fließend, intensiv, schwingend, rigide, kontrolliert oder monoton sein. Eine Schrift kann kraftvoll, energiereich oder zurückhaltend und sachlich wirken.

Abbildung 2.28:
Beispiele für die
Anmutung ver-
schiedener
Schriften

English Vivace — elegant, schwungvoll

Franklin Gothic — nüchtern, sachlich

Freestyle Script — informell

Curlz — verspielt

Garamond — gediegen, klassisch

Broadway — auffallend, plakativ

Harte Fakten oder technische Themen werden meist besser durch eine einheitliche, nüchtern wirkende serifenlose Schrift dargestellt. Eine Serifenschrift eignet sich besser für einen menschlichen, emotionalen Ton.

Natürlich sind solche Attribute stets relativ und nicht jede Schrift kann auf diese Weise eindeutig charakterisiert werden.

In Präsentationen sind klare und zurückhaltende, moderne Schriften meist sehr erfolgreich. Versuchen Sie aber auf jeden Fall, die Schrift dem Inhalt und emotionalen Ton des Textes anzupassen. Dieses Treffen des richtigen Tons ist ein wichtiger Teil der kommunikativen Funktion der Typografie – Sie fördern dadurch bewusste und unbewusste Assoziationen.

Schriften mischen

Das Mischen von Schriften und Schriftschnitten ist eine beliebte Methode der Textgestaltung. Die Kombinationen sind unerschöpflich, jedoch können nicht alle Schriftarten mit harmonischem Ergebnis miteinander gemischt werden. Unproblematisch ist es, Schriften aus einer Familie, z.B. kursive und fette Schnitte einer Schrift, zu mischen. Der Charakter einer gut gestalteten Schriftfamilie ist immer übereinstimmend und zueinander passend.

Sie sollten hierbei nur vermeiden, zu viele Schriften miteinander zu mischen, um Unruhe und ein inkonsistentes Aussehen in die Folie zu bringen. Günstiger ist es im Allgemeinen, nicht mehr als zwei oder drei verschiedene Schriften zu verwenden.

Wenn Sie Schriftarten, die nicht einer Schriftfamilie zugehören, miteinander mischen möchten, gibt es keine vorgefertigten Rezepte. Auf jeden Fall sollten Sie auf die Formmerkmale achten. Denn das Mischen von Schriften mit ähnlichen, aber nicht identischen Formmerkmalen führt fast unweigerlich zu einem unschönen Ergebnis. Vermeiden sollten Sie es demgemäß beispielsweise, eine Times mit einer Bodoni zu mischen. Auch verschiedene Linear-Antiqua-Varianten, z.B. Arial und Century Gothic, wirken miteinander meist unharmonisch.

Helvetica
Century Gothic

Abbildung 2.29:
Kein schönes Ergebnis – die Grotesk-Schriften Helvetica und Century Gothic passen nicht zueinander.

Times New Roman
Garamond

Abbildung 2.30:
Dasselbe gilt für Times New Roman und Garamond

An der zweiten unharmonischen Mischung – Times New Roman und Garamond – lässt sich noch etwas anderes ablesen. Garamond ist eine eher lebendige, »laufende« Schrift. Eine solche Schrift passt nicht zu einer statischen Schrift wie der Times New Roman.

Aus diesem Grund passen beispielsweise die Gill Sans und die Garamond ganz gut zueinander – beides sind »laufende« Schriften, die einen deutlichen Drang nach rechts zeigen.

Gill Sans
Garamond

Abbildung 2.31:
Gill Sans und Garamond harmonieren miteinander ...

Die Helvetica und die Times New Roman hingegen sind »stehende« Schriften, die ebenfalls zueinander passen.

Helvetica
Times New Roman

Abbildung 2.32:
... ebenso Helvetica und Times New Roman

Grundsätzlich gilt: Wenn Sie Schriften mit harmonischem Ergebnis mischen möchten, sollten Sie auf einen übereinstimmenden Duktus achten.

Oder Sie gehen einen anderen Weg: Verwenden Sie Schriften, deren Duktus so weit auseinander liegt, dass ein entschiedener Kontrast besteht. Ein Beispiel dafür zeigt die folgende Abbildung.

Futura Medium

Times New Roman

Das Mischen von Kursiv- und Schreibschriften sollten Sie ebenfalls vermeiden. Hier wirkt zudem die normalerweise abweichende Schräglage besonders fatal.

Bradley Hand

Georgia kursiv

Je stärker übrigens der Größenunterschied zwischen zwei gemischten Schriften ist, desto eher können Sie auch einmal von den üblichen Regeln abweichen, desto freier können Sie in Ihren Schriftmischungen sein.

Technische Fragen

Neben den beschriebenen gestalterischen gibt es beim Einsatz von Schriften in Präsentationen auch immer wieder technische Probleme.

TrueType oder Type 1?

Prinzipiell arbeitet PowerPoint gleich gut mit allen üblichen Schriftformaten, z.B. TrueType und PostScript Type 1.

HINWEIS Wenn Sie neue Schriften für die Verwendung mit Ihrer Authoring-Anwendung kaufen, sollten Sie sich vergewissern, dass es keine Einbettungs-Einschränkungen gibt. Mehr über die Hintergründe erfahren Sie weiter unten.

Die bei der Gestaltung von Medien für den professionellen Druck meist bevorzugten PostScript-Type-1-Schriften sind für PowerPoint-Präsentationen allerdings nicht unbedingt ideal. Bei der Anzeige am Bildschirm und im Druck stimmt das Ergebnis nicht unbedingt überein. Wenn Sie Ihre Präsentation ohnehin nur über Ihren eigenen Computer vorführen möchten, ist das relativ gleichgültig.

In allen anderen Fällen sollten Sie jedoch lieber mit TrueType-Schriften arbeiten, um auf der sicheren Seite zu bleiben. Auch wenn Sie die Schriften in Ihr Dokument einbetten möchten, um die Präsentation ohne mögliche Fontprobleme auf einem anderen Computer abspielen zu können, müssen Sie TrueType-Schriften verwenden.

TIPP TrueType- und Type-1-Schriften lassen sich im Dialogfeld *Zeichen* (*Format/Zeichen*) leicht unterscheiden:

T⃗T TrueType-Schriften zeigen vor dem Schriftnamen ein doppeltes T.

 Type-1-Schriften zeigen ein kleines Druckersymbol.

Schrifteinbettung

Wenn Sie Präsentationen weitergeben oder auf einem anderen Computer als Ihrem Entwicklungsrechner vorführen müssen, ist es wichtig, dass das Layout Ihrer Präsentation inklusive aller typografischen Merkmale beibehalten wird.

Eine Voraussetzung dafür ist die Einbettung der verwendeten Schriften in die PPT-Datei. Denn nur dann stehen die Original-Schriftinformationen zur Verfügung, auch wenn auf dem Abspielrechner die verwendete TrueType-Schrift eigentlich gar nicht installiert ist.

Die grundsätzliche Vorgehensweise:

Wählen Sie die Befehlsfolge *Datei/Speichern unter* und klicken Sie im oberen rechten Bereich auf die Schaltfläche *Extras*. Wählen Sie aus dem angezeigten Menü den Befehl *Optionen speichern* und aktivieren Sie hier das Kontrollkästchen *TrueType-Schriftarten einbetten*. Wenn eine Schrift nicht eingebettet werden kann, erhalten Sie von PowerPoint eine Meldung.

Für eine erfolgreiche Schrifteinbettung sollten Sie – wie oben bereits erwähnt – prinzipiell mit TrueType-Schriften arbeiten. Leider können Sie aber auch nicht jede TrueType-Schrift in Ihr PPT-Dokument einbetten. Dies funktioniert nur, wenn der Schrifthersteller sie zum Einbetten freigibt. Dafür sind die Einbettungs-Flags in TrueType-Schriften verantwortlich.

Um herauszufinden, ob Sie eine bestimmte Schrift einbetten können, laden Sie sich dazu eine kostenlose Erweiterung namens **Font Properties Extension** von der Microsoft Typography-Site herunter: *http://www.microsoft.com/typography/True-TypeProperty21.mspx*

Sobald Sie die Extension installiert haben, können Sie die Schriften einzeln überprüfen.

Dazu benötigen Sie den Schriftenordner (*C:\Windows\Fonts*) von Windows. Dort klicken Sie mit der rechten Maustaste auf eine Schrift und wählen den Befehl *Eigenschaften*. Im folgenden Dialogfeld erhalten Sie sämtliche in Frage kommenden Informationen über eine Schrift. Darunter sehen Sie auch die Einbettungsrechte.

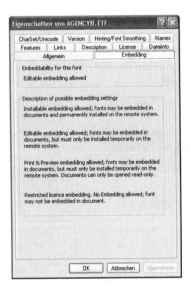

Abbildung 2.35:
Die Register-karte Embedding *der Font-Eigen-schaften*

Es gibt die folgenden Einbettungs-Flags:

- *Restricted License embedding:* Die Schrift darf überhaupt nicht eingebettet werden.
- *Print and preview embedding:* Die Schrift darf nur für den Ausdruck und die Darstellung am Bildschirm eingebettet werden.
- *Editable embedding:* Die eingebettete Schrift darf bearbeitet werden.
- *Installable embedding:* Die eingebettete Schrift darf extrahiert und auf dem Rechner installiert werden.

In PowerPoint können nur Schriften mit dem Flag *Restricted License Embedding* nicht eingebettet werden.

ACHTUNG | Neben technischen müssen Sie bei der Fonteinbettung auch rechtliche Gesichtspunkte beachten. Wenn Sie eine Schrift kaufen, erwerben Sie ja für gewöhnlich nur ein begrenztes Nutzungsrecht an ihr – es sei denn, Sie haben einen Typografen beauftragt, eine Firmenschrift exklusiv für Sie zu gestalten. Im Grunde genommen gleicht dieser Umstand der Rechtslage beim Kauf von Software. Wie hier gibt es beim Kauf von Schriften Lizenzbedingungen, die Sie unbedingt einhalten müssen. Ebenso wenig wie Software, dürfen Schriften einfach kopiert und weitergegeben werden – auch nicht an Ihren Druckdienstleister etc. Schließlich müssen die Typografen und Schriftenfirmen auch etwas verdienen – andernfalls wäre die große Vielfalt der Typografie in Gefahr.

Die Alternative zur Einbettung: Schriften in Vektoren konvertieren

Häufig kommt es vor, dass eine Schrift sich nicht einbetten lässt. Oder aber Sie möchten nur einige wenige Schriftzeichen einsetzen und das Einbetten der Schrift würde die Dateigröße der Präsentation nur unnötig erhöhen.

In diesem Fall können Sie den einzelnen Schriftzug in einem Vektorgrafikprogramm vorbereiten, wie z.B. CorelDRAW, Adobe Illustrator, Macromedia Freehand/Flash etc. Der Text wird dann in ein Vektorformat wie z.B. EMF oder WMF exportiert und kann anschließend mit *Einfügen/Grafik* in PowerPoint als Grafik importiert werden. Dadurch wird er automatisch in die Präsentation eingebettet.

Schriften ersetzen

Manchmal geschehen eigenartige Dinge, z.B.: Sie wollen Ihre Präsentation speichern und erhalten von PowerPoint eine Meldung mit der Nachricht, dass eine bestimmte Schrift nicht eingebettet werden kann. Sie wissen aber, dass Sie diese Schrift in der Präsentation überhaupt nicht verwendet haben.

In diesem Fall ersetzen Sie die Schrift einfach durch eine andere Schrift:

1. Wählen Sie die Befehlsfolge *Format /Schriftarten ersetzen*.
2. Im folgenden Dialogfeld wählen Sie aus dem Listenfeld *Ersetzen* die Schriftart aus, die nicht eingebettet werden konnte, weil sie erst gar nicht verwendet wurde.
3. Gleich darunter wählen Sie aus dem Listenfeld *Durch* eine Schrift aus, die Sie in Ihrer Präsentation tatsächlich verwendet haben.

4. Klicken Sie auf die Schaltfläche *Ersetzen*. Sobald die Prozedur durchgeführt wurde, wird die Schaltfläche *Ersetzen* ausgeblendet, sodass nur noch die Schaltfläche *Schließen* sichtbar ist.

5. Schließen Sie das Dialogfeld.

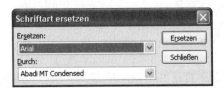

Abbildung 2.36:
Schriften durch
andere Schriften
ersetzen lassen

Selbstverständlich können Sie diese Funktion auch verwenden, wenn Sie einfach die in der Präsentation verwendete Schriftart ändern möchten. PowerPoint arbeitet jede Folie ab und ersetzt alle Vorkommen der Schrift.

Nach dem Ersetzen kann es allerdings vorkommen, dass das Layout Ihrer Präsentation nicht mehr passt, weil die neue Schrift beispielsweise weiter oder schmaler läuft als die ersetzte. Wenn Sie in Ihrer Präsentation AutoFormen, Tabellen oder Diagramme eingefügt haben, sollten Sie nach Änderung der Schriftart überprüfen, ob alle Elemente noch zueinander passen.

3 Grafische Elemente

Grafische Elemente für Ihre Präsentation

Präsentationsfolien, die ausschließlich Texte zeigen, wirken trocken und können die Teilnehmer auf Dauer ermüden. Schließlich soll eine Präsentation auch kein Ersatz für einen Vortrag sein, sondern diesen visuell unterstützen. Bilder werden im Unterschied zu Texten im Gehirn mit geringer Anstrengung mehr oder weniger automatisch verarbeitet. Texte werden gewissermaßen analytisch, Bilder ganzheitlich verarbeitet. Für eine wirksame Präsentation ist deshalb der Einsatz von bildhaften Elementen, ob es nun Vektorgrafiken, Fotos oder Schaubilder und Diagramme sind, sehr wichtig.

AutoFormen für die Präsentation zeichnen

Schnell und einfach lassen sich AutoFormen erstellen. Es handelt sich um schlichte Vektorgrafiken. AutoFormen stehen in allen Office-Anwendungen zur Verfügung.

HINWEIS Vektorgrafiken bestehen stets aus Linien und Kurven mit Start- und Endpunkten und den daraus resultierenden Flächen. Bitmap-Grafiken, auf die wir weiter unten eingehen werden, setzen sich im Gegensatz dazu aus einzelnen Bildpunkten zusammen. Vektorgrafiken haben geringere Dateigrößen als Bitmaps und eignen sich daher meist besser für PowerPoint-Präsentationen. Präsentationen mit vielen Bitmaps und daraus resultierender umfangreicher PPT-Datei ruckeln eventuell oder laufen verlangsamt ab.

Abbildung 3.1:
Die Symbolleiste
Zeichnen

Sämtliche AutoFormen finden Sie in der Symbolleiste *Zeichnen* am unteren Rand des Programmfensters (*Ansicht/Symbolleisten/Zeichnen*), wenn Sie auf die Schaltfläche *AutoFormen* klicken. Es öffnet sich dann ein Menü, in dem die AutoFormen in verschiedenen Kategorien gruppiert sind.

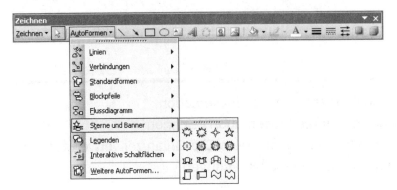

Abbildung 3.2:
Die meisten AutoFormen finden Sie im gleichnamigen Menü in der Symbolleiste Zeichnen

Neben den im Menü AutoForm enthaltenen Formen können Sie auch die folgenden Schaltflächen verwenden:

Symbol	Erläuterung
\	Mit diesem Werkzeug ziehen Sie gerade Linien. Halten Sie zusätzlich noch die **Umschalt**-Taste gedrückt, bewegen Sie die Linie in 15-Grad-Schritten, bevor Sie sie endgültig zeichnen.
↘	Über die Schaltfläche *Pfeil* zeichnen Sie eine Linie mit einer Pfeilspitze am Ende. Auch hier können Sie zusätzlich noch die **Umschalt**-Taste gedrückt halten, um den Pfeil in 15-Grad-Schritten zu bewegen.
□ ○	Mit der Schaltfläche *Rechteck* bzw. der Schaltfläche *Ellipse* zeichnen Sie Rechtecke und Ellipsen, mit gedrückter **Umschalt**-Taste Quadrate bzw. Kreise.

Tabelle 3.1:
Einige Schaltflächen der Symbolleiste Zeichnen

TIPP

Eine Form in der Standardgröße und -proportion erstellen Sie, indem Sie die gewünschte Schaltfläche auf der *Zeichnen*-Symbolleiste mit einem Mausklick aktivieren und einfach auf die Folie klicken.

Die erstellte AutoForm ist direkt nach dem Erstellen ausgewählt und verfügt über acht runde Ziehpunkte bzw. – bei Linien oder Pfeilen – zwei Ziehpunkte, für den Start- und den Endpunkt, sowie einen grünen runden Punkt. Letzterer stellt den Drehpunkt des Objekts dar. Klicken und ziehen Sie am grünen Punkt, dreht sich das Objekt um seinen Mittelpunkt.

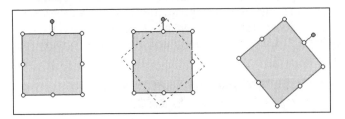

Abbildung 3.3:
Ein Quadrat drehen

Außer dem grünen Punkt gibt es bei manchen AutoFormen noch ein weiteres Symbol, eine gelbe Raute. Es handelt sich hierbei um den so genannten Korrekturziehpunkt. Über diesen Punkt verändern Sie per Drag & Drop die Geometrie des jeweiligen Objekts. Manche AutoFormen besitzen sogar zwei Korrekturziehpunkte.

Abbildung 3.4:
Mit dem Korrekturziehpunkt lässt sich die Geometrie eines Objekts verändern

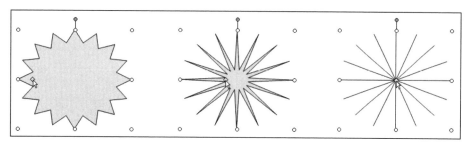

AutoFormen bearbeiten

Ein Doppelklick auf eine AutoForm auf der Folie öffnet das Dialogfeld *AutoForm formatieren*. In mehreren Registerkarten haben Sie hier die Möglichkeit, das Aussehen Ihrer Form bezüglich Größe, Platzierung, Farbe usw. genau anzupassen.

Besonders erwähnenswert ist die Möglichkeit, auf der Registerkarte *Farben und Linien* eine stufenlose Transparenz von 0 bis 100 Prozent zuzuweisen. Sie erzielen damit sehr attraktive Effekte, beispielsweise für den Hintergrund Ihrer Präsentation.

Abbildung 3.5:
Folienmaster-Entwürfe mit transparenten AutoFormen

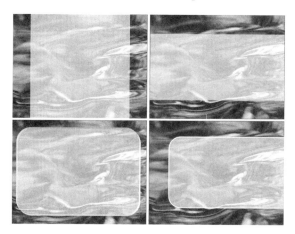

Weitere Schaltflächen auf der Symbolleiste Zeichnen

Abgesehen von den bisher vorgestellten Schaltflächen, bietet die Symbolleiste *Zeichnen* noch weitere Funktionen:

- Über die Schaltfläche *Zeichnen* öffnen Sie ein Menü mit Funktionen für die nachträgliche Bearbeitung von bereits gezeichneten Objekten.

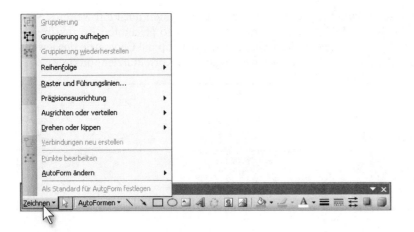

Symbol	Erläuterung
	Die Schaltfläche *Objekte markieren* ist nach dem Erstellen einer Form standardmäßig aktiviert. Zum Auswählen eines Objekts klicken Sie es mit diesem Werkzeug an. Um mehrere Objekte auszuwählen, halten Sie die **Umschalt**-Taste gedrückt und klicken die gewünschten Objekte an. Alternativ ziehen Sie ein Auswahlrechteck um die Objekte. Alle Objekte, die vollständig vom Auswahlrechteck eingeschlossen sind, werden markiert.
	Die Schaltfläche *Füllfarbe* stellt verschiedene Füllungsfarben- und arten (Farbverläufe, Strukturen, Muster etc.) zur Verfügung, die Sie markierten AutoFormen zuweisen können.
	Über die Schaltfläche *Linienfarbe* färben Sie Linien und die Umrisse von Objekten. Sie können hier auch gemusterte Linienarten auswählen.
	Über die Schaltfläche *Schriftfarbe* können Sie einem markierten Text eine andere Farbe zuweisen.
	Die Schaltfläche *Linienart* öffnet eine Palette mit verschiedenen Stärken für Objektumrisse oder Linien.
	Die Schaltfläche *Strichart* zeigt eine Palette mit verschiedenen Linienarten für Linien und Objektumrisse an.
	Die Schaltfläche *Pfeilart* verfügt über ein Menü mit verschiedenen Pfeilarten, die Sie einer markierten Linie zuweisen können.
	Die Schaltfläche *Schattenart* öffnet ein Menü mit verschiedenen Schattenarten, die Sie einem markierten Objekt zuweisen können. Bei Bedarf können Sie auch selbst einen Schatten entwerfen, indem Sie im Menü auf die Schaltfläche *Schatteneinstellungen* klicken und mit der angezeigten Symbolleiste einen zugewiesenen Schatten verändern.
	Die Schaltfläche *3D-Art* zeigt ein Menü mit verschiedenen 3D-Effekten für Objekte. Hier haben Sie auch die Möglichkeit, selbst einen 3D-Effekt zu entwickeln, indem Sie im Menü auf die Schaltfläche *3D-Einstellungen* klicken. Danach können Sie mit der gleichnamigen Symbolleiste einen bereits zugewiesenen 3D-Effekt bearbeiten.

Abbildung 3.7:
Über die Symbol-
leiste 3D-Einstel-
lungen bearbeiten
Sie einen zuge-
wiesenen
3D-Effekt nach-
träglich

Bézierkurven

Bézierkurven bestehen aus Knoten, mit denen Sie Linien, Pfade, Kurven und die daraus resultierenden Flächen verändern können. Diese Möglichkeit ist nicht nur zum Zeichnen von frei geformten Objekten wichtig, sondern auch zum Erstellen von Animationspfaden (siehe Kapitel 5).

Um in PowerPoint eine Bézierkurve zu erstellen, benötigen Sie die Werkzeuge *Kurve* oder *Freihandform* aus der Kategorie *Linien* des *AutoFormen*-Menüs.

TIPP Falls Sie diese Schaltflächen häufiger benötigen, öffnen Sie die Kategorie *Linien* und ziehen sie an der gepunkteten Kopfzeile an eine beliebige Stelle – sie wird als eigenständige Palette angezeigt und erspart Ihnen den längeren Weg über die Schaltfläche *AutoFormen*.

Abbildung 3.8:
Die Schaltflä-
chen zum Linien-
zeichnen wurden
als eigene Palette
frei auf dem Bild-
schirm abgelegt

Mit dem Werkzeug *Kurve* erzielen Sie von vornherein schöne, glatte Bézierkurven:

Nachdem Sie das Werkzeug ausgewählt haben, klicken Sie auf den Anfangspunkt, ziehen mit der Maus und klicken dorthin, wo der nächste Wendepunkt der Kurve sein soll. Auf diese Weise können Sie beliebig viele Punkte setzen. Zum Schluss doppelklicken Sie, um die Kurve zu beenden.

TIPP Wie auch bei den meisten Grafikprogrammen können Sie mit gedrückter Umschalt-Taste beim Klicken die zu erstellende Linie um 15-Grad-Schritte bewegen.

Um mit dem Werkzeug *Freihand* attraktive Kurven zu erstellen, ist recht viel Übung gefragt, denn das Werkzeug reagiert auf jede Mausbewegung: Halten Sie die Maustaste permanent gedrückt und zeichnen Sie, wie Sie es auch mit einem Stift auf Papier tun würden.

Kurven bearbeiten

Jede Kurven können Sie nachträglich noch bearbeiten.

Klicken Sie diese mit der rechten Maustaste an und wählen Sie aus dem Kontextmenü den Befehl *Punkte bearbeiten*. Sie können den Befehl auch über die *Zeichnen*-Schaltfläche der Symbolleiste *Zeichnen* erreichen.

Grafische Elemente

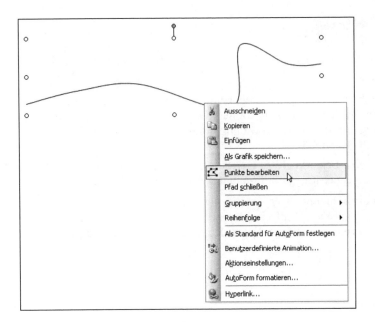

Abbildung 3.9:
Die Funktion
Punkte bearbeiten
aktivieren

Nachdem Sie die Funktion aktiviert haben, werden die Knotenpunkte der Bézierkurve in Form von kleinen schwarzen Quadraten angezeigt. Diese Quadrate sind verantwortlich für die Kurvenform, wie Sie weiter unten noch sehen werden.

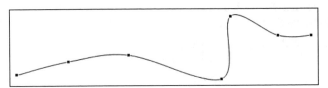

Abbildung 3.10:
Die bearbeitbaren Punkte sind eingeblendet

1. Um der Zeichnung einen Punkt hinzuzufügen, klicken Sie mit der rechten Maustaste auf die Stelle der Kurve, wo der Punkt eingefügt werden soll. Aus dem geöffneten Kontextmenü wählen Sie den Befehl *Punkt hinzufügen*.

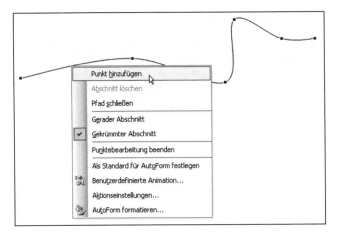

Abbildung 3.11:
Der Zeichnung einen Punkt hinzufügen

2. Daraufhin wird an exakt dieser Position, wo Sie mit der rechten Maustaste geklickt haben, ein neues Quadrat (ein neuer Knotenpunkt) hinzugefügt. Mithilfe dieses Punkts haben Sie nun mehr Möglichkeiten, die Kurve exakt zu formen, wie Sie nachfolgend sehen werden.

Abbildung 3.12:
Der neu einge-
fügte Scheitel-
punkt

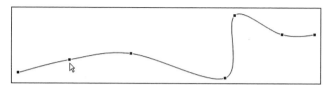

TIPP Noch schneller geht es, wenn Sie mit gedrückter Strg-Taste auf die gewünschte Stelle klicken. Mit der gleichen Vorgehensweise können Sie einen eingefügten Punkt auch wieder löschen.

3. Der eingefügte Punkt ist in der Grundeinstellung ein so genannter *AutoPunkt*. Bei Bedarf konvertieren Sie ihn in einen *Übergangspunkt*, einen *Glättungspunkt* oder einen *Eckpunkt*. Im Kontextmenü des jeweiligen Punkts finden Sie die entsprechenden Befehle.

Abbildung 3.13:
Die verschiede-
nen Punktarten
im Kontext-
menü. Standard-
mäßig wird beim
Einfügen eines
neuen Punkts ein
AutoPunkt ver-
wendet.

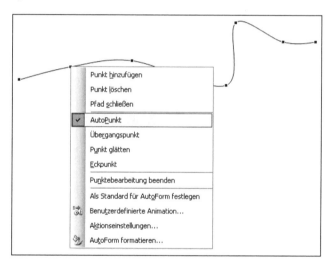

Wählen Sie die gewünschte Punktart aus, erscheint am Punkt eine blaue Linie mit zwei Quadraten an den Enden. Über diese Linie verändern Sie nun die Kurvenform: Klicken und ziehen Sie mit gedrückter Maustaste an einem dieser Quadrate, um die angrenzenden Kurvensegmente zu formen. Dabei hilft Ihnen die rot gestrichelte Liniendarstellung, die die neue Form simuliert. Erst wenn Sie die Maustaste loslassen, wird die Kurve erzeugt.

Übergangspunkte, Glättungspunkte und Kurvenpunkte

Auf welche Weise sich die angrenzenden Kurvensegmente ändern, hängt von der gewählten Punktart ab:

- Eckpunkte stellen eine Art Gelenk zwischen zwei Liniensegmenten dar.
- Übergangspunkte und Glättungspunkte entstehen beim Erstellen von gebogenen, weichen Übergängen zwischen zwei nebeneinander liegenden Kurven. Mit den

---

Ziehpunkten verändern Sie die Krümmung der Kurve, indem Sie sie mit gedrückter Maustaste in die gewünschte Richtung ziehen. Beachten Sie, dass bei diesen Punkten beide Ziehpunkte für die Krümmung wichtig sind und diese beeinflussen. Je weiter die Griffpunkte gezogen werden, desto stärker wird die Krümmung. Sobald Sie die Maustaste freigeben, wird die Änderung ausgeführt. Je länger Sie eine Grifflinie herausziehen, desto stärker wird die angrenzende Kurve gekrümmt. Denn der Abstand der Griffpunkte zum Ankerpunkt bestimmt die Krümmung der Kurve. Der Winkel der Ziehpunkte zum Kurvenpunkt bestimmt die Neigung der Kurve. Bei Übergangspunkten sind die beiden Grifflinien stets gleich lang, bei Glättungspunkten bestimmen Sie die Länge der beiden Grifflinien durch Ziehen gesondert. Ziehen Sie so lange an den Griffpunkten, bis die Kurve Ihren Vorstellungen entspricht.

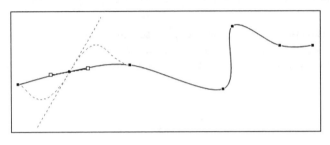

Abbildung 3.14:
Die Kurve beim
Bearbeiten. Die
gestrichelte Linie
stellt den neuen
Verlauf dar.

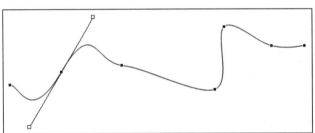

Abbildung 3.15:
Der neue Verlauf
wurde erstellt

Bei Bedarf können Sie den Punkt auch an eine andere Stelle verschieben. Dazu klicken und ziehen Sie direkt am Punkt selbst. Währenddessen wird die Veränderung wieder durch eine gestrichelte Linie dargestellt.

Wenn Sie fertig sind, beenden Sie die Punktbearbeitung. Dazu klicken Sie entweder auf eine freie Stelle der Folie oder Sie öffnen das Kontextmenü und wählen den Befehl *Punktbearbeitung beenden.*

Bei Bedarf können Sie eine offene Zeichnung automatisch schließen lassen, indem Sie das Kontextmenü aufrufen und den Befehl *Pfad schließen* wählen. Dadurch werden die beiden Endpunkte miteinander durch eine Gerade verbunden und die Form geschlossen.

TIPP

Folienelemente am unsichtbaren Gitternetz ausrichten

Sicherlich ist Ihnen beim Arbeiten mit PowerPoint-Objekten bereits aufgefallen, dass diese beim Skalieren oder Bewegen immer wieder an bestimmten Stellen einrasten. Auf jeder Folie verbirgt sich ein unsichtbares Gitternetz, das standardmäßig aktiviert ist. Über dieses unsichtbare Raster können Sie Objekte schnell und einfach nebeneinander oder untereinander anordnen.

In manchen Fällen kann die Einrastfunktion am Gitternetz aber auch lästig sein, wenn Sie z.B. Objekte in kleinen Schritten verschieben oder vergrößern möchten. Dann deaktivieren Sie das Einrasten zeitweise, indem Sie beim Skalieren oder Verschieben eines Objekts einfach zusätzlich die Alt-Taste gedrückt halten. Das Element lässt sich daraufhin frei bewegen.

Gitternetz einblenden

Wahlweise lässt sich das Gitternetz auch sichtbar machen. Dazu wählen Sie die Befehlsfolge *Ansicht/Raster und Führungslinien*, um diese Hilfselemente ein- oder auszublenden.

Abbildung 3.16:
Raster und
Zeichnungsli-
nien aktivieren
Sie über die ent-
sprechenden
Kontrollkästchen

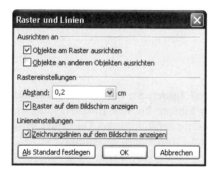

Vorgefertigte Grafiken aus dem Clip Organizer verwenden

Wenn Sie nicht selbst zeichnen möchten oder können – beispielsweise aus Zeitdruck –, bleibt Ihnen die Möglichkeit, fertig gestaltete Vektor- oder auch Bitmap-Grafiken zu verwenden. Beim Installieren von Office wird der Clip Organizer hinzugefügt, sofern Sie ihn zur Installation ausgewählt haben. Dieser stellt verschiedene Illustrationen zur Verfügung. Bei Bedarf kann die Sammlung mit eigenen Grafiken erweitert werden.

TIPP In der ClipArt-Sammlung finden Sie auch Medientypen wie Filme und Sounds.

Am schnellsten geht es, wenn Sie ein entsprechendes Folienlayout mit einem Clip-Art-Platzhalter wählen:

1. Wählen Sie aus dem Menü des Aufgabenbereichs den Eintrag *Folienlayout* und suchen Sie sich ein geeignetes Folienlayout heraus, das einen Clip-Art-Platzhalter enthält.

Abbildung 3.17:
Die verschiede-
nen Ansichten
des Aufgabenbe-
reichs lassen sich
auch mit einem
Klick auf seine
Titelzeile aus-
wählen

2. Je nachdem, welches Layout Sie gewählt haben, führen Sie entweder einen Doppelklick auf dem ClipArt-Platzhalter aus oder klicken bei den Inhaltslayouts auf
   das Symbol zum Einfügen eines ClipArt. Anschließend wird das Dialogfeld *Bild
   auswählen* geöffnet, in dem Sie das gewünschte ClipArt heraussuchen.

Abbildung 3.18:
Ein ClipArt ein-
fügen

Abbildung 3.19:
Das Dialogfeld
Bild *auswählen*

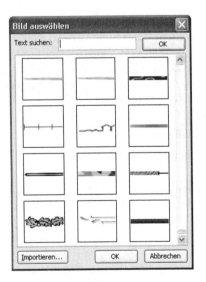

3. Ganz oben im Dialogfeld geben Sie in das Eingabefeld *Text suchen* bei Bedarf ein Stichwort ein, um Bilder zu bestimmten Themen ausfindig zu machen.

4. Klicken Sie links unten auf die Schaltfläche *Importieren*, um dem Organizer ein Clip Ihrer Wahl hinzuzufügen.

5. Wählen Sie den gewünschten Clip aus und bestätigen Sie mit *OK*, um den Clip an der Stelle des Platzhalters in die Folie einzufügen.

Selbstverständlich können Sie eine ClipArt auch ohne die Verwendung eines Folienlayouts einfügen:

1. Wählen Sie *Einfügen/Grafik/ClipArt*. Alternativ klicken Sie in der Symbolleiste *Zeichnen* auf die Schaltfläche *ClipArt einfügen*.

2. Im Aufgabenbereich auf der rechten Seite werden die *ClipArts* eingeblendet. Klicken Sie auf die gewünschte ClipArt und sie wird sofort in der Folienmitte positioniert.

Ganz oben im Aufgabenbereich können Sie genauso wie im Dialogfeld *Bild auswählen* über das Feld *Suchen nach* nach bestimmten ClipArts suchen. Geben Sie einfach den Begriff ein und bestätigen Sie mit der Schaltfläche *OK* oder der Eingabe-Taste. Bei Bedarf können Sie auch mehrere Begriffe in das Suchfeld eingeben, um gezielt nach Grafiken zu einem bestimmten Themenbereich zu suchen. Das Suchwort muss auch kein Substantiv sein: Sie können auch nach Eigenschafts- oder Tätigkeitswörtern suchen oder einen ganzen Satz, der das gesuchte Thema beschreibt, verwenden. Sorgen Sie bei der Suche nach Clips am besten für eine bestehende Internetverbindung. Denn der Clip Organizer sucht auch auf der Microsoft-Website nach Clips, die mit Ihren Suchbegriffen übereinstimmen. Im Web gefundene Clips zeigen in der Vorschau links unten ein kleines Weltkugel-Symbol.

Falls auch bei dieser Vorgehensweise noch zu viele Ergebnisse geliefert werden, schränken Sie die Suche auf eine bestimmte Clipsammlung ein. Denn die Clips sind im Feld *Suchen in* des Clip Organizers in verschiedene Themensammlungen aufgeteilt.

- Die *Office-Sammlungen* enthalten die mit Office 2003 ausgelieferten Clips.
- Die *Web-Sammlungen* enthalten Clips von der Microsoft-Office-Website.
- *Meine Sammlungen* sind die auf Ihren Laufwerken gefundenen Grafikdateien.

Über das Pluszeichen vor der jeweiligen Sammlung können Sie die Kategorien, in die diese Sammlung unterteilt ist, betrachten. Möchten Sie eine bestimmte Sammlung von der Suche ausnehmen, deaktivieren Sie das dazugehörige Kontrollkästchen.

In der Liste *Ergebnisse* wiederum wählen Sie aus, nach welchen Medienarten Sie suchen möchten.

Bilder aus anderen Quellen einfügen

Selbstverständlich können Sie in PowerPoint auch Grafiken importieren, die Sie selbst eingescannt, digital fotografiert oder aus einer anderen Quelle bezogen haben.

Wenn Sie externe Grafiken in Ihre Präsentation einfügen, haben Sie den Vorteil, dass Sie das Bild zuvor in einem Zeichen- oder Bildbearbeitungsprogramm vorbereiten können. Auf diese Weise haben Sie beispielsweise die Möglichkeit, den Speicherbedarf eines Bitmap-Bilds zu reduzieren oder eine Farbreduktion durchzuführen (ausführliche Hinweise dazu erhalten Sie weiter unten).

Eine der großen Stärken von PowerPoint ist, dass das Programm mit sehr vielen gängigen Grafikprogrammen zusammenarbeiten kann – das bedeutet, dass Sie Grafiken aus anderen Programmen häufig sogar einfach über die Zwischenablage einfügen können.

Für einige Grafikformate müssen Sie allerdings extra einen Grafikfilter installieren. Wenn Sie eine Grafik einfügen möchten, die PowerPoint nicht importieren kann, führen Sie deshalb das Office 2003-Setup noch einmal aus und installieren den fehlenden Grafikfilter nach.

Falls das ebenfalls nicht klappt, öffnen Sie die Grafik in einem Bildbearbeitungs- bzw. Zeichenprogramm und speichern sie unter einem anderen, von PowerPoint unterstützten Dateityp ab.

Externe Grafiken in die Präsentation einfügen

Um eine externe Grafik in Ihre Präsentation einzufügen, stehen Ihnen verschiedene Möglichkeiten zur Verfügung:

- Wählen Sie die Befehlsfolge *Einfügen/Grafik/Aus Datei*. Alternativ klicken Sie in der Symbolleiste *Zeichnen* auf die Schaltfläche *Grafik einfügen*. Im Dialogfeld *Grafik einfügen* doppelklicken Sie auf die gewünschte Grafik, um sie einzufügen. Falls ein so eingefügtes Bitmap-Bild nun zu groß dargestellt wird (manchmal größer als die PowerPoint-Folie), könnten Sie sie natürlich an ihren Auswahlgriffen kleiner skalieren. Diese Vorgehensweise empfiehlt sich aber weniger, da eine solche große Pixelgrafik die PowerPoint-Datei unnötigerweise aufblähen wird. Weiter unten erfahren Sie, wie Sie stattdessen vorgehen sollten.

- Alternativ transportieren Sie die Grafik über die Zwischenablage: Öffnen Sie sie in der Anwendung, in der Sie sie erstellt haben und wählen Sie *Bearbeiten/Kopieren*. Wechseln Sie zu PowerPoint und wählen Sie *Bearbeiten/Einfügen*, um die Grafik aus der Zwischenablage einzufügen. Die Grafik ist daraufhin fest in die Präsentation eingebunden.

- Bei Bedarf können Sie sogar Bilder aus dem Web in Ihre Präsentation einfügen (Vorsicht Copyright): Öffnen Sie die Webseite im Browserfenster und klicken Sie mit der rechten Maustaste auf die Grafik, die Sie in Ihre Folie einfügen möchten. Wählen Sie aus dem Kontextmenü den Befehl *Kopieren* und in PowerPoint entnehmen Sie das Bild wieder mit Strg + V aus der Zwischenablage.

- Um Grafiken als OLE-Objekt einzufügen, wählen Sie in PowerPoint die Befehlsfolge *Einfügen/Objekt* und aktivieren im folgenden Dialogfeld das Optionsfeld *Aus Datei erstellen*. Daraufhin wählen Sie die Grafik aus und aktivieren noch das Kontrollkästchen *Verknüpfung*.

HINWEIS

Bei OLE handelt es sich um eine Programmintegrationstechnologie zur gemeinsamen Nutzung von Informationen zwischen Programmen. Sämtliche Office-Programme unterstützen OLE.

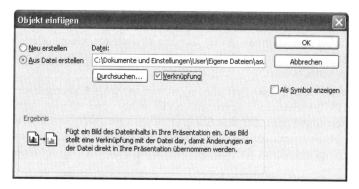

Die zuletzt genannte Vorgehensweise bietet den Vorteil, dass Sie die Grafik aus PowerPoint heraus mit einem Doppelklick in ihrem Erstellungsprogramm bearbeiten können. Änderungen, die an der Quelldatei, nämlich Ihrer Grafik, vorgenommen werden, erscheinen auch in der Zieldatei, der PowerPoint-Präsentation. Eine solche Verknüpfung erzeugt einen Kommunikationskanal zwischen zwei Windows-Anwendungen. Die geänderten Daten werden durch diesen Kanal gesandt, wenn Sie in der Zieldatei eine Aktualisierung der Quelldaten vornehmen.

Der Nachteil dieser Methode ist, dass sowohl die Quellgrafik als auch die zugehörige Anwendung verfügbar sein müssen, damit die Verknüpfung in der Zieldatei nicht unterbrochen wird Die Grafik wird in einem solchen Fall zwar noch auf der Power-Point-Folie angezeigt, kann aber nicht mehr aktualisiert werden. Auch wenn Sie die Quelldatei umbenennen oder verschieben, wird die Verknüpfung aufgehoben und muss dann bearbeitet werden, sodass das Zieldokument sie zum Aktualisieren finden kann. Quellanwendung und Quelldatei müssen auf der Festplatte installiert sein, damit Sie die Daten bearbeiten können. Nicht zuletzt können automatische Aktualisierungen die Antwortzeit Ihres Rechners deutlich verzögern.

Wenn Sie eine Quellgrafik über den Windows-Explorer umbenennen oder sie verschieben, wird die Verknüpfung im PowerPoint 2003-Zieldokument natürlich nicht mehr funktionieren. Die verknüpfte Datei wird nicht mehr gefunden, sodass die Grafik zwar noch angezeigt, aber nicht mehr aktualisiert werden kann. Das merken Sie spätestens dann, wenn Sie ein PowerPoint 2003-Dokument mit einer gelöschten verknüpften Grafik öffnen möchten. Sie werden gefragt, ob Sie die enthaltenen Verknüpfungen aktualisieren möchten. Wenn Sie auf *Ja* klicken, erscheint eine Meldung, dass eine verknüpfte Datei nicht verfügbar war und daher nicht aktualisiert werden konnte. Wenn Sie eine Quelldatei umbenennen oder verschieben möchten, sollten Sie daher vorher das PowerPoint 2003-Zieldokument öffnen und es speichern, sobald Sie das Quelldokument umbenannt oder verschoben haben.

Wenn es trotzdem passiert ist, dass Sie eine Verknüpfung durch Umbenennen oder Verschieben verloren haben, wählen Sie den Befehl *Bearbeiten/Verknüpfungen* und markieren die Verknüpfung, die erneuert werden soll. Klicken Sie dann auf die Schaltfläche *Quelle ändern*. Nun können Sie einen neuen Datei- und/oder Pfadnamen angeben.

SVG-Grafiken einfügen

Beim Scalable Vector Graphics-Format (SVG) handelt es sich um einen offenen Standard für Vektorgrafiken, das ursprünglich als Konkurrenz zu Macromedia-SWF-Format für Flash-Filme gedacht war.

SVG basiert komplett auf XML, lässt sich aber nicht nur in XML-Anwendungen, sondern auch in HTML-Webseiten integrieren. SVG kennt drei Objekttypen: Bitmaps, Vektorgrafiken und Fonts, die sich frei gruppieren und verändern lassen. Auch Transparenzen, Verläufe und Antialiasing sind mit SVG möglich. Die Objekte lassen sich sogar per Skript animieren. SVG basiert auf dem Document Object Model (DOM).

Das Scalable-Vector-Graphics-Format erinnert in mancherlei Hinsicht an PDF: Genau wie dieses Format ist es skalierbar und unterstützt Farbprofile. Zudem lassen sich SVG-Dateien streamen. Aktuelle Browser können SVG-Grafiken anzeigen.

Ausführliche Informationen über SVG finden Sie auf der Adobe-Site:

http://www.adobe.com/svg/main.html

Auch das World Wide Web-Konsortium (W3C) verfügt über einen ausführlichen SVG-Bereich mit Links zu vielen SVG-Sites.

http://www.w3.org/Graphics/Activity

Damit Sie SVG-Grafiken auf Ihrem Rechner betrachten können, benötigen Sie den Adobe SVG-Viewer. Falls Sie Programme wie Adobe Illustrator oder GoLive auf Ihrem Rechner installiert haben, haben Sie auch den SVG-Viewer bereits auf Ihrem System.

TIPP

Möchten Sie Ihren Browser auf die Tauglichkeit bei der Anzeige von SVG testen, besuchen Sie folgenden Link:

http://www.adobe.com/svg/viewer/install/svgtest.html

Fällt der Test negativ aus, werden Sie auf die Seite weitergeleitet, von der Sie sich den SVG-Viewer kostenlos herunterladen können:

http://www.adobe.com/svg/viewer/install/main.html

SVG-Grafiken erstellen oder konvertieren

Möchten Sie selbst SVG-Grafiken erstellen, benötigen Sie ein Programm wie Adobe Illustrator ab der Version 9, Adobe InDesign oder Jasc WebDraw. Auch CorelDRAW ist geeignet: Das Programm verfügt ab der Version 10 über einen SVG-Exportfilter.

Um die SVG-Datei bei installiertem SVG-Viewer zu betrachten, doppelklicken Sie darauf oder ziehen Sie sie in das Internet-Explorer-Fenster.

SVG in PowerPoint

Sie können in PowerPoint problemlos SVG-Grafiken einfügen und in Ihrer Präsentation darstellen, wenn Sie ein paar Dinge beachten.

1. Auf Ihrem System muss der Internet Explorer installiert sein.
2. Zudem muss der Adobe SVG-Viewer installiert sein – sowohl auf dem Computer, mit dem Sie Ihre Präsentation erstellen, als auch auf dem Rechner, mit dem Sie sie vorführen.

SVG-Inhalte in PowerPoint einfügen

Bevor Sie Ihre SVG-Inhalte in PowerPoint einfügen, kopieren Sie die SVG-Datei in denselben Ordner wie die aktuelle PowerPoint-Präsentationsdatei. Dann erstellen Sie beim Einfügen eine relative statt einer absoluten Verknüpfung.

1. Öffnen oder erstellen Sie eine neue PowerPoint-Präsentation. Speichern Sie sie in demselben Ordner wie die SVG-Datei.

2. Wählen Sie die Befehlsfolge *Ansicht/Symbolleisten/Steuerelement-Toolbox*, um die Symbolleiste anzuzeigen. Ganz unten in der Toolbox klicken Sie auf die Schaltfläche *Weitere Steuerelemente*. Dadurch öffnet sich eine Liste mit den verfügbaren ActiveX-Steuerlementen.

Abbildung 3.21:
Verfügbare
ActiveX-Steuer-
elemente

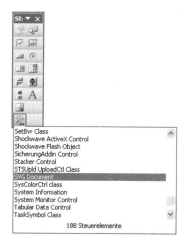

3. Scrollen Sie in der Liste zum Eintrag *SVG Document* und wählen Sie es mit einem Klick aus. Der Mauszeiger wird zu einem Fadenkreuz. Ziehen Sie in Ihrer Präsentation ein Rechteck in der gewünschten Größe auf.

4. Der Platzhalter ist sichtbar, solange Sie zwischenzeitlich nicht an eine andere Stelle geklickt haben. Sie sehen acht runde Griffe. Klicken Sie mit der rechten Maustaste an eine beliebige Stelle innerhalb des Rechtecks und wählen Sie aus dem Kontextmenü den Befehl *Eigenschaften*.

Abbildung 3.22:
Die Eigenschaf-
ten aufrufen

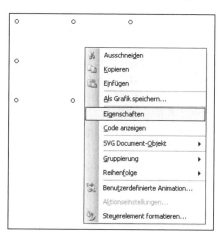

Grafische Elemente

Eine Liste mit den für das Steuerelement verfügbaren Eigenschaften wird angezeigt.

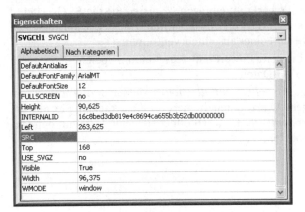

Abbildung 3.23:
Die SVG-Eigen-
schaften im
Überblick

5. Klicken Sie in die leere Zelle rechts von der Option *SRC* und geben Sie hier den Namen Ihrer SVG-Datei ein. Solange sich die SVG-Datei im selben Ordner wie die Präsentation befindet, müssen Sie keinen Pfad angeben.

Leider trägt das Steuerelement automatisch den absoluten Pfad der Datei ein, sodass Sie den Pfad manuell bearbeiten müssen, wenn Sie die Präsentation und die SVG-Datei verschieben.   **ACHTUNG**

6. Positionieren und skalieren Sie das Steuerelement auf Ihrer Folie.

Grafikbearbeitung in PowerPoint

Haben Sie in PowerPoint eine Grafik eingefügt, stehen Ihnen in diesem Programm einige wenige Bearbeitungsfunktionen zur Verfügung:

Eine eingefügte Vektorgrafik mit PowerPoint bearbeiten

Wenn Sie eine Vektorgrafik aus einer anderen Anwendung in Ihre Präsentation eingefügt haben, können Sie diese in PowerPoint in ihre Bestandteile zerlegen und einzelne Teile anders färben. Dazu müssen Sie die Grafik zuvor in ein PowerPoint-Zeichnungsobjekt konvertieren.

1. Klicken Sie dazu mit der rechten Maustaste auf die eingefügte Grafik und wählen Sie aus dem Kontextmenü die Befehlsfolge *Gruppierung/Gruppierung aufheben*.

2. Das Meldungsfenster mit der Frage, ob die importierte Grafik zu einem Office-Zeichnungsobjekt werden soll, bestätigen Sie mit *Ja*.

3. Jetzt heben Sie die Gruppierung erneut auf, indem Sie aus dem Kontextmenü die Befehlsfolge *Gruppierung/Gruppierung aufheben* wählen.

4. Wie Sie sehen, besitzt die Grafik nun lauter einzelne runde Punkte. Klicken Sie auf eine freie Stelle auf der Folie, um die Objektauswahl aufzuheben. Jetzt können Sie fast jedes Detail mit einem Klick markieren und mit den zur Verfügung stehenden Optionen bearbeiten, es beispielsweise anders einfärben oder auch löschen etc.

Abbildung 3.24:
Das Meldungs-
fenster für die
Konvertierung in
ein Zeichnungs-
objekt

Microsoft Office PowerPoint

⚠ Dies ist eine importierte Grafik, keine Gruppe. Soll es zu einem Microsoft Office-Zeichnungsobjekt umgewandelt werden?

[Ja]   [Nein]

Abbildung 3.25:
Eine importierte
Grafik wurde in
ihre Einzelob-
jekte zerlegt ...

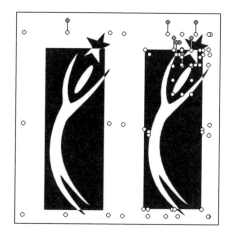

Abbildung 3.26:
... und diese
anschließend mit
Füllfarben und
Schatten
bearbeitet

Grafische Elemente

Eine eingefügte Bitmap-Grafik mit PowerPoint bearbeiten

PowerPoint stellt zum Bearbeiten von Bitmap-Bildern ein paar Funktionen auf einer eigenen Symbolleiste namens *Grafik* zur Verfügung.

Abbildung 3.27:
Für die Gestaltung von Bitmap-Grafiken direkt in PowerPoint verwenden Sie die Symbolleiste Grafik

Nicht geeignet sind diese Werkzeuge für die wichtige Reduktion der Dateigröße Ihrer Bilder, die Reduzierung von Auflösung und Farbtiefe etc. Wie Sie diese Aufgaben bewältigen, erfahren Sie weiter unten in diesem Kapitel.

Dennoch haben sie ihre Berechtigung: Wenn Sie ein Bild in einer PowerPoint-Mehrfach-Präsentation verwenden, vergrößert sich die Dateigröße dadurch nicht wesentlich. Durch die Symbolleiste *Grafik* haben Sie die Möglichkeit, ein und dasselbe Bild in seiner Darstellungsweise so zu ändern, dass Sie es abwechslungsreich einsetzen können – z.B. nur einen bestimmten Ausschnitt davon darstellen etc.

Symbol	Erläuterung
	Die Schaltfläche *Grafik einfügen* entspricht dem Befehl *Einfügen/Grafik/ Aus Datei*.
	Die Schaltfläche *Farbe* bietet Ihnen ein Menü, in dem Sie Ihre Abbildung beispielsweise in Graustufen, in reinem Schwarz und Weiß oder stark aufgehellt (*Intensität*) darstellen können. Die Auswahl des Befehls *Automatisch* hingegen versetzt das Bild wieder in seinen ursprünglichen Zustand.
	Die Bedeutung der Schaltflächen *Mehr Kontrast, Weniger Kontrast, Mehr Helligkeit* und *Weniger Helligkeit* ist klar. Interessant ist jedoch, dass Sie diese Schaltflächen mehrfach anklicken können, um den Effekt schrittweise zu erhöhen bzw. zu verringern.
	Markieren Sie ein Bild, von dem Sie nur einen Ausschnitt zeigen möchten, und klicken Sie auf die Schaltfläche *Zuschneiden*. Der Mauszeiger ändert sich in zwei sich überschneidende Winkel. Ziehen Sie einen der schwarzen Balken, die sich am Bild befinden, nach innen, um es zuzuschneiden.
	Linksdrehung 90 Grad dreht das markierte Bild um 90 Grad nach links.
	Mit der Schaltfläche *Linienart* legen Sie die Kontur des eingefügten Bildes fest.
	Im Gegensatz zu allen anderen Schaltflächen dieser Symbolleiste funktioniert *Bild neu einfärben* nicht mit Bitmap-Grafiken. Vielmehr verleihen Sie damit beispielsweise eingefügten ClipArt-Grafiken neue, zueinander und zur Folienfarbskala passende Farben.
	Über die Schaltfläche *Grafik formatieren* öffnen Sie das gleichnamige Dialogfeld zum Skalieren usw. von eingefügten Grafiken.
	Transparente Farbe bestimmen. Klicken Sie zuerst auf die Schaltfläche und dann auf die Farbe, die transparent erscheinen soll. Weiter unten beleuchten wir dieses Thema noch im Detail.
	Grafik zurücksetzen nimmt alle vorgenommenen Änderungen zurück. Sie können die Funktionen also frei ausprobieren, ohne Ihre Originalillustration zu beeinträchtigen.

Tabelle 3.3:
Die Schaltflächen der Symbolleiste Grafik

Abbildung 3.28:
Befehle der
Schaltfläche
Farbe: Graustu-
fen, Schwarz-
weiß, Intensität

TIPP Nur wenn Sie nach dem Zuschneiden in der Symbolleiste *Grafik* auf die Schaltfläche *Bilder komprimieren* klicken und hier das Kontrollkästchen *Zugeschnittene Bildbereiche löschen* aktivieren, werden die weggeschnittenen Bereiche tatsächlich aus der Datei entfernt; anderenfalls verdeckt PowerPoint sie lediglich.

Abbildung 3.29:
ClipArts lassen
sich beliebig neu
einfärben

Bilder für die Verwendung in PowerPoint optimieren

Bei der Verwendung von Bitmap-Grafiken in PowerPoint-Dateien müssen vor allem zwei Dinge beachtet werden:

- die Dateigröße und
- die Darstellungsqualität.

Im Gegensatz zu Vektorgrafiken lassen sich Bitmap-Bilder nicht uneingeschränkt skalieren, ohne dass es zu Qualitätsverlusten kommt.

Vielleicht kennen Sie das Problem: Die in PowerPoint eingefügten und dann in der Bildschirmpräsentations-Ansicht betrachteten Bilder wirken verschwommen, besonders wenn Sie ein relativ kleines Bild in PowerPoint größer skaliert haben.

Die Ursache des Problems sind die Pixel, aus denen das Bitmap-Bild besteht. Beim Skalieren nach oben werden die Pixel des Bilds einfach vergrößert, ohne dass Details hinzukommen – die Bildqualität wird schlechter.

PowerPoint stellt Ihnen eine Funktion zur Verfügung, mit der Sie dem Problem mit der Skalierung etwas entgegenwirken können:

- Wählen Sie *Format/Grafik*. Im folgenden Dialogfeld wechseln Sie in die Registerkarte *Größe* und aktivieren unter *Skalierung* das Kontrollkästchen *Optimal für Bildschirmpräsentation*.
- Dadurch wird das Listenfeld *Auflösung* aktiviert, in das Sie die Bildschirmauflösung eingeben, in der Sie die Präsentation abspielen möchten.

- Am besten ist es allerdings, wenn Sie die Bitmap vor dem Einfügen in PowerPoint in einem Bildbearbeitungsprogramm optimieren. Ein Bildbearbeitungsprogramm wie Adobe Photoshop, Corel PhotoPaint, Paint Shop Pro etc. bietet einfach mehr Möglichkeiten als PowerPoint.

Die Bildgröße richtig einstellen

Wie weiter oben in diesem Kapitel bereits erwähnt, besteht eine Bitmap-Grafik aus Pixeln, die üblicherweise aus kleinen Quadraten gebildet werden. Je mehr von diesen Punkten in einem Bild vorhanden sind, desto höher ist seine Qualität, was aber auch bedeutet, dass die Dateigröße wächst.

Nehmen wir an, Sie haben ein gescanntes Bild mit einer Breite von 2000 Pixeln. Wenn Sie dieses Bild am Bildschirm (oder auf einem Projektor) anzeigen, der nur 1024 Pixel darstellen kann, wird ein Stück des Bilds abgeschnitten. Sie könnten dieses Bild selbstverständlich trotzdem in Ihre PowerPoint-Präsentation einfügen und dann kleiner skalieren. Jedoch würden Sie damit die Dateigröße unnötig erhöhen, da der Bildschirm die zusätzlichen Pixel nicht darstellen kann.

In diesem Fall wäre es besser, die Anzahl der Bildpixel zu reduzieren. Zwar verfügt ein Bild mit mehr Pixeln (= einer höheren Auflösung) über eine bessere Qualität als ein Bild mit weniger Pixeln (= einer niedrigeren Auflösung). Da der Bildschirm je nach in der Systemsteuerung eingestellter Auflösung jedoch nur eine bestimmte Anzahl Pixel darstellen kann, bringt es nichts, wenn das Bild eine extrem hohe Auflösung besitzt. Diese bringt in diesem Fall keine Qualitätsverbesserung, sondern sorgt nur für eine unnötig aufgeblähte PowerPoint-Datei.

Reduzieren Sie die Pixel daher entsprechend der Auflösung des Bildschirms oder Projektors, auf der die Präsentation vorgeführt wird. Somit gibt es keine Qualitätsverluste und die Dateigröße bleibt gering.

Ein paar Beispiele:

- Möchten Sie Ihre Präsentation auf einem Computer mit einer Bildschirmauflösung von 1024 × 768 Pixel vorführen und ein Hintergrundbild verwenden, so sollte dieses ebenfalls 1024 × 768 Pixel aufweisen. Benötigen Sie ein Bild, das halb so breit ist wie die Folie, dann muss dieses 512 Pixel breit sein.

Abbildung 3.30:
Ein solches Hintergrundbild sollte exakt die Pixelanzahl des Vorführgeräts erhalten

○ Möchten Sie Ihre Präsentation auf einem Computer mit einer Bildschirmauflösung von 800 × 600 Pixel vorführen, dann sollte das Hintergrundbild ebenfalls 800 × 600 Pixel aufweisen usw.

Wie gehen Sie vor?

Nachfolgend sehen Sie, wie Sie das Bild in Ihrem Bildbearbeitungsprogramm gemäß den obigen Erläuterungen richtig einstellen.

1. Öffnen Sie das Bild in Ihrem Bildbearbeitungsprogramm. Wir verwenden für die folgenden Ausführungen Adobe Photoshop.

2. Wählen Sie die Befehlsfolge *Bild/Bildgröße* und stellen Sie als Breite *1024 Pixel* ein. Die Höhe wird automatisch angepasst. Wünschen Sie dies nicht, deaktivieren Sie das Kontrollkästchen *Proportionen erhalten* und stellen Sie als Höhe *768 Pixel* ein.

3. Bestätigen Sie mit *OK*.

4. Speichern Sie Ihr Bild – am besten in dem sehr geeigneten Format PNG (mehr darüber erfahren Sie weiter unten).

Abbildung 3.31:
Die Abmessun-
gen des Hinter-
grundbilds in
Photoshop
festlegen.

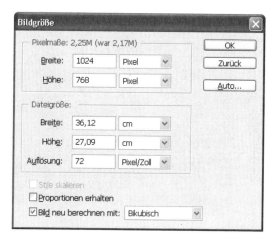

Vielleicht fragen Sie sich nun, ob Sie etwas bezüglich der Auflösung des Bilds unternehmen sollen. 300 dpi, wie in der obigen Abbildung, ist doch eigentlich zu viel für ein Bild, das auf einem Computermonitor mit einer Auflösung von 72 oder 96 dpi angezeigt werden soll? Die Antwort lautet, dass die Angabe der Auflösung gleichgültig ist – so lange das Bild die richtige Pixelanzahl hat, ist es gleichgültig, wie klein (bei einer hohen Auflösung) oder groß (bei einer niedrigen Auflösung) die Bildpixel sind.

Die Bildfarbe

Fast genauso wichtig für die Dateigröße eines Bitmaps-Bilds ist seine Farbtiefe.

Die Farbtiefe legt fest, wie viele Farben ein Bild maximal enthalten kann und wie sie definiert werden – genauer gesagt, wie viele Bits zum Speichern der Farbinformation verwendet werden. Die Anzeige der einzelnen Datentypen hängt unter anderem vom Bildschirm ab. Ein Monochrom-Monitor kann Farbbilder zwar zeigen, aber sie erscheinen selbstverständlich nur in Graustufen. Im 16-Bit-Farbenmodus können

---

Echtfarben-Bilder wohl dargestellt werden, jedoch werden die meisten Farben durch Streuung anderer, vordefinierter Farben dargestellt (man nennt diese Simulation »Dithering«). Die nebenstehende Tabelle zeigt, welche Farbtiefen Sie mit den meisten Bildbearbeitungsprogrammen definieren können:

Farbtiefe (Bit)	Farbanzahl
1 Bit	Schwarz/Weiß
8 Bit	256 Farben
16 Bit	65.536 Farben
24 Bit	16.777.216 Farben

Tabelle 3.4:
Übliche
Farbtiefen

Die Farbtiefen sind nachfolgend erläutert:

- ◉ Schwarzweiß (1-Bit). Wenn ein Bild in diesem Datentyp gespeichert ist, kann jeder Pixel nur schwarz oder weiß sein. Diese Pixel können jedoch so geschickt in Mustern angeordnet sein, dass sich Grautöne und Schattierungen vortäuschen lassen (siehe folgende Abbildung). Dieser Datentyp benötigt nur sehr wenig Speicherplatz.

Abbildung 3.32:
1-Bit-Bilder
bestehen nur aus
schwarzen und
weißen Pixeln

- Indizierte 16 Farben (4-Bit) und indizierte 256 Farben (8 Bit). Bilder mit indizierten Farben haben eine eigene Farbtabelle, in denen die verfügbaren Farben definiert sind. Farben, die in der Tabelle nicht vorhanden sind, werden durch Dithering (Fehlerstreuung) vorgetäuscht.

- Graustufen (8-Bit). Auch Graustufenbilder benötigen nicht allzu viel Speicherplatz. Sie bestehen aus acht Bit pro Pixel, d. h. es sind 254 verschiedene Abstufungen von Grau möglich. Für Schwarz-Weiß-Drucker ist dies der ideale Grafiktyp. Wenn Sie farbige Fotos vorliegen haben, die ohnehin nur auf einem solchen Drucker ausgegeben werden sollen, wandeln Sie sie vorher am besten in Graustufenbilder um, um die Systemressourcen zu schonen.

- RGB-HiColor (16-Bit) und RGB-Echtfarben (24-Bit, 224 mögliche Farben). Die Buchstaben RGB stehen für Rot, Grün und Blau. Aus diesen drei Farben werden alle Farben auf einem Farbmonitor aufgebaut. Das wichtigste Unterscheidungsmerkmal ist RGB-HiColor und RGB-Echtfarben, je nachdem, ob 16 oder 24 Bit, also 32.268 bzw. 65.536 oder gar über 16,7 Mio. verschiedene Farben (praktisch alle Farben des sichtbaren Spektrums) möglich sind. Schon an diesen astronomischen Zahlen ersehen Sie, dass diese Datentypen nur für Bilder in Fotoqualität vonnöten sind.

Je höher die Farbtiefe, desto größer die Bilddatei. Häufig genügen schon 256 Farben, um beispielsweise ein Hintergrundbild für Ihre Präsentation attraktiv aussehen zu lassen. Und: Falls Sie ohnehin auf einem Ausgabegerät mit nur 256 Farben präsentieren, dann müssen Ihre Bilder auch nicht mehr Farben beinhalten.

In vielen Fällen werden Sie kaum einen optischen Unterschied zwischen einem in PowerPoint eingefügten Echtfarbenbild und einem 256-Farben-Bild feststellen – durchaus werden Sie aber einen Unterschied bemerken, wenn Sie die jeweils resultierende Dateigröße betrachten.

Probieren Sie es von Fall zu Fall aus.

In Photoshop ändern Sie den Farbmodus Ihres Bilds vor dem Einfügen in PowerPoint mit *Bild/Modus*. Speichern Sie das Bild anschließend als PNG-Datei.

Abbildung 3.34:
In Photoshop
ändern Sie den
Farbmodus eines
Bilds über die
Befehlsfolge
Bild/Modus

Die Bilder einer Präsentationen (und damit ihre Dateigröße) nachträglich verkleinern

Wenn Sie bereits eine Präsentation mit zu groß geratenen Bildern haben (Sie erkennen das an der schlechten Performance der Präsentation während der Bildschirmvorführung), dann gehen Sie am besten folgendermaßen vor:

In der Normalansicht blättern Sie mit der Pfeil unten-Taste durch die einzelnen Folien der Präsentation. Sobald Sie feststellen, dass ein Bild länger als zirka eine Sekunde benötigt, um vollständig angezeigt zu werden, ist es zu groß für eine reibungslose Bildschirmpräsentation.

Klicken Sie dieses Bild an und kopieren Sie mit Strg+C in die Zwischenablage. Anschließend wechseln Sie zu Ihrem Bildbearbeitungsprogramm und fügen es dort ein. Ändern Sie, wie oben beschrieben, die Pixelanzahl des Bildes und konvertieren Sie es in 256 Farben. Speichern Sie es zum Schluss als PNG-Datei und fügen Sie es erneut in Ihre Präsentation ein.

Welches Bilddateiformat sollten Sie verwenden?

Es gibt eine Menge Bilddateiformate zur Auswahl. Für PowerPoint eignen sich vor allem komprimierte Bildformate, wie sie etwa auch im Web Verwendung finden.

PNG

Verschiedentlich haben wir zum Format PNG geraten, das tatsächlich das beste Format für Bitmap-Bilder in PowerPoint ist. Das hat verschiedene Gründe:

- PNG komprimiert verlustfrei.
- Das Format funktioniert mit den verschiedensten Farbtiefen (8 Bit (256 Farben bzw. Graustufen), 16 Bit, 24 Bit oder Graustufen).
- Der Kompressionsalgorithmus ist sehr gut.
- PNG ist kompatibel mit den meisten modernen Bildbearbeitungsprogrammen.
- PNG-Dateien werden in PowerPoint schnell dekomprimiert.

JPEG

Eine andere Möglichkeit ist die Verwendung von JPEG-Dateien. Auch dieses Format ist ein Kompressionsformat. Allerdings sind JPEG-Dateien stets verlustbehaftet, das heißt, dass – je nach Kompressionsrate – Bilddetails verloren gehen. Beim Speichern einer JPEG-Datei können Sie die Qualität einstellen: Je höher die Qualität, desto weniger Bilddetails gehen verloren, desto größer aber auch die resultierende Datei. Beachten Sie, dass JPEG-Dateien immer 16 Millionen Farben aufweisen. Neben dem Detailverlust ist der größte Nachteil des JPEG-Formats, dass die Dateien für die Dekomprimierung verhältnismäßig lang brauchen und den Prozessor stärker belasten als etwa PNG-Dateien.

GIF

Das GIF-Format komprimiert prinzipiell verlustfrei, jedoch sind höchstens 256 Farben möglich. Die Dekomprimierung erfolgt unmittelbar.

Transparenzen in Bitmaps

Bitmap-Bilder sind grundsätzlich rechteckig, auch wenn darin ein Motiv auf einem weißen Hintergrund gezeigt wird.

Abbildung 3.35:
Bitmap-Bilder
sind grundsätz-
lich rechteckig,
auch wenn das
darin gezeigte
Motiv eigentlich
frei geformt ist

Möchten Sie aber ein Motiv freigestellt in das Layout einfügen, das heißt, das Motiv soll entlang seiner Konturen ausgeschnitten auf dem Hintergrund Ihrer Präsentation stehen, benötigen Sie Techniken, die dies möglich machen. Es gibt hier verschiedene Lösungsansätze.

Die einfache Methode: In PowerPoint eine Transparenz zuweisen

Sie können einer Grafik direkt in PowerPoint eine Transparenz zuweisen.

1. Importieren Sie das Bild mit der Befehlsfolge *Einfügen/Bild/Aus Datei*.
2. In der Symbolleiste *Grafik* klicken Sie auf die Schaltfläche *Transparente Farbe bestimmen*.
3. Klicken Sie auf den Bildbereich, der transparent werden soll.

Blitzer

So verführerisch die Möglichkeit ist, auf diese einfache Weise Transparenzen zu erstellen: Es kann schnell zu ziemlich unattraktiven Effekten kommen, so genannten »Blitzern«, vor allem dann, wenn sich die als transparent bestimmte Farbe und die Hintergrundfarbe, die durch die transparenten Bereiche hindurchscheint, stark unterscheiden. Diese »Blitzer« sind das Ergebnis des »Anti-Aliasing«, mit dem Bitmaps geglättet werden, damit sie weniger »pixelig« aussehen.

Abbildung 3.36: Die Sonnenblume wurde mit einer Transparenz (des weißen Bitmap-Hintergrunds) versehen

Abbildung 3.37: In der Vergrößerung zeigen sich deutlich die »Blitzer«

Um dieses Problem zu beheben, öffnen Sie das Bild in Ihrem Bildbearbeitungsprogramm und wählen den Hintergrund beispielsweise mit dem Zauberstab und aktiviertem Anti-Aliasing aus. Füllen Sie die Auswahl dann mit einer Farbe, die der Hintergrundfarbe Ihrer PowerPoint-Präsentation möglichst nahe kommt. Bei Verlaufshintergründen wählen Sie am besten eine Farbe aus der Mitte des Verlaufs.

Speichern Sie das Bild in einem geeigneten Format und fügen Sie es erneut in Power-Point ein.

Nachfolgend eine schnelle Möglichkeit, die PowerPoint-Hintergrundfarbe mit der Farbe abzugleichen, mit der Sie die Auswahl in Ihrem Bildbearbeitungsprogramm füllen:

TIPP

Erstellen Sie mit der Taste Druck einen Screenshot Ihrer PowerPoint-Präsentation. Fügen Sie diese in Ihrem Bildbearbeitungsprogramm in ein neues Bild ein.

Klicken Sie mit dem Pipetten-Werkzeug auf den Hintergrund des eingefügten Screenshots, um diesen als neue Füllfarbe einzustellen.

Die bessere Methode: Stufenlose Transparenzen mit Alphakanälen

Die professionellere Methode, teiltransparente Bitmaps für Ihre PowerPoint-Präsentation zu erzeugen, sind Alphakanäle.

Im Gegensatz zu den scherenschnittartigen Ergebnissen, die Sie mit der Transparenzfunktion von PowerPoint erzielen, ermöglichen Alphakanäle weiche, stufenlose Transparenzverläufe von undurchsichtig nach komplett durchsichtig. Interessante Anwendungsgebiete sind beispielsweise Schlagschatten, Farbverläufe mit Transparenzeffekten etc.

Was sind Alphakanäle?

Jedes Bild enthält verschiedene Kanäle mit Farbinformationen. Der Farbmodus des Bilds bestimmt die Anzahl der Kanäle. Ein CMYK (Cyan/Magenta/Gelb/Schwarz)-Bild enthält beispielsweise fünf Kanäle: Einen Cyan-, einen Magenta-, einen Gelb- und einen Schwarzkanal. Hinzu kommt ein Gesamtkanal, der eine Summierung der zuvor genannten vier Farbkanäle darstellt. Ein RGB (Rot/Grün/Blau)-Bild, wie es üblicherweise für die Darstellung am Bildschirm verwendet wird, verfügt hingegen nur über vier Kanäle: Einen Rot-, einen Grün- und einen Blaukanal sowie den Gesamtkanal. Deshalb benötigt ein CMYK-Bild auch mehr Speicherplatz als ein RGB-Bild: Immerhin hat es einen Kanal mehr.

ACHTUNG | Für Bilder im 256-Farben-Format sind keine Kanäle verfügbar. Wollen Sie die Kanäle eines solchen Bilds anzeigen und bearbeiten, müssen Sie es vorher in ein RGB-Bild umwandeln.

Nun könnten Sie dem Bild noch weitere Kanäle, so genannte Alphakanäle, hinzufügen. Mit dieser Art von Kanälen speichern Sie eine Auswahl in Ihrem Bild als Graustufenbild, um eine Maske zu erstellen. Jeder neue Kanal erhöht allerdings den Speicherbedarf des Bildes.

Wie gerade erwähnt, speichern Sie Bilder für die Betrachtung am Monitor oder über einen Projektor – also auch für PowerPoint-Präsentationen – üblicherweise im RGB-Modus mit seinen drei Kanälen. Die RGB-Farben sind Lichtfarben, die mit bestimmten Werten das Echtfarben-Spektrum wiedergeben können. Jeder Pixel lässt sich durch 256 Abstufungen der Farben Rot, Grün und Blau beschreiben.

Zusätzlich können einige Dateiformate auch noch 256 Transparenzstufen speichern, da sie über einen Alphakanal verfügen – wie gesagt eine Auswahl oder eine Maske, die mit 256 Farben einer Graustufen-Skala angezeigt wird. Weiß steht auf dieser Skala für 0% Transparenz, Schwarz für 100% Transparenz und die Graustufen für verschiedene Transparenzstufen.

Dateiformate wie PNG oder TIF unterstützen einen, Dateiformate wie Photoshop-PSD mehrere Alphakanäle.

Alphakanäle in PowerPoint

PowerPoint unterstützt Alphakanäle in PNG- oder TIF-Dateien. In Alphakanälen gespeicherte Auswahlbereiche werden in PowerPoint transparent dargestellt. Im Zusammenhang mit Alphakanälen funktioniert das TIF-Format manchmal besser als das PNG-Format.

Alphakanäle erstellen

Um Bilder mit Alphakanälen erstellen zu können, benötigen Sie ein gutes Bildbearbeitungsprogramm wie Adobe Photoshop, Corel PhotoPaint oder Fireworks von Macromedia.

Nachfolgend zeigen wir Ihnen den einfachsten Weg, weiche Transparenzen in Photoshop zu erstellen:

Falls Sie über kein Bildbearbeitungsprogramm verfügen, die Ergebnisse aber trotzdem »live« betrachten möchten, finden Sie im Ordner \kap03 auf der CD-ROM mit Alphakanälen versehene Bitmaps im PNG-Format zur Ihrer freien Verfügung.

1. Öffnen Sie das gewünschte Bild in Photoshop.

2. Doppelklicken Sie auf die Hintergrundebene und bestätigen Sie gleich darauf mit *OK*. Durch diese Vorgehensweise konvertieren Sie die Hintergrundebene in eine normale Ebene, die Sie mit einem Alphakanal ausstatten können.

3. Wählen Sie mit einem geeigneten Auswahlwerkzeug, etwa dem Lasso oder dem Zauberstab, den Bildbereich aus, den Sie mit einer Transparenz versehen möchten. Vergessen Sie dabei nicht, die Anti-Aliasing-Funktion einzuschalten, um harte, scherenschnittartige Kanten zu vermeiden.

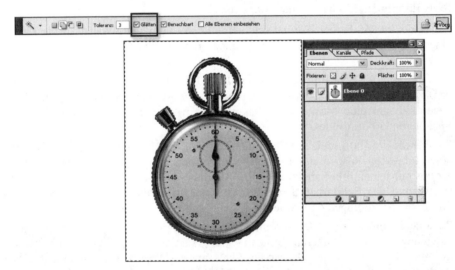

Abbildung 3.38:
Der weiße Hintergrund der Stoppuhr wurde mit dem Zauberstab bei aktivierter Funktion Glätten *ausgewählt*

4. Wählen Sie die Befehlsfolge *Auswahl/Auswahl umkehren*. Nun sind nur noch diejenigen Bereiche ausgewählt, die **nicht** transparent sein sollen.

5. Zeigen Sie die Palette *Kanäle* an und klicken Sie unten in dieser Palette auf die Schaltfläche *Auswahl als Kanal speichern*.

Wie Sie sehen, sind die Bereiche, die in der PowerPoint-Datei transparent sein sollen, im Alphakanal schwarz. Wie oben erwähnt, zeigt der Alphakanal vollständige Transparenzen schwarz, vollständig deckende Bereiche weiß und halbtransparente Bereiche grau.

Speichern Sie die Datei als TIFF-Datei und fügen Sie sie in PowerPoint ein.

Abbildung 3.39:
*Der neue Alpha-
kanal wird in der
Kanalpalette an
unterster Stelle
gezeigt*

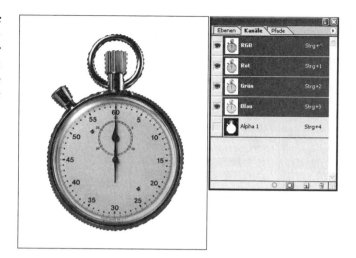

Abbildung 3.40:
*Beinahe magisch
– in PowerPoint
erscheint das
Bild mit dem
Alphakanal sau-
ber freigestellt*

Die folgenden Abbildungen zeigen ein Beispiel mit zwei Alphakanälen.

Abbildung 3.41:
*Der schwarze
Hintergrund
wurde in Photo-
shop mit dem
Zauberstab und
einer weichen
Auswahlkante
ausgewählt und
in einen Alpha-
kanal konvertiert*

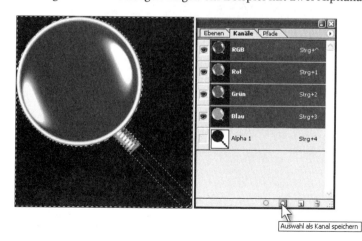

Grafische Elemente

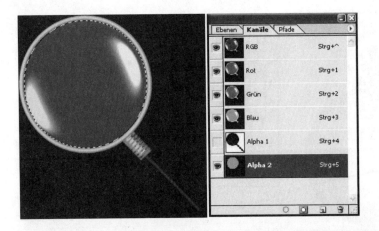

Abbildung 3.42:
Anschließend
wurde das Innere
der Lupe mit dem
magnetischen
Lasso-Werkzeug
ausgewählt und
in einen zweiten
Alphakanal kon-
vertiert. Dieser
wurde mit einem
mittleren Grau
gefüllt, das eine
Halbtransparenz
erzeugt

Abbildung 3.43:
Anschließend
wurde das Bild
als TIFF gespei-
chert und in
PowerPoint ein-
gefügt. Durch die
weichen Transpa-
renzen passt es
sich jedem Unter-
grund perfekt an.

4 Schaubilder und Diagramme

Zahlen und Fakten präsentieren

Der Hauptzweck eines Diagramms ist es, »harte« Fakten in eine intuitive und leicht verständliche visuelle Form zu bringen. Denn umfangreiche Zahlen und komplizierte Sachverhalte gehen häufig über das normale Verständnis der Teilnehmer Ihrer Präsentation hinaus. Solche Informationen lassen sich in Form von Texten und Tabellen schwer vermitteln – lange Zahlenkolonnen stiften häufig mehr Verwirrung, als dass sie zur Aufklärung dienen. Besser eignen sich Schaubilder oder Diagramme. Durch die bildliche Unterstützung kann die Informationsaufnahme leichter erfolgen. Dennoch sehen wir in Präsentationen immer wieder Diagramme und Schaubilder, die mehr Verwirrung stiften, als dass sie Klarheit in einen Sachverhalt bringen.

Worauf Sie beim Gestalten von Diagrammen achten sollten

Bei der Gestaltung von Diagrammen sind verschiedene Überlegungen von Bedeutung, beispielsweise, ob das Diagramm informieren oder verkaufen soll, ob es eher dramatisierend oder verharmlosend wirken soll, außerdem, ob das Publikum das Lesen von Diagrammen gewohnt ist oder eher nicht. Nachfolgend finden Sie einige Gestaltungstipps:

- Die erste Regel beim Erstellen lautet: Beginnen Sie nicht gleich mit dem Erstellen des Diagramms. Stattdessen sollten Sie etwas Zielgruppenforschung betreiben, um herauszufinden, welche Art von Publikum Ihr Diagramm zu sehen bekommen wird und was Sie diesem damit mitteilen möchten. Wenn Sie beispielsweise eine Präsentation für Anteilsinhaber erstellen und das Jahresergebnis darstellen möchten, sind präzise Zahlenangaben wichtig, ohne etwas zu beschönigen oder zu vertuschen. Bei einer Verkaufsveranstaltung wiederum sind die exakten Zahlen vielleicht weniger wichtig als eine optimistische Sicht und interessante Darbietung.

○ Stellen Sie nicht zu viele Daten in einem einzigen Diagramm dar, da sonst sein eigentlicher Zweck – die übersichtliche Darstellung von Zahlen – verloren geht. Eine größere Menge Daten verteilen Sie besser auf mehrere Diagramme. Auch zu viel Text im Diagramm sollten Sie vermeiden.

○ Für wichtige Sachverhalte, die Sie positiv unterstreichen möchten, verwenden Sie auffällige, helle Farben. Allgemeinen Fakten sowie Daten, von denen Sie eher ablenken möchten, gestalten Sie in dunklen Farben.

○ Schraffuren als Gestaltungsmittel führen leicht zu optischen Täuschungen und zur Verzerrung der Proportionen. Die Informationen können nicht mehr richtig eingeschätzt werden. Farben oder Grauwerte eignen sich für Diagramme in PowerPoint-Präsentationen eher.

○ Dreidimensionalität in Diagrammen wirkt zwar attraktiv und auf den ersten Blick anschaulich. Exakte Werte können Sie damit jedoch kaum vermitteln. 3D-Diagramme, besonders mit unüblicher Perspektive oder hintereinander angeordneten Säulen oder Linien, benötigen daher eine zusätzliche Wertetabelle. Zudem sollte die Perspektive so eingestellt werden, dass die Werte gut lesbar bleiben.

○ Achten Sie darauf, dass Ihre Diagramme in der gesamten Präsentation dasselbe Farbschema und denselben Hintergrund haben. Pro Folie sollten Sie nicht mehr als ein Diagramm zeigen.

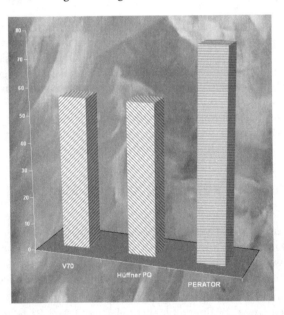

Abbildung 4.1:
Extreme dreidimensionale Perspektiven und Schraffuren mögen interessant wirken, behindern aber die leichte Lesbarkeit eines Diagramms

○ Je weniger Datenreihen, Elemente und Beziehungen zwischen den Elementen vorhanden sind, desto leichter verständlich wird Ihre Visualisierung sein. Je mehr Daten in einem einzigen Diagramm dargestellt werden, desto weniger informativ wird es wahrscheinlich sein. Ein guter Grundsatz ist es daher, Diagramme stets so einfach und klar wie möglich zu gestalten. Das Publikum sollte ein Diagramm in wenigen Sekunden aufnehmen können und dazu nicht mehrere Minuten benötigen.

Diagrammtypen im Überblick

Wie bereits erwähnt, hängt der Erfolg eines Diagramms stark von der Auswahl des richtigen Typs ab. Es gibt Dutzende von Möglichkeiten, eine Datenreihe zu präsentieren. Meist sind aber nur sehr wenige Diagrammtypen geeignet.

Nachfolgend erhalten Sie zunächst einen Überblick über die Diagrammtypen, die Sie in Ihren Präsentationen einsetzen können.

Abbildung 4.2:
Diagrammtypen

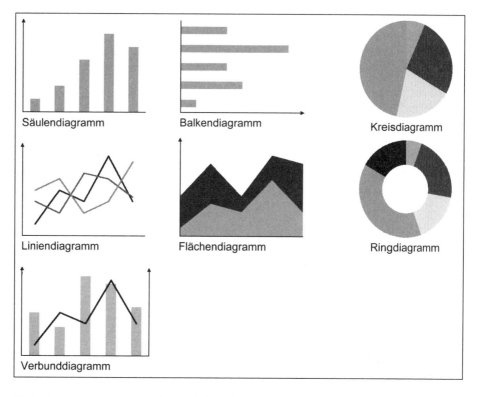

Nicht jeder Diagrammtyp eignet sich für jedes Zahlenmaterial. Die von Ihnen ausgewählte Diagrammart sollte der Aussage und Struktur der jeweiligen Daten entsprechen:

- Liniendiagramme eignen sich vor allem für die Darstellung von Entwicklungsabläufen.
- Säulen- und Balkendiagramme eignen sich mehr für die Darstellung von absoluten Werten und für Vergleiche.
- Kreisdiagramme eignen sich für die Darstellung von Anteilen vom Gesamten.

Ein zeitlicher Ablauf etwa ist demnach in einem Liniendiagramm besser aufgehoben als in einem Säulendiagramm.

Zahlen in einem vertikalen Säulendiagramm veranschaulichen

Das vertikale Säulendiagramm repräsentiert die Einzelwerte auf der X-Achse durch die Höhe der einzelnen Säulen. Dabei misst sich der Wertvergleich an der Höhe der einzelnen Säulen. Bestehen Ihre Zahlen aus nur einer Datenreihe, erhalten die Säulen in der Grundeinstellung eine einheitliche Farbe (die Füllbereichsfarbe des Folienfarbschemas).

Durch die vertikale Ausdehnung der Säulen ist der Vergleich der Einzelwerte für die meisten Menschen am besten nachvollziehbar, da die Höhe in der allgemeinen Auffassung auch als Maß für die Menge gilt. Gut geeignet sind Säulendiagramme vor allem, um die relative Größe oder um Volumen von physisch vorhandenen Dingen zu visualisieren.

Es können auch innerhalb einer Rubrik die einzelnen Säulen als Anteil der Summe aller Werte dargestellt werden.

HINWEIS

Statt Säulendiagrammen können Sie in PowerPoint auch Zylinder-, Kegel- und Pyramidendiagramme erstellen. Dies sind Varianten des Säulendiagramms.

TIPP

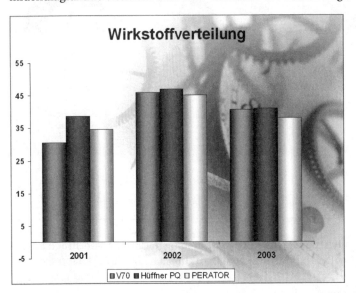

Abbildung 4.3: Säulendiagramme eignen sich beispielsweise für die gleichzeitige Darstellung verschiedener Kategorien

Eher weniger geeignet sind Säulendiagramme, wenn das Wichtige an Ihren Zahlen nicht ihre absoluten Werte sind, sondern die Entwicklung, die sie verdeutlichen – es sei denn, Sie sorgen dafür, dass die Säulen ohne Abstand aneinander »kleben«.

Auch wenn Sie sehr viele Zahlen präsentieren müssen, ist das Säulendiagramm weniger geeignet, weil die Säulen dann zu dünn werden.

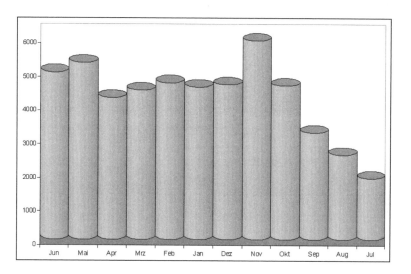

Werte in einem horizontalen Balkendiagramm vergleichen

Gut geeignet für Vergleiche von Zahlen ist das horizontale Balkendiagramm. Vom Prinzip her gleicht es einem Säulendiagramm, mit dem einzigen Unterschied, dass es gegenüber diesem um 90 Grad im Uhrzeigersinn gedreht ist. Die Y-Achse wird dadurch zur X-Achse.

○ Verwenden Sie das Balkendiagramm beispielsweise für die Darstellung von Zeitwerten.

○ Geeignet ist es auch, wenn Sie eine große Anzahl von Einzelpunkten mit langen Bezeichnungen haben.

Gesamt- und Einzelwerte mit einem gestapelten Säulendiagramm vergleichen

Beim gestapelten Säulendiagramm werden die Einzelwerte übereinander statt nebeneinander dargestellt, sodass Sie die Einzelwerte mit dem Gesamtwert vergleichen können.

Wenn Sie mehrere Datenreihen haben, ist das gestapelte Säulendiagramm eine gute Alternative zum Kreisdiagramm (mehr über diesen Diagrammtyp weiter unten).

Allerdings sollte ein gestapeltes Säulendiagramm nicht mehr als sechs verschiedene Elemente pro Säule enthalten, da es sonst nicht mehr sehr aussagekräftig ist.

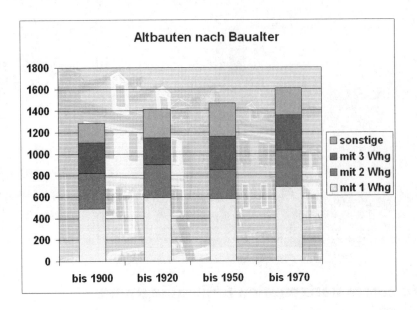

Abbildung 4.5:
Gestapeltes
Säulendiagramm

Entwicklungen in einem Liniendiagramm darstellen

In einem Liniendiagramm sind die einzelnen Datenpunkte durch Linien verbunden, die die interpolierten Zwischenwerte darstellen. Durch diese Verbindungslinien ist der Diagrammtyp auch für die Darstellung von absoluten Werten ohne direkte Verbindung zueinander ungeeignet – Sie sollten Liniendiagramme immer dann verwenden, wenn Sie eine fortlaufende Entwicklung verdeutlichen möchten, z.B. Wachstumstrends etc.

Auch wenn Sie zu viele Zahlen haben, um sie sinnvoll in einem Säulendiagramm darzustellen, ist das Liniendiagramm hilfreicher – es wirkt einfach übersichtlicher.

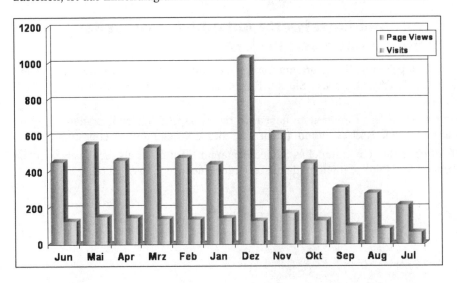

Abbildung 4.6:
Durch die große
Anzahl Daten-
punkte wirkt das
Säulendia-
gramm unruhig
und unübersicht-
lich

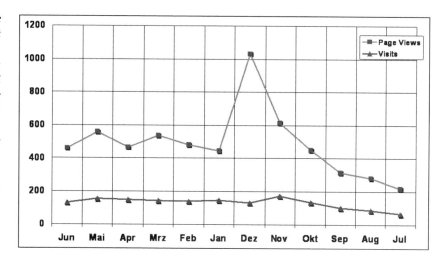

Abbildung 4.7:
Abhilfe schafft
hier das Linien-
diagramm, das
die Daten viel
übersichtlicher
visualisiert und
dazu die Ent-
wicklung über
die Monate hin-
weg besser veran-
schaulicht

Das Liniendiagramm ähnelt dem Flächendiagramm sehr stark, mit dem Unterschied, dass anders als bei diesem kein direkter Bezug zur Basis besteht.

Liniendiagramme sollten stets mit einem Gitternetz ausgestattet werden. Achten Sie darauf, dass die Linie, die die Daten visualisiert, dicker ist als die Gitternetzlinien.

Entwicklungen in einem Flächendiagramm darstellen

Auch im Flächendiagramm werden die einzelnen Datenpunkte miteinander verbunden, erhalten aber zusätzlich noch eine Verbindung zur X-Achse. Dieser Bereich zwischen Verbindungslinie und X-Achse ist mit einer Farbe oder einem Füllmuster ausgefüllt. Die verbundenen Datenpunkte stellen die Obergrenze der Gesamtheit dar.

Auch wenn Sie eine Entwicklung in einer einzelnen Datenreihe visualisieren möchten, ist das Flächendiagramm eine gute Alternative zum Liniendiagramm – es ist dekorativer und einprägsamer.

Abbildung 4.8:
3D-Flächen-
diagramm

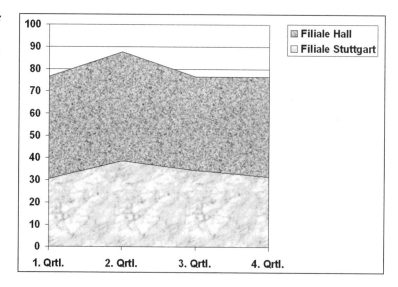

Schaubilder und Diagramme

Geschichtete Flächendiagramme können Sie verwenden, wenn Sie mehrere Datenreihen haben. Sie visualisieren damit den Vergleich der einzelnen Elemente zur Gesamtheit.

Die Verwendung von Kreis- und Ringdiagrammen

Kreisdiagramme – auch Tortendiagramme genannt – können stets nur eine einzige Datenreihe zeigen (bei mehreren Datenreihen übernimmt PowerPoint nur die erste Datenreihe für das Diagramm).

Die einzelnen Werte der Datenreihe bilden die Kreissegmente als prozentuale Anteile des Gesamtkreises. Die Summe aller Werte ergibt den vollständigen Kreis mit 100 Prozent. Der Diagrammtyp eignet sich, um den proportionalen Anteil von Werten zu zeigen – z.B. die Marktanteile eines Gesamtmarktes oder die Verteilung des Etats –, wobei es vielfältige Möglichkeiten gibt, ein wichtiges Element hervorzuheben.

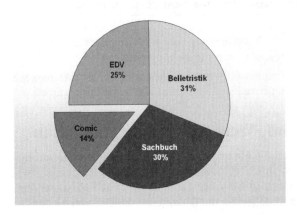

Abbildung 4.9:
Zur Hervorhebung können Sie einen markierten Datenpunkt mit gedrückter Maustaste aus dem Kreisdiagramm herausziehen

Problematisch sind dreidimensionale Kreisdiagramme. Ihr größter Nachteil ist meist, dass die Daten darin verzerrt dargestellt werden – die Segmente am oberen Rand des Diagramms werden abgeschwächt, da sie weiter entfernt erscheinen. Die Segmente im unteren Bereich des Diagramms hingegen werden unverhältnismäßig betont, da sie sich scheinbar im Vordergrund befinden. Zudem erscheinen die unteren Segmente auch größer, da die Zarge der Fläche hinzukommt.

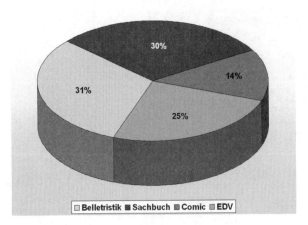

Abbildung 4.10:
3D-Tortendiagramme wirken auf den ersten Blick besonders anschaulich; in Wirklichkeit erlauben Sie aber nur eine verzerrte Ansicht auf die tatsächlichen Verteilungsverhältnisse

Diese offensichtlichen Nachteile können Sie selbstverständlich auch zu Ihrem Vorteil nutzen: Setzen Sie in den unteren Bereich des 3D-Kreisdiagramms einfach das Element, das Sie besonders betonen möchten.

In allen anderen Fällen sollten Sie 3D-Kreisdiagramme unbedingt mit Beschriftungen und Zahlen- oder Prozentwerten für die einzelnen Zahlenreihen ausstatten – wie es geht, erfahren Sie weiter unten.

Ungeeignet ist das einfache Kreisdiagramm. wenn Sie sehr viele Werte präsentieren müssen. Ab etwa sieben Segmenten wird das Kreisdiagramm unübersichtlich. PowerPoint hält für diesen Fall einen speziellen Diagrammtyp bereit: *Kreis aus Kreis.*

Abbildung 4.11:
Haben Sie mehr
als sechs Daten-
punkte, sollten
Sie den Dia-
grammtyp Kreis
aus Kreis wählen

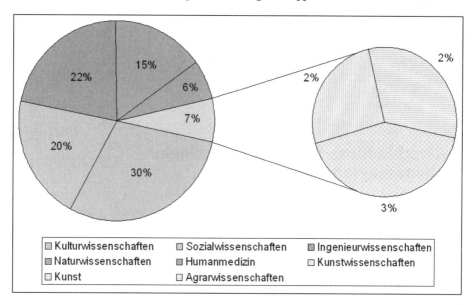

Daten in einem Netzdiagramm darstellen

In einem Netzdiagramm beschreiben die Achsen die Rubrikenanzahl, ausgehend vom Nullpunkt (dem Mittelpunkt des Diagramms). Die Werte der Datenreihe werden auf der entsprechenden Achse zugeteilt und durch eine Linie verbunden. Diese netzförmigen Linien, die alle Werte einer Datenreihe miteinander verbinden, bilden geschlossene Flächen, die als Raummaß gewertet werden können.

Der Vorteil dieses Diagrammtyps ist, dass Sie damit Wertereihen als Ober- und Untergrenze darstellen können. Auch zyklische Werte können hier sehr gut veranschaulicht werden.

Leider können bei einem Netzdiagramm kleine Werte in der Nähe des Nullpunkts kaum richtig erkannt werden. Dieser Diagrammtyp eignet sich auch nicht gut für die Veranschaulichung vieler Datenreihen, da das Netzdiagramm dann schnell unübersichtlich wird.

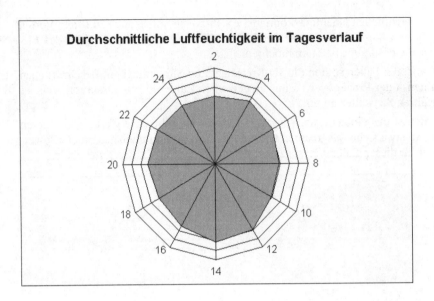

Abbildung 4.12:
Netzdiagramme
verwenden Sie
beispielsweise für
zyklische Daten

Unterschiedliche Datentypen in einem Verbunddiagramm darstellen

Ein Verbunddiagramm besteht aus mehreren Diagrammtypen, die überlagernd in einem einzigen Diagramm dargestellt werden. In der Regel werden Linien- und Säulendiagramme eingesetzt. Ein Vorteil von Verbunddiagrammen ist, dass Ihnen zwei Skalen zur Verfügung stehen, auf denen Sie unterschiedliche Wertetypen darstellen können.

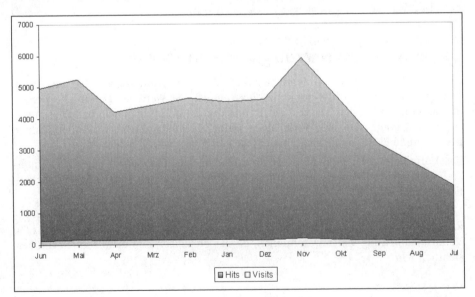

Abbildung 4.13:
Der Unterschied
zwischen den
Hits und Visits in
dieser Zugriffs-
statistik ist so
groß, dass an der
Datenreihe Visits
kaum etwas
abgelesen wer-
den kann ...

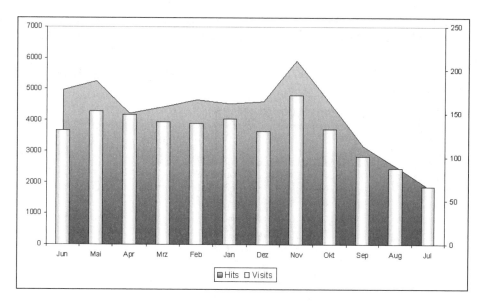

Diagramme erstellen

Diagramme erstellen Sie entweder direkt in PowerPoint oder Sie erstellen Sie in einer externen Anwendung wie Excel und fügen Sie über die Zwischenablage oder als OLE-Objekt (*Einfügen/Objekt* - siehe auch ▶ Kapitel 3) in PowerPoint ein.

Die Entscheidung ist nicht schwierig: Wenn Sie Ihr Diagramm bereits in Excel erstellt und gestaltet haben, können Sie es problemlos in PowerPoint einfügen, indem Sie es in Excel mit Strg+C kopieren und in PowerPoint mit Strg+V einfügen.

Müssen Sie Ihr Diagramm hingegen von Grund auf neu erstellen, können Sie es getrost direkt in PowerPoint erstellen – der Funktionsumfang steht dem des Excel-Diagramm-Features in nichts nach.

1. Haben Sie ein entsprechendes Folienlayout ausgewählt, dann klicken Sie je nach Folientyp entweder auf die Schaltfläche *Diagramm einfügen* bzw. führen auf den Platzhalter einen Doppelklick aus. Möchten Sie das Diagramm hingegen frei auf der Folie anordnen, wählen Sie in der Standardsymbolleiste die Schaltfläche *Diagramm einfügen*.

Abbildung 4.15:
Für das schnelle Einfügen von Diagrammen eignen sich unter anderem die Foli-enlayouts Titel und Inhalt, Titel, Inhalt und Text *oder* Titel, Text und Diagramm

2. MS Graph wird aufgerufen und die PowerPoint-Menüs und – Symbolleisten machen teilweise den Menüs und der Symbolleiste dieser Anwendung Platz. Auf der Folie wird ein Standarddiagramm mit dem zugehörigen Datenblatt und vorge-gebenen Zahlen angezeigt.

3. Tragen Sie in das Datenblatt die Werte und Begriffe für das Diagramm ein. Die Ein-gaben werden sofort auf das Diagramm übertragen und dieses entsprechend geän-dert.

4. Wählen Sie über die Befehlsfolge *Diagramm/Diagrammtyp* den zu Ihren Zahlen passenden Diagrammtyp aus. Auf der Registerkarte *Benutzerdefinierte Typen* finden Sie auch einige fertig gestaltete Diagramme.

Alternativ steht Ihnen der Befehl auch im Kontextmenü zur Verfügung, wenn Sie auf eine Säule des Diagramms klicken.

TIPP

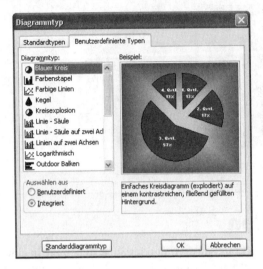

Abbildung 4.16:
Die Register-
karte Benutzerde-
finierte Typen
stellt eine Samm-
lung mit ver-
schiedenen fertig
gestalteten Dia-
grammen zur
Auswahl

5. Nach der Erstellung des Diagramms stellen Sie seine Diagrammoptionen ein. Lassen Sie das Diagramm aktiviert und wählen Sie die Befehlsfolge *Diagramm/Diagrammoptionen*. Auf den folgenden sechs Registerkarten nehmen Sie Ihre Einstellungen vor: Auf der Registerkarte *Gitternetzlinien* sorgen Sie bei Bedarf dafür, dass Ihr Diagramm mit einem horizontalen und/oder vertikalen Raster versehen wird. Gerade bei dreidimensionalen Diagrammen kann ein solches Raster zur besseren Einschätzung der Werte sinnvoll sein. Ebenfalls fügen Sie Ihrem Diagramm in diesem Dialogfeld Titel, Legende und eventuell Datentabelle hinzu.

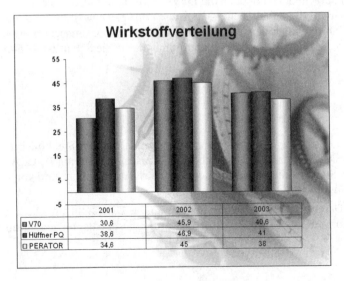

Abbildung 4.17:
Sind genaue
Zahlen wichtig,
kann die Integra-
tion der Datenta-
belle in das
Diagramm sinn-
voll sein.

6. Gestalten Sie das Diagramm bei Bedarf noch, indem Sie einfach das gewünschte Element, z.B. Datenreihe, Diagrammfläche, Legende etc., im Diagramm anklicken und wählen im Menü *Format* den Befehl *Markierte* gefolgt vom Namen des Elements. Dadurch wird ein Dialogfeld zum Formatieren des jeweiligen Elements angezeigt. In den verschiedenen Registerkarten finden Sie unterschiedliche Gestaltungsoptionen.

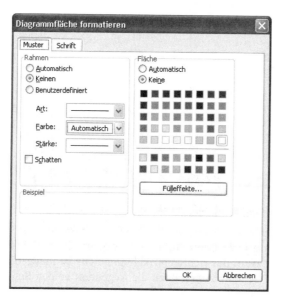

TIPP Noch schneller rufen Sie das entsprechende Dialogfeld mit einem Doppelklick auf das gewünschte Diagrammelement auf.

7. Ist das Diagramm fertig, übernehmen Sie es mit einem Klick außerhalb der Diagramm-Markierungsfläche auf die Folie.

Möchten Sie das Diagramm nachträglich bearbeiten, genügt ein Doppelklick und Sie gelangen wieder in Microsoft Graph.

Die Formatierung der Achsen

Die sinnvolle Formatierung der Achsen ist durchaus nicht einfach ein kosmetisches Problem. Vielmehr kann die Achsenformatierung die Aussage eines Diagramms recht drastisch verändern. Im Allgemeinen enthält die Y-Achse die Größenangaben, wobei MS Graph den angezeigten Wertebereich standardmäßig dem höchsten bzw. niedrigsten Wert in der Datentabelle anpasst.

In der Registerkarte *Skalierung* des Dialogfelds *Achsen formatieren*, das Sie mit einem Doppelklick auf die jeweilige Achse öffnen, ändern Sie die Werte jedoch bei Bedarf.

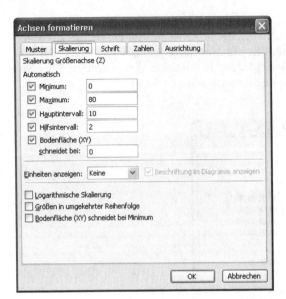

Abbildung 4.19:
*Die Größen-
achse eines
Diagramms im
Dialogfeld* Ach-
sen formatieren
definieren

Besondere Bedeutung kommt der Skalierung der Größenachse zu.

Über das Kontrollkästchen *Bodenfläche (XY) schneidet bei Minimum* können Sie bestimmen, dass die Rubrikenachse nicht beim Nullpunkt, sondern beim kleinsten Wert des Diagramms beginnt. Die Wahl des richtigen Skalenbereichs ist maßgeblich für die Aussage Ihres Diagramms. Sehen Sie sich dazu die folgenden beiden Schaubilder an. Diesen Diagrammen liegen dieselben Daten zugrunde. Sie zeigen den Umsatz zweier Vertriebsmitarbeiter im Verlauf von drei Monaten.

		A	B	C	D
		Jun 03	Jul 03	Aug 03	
1	Hägele	41259	38547	37954	
2	Huber	33358	34896	32589	
3					

Abbildung 4.20:
Umsatzdaten

Auf dem ersten der beiden nachfolgend abgebildeten Diagramme kommt der Verkäufer Huber – rein optisch – denkbar schlecht weg; auf dem zweiten scheint er besser zu liegen. Das liegt daran, dass der Skalenbereich der Größenachse im ersten Schaubild von 32000 bis 42000 reicht, im zweiten Schaubild von 10000 bis 55000.

Sie sehen hier, dass bei der Erstellung eines aussagekräftigen Diagramms der Skalierung besondere Bedeutung zukommt.

Skalieren Sie am besten in leicht erfassbaren Schritten, z.B. 100, 200, 300 usw. Wenn Sie mit Größen im 100000er-Bereich oder mehr arbeiten, verwenden Sie trotzdem zwei- oder dreistellige Zahlen und beschriften die Achsen entsprechend.

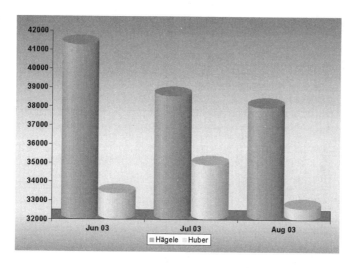

Abbildung 4.21:
*Mittels Größen-
achsenformatie-
rung kann die
Aussage eines
Diagramms
manipuliert wer-
den: Hier kommt
der Mitarbeiter
Huber bei identi-
scher Datenta-
belle schlechter
weg ...*

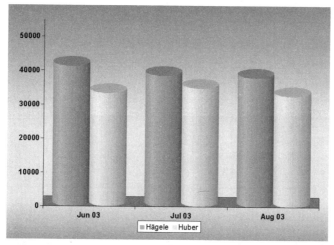

*Abbildung 4.22:
... als auf diesem
Schaubild*

Die optische Gestaltung der Diagrammelemente

Wie oben erwähnt, öffnen Sie mit einem Doppelklick auf die verschiedenen Diagrammelemente das Dialogfeld zu ihrer Formatierung.

Nachfolgend greifen wir einige sinnvolle Formatierungsmöglichkeiten heraus:

- Die Zahlen auf den Achsen sind häufig entweder zu klein, um gut lesbar zu sein, oder sie fließen ineinander. Ein Doppelklick auf die jeweilige Achse öffnet ihr Formatierungs-Dialogfeld. Auf der Registerkarte *Schrift* ändern Sie Schriftart und -größe.

- Auf der Registerkarte *Optionen* des *Format*-Dialogfelds für Datenreihen finden Sie die Möglichkeit, die Säulen bzw. Balken über die Abstandsbreite zu verbreitern – je geringer Sie die Abstandsbreite wählen, desto breiter werden die Balken. Breitere Balken wirken eindrucksvoller als schmalere.

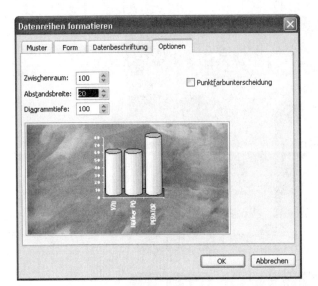

Abbildung 4.23:
Wenn Sie hier die
Abstandsbreite
ändern ...

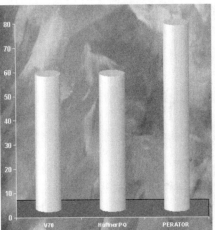 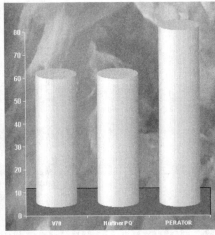

Abbildung 4.24:
... ändern Sie den
Gesamteindruck
Ihres Diagramms

○ Für sämtliche flächigen Elemente des Diagramms und auch für die Datenreihen (also die Säulen, Balken oder Kreissegmente) sind alle Füllarten von PowerPoint verfügbar, beispielsweise Farbverläufe oder Füllmuster. Bei der Formatierung von Säulendiagrammen erhalten Sie einen positiven und aufwärts weisenden Effekt, wenn der Verlauf an der Basis dunkler ist als nach oben hin. Zweidimensionale Säulendiagramme erhalten den Anschein von Dreidimensionalität, wenn Sie einen dreifarbigen vertikalen Farbverlauf mit der hellsten Farbe in der Mitte wählen. Möchten Sie alle Datenreihen mit derselben Füllung versehen, genügt ein Doppelklick auf einen Datenpunkt. Möchten Sie hingegen nur einen einzigen Datenpunkt in einer bestimmten Farbe füllen, klicken Sie diesen an und führen nach einer kurzen Pause einen Doppelklick auf ihn aus.

Abbildung 4.25:
*Ein vertikaler
Farbverlauf mit
der hellen Farbe
in der Mitte ...*

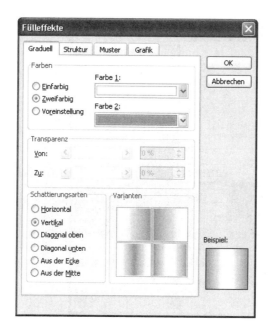

Abbildung 4.26:
*... gibt zweidi-
mensionalen
Säulendiagram-
men einen dreidi-
mensionalen
Anschein*

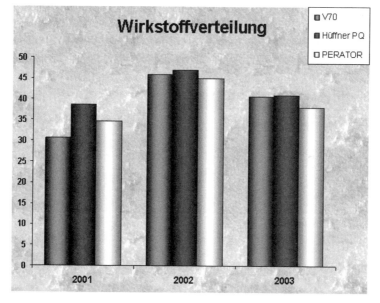

o Bei 3D-Diagrammen ist die Perspektive wichtig. Wählen Sie eine möglichst fron-
tale Perspektive. Sie stellen diese über die Befehlsfolge *Diagramm/3D-Ansicht*
ein. Durchaus empfehlenswert ist das aktivierte Kontrollkästchen *Rechtwinklige
Achsen*, denn damit erzielen Sie eine völlig flache Perspektive.

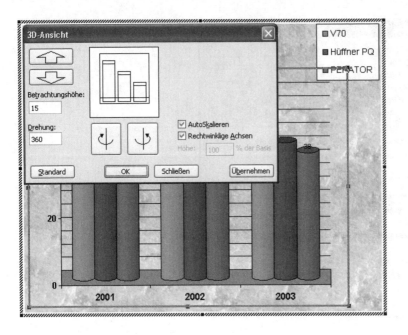

Abbildung 4.27:
Mit dem Kontrollkästchen Rechtwinklige Achsen *erhalten Sie eine Frontalansicht Ihres 3D-Diagramms mit zweidimensionalen Achsen.*

○ Verdichten Sie die Informationen so, dass nur die wichtigsten Informationen dargestellt werden. Zu viele Beschriftungen auf der Größenachse sorgen beispielsweise dafür, dass ein Diagramm überfüllt aussieht. Um dies zu ändern, doppelklicken Sie auf die Größenachse und geben auf der Registerkarte *Skalierung* in das Feld *Hauptintervall* einen höheren Wert ein.

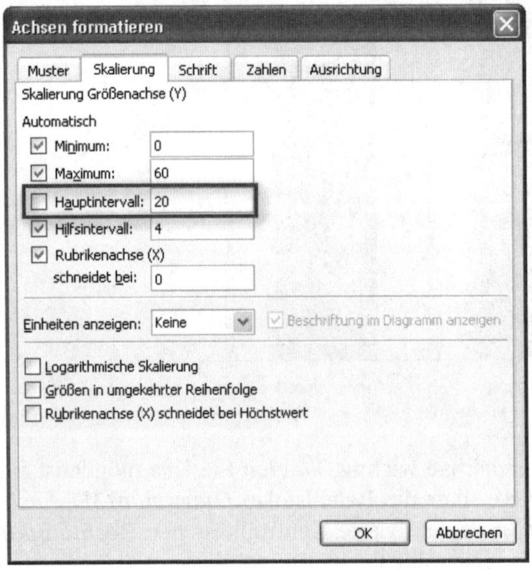

Abbildung 4.28:
Die auf der Größenachse angezeigten Zahlen verringern Sie durch Vergrößern des Hauptintervalls

○ Auch der Verzicht auf überflüssige Datenbeschriftungen vereinfacht das Diagramm. Grundsätzlich versehen Sie eine Datenreihe mit Datenbeschriftungen, indem Sie sie doppelt anklicken und auf der Registerkarte *Datenbeschriftungen* das entsprechende Kontrollkästchen anklicken. Häufig ist es aber besser, statt der Datenbeschriftungen für die gesamte Datenreihe nur Datenbeschriftungen für den Datenpunkt anzeigen zu lassen, der Ihre Message am besten kommuniziert. Dazu klicken Sie zuerst auf die Datenreihe und klicken dann noch einmal auf die Säule oder Spalte etc., die Sie mit der Beschriftung versehen möchten. Sie ist nun einzeln markiert. Doppelklicken Sie auf den Datenpunkt, um das Dialogfeld *Datenpunkt formatieren* zu öffnen und aktivieren Sie das gewünschte Kontrollkästchen.

Abbildung 4.29: Datenpunkte lassen sich auch unabhängig von ihrer Datenreihe formatieren

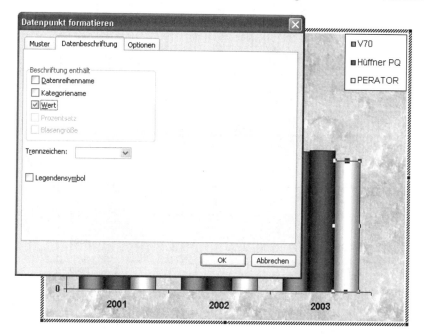

○ Der Diagrammtitel, den Sie über die Befehlsfolge *Diagramm/Diagrammoptionen/Titel* hinzufügen, ist in vielen Fällen überflüssig, da ja ein Folientitel vorhanden ist. Zu viele Elemente im Diagramm sorgen nur für ein gedrängtes Aussehen und behindern die leichte Aufnahme des Schaubilds.

Verbunddiagramme

Nachfolgend ist beschrieben, wie Sie in PowerPoint ein Verbunddiagramm erstellen:

1. Wählen Sie als Diagrammtyp zuerst einen beliebigen zweidimensionalen Diagrammtyp. Wählen Sie dann eine der Datenreihen mit einem Klick aus (achten Sie darauf, dass alle zugehörigen Datenpunkte markiert sind) und wählen Sie für diese Reihe einen anderen Diagrammtyp aus.

2. Markieren Sie die andere Datenreihe und weisen Sie ihr gegebenenfalls ebenfalls einen anderen Diagrammtyp zu.

Schaubilder und Diagramme

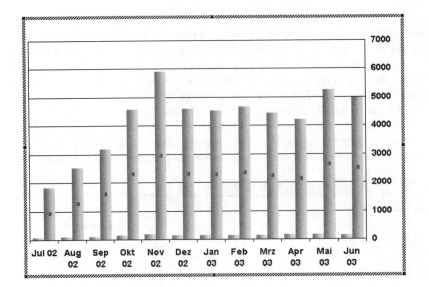

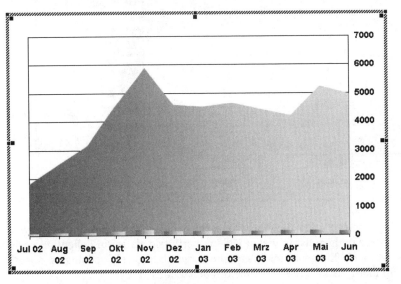

Abbildung 4.31:
... und wählen
Sie mit Dia-
gramm/Dia-
grammtyp *einen*
geeigneten Dia-
grammtyp aus

3. Wählen Sie die Befehlsfolge *Diagramm/Diagrammoptionen*.

4. Auf der Registerkarte *Achsen* aktivieren Sie unter *Sekundärachse* das Kontroll-kästchen *Größenachse*. PowerPoint erstellt daraufhin eine zweite Größenachse, die den Werten dieser Datenreihe angepasst ist.

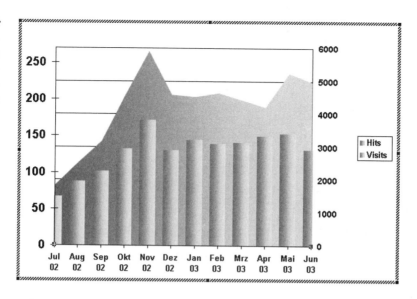

Abbildung 4.32:
Die beiden Grö-
ßenachsen haben
sehr unterschied-
liche Skalierun-
gen

Diagramme mit Piktogrammen

Eine besondere Darstellungsform sind Diagramme mit grafischen Symbolen für die Darstellung der Datenpunkte. Dies ist mit vielen Diagrammtypen möglich. Voraussetzung für eine gelungene Gestaltung ist die Auswahl einfacher Symbole, die zum Thema des Schaubilds passen. Solche Diagramme sollten mit Datenwerten oder einer Datentabelle ausgestattet werden.

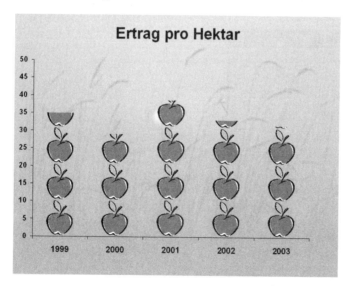

Schaubilder und Diagramme

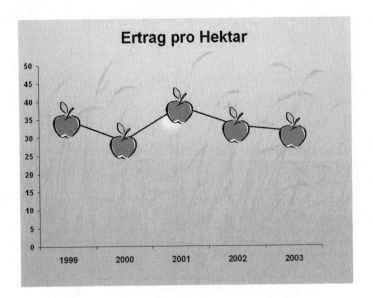

Abbildung 4.33:
Viele Diagramm-
typen können mit
Piktogrammen
versehen werden

Um ein Piktogramm-Diagramm zu erstellen, kopieren Sie die gewünschte Grafik in die Zwischenablage. Im Diagrammbearbeitungsmodus wählen Sie die gewünschte Datenreihe bzw. den gewünschten Datenpunkt aus und betätigen die Tastenkombination Strg+V (Einfügen).

Um das Aussehen der Grafik nun noch anzupassen, wählen Sie die Befehlsfolge *Format/Markierte Datenreihen* bzw. *Format/Markierter Datenpunkt*. Im folgenden Dialogfeld wählen Sie auf der Registerkarte *Muster* die Schaltfläche *Fülleffekte*.

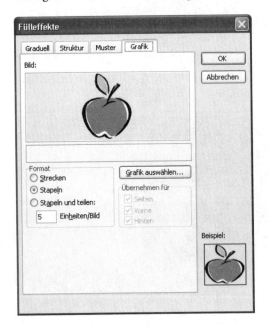

Abbildung 4.34:
Auf der Register-
karte Grafik *des*
Dialogfelds Füll-
effekte bestim-
men Sie, ob die
eingefügte Gra-
fik gestreckt oder
gestapelt werden
soll

Diagramme animieren

PowerPoint bietet interessante Möglichkeiten zur Animation von Diagrammen. Am besten animieren Sie Ihr Diagramm nach Datenreihen. Die Animation sollte einfach sein und zum Inhalt und Timing des Vortrags passen.

1. Klicken Sie das Diagramm in PowerPoint (nicht in Microsoft Graph) mit der rechten Maustaste an und wählen Sie aus dem Kontextmenü den Befehl *Benutzerdefinierte Animation*.

2. Im Aufgabenbereich klicken Sie auf *Effekt hinzufügen* und wählen die gewünschte Eingangsanimation. Klicken Sie den Trigger *Beim Klicken* in der Liste *Benutzerdefinierte Animation* anschließend mit der rechten Maustaste an, und wählen Sie aus dem Kontextmenü den Befehl *Effektoptionen*.

Abbildung 4.35:
Hier entscheiden
Sie, wie Sie die
einzelnen Dia-
grammelemente
nacheinander
animieren
möchten

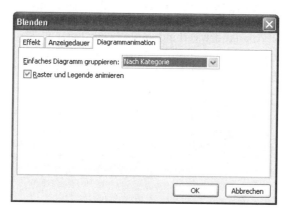

3. Auf den Registerkarten *Effekt* und *Anzeigedauer* nehmen Sie noch Feinabstimmungen bezüglich Timing, Animationsrichtung etc. vor.

TIPP Weitere Hinweise zu benutzerdefinierten Animationen erhalten Sie in ▶ Kapitel 5.

Schaubilder erstellen

Anders als die zuvor besprochenen Diagramme sollen die nachfolgend besprochenen Schaubilder Abläufe, Strukturen und Sachverhalte anschaulich visualisieren. Typische Beispiele dafür sind Organisations- und Flussdiagramme. Diese Schaubilder können Sie – bis einschließlich Version 2000 war das die einzige Möglichkeit – mit den vielfältigen AutoFormen der Symbolleiste *Zeichnen* erstellen.

Nachdem Sie die benötigten Formen auf die Folie gezeichnet haben, versehen Sie diese bei Bedarf mit Verbindungslinien:

1. Öffnen Sie auf der Symbolleiste *Zeichnen* das Menü *AutoFormen* und wählen Sie den Eintrag *Verbindungen*. Aus dem Untermenü wählen Sie dann den gewünschten Verbindungstyp aus, womit Sie zwei AutoFormen miteinander verbinden möchten.

TIPP Falls Sie mehrere gleichartige Verbindungslinien hintereinander zeichnen möchten, doppelklicken Sie auf die Schaltfläche. Sie bleibt dann aktiviert, bis Sie beispielsweise die Esc-Taste betätigen.

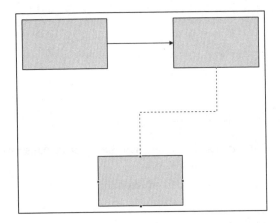

2. Anschließend zeigen Sie auf eine der beiden AutoFormen, die Sie miteinander verbinden möchten. Bei Mausberührung erscheinen blaue Punkte am Umriss der
AutoForm und der Mauszeiger verwandelt sich in ein Fadenkreuz. Klicken Sie auf
einen blauen Punkt, um den Startpunkt der Verbindungslinie anzusetzen.

3. Bewegen Sie die Maus zur nächsten AutoForm. Nehmen Sie einen geeigneten
blauen Punkt ins Visier und docken Sie die Linie mit einem Klick daran an.

Auf diese Weise können Sie Ihre Schaubilder selbst erstellen und mithilfe der *Zeichnen*-Symbolleiste beliebig gestalten. Jede Verbindungslinie lässt sich nachträglich
auch neu gestalten.

Der Vorteil von Verbindungslinien ist, dass sie an der angesetzten Form angedockt
sind. Wenn Sie in Ihrem Schaubild eine AutoForm verschieben, wandert die Verbindungslinie nach und passt sich der neuen Position an. Auf diese Weise können Sie
die Anordnung Ihres Schaubilds problemlos verändern.

TIPP

Beim Erstellen eines Schaubilds müssen Sie unter Umständen oft auf das Menü mit
den verschiedenen Verbindungslinien zugreifen. Das kostet Zeit. Eine Erleichterung
ist es daher, wenn Sie die Palette aus dem Menü herauslösen und als eigenständige
Palette verwenden. Öffnen Sie das Verbindungslinienmenü, klicken Sie auf die
gepunktete Fläche am oberen Rand und ziehen Sie die Palette mit gedrückter Maustaste auf eine freie Stelle auf dem PowerPoint-Bildschirm.

Abbildung 4.38:
Die AutoFormen-
Palette lässt sich
frei auf dem Bild-
schirm bewegen

Elemente am Gitternetz anordnen

In PowerPoint gibt es ein Gitternetz-Feature, das sich gerade für die Anordnung der Elemente von Schaubildern eignet.

1. Öffnen Sie in der Symbolleiste *Zeichnen* das Menü *Zeichnen* und wählen Sie den Befehl *Raster und Führungslinien*.

2. Im Dialogfeld *Raster und Linien* lassen Sie das Kontrollkästchen *Objekte am Raster ausrichten* aktiviert. Aktivieren Sie das Kontrollkästchen *Objekte an anderen Objekten ausrichten*, dann schnappen Objekte beim Verschieben aneinander ein.

3. Unter *Rastereinstellungen* stellen Sie den Abstand zwischen den einzelnen Rasterpunkten in der Maßeinheit Zentimeter ein.

4. Darunter aktivieren Sie das Kontrollkästchen *Raster auf dem Bildschirm anzeigen*.

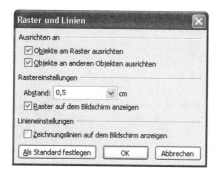

Bestätigen Sie Ihre Einstellungen mit *OK*, um das Gitternetz auf der Folie anzuzeigen. Wenn Sie nun Objekte verschieben, rasten Sie diese an den Gitternetzlinien ein und Sie können die Elemente Ihres Schaubilds einfacher anordnen.

Organigramme und hierarchische Strukturen

Für die schematische Darstellung von Strukturen setzen Sie Organisationsdiagramme ein.

1. Wählen Sie die Befehlsfolge *Einfügen/Grafik/Organigramm*, wird sofort ein Organigramm in die Folie eingefügt.

2. Alternativ klicken Sie in der Symbolleiste *Zeichnen* auf die Schaltfläche *Schematische Darstellung oder Organigramm einfügen*. Das Dialogfeld *Diagrammsammlung* bestätigen Sie mit *OK*.

Abbildung 4.40:
Ein Organi-
gramm einfügen

3. In die Folie wird ein Organigramm eingefügt. Zusätzlich wird die Symbolleiste *Organigramm* eingeblendet, mit der Sie das Organigramm bearbeiten können. Beginnen Sie mit der Texteingabe.

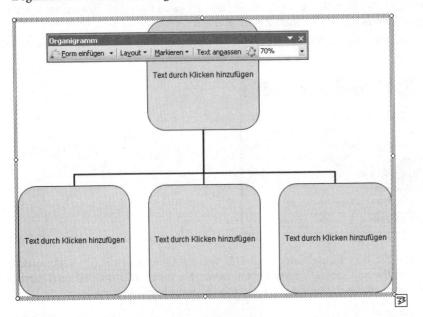

Abbildung 4.41:
Das eingefügte
Organigramm

4. Möchten Sie dem Organigramm eine weitere Form hinzufügen, klicken Sie zuerst auf die Form, mit der die neue Form verbunden werden soll und dann in der Symbolleiste *Organigramm* auf die Schaltfläche *Form einfügen*. Im folgenden Menü entscheiden Sie, wie die neue Form angeordnet werden soll.

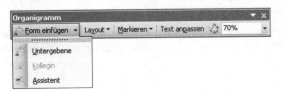

Abbildung 4.42:
Eine neue Form
einfügen

5. Bei Bedarf ändern Sie die Ausrichtung des Organigramms, indem Sie in der Symbolleiste auf die Schaltfläche *Layout* klicken und eine andere Konstellation wählen.

Abbildung 4.43:
*Das Layout des
Organigramms
ändern*

6. Klicken Sie in der Symbolleiste auf die Schaltfläche *AutoFormat*, können Sie Ihrem Organigramm aus dem Katalog ein neues Design zuweisen.

Abbildung 4.44:
*Der Organi-
grammtypkatalog*

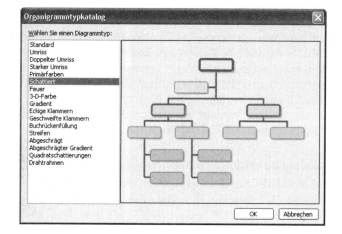

Für Organigramme gilt im Übrigen dasselbe wie für Diagramme: Mit einem Klick außerhalb des Organigramms beenden Sie die Bearbeitung, mit einem Doppelklick gelangen Sie wieder in den Organisationsdiagramm-Bearbeitungsmodus.

Wenn Sie den Weg über die Schaltfläche *Schematische Darstellung oder Organigramm einfügen* gewählt haben, ist Ihnen sicherlich aufgefallen, dass es außer dem Organigramm noch weitere Schaubildtypen gibt, auf die wir hier nicht näher eingehen. Experimentieren Sie einfach damit; die Funktionen sind mehr oder weniger selbsterklärend.

Abbildung 4.45:
*PowerPoint bie-
tet auch andere
Schaubildtypen
an, wie z.B. das
Radialdiagramm*

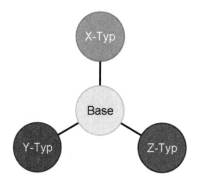

Zusammenspiel zwischen PowerPoint und Visio

Visio – eine leistungsfähige Anwendung für technische Zeichnungen, Infografiken, Schaubilder etc. – arbeitet seit der Version 2002 gut mit PowerPoint zusammen. In Bezug auf die Erstellung dieser Grafiktypen ist Visio leistungsfähiger als PowerPoint.

Verwenden Sie Visio, wenn Sie Ihre Zeichnungen mit Bemaßungen erstellen oder eine CAD-Zeichnung importieren möchten, um sie später weiter zu bearbeiten. Visio stellt Ihnen in diesem Zusammenhang eine Menge Funktionen zur Verfügung. Immer wenn Sie ein gewünschtes Diagramm nicht in PowerPoint verwirklichen können, sollten Sie es in Visio erstellen und anschließend in PowerPoint einfügen.

Inhalte aus Visio in PowerPoint einfügen

Es ist nicht möglich, Inhalte aus Visio mit dessen nativem Dateiformat in PowerPoint einfach einzufügen. Um Inhalte aus Visio in PowerPoint weiter zu verwenden, müssen Sie auf die bestehende Visio-Zeichnung als Objekt verweisen oder aber als Vektorgrafik aus Visio exportieren und anschließend in PowerPoint einfügen. Wenn Sie Ihre Präsentation auf einem Computer vorführen, auf dem kein Visio installiert ist, dann müssen Sie sich für die letztere Variante per Export/Einfügen entscheiden. Allerdings lässt sich die Grafik dann anschließend nicht mehr mit den Visio-Tools bearbeiten.

1. Wählen Sie in PowerPoint die Befehlsfolge *Einfügen/Objekt*.
2. Im folgenden Dialogfeld aktivieren Sie das Optionsfeld *Aus Datei erstellen* und wählen über die Schaltfläche *Durchsuchen* Ihre Visio-Zeichnung aus. Bestätigen Sie mit der Schaltfläche *OK*.

Für die zweite Methode gehen Sie folgendermaßen vor:

1. Öffnen Sie in Visio Ihr Schaubild.
2. Wählen Sie die Befehlsfolge *Datei/Speichern unter*.
3. Im folgenden Dialogfeld speichern Sie das Diagramm im gewünschten Grafikformat. Sehr gut geeignet sind die Vektorgrafikformate WMF und EMF. Diese Formate eignen sich für den Datentransport zwischen den Microsoft-Anwendungen am besten.
4. Wählen Sie in PowerPoint die Befehlsfolge *Einfügen/Grafik/Aus Datei*.
5. Aus dem folgenden Dialogfeld wählen Sie die EMF- bzw. WMF-Datei aus und klicken auf die Schaltfläche *Einfügen*.

5 Objektanimationen und Folienübergänge

Objekte und Folien animieren

Die meisten Elemente, die Sie auf Ihren Folien platziert haben, können Sie mit benutzerdefinierten Animationen ausstatten und zwar sowohl mit vordefinierten Bewegungsschemas oder auch an einem vorgegebenen bzw. einem selbst definierten Pfad.

Zusätzlich können Sie auch die Folienübergänge mit vordefinierten bewegten Effekten ausstatten. Solche Präsentationen eignen sich für die Vorführung auf Ihrem oder einem anderen PC – z.B. über einen Video-Beamer oder auch nur über einen großen Monitor.

Solche Animationen sind nicht einfach eine reine Spielerei – vielmehr lassen sich die Informationen während der Präsentation viel besser dosieren, wenn Sie erst auf Mausklick des Präsentierenden mehr oder weniger effektvoll auf der Folie erscheinen.

So können Sie beispielsweise nachträglich Pfeile einblenden, um auf wichtige Sachverhalte hinzuweisen. Komplexe Informationen können Sie mithilfe von Animationen unterstützen, damit sie vom Betrachter einfacher aufgenommen werden.

Gehen Sie hier systematisch vor, indem Sie die Information in kleinere Portionen unterteilen und Schritt für Schritt per Animation zu einem Ganzen zusammenführen. Informationen werden in kleineren Portionen besser aufgenommen.

Zudem bietet die Bildschirmpräsentation am Computer gegenüber der klassischen Overheadfolie auch den Vorteil, dass Sie noch kurz vor Präsentationsbeginn Last-Minute-Änderungen durchführen können.

Welche Ausrüstung ist für eine Bildschirmpräsentation notwendig?

Um eine animierte Bildschirmpräsentation vorzuführen, benötigen Sie im einfachsten Fall einen PC mit einem entsprechend großen Monitor. Weitere Ausstattungsmöglichkeiten wären ein PC mit LCD-Display und Overheadprojektor oder ein PC mit Video-Beamer bzw. Datenprojektor.

Richtlinien für die Gestaltung von Bildschirmpräsentationen

Nachfolgend einige Richtlinien, die Ihnen bei der Gestaltung von Bildschirmpräsentationen mit Animationen helfen sollen:

- Erstellen Sie zuvor ein Storyboard, in dem Sie festlegen, in welcher Abfolge die einzelnen Elemente auf den Folien erscheinen sollen.

- Die Präsentation sollte zielgruppenorientiert aufgebaut sein. Nicht jeder Animationseffekt ist für alle Zielgruppen gut geeignet.

- Die attraktiven Animations- und Übergangseffekte von PowerPoint verführen dazu, diese als Selbstzweck zu betrachten. Verlieren Sie das eigentliche Ziel Ihrer Präsentation nicht aus den Augen. Dieses darf natürlich von Effekten begleitet werden, doch sollen die Animationselemente nicht von der eigentlichen Information ablenken, sondern ihre Vermittlung und Aufnahme unterstützen.

- Überfordern Sie Ihre Teilnehmer nicht mit zu vielen Effekten, auch wenn Ihnen noch so viele zur Verfügung stehen.

- Beginnen Sie damit, dass Sie die einzelnen Folien mit Inhalt versehen. Danach nutzen Sie die Einstellungsmöglichkeiten von Folienanzeigedauer und Folienübergang. Verwenden Sie dazu am besten die Foliensortierungsansicht. Diese erleichtert die Arbeit enorm.

- Auch die Animationen für die einzelnen Objekte auf der Folie legen Sie erst dann fest, wenn Sie die Folien fertig gestellt haben. Gehen Sie eine Folie nach der anderen durch und weisen Sie den einzelnen Elementen passend zur dargebotenen Information sinnvolle Effekte zur Auflockerung und besseren Informationsaufnahme zu.

- Berücksichtigen Sie beim Zuweisen von Animationseffekten die Tatsache, dass in der westlichen Welt von links nach rechts und von oben nach unten gelesen wird. So sind wir es gewohnt und alles andere kann irritierend wirken. Wenn Sie Ihre Texte mit Animationseffekten versehen, sollten Sie diese Lesegewohnheit berücksichtigen – animieren Sie Texte von links nach rechts.

- Nur bei besonders wichtigen Informationen können Sie diese Regel brechen, indem Sie einen Text beispielsweise von rechts einblenden. Dadurch lenken Sie die Aufmerksamkeit des Betrachters auf diesen besonders wichtigen Punkt.

○ Genauso wie Bilder können auch Sounds die Aufmerksamkeit steigern. Alle Animationseffekte lassen sich in PowerPoint durch einen Klang ergänzen. Allerdings ist hier besondere Vorsicht angebracht, da die exzessive Verwendung von Geräuscheffekten schnell unseriös und übertrieben wirkt.

○ Ein wichtiger Aspekt beim Vortragen einer Präsentation betrifft den Zeitablauf. Dieser Faktor beeinflusst sowohl die Aufmerksamkeit des Publikums als auch die Aufnahme der Informationen. Werden die einzelnen Folien der Präsentation zu schnell vorgeführt, könnte dies die Teilnehmer überfordern. Ein zu langsames Tempo bewirkt einen Dynamikverlust und könnte die Zuschauer langweilen. In beiden Fällen verliert die Präsentation an Wirkung.

○ Die fertige Bildschirmpräsentation sollten Sie vor dem Vortrag so oft wie möglich über die Befehlsfolge *Bildschirmpräsentation/Bildschirmpräsentation vorführen* bzw. die Taste F5 testen. Mit etwas Abstand lassen sich die meisten Dinge besser beurteilen – daher empfiehlt es sich auch, die fertige Präsentation von Außenstehenden nochmals testen zu lassen.

Folienübergänge

Folienübergänge lassen sich mit PowerPoint schnell zuweisen. Mit Folienübergängen bestimmen Sie, wie die aktuelle Folie vom Bildschirm verschwindet und die nächste eingeblendet wird. So kann die folgende die aktuelle Folie beispielsweise langsam überdecken oder die aktuelle Folie löst sich blockweise auf und gibt die folgende Folie frei etc. Um einen Folienübergang zu erzeugen, gehen Sie wie folgt vor:

1. Öffnen Sie Ihre Präsentation und wählen Sie in der *Foliensortierungsansicht* oder der Folienansicht im linken Teilfenster der Normalansicht die Folie aus, der Sie einen Übergang zuweisen möchten. Mehrere Folien wählen Sie mit gedrückter Strg- oder Umschalt-Taste aus. Beachten Sie, dass ein Folienübergang stets für den Übergang zwischen der aktuellen und der folgenden Folie gilt.

2. Wählen Sie die Befehlsfolge *Bildschirmpräsentation/Folienübergang*.

3. Im Aufgabenbereich erscheint eine Liste mit Übergangseffekten und weiteren Optionen. Wählen Sie den gewünschten Übergangseffekt aus. Sobald Sie einen Effekt anklicken, erhalten Sie auf Ihrer Folie eine Vorschau.

HINWEIS Wenn Sie die Vorschau beim Auswählen eines Übergangeffekts stört, deaktivieren Sie diese, indem Sie ganz unten im Aufgabenbereich das Kontrollkästchen *AutoVorschau* deaktivieren.

Verwenden Sie innerhalb der Präsentation nicht allzu viele verschiedene Übergangs-effekte. Häufig ist es sogar am besten, für alle Folien der Präsentation einen einzigen Effekt zu verwenden.

HINWEIS

Effektoptionen

Nachdem Sie einen Übergangseffekt aus der Liste ausgewählt haben, legen Sie darunter verschiedene Optionen fest:

1. Im Listenfeld *Geschwindigkeit* bestimmen Sie das Tempo des Effekts. Wählen Sie zwischen *Langsam, Mittel, Schnell*.

2. Bei Bedarf versehen Sie den Übergangseffekt noch mit einem Klang, den Sie aus dem unteren Listenfeld auswählen.

3. Im Bereich *Nächste Folie* ist bereits das Kontrollkästchen *Bei Mausklick* aktiviert: Ein Folienwechsel findet erst dann statt, wenn der Vortragende mit der Maus darauf klickt.

4. Aktivieren Sie darunter zusätzlich das Kontrollkästchen *Automatisch nach*, stehen Ihnen zwei Optionen für den Folienwechsel offen: sowohl der Mausklick als

auch der automatische Wechsel. Für den automatischen Übergang geben Sie in das zugehörige Eingabefeld eine Zeitspanne ein, während der die Folie angezeigt werden soll. Sobald die Zeit abgelaufen ist, findet dann automatisch der Folienwechsel statt. Andernfalls können Sie aber auch vorher schon mit einem Mausklick den Folienwechsel manuell auslösen.

5. Soll der Folienwechsel ausschließlich automatisch möglich sein, deaktivieren Sie das Kontrollkästchen *Bei Mausklick*.

6. Falls gewünscht, weisen Sie über das Listenfeld *Sound* dem Folienübergang noch einen Klangeffekt zu.

ACHTUNG Sind beide Kontrollkästchen für den Übergang deaktiviert, erfolgt ein Folienwechsel nur noch über die Tastatur. Drücken Sie Eingabe oder Leertaste, um vorwärts zu blättern. Mit der Rück-Taste blättern Sie rückwärts.

TIPP Soll der eingestellte Folienwechsel für alle Folien der Präsentation gelten, übertragen Sie ihn mit einem Klick auf die Schaltfläche *Für alle übernehmen* auf alle Folien der Präsentation.

 Bei Bedarf können Sie sich über den Aufgabenbereich die Präsentation mit den Übergangseffekten ansehen. Dazu zeigen Sie zuerst die erste Folie Ihrer Präsentation an und klicken dann ganz unten im Aufgabenbereich auf die Schaltfläche *Bildschirmpräsentation von aktueller Folie*.

Die Foliensortierungsansicht ist sehr praktisch, um den Folienwechsel der einzelnen Folien der Präsentation zu überblicken. Sie sehen hier, dass die Folien mit einem Effektsymbol versehen wurden.

Mit einem Klick auf das Übergangssymbol erhalten Sie eine Vorschau des Effekts. Wenn Sie einem Übergangseffekt eine Einblendezeit zugewiesen haben, wird diese Zeit neben dem Effektsymbol angezeigt.

Eine Eröffnungsschleife erstellen

Eine Eröffnungsschleife sind einige Folien, die vor der eigentlichen Präsentation automatisch abgespielt werden – z.B. während die Teilnehmer den Raum betreten und Platz nehmen. Mit einem einfachen Druck auf die Esc-Taste kann der Präsentierende zu Beginn des Vortrags diese Eröffnungsschleife beenden und mit der eigentlichen Präsentation beginnen.

Die Schleife einrichten

Um eine Eröffnungsschleife einzurichten, gehen Sie wie folgt vor:

1. Erstellen Sie zunächst die Präsentation, die in einer Schleife ablaufen soll.

2. Wählen Sie die Befehlsfolge *Bildschirmpräsentation/Bildschirmpräsentation einrichten*. Im Dialogfeld aktivieren Sie das Kontrollkästchen *Wiederholen, bis Esc-Taste gedrückt wird*. Bestätigen Sie mit *OK*.

3. In der Foliensortieransicht weisen Sie den Folien entsprechende Übergänge zu, aktivieren für jede Folie im Aufgabenbereich *Folienübergang* das Kontrollkästchen *Automatisch nach* und geben die entsprechenden Einblendzeiten an.

Eine Verknüpfung von der Schleife zur Hauptpräsentation einrichten

PowerPoint ermöglicht es Ihnen leider nicht direkt, innerhalb ein und derselben Datei eine Schleife mit einer manuell bedienten Präsentation zu kombinieren. Daher müssen Sie einen anderen Weg gehen, um die Schleife so zur Hauptpräsentation hinzuzufügen, dass ein Druck auf die Esc-Taste genügt, um die Schleife zu verlassen und unmittelbar danach die Hauptpräsentation zu starten.

Die Lösung ist recht einfach: Sie verknüpfen die Schleifen- und die Hauptpräsentation einfach miteinander.

1. In der ersten Folie der Hauptpräsentation wählen Sie ein beliebiges Objekt aus und klicken es mit der rechten Maustaste an.

2. Wählen Sie aus dem Kontextmenü den Befehl *Aktionseinstellungen*.

3. Im folgenden Dialogfeld aktivieren Sie das Optionsfeld *Hyperlink zu* und wählen aus dem Listenfeld den Eintrag *Andere PowerPoint-Präsentation*. Im Dialogfeld *Hyperlink zur anderen PowerPoint-Präsentation* wählen Sie die PowerPoint-Präsentation mit der Schleife aus.

Abbildung 5.2:
Den Hyperlink zur Schleifen-Präsentation einrichten

4. Im nächsten Dialogfeld *Hyperlink zur Folie* wählen Sie die erste Folie Ihrer Schleifen-Präsentation aus und bestätigen diese Auswahl mit *OK*.

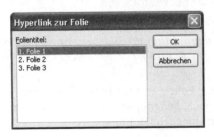

Abbildung 5.3:
Wählen Sie die erste Folie der Schleifen-Präsentation aus

5. Verlassen Sie das Dialogfeld *Aktionseinstellungen* mit *OK* und speichern Sie die Präsentation.

6. Speichern Sie Ihre Datei und testen Sie Ihre Präsentation mit der Taste F5.

Vergewissern Sie sich, dass Sie nur die Hauptpräsentation in PowerPoint geöffnet haben – die Schleifenpräsentation sollte geschlossen sein.

Wenn Sie nun im Abspielmodus (Taste F5) auf das interaktive Objekt in der Hauptpräsentation klicken, wird die Schleife gestartet.

Um die Schleife zu beenden, drücken Sie die Esc-Taste. Unmittelbar danach wird die Hauptpräsentation abgespielt.

ACHTUNG Betätigen die die Esc-Taste nicht zweimal hintereinander, sonst verlassen Sie den Präsentationsmodus.

Folienelemente animieren

Neben der Möglichkeit, die Folienübergänge zu animieren, können Sie auch jedes einzelne Element auf einer Folie animieren. Bei Texten und Diagrammen lassen sich sogar die einzelnen Bestandteile animieren.

TIPP Statt eine eigene Animation für ein Objekt zu definieren, wie wir es im nächsten Schritt tun werden, können Sie auch zwischen verschiedenen vordefinierten Animationsschemas, also Zusammenstellungen von zueinander passenden Objektanimationen, wählen, indem Sie die gewünschten Folien auswählen und die Befehlsfolge *Bildschirmpräsentation/Animationsschemas* wählen.

Abbildung 5.4:
Animations-
schemas sind
erprobte Anima-
tionseffekte, die
Sie auf Ihre
Objekte anwen-
den können

Im Folgenden erfahren Sie, wie Sie einem Objekt eine benutzerdefinierte Animation zuweisen.

1. Wählen Sie zunächst auf der Folie das zu animierende Objekt aus.

2. Wählen Sie die Befehlsfolge *Bildschirmpräsentation/Benutzerdefinierte Animation*. Diesen Befehl erreichen Sie auch über das Kontextmenü.

3. Im Aufgabenbereich wird der Abschnitt *Benutzerdefinierte Animation* eingeblendet.

4. Klicken Sie auf die Schaltfläche *Effekt hinzufügen*. Ein Menü mit verschiedenen Effektkategorien wird angezeigt. Wählen Sie einen Effekt. Es gibt Effekte für die Eingangsanimation eines Objekts (Untermenü *Eingang*), für Objekte, die sich bereits auf der Folie befinden (*Hervorgehoben*) und für das Entfernen von Objekten (*Beenden*). Hier finden Sie auch die Möglichkeit, Objekte entlang eines Animationspfades zu bewegen.

In jedem Untermenü der Effektgruppen können Sie über den Befehl *Weitere Effekte* noch mehr Effekte aufrufen. Es erscheint ein Dialogfeld mit einer sehr großen Auswahl.

Klicken Sie auf einen Effekt, erhalten Sie direkt auf der Folie eine Vorschau (vorausgesetzt, das Kontrollkästchen *Effektvorschau* ist aktiviert). Wählen Sie hier einen Effekt aus, wird dieser der Effektliste des Aufgabenbereichs hinzugefügt.

HINWEIS Ein Objekt kann auch mit mehreren Effekten versehen werden (diese sollten jedoch aufeinander abgestimmt sein und sich nicht überschneiden). Wählen Sie beispielsweise einen Eingangseffekt für das Erscheinen des Objekts auf der Folie und einen anderen für sein Verschwinden.

Mithilfe des Effektemenüs können Sie auf die beschriebene Weise allen gewünschten Objekten auf der Folie einen passenden Effekt zuweisen.

Alle Effekte werden in der gewählten Reihenfolge in die Liste *Benutzerdefinierte Animationen* übernommen. Hier können Sie die Effekte noch abändern oder ihre Reihenfolge ändern. Dazu klicken Sie den jeweiligen Effekt an und ziehen ihn an eine andere Stelle. Alternativ stehen Ihnen unterhalb der Liste zwei Schaltflächen zur Verfügung, mit denen Sie die Reihenfolge ebenfalls ändern können.

Abbildung 5.7:
Über die Pfeil-
schaltflächen
ändern Sie die
Effektreihenfolge

Haben Sie auf diese Weise alle Objekt der Folie, die Sie animieren möchten, bearbeitet, legen Sie das auslösende Ereignis für die Animation sowie die zeitliche Reihenfolge fest.

○ Sollen sich die animierten Elemente während der Bildschirmpräsentation nacheinander aufbauen, wenn der Vorführer mit der Maus klickt, lassen Sie im Feld *Starten* den Eintrag *Beim Klicken* aktiviert.

Abbildung 5.8:
Festlegen, dass
die Animation
auf Mausklick
starten soll

○ Für eine selbst ablaufende Animation wählen Sie den Eintrag *Mit vorheriger* (dann startet die Animation gleichzeitig mit der vorherigen) oder den Eintrag *Nach vorheriger*, damit die Animation im Anschluss an die vorige beginnt.

○ Über das Listenfeld *Geschwindigkeit* legen Sie fest, in welchem Tempo die Animation angezeigt werden soll.

Für das »Feintuning« der Animation führen Sie in der Liste einen Doppelklick auf die gewünschte Animation aus.

Im folgenden Dialogfeld nehmen Sie über die Registerkarte *Effekt* weitere Einstellungen für den Ablauf der Animation vor. Diese Registerkarte kann je nach gewähltem Effekt im oberen Bereich etwas unterschiedlich aussehen. Hier können Sie beispielsweise den Effekt von einem bestimmten Sound begleiten lassen usw. Dann erscheint ein Symbol mit einem Lautsprecher. Klicken Sie diesen an und legen Sie über den eingeblendeten Regler die Lautstärke für den Sound fest.

Abbildung 5.9:
Die Lautstärke
des Sounds fest-
legen

Wechseln Sie zur Registerkarte *Anzeigedauer*. Hier definieren Sie den zeitlichen Ablauf des Effekts genauer. Über das Feld *Verzögerung* bestimmen Sie, wie viele Sekunden zwischen der vorherigen und der aktuellen Animation vergehen sollen. Sie können die Animation auch mehrmals wiederholen, indem Sie aus dem entsprechenden Listenfeld die gewünschte Rate auswählen.

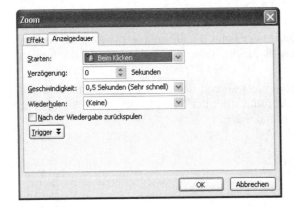

Abbildung 5.10:
Einstellungen für
die Anzeige-
dauer eines
Effekts

TIPP Es ist zeitraubend, wenn man Objekte auf einer Folie austauschen und danach die benutzerdefinierten Animationen erneut zuweisen muss. Das muss aber nicht sein, denn Sie können AutoFormen austauschen, ohne die bereits zugewiesenen Animationseinstellungen zu verlieren.

Daraufhin verwenden Sie in der Symbolleiste *Zeichnen* die Schaltfläche *AutoForm*, um die Form selbst durch eine andere auszutauschen, dabei die zugewiesene Animation jedoch nicht zu ändern:

Wählen Sie die AutoForm aus. Klicken Sie in der *Zeichnen*-Symbolleiste auf die gleichnamige Schaltfläche und wählen Sie den Befehl *AutoForm ändern*. Wählen Sie die neue AutoForm aus.

Einzelne Elemente eines Textes oder Diagramms animieren

Wie schon erwähnt, können Sie mit PowerPoint auch einzelne Text- oder Diagrammbausteine animieren. Dazu gehen Sie folgendermaßen vor:

1. Markieren Sie den Text oder das Diagramm und weisen Sie ihm im Aufgabenbereich über die Schaltfläche *Effekt* einen Animationseffekt zu.

2. Doppelklicken Sie in der Liste auf den Eintrag des Effekts.

3. Wie Sie sehen, ist das Dialogfeld um die Registerkarte *Textanimation* bzw. *Diagrammanimation* erweitert worden. Nehmen Sie in dieser Registerkarte die gewünschten Einstellungen vor.

4. Gegebenenfalls sorgen Sie bei Diagrammen noch dafür, dass Raster und Legende einzeln animiert werden. Bei Texten wird in der Registerkarte *Effekt* noch das Listenfeld *Text animieren* hinzugefügt. Dort können Sie festlegen, auf welche Textbausteine die Animationsart angewandt werden soll.

Abbildung 5.11:
Das Listenfeld
Text animieren

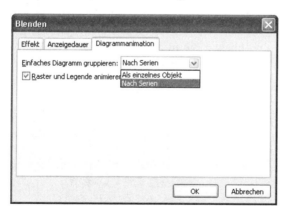

TIPP Nicht jede Animationsart ist für die Animation einzelner Diagrammelemente geeignet. Haben Sie einen ungeeigneten Effekt ausgewählt, steht im Listenfeld *Einfaches Diagramm gruppieren* lediglich der Eintrag *Als einzelnes Objekt* zur Auswahl.

Objektanimationen und Folienübergänge

Beispiel: Scrollender Abspann

Sie kennen es von Spielfilmen her – am Filmende werden die Namen der Schauspieler und sonstigen Mitwirkenden nacheinander von oben nach unten animiert.

Auf eine PowerPoint-Präsentation übertragen, könnten Sie mit dieser Technik am Schluss der Präsentation etwa noch einmal die Beteiligten namentlich nennen oder wichtige Punkte auflisten etc. Gehen Sie dazu wie folgt vor:

1. Erstellen Sie auf der Folie ein rechteckiges Textfeld und geben Sie einige Zeilen Text ein.

2. Wählen Sie das Textfeld mit einem Klick auf seinen Rahmen aus und ziehen Sie es so nach oben, dass sich der Text schließlich außerhalb der Folie befindet.

3. Klicken Sie mit der rechten Maustaste auf das Textfeld und wählen Sie aus dem Kontextmenü den Befehl *Benutzerdefinierte Animation*. Klicken Sie auf die Schaltfläche *Effekt hinzufügen* und wählen Sie *Eingang/Weitere Effekte/Abspann*. Bestätigen Sie mit *OK*. Belassen Sie als Richtung *Von unten*. Doppelklicken Sie auf den Effekt, um das Dialogfeld *Abspann* und die Registerkarte *Textanimation* zu öffnen. Im Listenfeld *Text gruppieren* wählen Sie den Eintrag *Als einzelnes Objekt*.

4. Auf der Registerkarte *Anzeigedauer* wählen Sie den Eintrag *Nach vorheriger* aus dem Listenfeld *Starten*.

Komplexe Diagrammanimationen

Wie Sie gesehen haben, können Sie – je nach Diagrammtyp – auch die einzelnen Elemente eines Diagramms, wie etwa Datenreihen etc., nacheinander animieren. Was aber, wenn Sie beispielsweise nur einen einzigen Datenpunkt animiert darstellen möchten, den Rest aber nicht? In diesem Fall bleibt Ihnen nur die folgende Vorgehensweise:

1. Markieren Sie das Diagramm und klicken Sie in der Symbolleiste *Zeichnen* auf die gleichnamige Schaltfläche. Wählen Sie den Befehl *Gruppierung aufheben*.

Abbildung 5.12: Auch die Gruppierung von Diagrammen lässt sich aufheben

2. Nach einer entsprechenden Meldung, die Sie mit *Ja* bestätigen, wird das Diagramm in ein Office-Zeichnungsobjekt konvertiert.

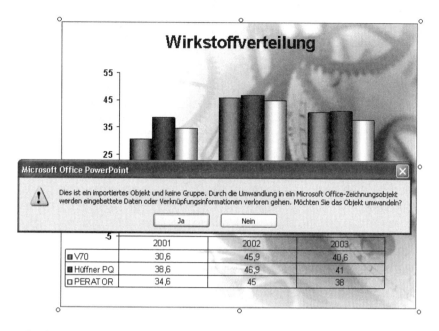

3. Die einzelnen Elemente lassen sich nun gesondert animieren.

ACHTUNG Denken Sie bitte daran, dass Sie Ihr Diagramm nun natürlich nicht mehr als solches bearbeiten, beispielsweise die Daten nicht mehr aktualisieren können.

6 Informationssysteme

Informationssysteme mit PowerPoint

Die meisten Präsentationen sind linear und geben dem Benutzer vor, was er in welcher Reihenfolge zu sehen bekommt. Durch das World Wide Web hat man sich jedoch daran gewöhnt, Informationen nicht in einer solchen linearen Form, sondern als interaktives, vernetztes System dargeboten zu bekommen.

Mit PowerPoint können Sie interaktive Präsentationen oder sogar kleinere Multimedia-Systeme gestalten, die Sie auf Diskette oder CD verteilen oder für ein Informationsterminal beispielsweise auf einer Messe verwenden können. Sogar im Internet können Sie Ihre Arbeit veröffentlichen – mehr darüber erfahren Sie in ▶ Kapitel 10.

Abbildung 6.1:
Selbst kleinere
interaktive
Multimedia-
Anwendungen
sind mit Power-
Point 2002 oder
2003 kein
Problem

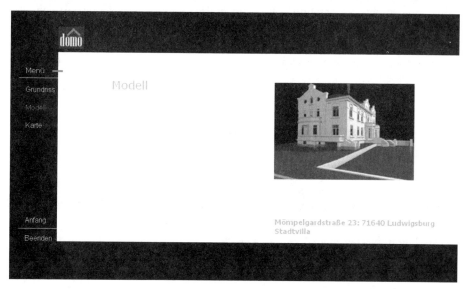

Selbstverständlich ist PowerPoint deshalb aber kein ausgewachsenes Multimedia-Autorensystem. Die Anwendungsgebiete beschränken sich auf kleinere Produktkataloge, Firmenvorstellungen, Manuals etc.

Wichtig ist bei der Gestaltung weniger, dass Sie mit erstaunlichen Effekten und bunten Knöpfen aufwarten. Achten Sie vielmehr auf ein überzeugendes, schlüssiges Konzept und auf ein konsistentes, unkompliziertes, formschönes Erscheinungsbild. In der Praxis bedeutet dies, dass jeder Schritt verständlich und überzeugend dargestellt sein muss, damit der Benutzer in der Lage ist, ohne lange Erklärungen mit der Anwendung klarzukommen.

Interaktive Präsentationen weichen gänzlich von den üblichen vortragsbegleitenden PowerPoint-Präsentationen ab: Es handelt sich um keine lineare Abfolge von Texten, Bildern und anderen Informationen – vielmehr deckt der Betrachter sein Informationsbedürfnis auf eine intuitive, nach seinen eigenen Vorstellungen gestaltete Art.

Die Informationen müssen in diesem Fall so aufbereitet und wiedergegeben werden, dass keine Fragen zurückbleiben. Diese Schwierigkeiten sind nicht zu unterschätzen. Es ist in der Tat erheblich komplizierter und aufwändiger, ein interaktives System zu erstellen als eine normale Präsentation zu gestalten.

In PowerPoint können Sie Hyperlinks für den Wechsel zu verwandten Informationen erzeugen, z.B. mit den interaktiven Schaltflächen, die Sie auf der *Zeichnen*-Symbolleiste im Auswahlmenü *AutoFormen* oder über die Befehlsfolge *Bildschirmpräsentation/Interaktive Schaltflächen* finden.

Abbildung 6.2: PowerPoint enthält verschiedene vorgefertigte interaktive Schaltflächen

Auch die über solche Hyperlinks realisierte Navigation muss so gestaltet sein, dass der Benutzer jederzeit ohne Umwege auf die gesuchten Informationen zugreifen kann. Eine solche Präsentation sollte stets ein Hauptmenü beinhalten, in dem der Betrachter einen Überblick über die Präsentationen erhält. Dieses Hauptmenü sollte von jedem Punkt der Präsentation aus stets erreichbar sein.

Allerdings sind Sie nicht nur auf die Vernetzung von PowerPoint-Folien beschränkt – vielmehr lassen sich auch andere Dateitypen, z.B. Word- oder Excel-Daten, mit einbeziehen.

Anmerkungen zu Benutzerführung und Bedienoberfläche

Ihre Arbeit an einem interaktiven System sollte mit dem Verknüpfungsmodell beginnen. Am besten stellen Sie die Ablaufstruktur in einem Schaubild dar. Es gibt verschiedene Möglichkeiten, eine interaktive Präsentation zu strukturieren. Einige grundlegende Strukturen haben sich für interaktive Systeme bewährt:

○ Das hierarchische Modell ist die klassische Baumstruktur, die sich mit einem Organisationsdiagramm vergleichen lässt. Das System ist, ausgehend von einer Homepage, in hierarchische Ebenen strukturiert.

- Beim sternförmigen Modell finden Sie keinerlei Abfolgen oder Hierarchien. Von der zentralen Startfolie aus können Sie alle Informationsportionen direkt aufrufen.

- Das lineare Modell ist eine Abfolge von entweder horizontalen oder vertikalen Bewegungen, vergleichbar mit einer Art Slideshow.

Abbildung 6.3:
Beim linearen Modell kann der Benutzer nur vorwärts oder rückwärts navigieren

- Das parallele Modell dient der Strukturierung von Informationseinheiten, die zwar voneinander unabhängig sind, aber dennoch einen vergleichbaren Aufbau haben. Ein Beispiel ist ein Online-Katalog mit verschiedenen Produkten. Für jedes Produkt zeigen Sie nacheinander Abbildung, Datenblatt, Preis, Konditionen und so weiter an.

Abbildung 6.4:
Beim parallelen Modell kann der Benutzer zwar eine bestimmte Kategorie wählen, aber innerhalb dieser wiederum nur vorwärts oder rückwärts navigieren

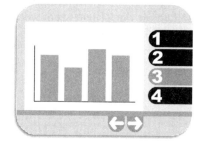

- Bei der Netzwerkstruktur kann der Anwender von jeder beliebigen Folie aus auf jede beliebige Folie zugreifen.

Abbildung 6.5:
Verschiedene Organisationsmodelle für interaktive Systeme

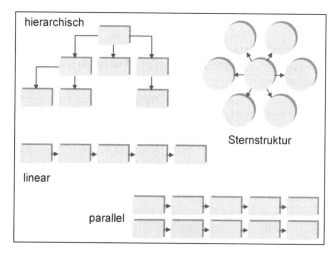

Informationssysteme

Es lässt sich nicht pauschal sagen, welches Modell Sie für welchen Zweck verwenden sollen. Dies hängt ganz von der Art der Informationen und von dem Maß an Führung, das der Benutzer benötigt, ab. Als Faustregel lässt sich sagen:

Je weniger Erfahrung der Benutzer mit interaktiven Informationssystemen hat, desto mehr Führung benötigt er. Das Höchstmaß an Führung gewährt das lineare Modell, das geringste Maß die Netzwerkstruktur.

Nachdem die Benutzerführung im Detail ausgearbeitet ist, widmen Sie sich der Bedienoberfläche, also der Schnittstelle zwischen dem Anwender und Ihrem Informationssystem. Hier ist eine klare und übersichtliche Gliederung erforderlich. Sorgen Sie dafür, dass jeder Benutzer die interaktiven Zonen (Buttons und Textlinks) sofort erkennen kann.

Grundsätzlich sollten Buttons so klein sein wie möglich. Zu große Buttons verderben meist das beste Bildschirmdesign. Miniaturbuttons sind »in«, eignen sich aber nicht für jede Zielgruppe. Für ein körper- bzw. sehbehindertes Publikum sollten die Navigationselemente genügend Klickfläche bieten. **TIPP**

Auch Benutzer mit nur wenig Computer-/Mauserfahrung sind dankbar für größere Buttons. Letzteres sollten Sie besonders berücksichtigen, wenn Sie eine Anwendung für Informationsterminals, die per Touchscreen-Technik bedient werden, gestalten.

Bei Schaltflächen mit Text sollten Sie besonders beachten, dass die Schrift klar hervortritt und gut lesbar ist und dass der Text sich möglichst auf ein einzeiliges Wort beschränkt. Falls Sie mehrere Zeilen benötigen, sollten Sie die Zeilenanzahl wenigstens gleich halten, damit Ihr Informationssystem klar und übersichtlich bleibt.

Abbildung 6.6:
Schaltflächenbe-
schriftungen soll-
ten möglichst nur
aus einem einzi-
gen Wort beste-
hen

Am besten wählen Sie für Schaltflächen mit Text rechteckige oder langovale Formen. Runde oder quadratische Schaltflächen sind besser für Icons, beispielsweise Pfeile oder Zahlen, geeignet. Allerdings wirken runde und quadratische Schaltflächen nicht so auffällig wie längliche oder unregelmäßige und sind deshalb mit Vorsicht zu verwenden.

In Untersuchungen hat sich gezeigt, dass in sowohl mit Navigationsbuttons als auch Textlinks ausgestatteten interaktiven Systemen die Textlinks häufig als weniger wichtig eingestuft werden als die Buttons. **HINWEIS**

Eine wichtige Frage ist auch, an welcher Stelle die Navigationselemente untergebracht werden sollen. Es liegt auf der Hand – zeigen Sie beispielsweise am linken Rand eine lange Liste von Hyperlinks, ist die Wahrscheinlichkeit groß, dass der Benutzer die weiter oben angebrachten häufiger anklickt.

Es ist sinnvoll, vom Vertrauten auszugehen – also dem linken und dem oberen bzw. unteren Bildschirmrand. Die Gewohnheiten der Benutzer dürfen nicht unterschätzt werden.

Auch Hyperlinks, die nicht sofort als solche zu erkennen sind, sind nachteilig. Das beginnt schon bei der Farbe; am leichtesten zu erkennen sind blaue Links, wie wir sie mittlerweile längst aus dem Web gewohnt sind.

Hyperlinks und interaktive Schaltflächen

Navigationselemente haben Sie mit wenigen Mausklicks erstellt und mit einer Aktion ausgestattet. Sie können dazu vorgefertigte interaktive Schaltflächen oder gewöhnlichen Text verwenden. Aber auch jedem anderen Objekt auf Ihrer Folie – Grafiken, Diagramme, Medienobjekte etc. – können Sie in PowerPoint Aktionen hinzufügen

Experimentieren Sie mit unterschiedlichen Hyperlink-Einstellungen. Sie können sie mischen und anpassen, um zu benutzerdefinierten Shows und anderen PowerPoint-Präsentationen zu springen.

Sie können sogar Hyperlinks zu anderen Programmen erstellen, indem Sie im Dialogfeld *Aktionseinstellungen* und dort im Listenfeld unter *Hyperlink zu* die Option *Andere Datei* verwenden. Oder Sie erstellen mit der Option *URL* Hyperlinks auf Webseiten. Nachfolgend erfahren Sie, wie es geht.

Vordefinierte Schaltflächen einsetzen

Am schnellsten arbeiten Sie zweifellos mit den interaktiven Schaltflächen aus den AutoFormen. Sie verwenden diese Schaltflächen beispielsweise, um in der Bildschirmpräsentation eine bestimmte Folie anzusteuern oder um vorwärts und rückwärts zu blättern.

Zeigen Sie die Folie an, die Sie mit dem Button ausstatten möchten und wählen Sie in den AutoFormen der Symbolleiste *Zeichnen* die *Interaktiven Schaltflächen.* Alternativ wählen Sie die Befehlsfolge *Bildschirmpräsentation/Interaktive Schaltflächen.*

Abbildung 6.7:
Außer in der Zeichnen-*Symbolleiste finden Sie die interaktiven Schaltflächen auch im Menü* Bildschirmpräsentation

Klicken Sie den gewünschten Schaltflächentyp an und zeichnen Sie ihn auf die Folie oder fügen Sie ihn mit einem Doppelklick in der Standardgröße ein.

Sobald Sie die Maustaste freigeben, zeigt PowerPoint das Dialogfeld *Aktionseinstellungen* an. In diesem bestimmen Sie, welche Aktion während der Präsentation ausgeführt werden soll, wenn der Benutzer die interaktive Schaltfläche anklickt (Registerkarte *Mausklick*) bzw. mit der Maus darauf zeigt (Registerkarte *Mouseover*). Weiter unten gehen wir näher auf die Optionen dieses Dialogfelds ein.

Selbst gestaltete Buttons verwenden

Natürlich beschränkt PowerPoint Sie beim Gestalten einer PowerPoint-Präsentation nicht auf die oben angesprochenen Schaltflächen, wenn Sie eine interaktive Präsentation gestalten möchten. Vielmehr können Sie jedes beliebige Element auf Ihrer Folie – selbst Klänge und Filme etc. – mit Interaktivität versehen.

Abbildung 6.8:
Wie alle Schalt-flächenkategorien der AutoFormen können Sie auch die interaktiven Schaltflächen als losgelöste Palette anzeigen

Abbildung 6.9:
Bei Bedarf gestalten Sie die Buttons für Ihre interaktive Präsentation in einem externen Bildbearbeitungsprogramm und fügen sie anschließend als Grafiken in PowerPoint ein

Das Programm bietet Ihnen dazu zwei Techniken zur Auswahl:

Aktionseinstellungen

Öffnen Sie das Kontextmenü auf einem beliebigen Element und wählen Sie den Befehl *Aktionseinstellungen*. Das oben bereits kurz vorgestellte Dialogfeld *Aktionseinstellungen* erscheint.

Wählen Sie die entsprechende Registerkarte, je nachdem, ob die Aktion erst bei einem Klick auf das Element ausgeführt werden soll oder bereits dann, wenn der Anwender mit der Maus darauf zeigt.

Neben einem Hyperlink auf die nächste, vorherige, erste, letzte und die letzte angesehene Folie können Sie auch entscheiden, dass mit einem Klick auf das markierte Element die Bildschirmpräsentation beendet wird.

Abbildung 6.11:
Mit dem Eintrag
Erste Folie *erstel-*
len Sie einen
Link zur ersten
Folie der Präsen-
tation. Soll ein
solcher Link auf
jeder Folie
erscheinen, fügen
Sie ihn am ein-
fachsten in den
Master ein

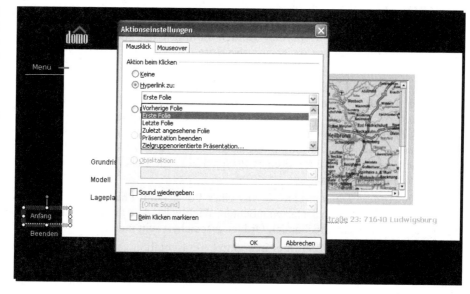

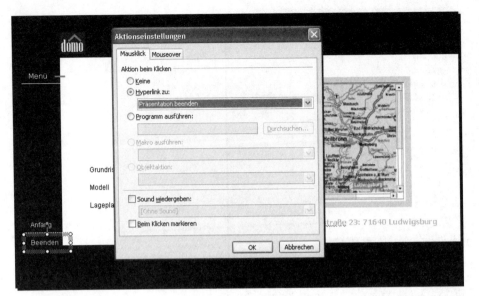

Abbildung 6.12:
Auch beenden
lässt sich eine
Präsentation mit
einem Button
oder einem Text-
link

Möchten Sie auf eine bestimmte Folie verweisen, klicken Sie zuerst auf *Folie...* und wählen dann im Dialogfeld *Hyperlink zur Folie* die gewünschte Folie aus (die Vorschau im rechten Teil des Dialogfelds erleichtert Ihnen die Auswahl).

Möchten Sie einen Hyperlink zu einer Webseite oder einer E-Mail-Adresse eingeben, wählen Sie aus der Liste *Hyperlink zu* den Eintrag *URL*. Tragen Sie dann die gewünschte Internet-Adresse (beispielsweise: *http://www.domain.de*) oder E-Mail-Adresse (beispielsweise: *mailto:name@server.de*) ein.

Während einer Bildschirmpräsentation kann auch eine andere Präsentation angezeigt werden. Dazu wählen Sie aus der Liste *Hyperlink zu* den Eintrag *Andere PowerPoint-Präsentation* und wählen die gewünschte Präsentation im Dialogfeld *Hyperlink zu anderer PowerPoint-Präsentation* aus. Danach legen Sie fest, welche Folie der ausgewählten Präsentation angezeigt werden soll. Diese Option kann sehr nützlich sein, wenn Sie während einer Präsentation eine Folie mit einem anderen Master verwenden möchten.

Wählen Sie *Andere Datei*, wenn Sie aus einer PowerPoint-Präsentation beispielsweise ein Word-Formular o.ä. starten möchten. Wichtig ist, dass auf dem Wiedergaberechner die Datei im entsprechenden Ordner gespeichert sein muss.

Sie können das Look and Feel Ihrer interaktiven Präsentation verbessern, indem Sie im Dialogfeld *Aktionseinstellungen* das Kontrollkästchen *Sound wiedergeben* anklicken. Dann wird beim Anklicken der Hypergrafik bzw. des Hypertextes ein Klang abgespielt.

Öffnen Sie die Liste und wählen Sie den gewünschten Sound aus. Wenn Sie hier nichts Passendes finden, können Sie mit einem Klick auf den letzten Eintrag *Anderer Sound* eine Klangdatei von Ihrer Festplatte verwenden.

TIPP

Verwenden Sie unaufdringliche, kurze Klänge, um die Betrachter Ihrer Präsentation nicht zu irritieren oder seine Nerven zu strapazieren. Geeignet sind z.B. die Sounds *Projektor* und *Kamera*.

Soll der Sound bereits erklingen, wenn der Anwender mit der Maus auf die Hypergrafik oder den Hypertext zeigt, wechseln Sie zur Registerkarte *Mauskontakt* und wählen hier einen Klang aus.

Auf dieser Registerkarte können Sie auch alle anderen bisher besprochenen Einstellungen vornehmen, mit dem Unterschied, dass der Hyperlink dann beim bloßen Darüberfahren mit der Maus aktiviert wird.

HINWEIS Nicht immer ist das sinnvoll. Ihre Anwender könnten unbeabsichtigt Links aufrufen und dadurch verwirrt werden.

Sie können Hyperlinks auch hervorheben, indem Sie das Kontrollkästchen *Beim Klicken markieren* auf der Registerkarte *Mausklick* bzw. das Kontrollkästchen *Bei Mauskontakt markieren* auf der Registerkarte *Mauskontakt* aktivieren. In beiden Fällen ändert sich die Farbe des Hyperlinks beim Anklicken bzw. beim Darüberfahren.

Die Schaltfläche *Hyperlink einfügen*

Die andere Möglichkeit, Hyperlinks zu erstellen, bietet die Schaltfläche *Hyperlink einfügen* auf der *Standard*-Symbolleiste. Mit einem Klick auf diese Schaltfläche öffnen Sie das Dialogfeld *Hyperlink einfügen*.

Abbildung 6.13:
Die Schaltfläche Hyperlink einfügen *in der Standard-Symbolleiste*

Abbildung 6.14:
Das Dialogfeld Hyperlink einfügen

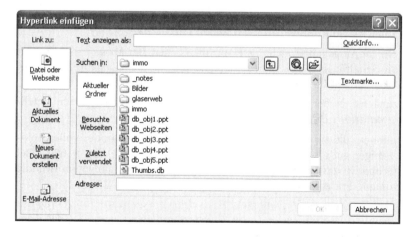

Im linken Bereich des Dialogfelds wählen Sie aus, welchen Hyperlinktyp Sie einfügen möchten. Je nachdem, was Sie hier angeklickt haben, ändern sich die Listenfelder im mittleren Bereich.

Im Feld *Text anzeigen als* können Sie den Hyperlinktext ändern. Nützlich ist auch die *QuickInfo*. Klicken Sie die Schaltfläche *QuickInfo* an und tragen Sie einen erläuternden Text ein. Dieser wird angezeigt, sobald der Betrachter der Bildschirmpräsentation mit dem Mauszeiger auf dem Hypertext oder der Hypergrafik verweilt.

Wenn Sie Ihre Präsentation als Webseite exportieren – siehe ▶ Kapitel 10 – sollten Sie **HINWEIS** beachten, dass die QuickInfo in der fertigen HTML-Präsentation erst ab dem Internet Explorer 4.0 angezeigt werden kann.

Buttons im Master

Immer wieder kommt es vor, dass auf allen Folien die gleichen Navigationselemente benötigt werden – beispielsweise auf jedem linken oder unteren Folienrand Schaltflächen für den Wechsel zur nächsten und vorherigen Folie und zum Beenden der Bildschirmpräsentation.

Wenn Sie das Einfügen der interaktiven Schaltflächen rationell gestalten wollen, wechseln Sie über den Befehl *Ansicht/Master/Folienmaster* in den Master und fügen dort an der gewünschten Stelle die passenden Schaltflächen ein.

Die interaktive Präsentation einrichten

Gleichgültig, ob Sie Ihr interaktives System auf Ihrem Messestand an einem Informationsterminal ablaufen lassen oder sie auf CD-ROM an Ihre Kunden verteilen möchten etc. – zuvor sollten Sie sie noch individuell einrichten und damit kontrollieren, wie der Anwender sie zu Gesicht bekommt.

In der Grundeinstellung genügt bei Bildschirmpräsentationen ein Klick an eine beliebige Stelle auf einer Folie, um die nächste Folie einzublenden. Bei interaktiven Systemen ist dies natürlich unerwünscht, da ein unbeabsichtigter Klick beim Anwender schnell Verwirrung stiften könnte.

Diese Option können Sie aber ausschalten. Zeigen Sie dazu die Präsentation in der Foliensortierungsansicht an. Klicken Sie mit der rechten Maustaste auf eine der Folien und wählen Sie im Kontextmenü den Befehl *Folienübergang* an.

Deaktivieren Sie im Aufgabenbereich das Kontrollkästchen *Bei Mausklick*. Klicken Sie dann auf die Schaltfläche *Für alle übernehmen*. Jetzt ist die Navigation zwischen den Folien tatsächlich auf Ihre Buttons beschränkt.

Bleiben Sie zunächst in der Foliensortierungsansicht und wählen Sie den Befehl *Bildschirmpräsentation/ Bildschirmpräsentation einrichten* aus.

Viele Präsentationen, die am Rechner vorgeführt werden, wirken in der vollen Bild- **TIPP** schirmgröße weniger gut als in einem Fenster, das beispielsweise 800 × 600 Pixel groß ist. Der Grund ist, dass in einem Fenster weniger Augenbewegungen notwendig sind, um die gesamte Präsentation auf einen Blick zu erfassen.

Wählen Sie daher im angezeigten Dialogfeld *Bildschirmpräsentation einrichten* das Optionsfeld *Ansicht durch ein Individuum (Fenster)* und deaktivieren Sie das Kontrollkästchen *Bildlaufleiste anzeigen*. Klicken Sie auf die Schaltfläche *OK*.

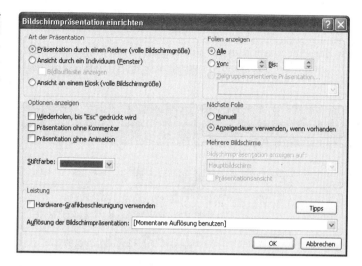

Abbildung 6.15:
Das Dialogfeld
Bildschirm-
präsentation ein-
richten

Wenn Sie die Präsentation jetzt testen, stellen Sie fest, dass sie in einem Fenster abläuft, das Sie auf eine angenehme Größe bringen können.

Aufklappmenüs simulieren

Mit den bordeigenen Mitteln von PowerPoint können Sie nur einfache Schaltflächen erstellen – Bedienelemente wie Aufklappmenüs, Popup-Fenster etc. sind ohne Programmierung nicht möglich. Trotzdem lassen sich solche Elemente mit etwas Mühe und Einfallsreichtum dennoch realisieren.

Für ein Aufklappmenü benötigen Sie von jeder Folie zwei identische Exemplare. Unser interaktives System soll dem Benutzer drei Folien zeigen – also besteht sie insgesamt aus sechs Folien.

Abbildung 6.16:
Jede Folie ist
doppelt vorhan-
den

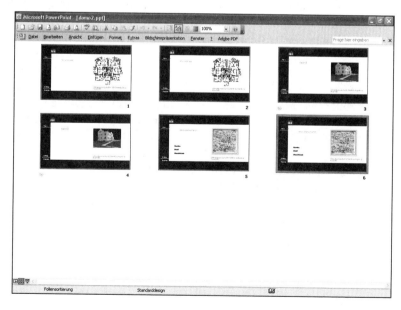

Zur Veranschaulichung finden Sie dieses Beispiel im Ordner \kap06 auf der CD-ROM zu diesem Buch.

Zeigen Sie die erste Folie der Präsentation in der Folienansicht an. Fügen Sie einen Menübutton ein – Sie können dazu ein Textfeld verwenden, eine beliebige AutoForm, eine importierte Grafik etc.

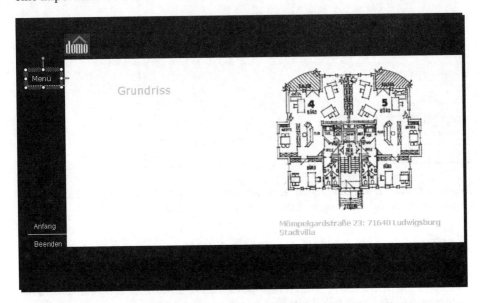

Abbildung 6.17:
Auf der ersten
Folie fügen Sie
einen Menü-
button ein

Klicken Sie den Menübutton mit der rechten Maustaste an und wählen Sie den Befehl *Aktionseinstellungen*. Geben Sie *Hyperlink zu: Folie* an und wählen Sie aus dem nächsten Dialogfeld den Namen der zweiten Folie (des Duplikats der ersten Folie).

Kopieren Sie die Schaltfläche auf diese zweite Folie. Wählen Sie den Kontextmenübefehl *Aktionseinstellungen* und klicken Sie das Optionsfeld *Keine* an.

Testen Sie die Präsentation in der Bildschirmansicht. Wenn Sie auf die soeben angefertigte Schaltfläche *Menü* klicken, passiert offenbar gar nichts. Das liegt daran, dass das Duplikat der Folie ohne Übergang, also unmerklich, angezeigt wird. Genau das ist die Grundlage für unser aufklappbares Menü.

Wechseln Sie in die Folienansicht und zeigen Sie das Duplikat an. Fügen Sie unterhalb des Menübuttons die Menüpunkte ein. Versehen Sie diese mit den entsprechenden Links. Diese sollten jeweils auf die Originalfolien und nicht auf ihre Duplikate verweisen.

Wenn Sie Ihre Bildschirmpräsentation nun testen, fördert ein Klick auf das Menü in der ersten Folie scheinbar ein Aufklappmenü zutage. In Wirklichkeit wird natürlich das Folienduplikat mit dem expandierten Menü angezeigt.

Verfahren Sie analog mit den übrigen Folien.

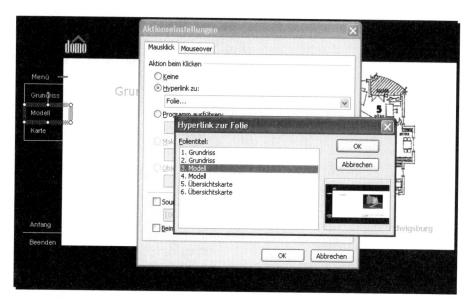

TIPP Wenn Sie möchten, können Sie die Menübuttons auf den Folienduplikaten markieren, gruppieren und dann aus dem Kontextmenü den Befehl *Benutzerdefinierte Animation* wählen. Wählen Sie einen geeigneten Eingangseffekt und eventuell einen kurzen, unaufdringlichen Sound. Setzen Sie den Animationsstart auf *Automatisch* und belassen Sie die Vorgabe bei *00:00* Sekunden.

7 Externe Videos und Animationen

Multimedia mit PowerPoint

Bevor Sie externe Multimedia-Elemente in Ihre Präsentation einfügen, sollten Sie sich unter anderem Gedanken darüber machen, auf welchem Ausgabegerät die Präsentation abgespielt wird. Eine PowerPoint-Präsentation ist nur bedingt als Container für umfangreiche Multimediadateien geeignet. Auf schwächeren Systemen werden mit Medien überladene Präsentationen ausgesprochen langsam und ruckelnd abgespielt.

Trotz der sehr guten Medienintegration von PowerPoint 2002 und 2003 ist das Programm **kein** Multimedia-Autorensystem. Es bringt nicht viel, 200 MB große 3D-Animationen oder Echtfarbenvideos in einer PowerPoint-Präsentation unterbringen zu wollen. Solche Medien sollten während des Vortrags lieber über einen Videorecorder abgespielt werden.

Die Message steht im Vordergrund

Wenn Sie ein Video in Ihre PowerPoint-Datei einsetzen, achten Sie darauf, dass es klein und kurz ist, damit es in einer guten Qualität abgespielt werden kann. Bezüglich der Darstellungs- und Klangqualität wird Ihre PowerPoint-Multimediapräsentation hinter einem Videofilm oder einer Fernsehsendung zurückbleiben, auch wenn Sie mittlerweile bildschirmfüllende Videos einfügen können. So wird Ihr Publikum die Multimediaeffekte Ihrer PowerPoint-Show eventuell gar nicht besonders spannend finden. Im Gegenteil, es erwartet vielleicht, mit der aus dem Fernsehen bekannten Medienqualität konfrontiert zu werden.

Sinnvoll eingesetzte Medienelemente, die den Inhalt Ihrer Präsentation ergänzen und unterstützen – etwa Animationen, die ein Produkt näher vorstellen oder Videos, die einen Sachverhalt verdeutlichen – müssen von der Qualität her vielleicht gar nicht perfekt sein. Sobald der Betrachter die Multimedia-Elemente als inhaltliche Bereicherung wahrnimmt und sich informiert fühlt, verzeiht er eine nicht hundertprozentige Medienqualität wahrscheinlich eher.

Abbildung 7.1:
Auch kleinformatige Filme können mit entsprechenden gestalterischen Überlegungen harmonisch in PowerPoint integriert werden

Externe Animationen und Videos

Spricht man in Bezug auf PowerPoint über Animationen, sind damit meist die Folienübergänge und Objektanimationseffekte gemeint, mit denen wir uns in Kapitel 5 beschäftigt haben. Nachfolgend geht es um die Möglichkeit, eine in einer anderen Anwendung erstellte Videodatei in die PowerPoint-Präsentation einzufügen.

Technische Grundlagen

In PowerPoint können Sie beispielsweise die folgenden Video-Dateiformate einfügen und abspielen:

- QuickTime (*.mov* oder *.qt*), mit den Versionen 1 und 2.x von QuickTime erstellt. Höhere Versionen werden nicht unterstützt.
- Audio Video Interleave (*.avi*)
- Motion Picture Experts Group (*.mpg*, *. mpeg*, *.m1v*, *.mp2*, *.mpa*, *.mpe*)
- Microsoft Streaming Format (*.asf*, *.asx*, *.wmv*)
- Ist der Windows Media Player ab der Version 8 auf Ihrem Rechner installiert, können Sie in PowerPoint 2003 auch sonstige Wiedergabelisten wie WMX, M3U, WVX etc. einfügen.

Es gibt noch weitere, weniger häufig verwendete Videoformate. Falls Sie ein solches in Ihre Präsentation einfügen und PowerPoint 2003 es nicht erkennt, versucht der

Windows Media Player den entsprechenden Codec herunterzuladen. Es empfiehlt sich dennoch, einen solchen »exotischeren« Clip vor dem Einfügen in PowerPoint in MPEG oder AVI zu konvertieren.

Von PowerPoint nicht unterstützte Medientypen, die Sie auch nicht konvertieren können, lassen sich als Objekt in PowerPoint einfügen *(Einfügen/Objekt)* und über den Windows Media Player abspielen (sofern das entsprechende Format von diesem unterstützt wird).

TIPP Bevor Sie einen solchen Clip für Ihre PowerPoint-Datei verwenden, können Sie ihn testen, indem Sie ihn im Windows Media Player *(Start/Alle Programme bzw. Start/ Programme/Zubehör/Unterhaltungsmedien)* öffnen. Wird der Clip hier abgespielt, können Sie ihn als Objekt in PowerPoint verwenden.

HINWEIS Animierte GIF-Dateien sind zwar keine Filme, sondern Bilder. Jedoch können sie in vielen Fällen anstatt eines Videoclips verwendet werden. Animierte GIFs fügen Sie über die Befehlsfolge *Einfügen/Grafik* in Ihre Präsentation ein.

Codecs

Der Begriff *Codec* – eine Komprimierungstechnik für Videodateien (und auch Audiodateien, mit denen wir uns im nächsten Kapitel beschäftigen werden) – ist ein Kunstwort aus *Compressor & Decompressor*. Es gibt sehr viele verschiedene Codecs.

Unterschiedliche Medientypen komprimieren je nach Inhalt sehr unterschiedlich. Es gibt beispielsweise Codecs für Animationen und Videos mit einer Farbtiefe bis 8 Bit (256 Farben) (beispielsweise Microsoft RLE (VFW)) und andere für Echtfarbenvideos (beispielsweise Apple Animation (QT) oder Cinepak (VFW, QT)) etc. Die Wahl des richtigen Codec für einen Videoclip ist wichtig, um einerseits eine geringe Dateigröße und andererseits eine gute Wiedergabe zu erzielen. Wie wesentlich die Komprimierung von Multimediadaten ist, können Sie an der Tatsache ermessen, dass eine Minute Fernsehbild in Echtfarben unkomprimiert etwa 1,3 Gigabyte Speicher beansprucht.

Bei Bedarf können Sie jederzeit neue Codecs installieren. Es gibt eine immense Anzahl von Codecs. Eine verhältnismäßig geringe Auswahl davon ist auf den meisten Rechnern installiert. Welche Codecs auf Ihrem Computer verfügbar sind, finden Sie folgendermaßen heraus:

1. Unter Windows XP wählen Sie im Startmenü den Befehl *Hilfe und Support*.

2. Klicken Sie auf die Schaltfläche *Support*.

3. Im linken unteren Bereich des Fensters klicken Sie nun auf den Link *Erweiterte Systeminformationen*.

4. Im Hauptbereich des Fensters klicken Sie auf *Detaillierte Systeminformationen*.

5. Im linken Bereich des angezeigten Fensters *Systeminformationen* klicken Sie auf das Pluszeichen vor *Komponenten* und dann auf das vor *Multimedia*.

6. Zeigen Sie nun entweder die Audiocodecs oder die Videocodecs an.

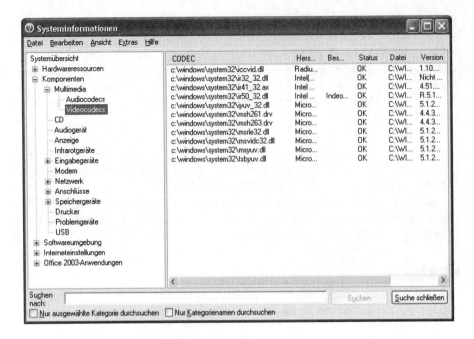

Abbildung 7.2:
Die installierten
Video-Codecs
finden Sie unter
Windows XP in
den Systeminfor-
mationen

Hier die geläufigsten Codecs:

- TrueSpeech Software Audio Codec (DSP Group)
- Indeo R3.1 Video Codec (Intel)
- Indeo R3.2 Video Codec (Intel)
- Indeo 5.04 Video Codec (Intel)
- ADPCM Audio Codec (Microsoft Audio Codices)
- CCITT G.711 A-Law and u-Law Audio Codec (Microsoft Audio Codices)
- GSM 6.10 Audio Codec (Microsoft Audio Codices)
- IMA ADPCM Audio Codec (Microsoft Audio Codices)
- RLE Video Codec (Microsoft Video Codices)
- Video 1 Video Codec (Microsoft Video Codices)
- Cinepak Video Codec (SuperMatch)
- Fraunhofer IIS MPEG Layer-3 Codec (Fraunhofer)

Videos und Animationen vorbereiten

PowerPoint ist kein Multimedia-Autorensystem, weshalb das Programm auch keine Funktionen zur Bearbeitung von Videos enthält. Daher benötigen Sie ein externes Videobearbeitungsprogramm wie Adobe Premiere etc., um Ihre Medienclips für die PowerPoint-Präsentation vorzubereiten.

Wie Sie bereits erfahren haben, ist die Komprimierung solcher Dateien sehr wichtig, da sie sonst zu viel Speicher beanspruchen. Auch beim Komprimieren müssen Sie einige Dinge beachten, damit es nicht zu Qualitätsverlusten kommt. Verschiedene Kompressionsformate, z.B. RLE, können höchstens 256 Farben darstellen. Versuchen Sie daher von vornherein, Ihre Bilder in möglichst wenigen Farben zu halten, damit die Filme auch nach der Kompression noch gut aussehen.

Besonders bei Präsentationen, die auf CD-ROM etc. verteilt werden, sollten Sie es vermeiden, unübliche Medienformate zu verwenden. Am besten geeignet ist das MPEG- oder das AVI-Format mit dem Cinepak-Codec.

Troubleshooting bei der Arbeit mit Mediendateien in PowerPoint

Es kommt recht häufig vor, dass Sie eine Multimedia-Präsentation erstellt haben, die sich als Enttäuschung herausstellt, sobald Sie sie auf einem anderen System als dem Ihren oder von einer CD-ROM abspielen – die Animationen und Klänge sind nicht synchron, der Sound klingt schlecht, ein Video wird erst nach langer Verzögerung abgespielt usw. Das liegt unter anderem daran, dass PowerPoint nicht in der Lage ist, die Ereignisse in einer Präsentation zu synchronisieren. Hat das Programm nicht genügend Ressourcen zur Verfügung, kann es sein, dass es bestimmte Elemente gar nicht oder nur ungenügend wiedergibt.

ACHTUNG Vielleicht wundern Sie sich auch, wieso Ihre Multimedia-Präsentation, mit der Sie während der Entwicklungsphase keinerlei Performance-Probleme hatten, einige Zeit später sehr schlecht wiedergegeben wird. Das kann daran liegen, dass PowerPoint Elemente zwischenspeichert, sodass diese beim nächsten Ausführen der Präsentation noch im Speicher vorhanden sind, nach dem nächsten Start des Computers jedoch nicht mehr.

Aus diesen Gründen sollten Sie mit Ihrer Präsentation möglichst viele Tests durchführen. Eine PowerPoint-Datei, die Sie vor Publikum präsentieren möchten, sollten Sie mehrmals auf dem Vorführrechner abspielen.

Eine Multimedia-Präsentation, die Sie auf CD-ROM etc. weitergeben möchten, sollten Sie testweise auf eine CD brennen und dann auf so vielen verschiedenen Systemen wie möglich testen. Sollte es Ihnen nicht zufrieden stellend gelingen, eine synchron und flüssig ablaufende Präsentation abzuspielen, ist es vielleicht am besten, wenn Sie diese als Videodatei ausgeben und sie beispielsweise als DVD weitergeben. Mehr darüber erfahren Sie in ▶ Kapitel 9.

Videoclips in PowerPoint einfügen

Nachdem Sie Ihr digitales Video vorbereitet haben, können Sie es in die PowerPoint-Präsentation einfügen.

Zuvor zwei wichtige Hinweise:

- Damit Sie eine flüssige Wiedergabe erzielen, sollten Sie keine benutzerdefinierten Animationen oder Dergleichen ablaufen lassen, während die Videodatei in Ihrer Präsentation abgespielt wird. Ebenso sollten zwischen Folienübergang und Videostart einige Augenblicke vergehen.

- Videodateien können nicht fest in die Präsentation eingebettet werden; sie werden immer verknüpft. Das bedeutet, dass Sie Ihre Mediendateien nicht vergessen dürfen, wenn Sie die Präsentation auf einen anderen Computer transportieren. Sie müssen sich an demselben Platz befinden wie auf dem Entwicklungsrechner.

Der übliche Weg

Zum Einfügen von Multimedia-Dateien in PowerPoint verwenden Sie üblicherweise die Befehlsfolge *Einfügen/Film und Sound/Film aus Datei*. Im folgenden Dialogfeld suchen Sie die gewünschte Datei aus und fügen Sie über die Schaltfläche *OK* ein.

Bestimmen Sie nun, ob der Film in der Bildschirmpräsentationsansicht automatisch abgespielt werden soll, wenn die entsprechende Folie angezeigt wird, oder ob er erst wiedergegeben werden soll, wenn der Benutzer mit der Maus darauf klickt.

Abbildung 7.3: Bereits beim Einfügen eines Films können Sie Wiedergabeeinstellungen festlegen

Wählen Sie die gewünschte Schaltfläche. Diese Einstellung können Sie bei Bedarf später noch ändern. Mehr darüber erfahren Sie weiter unten in diesem Kapitel.

Anschließend wird der Film in der PowerPoint-Folie angezeigt und kann ähnlich wie eine Grafik behandelt werden. Sie können ihn beispielsweise mit einer Rahmenlinie oder einem Schatten versehen. Er lässt sich auch skalieren, wobei dadurch allerdings die Darstellungsqualität beeinträchtigt werden kann.

HINWEIS
Der eingefügte Film ist nicht fest in die Präsentation eingebunden. Es handelt sich vielmehr um eine Verknüpfung zur eigentlichen Datei. In PowerPoint werden Medienclips – anders als Bilder – immer als Verknüpfung eingefügt.

TIPP
Bei Bedarf können Sie auch über die Befehlsfolge *Einfügen/Film und Sound/Film aus Clip Organizer* ein Video in PowerPoint importieren. Im Clip Organizer werden nicht nur Grafiken und Sounds, sondern auch Videos verwaltet.

Wiedergabeeinstellungen anpassen

Nachdem Sie den Clip eingefügt haben, passen Sie die Wiedergabe gegebenenfalls noch entsprechend an.

Wählen Sie aus dem Kontextmenü des Clips den Befehl *Filmobjekt bearbeiten*.

- Viele Videos eignen sich für die Wiedergabe in einer Endlosschleife. Im angezeigten Dialogfeld aktivieren Sie das Kontrollkästchen *Endlos weiterspielen*, wenn der Film in einer Endlosschleife ablaufen soll, so lange die aktuelle Folie angezeigt wird.

- Das Kontrollkästchen *Film zurückspulen, wenn fertig* aktivieren Sie, wenn der Film ein einziges Mal abgespielt werden und dann zum ersten Bild zurückkehren und stoppen soll.

- Über die Schaltfläche *Lautstärke* regeln Sie die Lautstärke des Filmsounds.

- Aktivieren Sie das Kontrollkästchen *Nur bei Wiedergabe anzeigen*, wird der Film erst angezeigt, wenn er auch abgespielt wird. Das ist beispielsweise dann interessant, wenn Sie ihn über den Aufgabenbereich *Benutzerdefinierte Animation* erst nach einer gewissen Zeit auf Ihrer Folie erscheinen lassen wollen (mehr darüber in ▶ Kapitel 5).

Abbildung 7.4:
*Die Wiedergabe-
einstellungen für
Ihren Videoclip
regeln Sie über
das Dialogfeld*
Filmoptionen

○ *Vollbildmodus* spielt das Video in der Bildschirmpräsentationsansicht bildschirm-
füllend ab (mit der Esc-Taste verlassen Sie den Vollbildmodus). Selbstverständlich
eignet sich diese Option nur für Clips mit entsprechend hoher Auflösung.

Weitere Einstellungen für Videoclips

Weitere Einstellungen nehmen Sie im Aufgabenbereich *Benutzerdefinierte Animation* vor. Dazu klicken Sie den Film mit der rechten Maustaste an und wählen aus
dem Kontextmenü den Befehl *Benutzerdefinierte Animation*.

Wenn Sie möchten, können Sie den Videoclip »hereinfliegen« lassen bzw. mit sonstigen Eingangs- oder Ausgangsanimationen versehen. Gehen Sie genauso vor wie mit
animierten AutoFormen, Texten und Grafiken (vgl. ▶ Kapitel 5).

Im Bereich *Ändern* legen Sie bei Bedarf nachträglich fest, ob der Clip automatisch
oder erst auf Mausklick starten soll, indem Sie das Listenfeld des in der Liste an
oberster Stelle angezeigten Wiedergabe-Triggers öffnen und den entsprechenden
Befehl wählen.

Abbildung 7.5:
*Der Wiedergabe-
Trigger kann bei
Bedarf noch
nachträglich
geändert werden*

Weitere Einstellungen erhalten Sie, indem Sie einen Doppelklick auf den Wieder-gabe-Trigger ausführen. Daraufhin öffnet sich das Dialogfeld *Wiedergabe Film* mit den Registerkarten *Effekt, Anzeigedauer* und *Filmeinstellungen*. Das Register *Film-einstellungen* gleicht dem oben behandelten Dialogfeld *Filmoptionen*, während die Einstellungen der anderen beiden Register mit denen für animierte AutoFormen (siehe ▶ Kapitel 5) vergleichbar sind.

Die richtige Filmgröße einstellen

Wenn Sie ein Video eingefügt haben, sollten Sie es vermeiden, den Film auf der Folie einfach zu skalieren. Denn dadurch könnten unschöne Darstellungsfehler entstehen. Am einfachsten ist es, wenn Sie PowerPoint die beste Größe für den Clip selbst defi-nieren lassen. Auf diese Weise können Sie sicher sein, dass Ihr Film in der richtigen Auflösung angezeigt wird.

1. Klicken Sie Ihren Film mit der rechten Maustaste an und wählen Sie aus dem Kontextmenü den Befehl *Grafik formatieren*.
2. Wechseln Sie zur Registerkarte *Größe* und klicken Sie das Kontrollkästchen *Opti-mal für Bildschirmpräsentation* an.
3. Aus dem Listenfeld *Auflösung* wählen Sie nun die Auflösung des Ausgabegeräts.

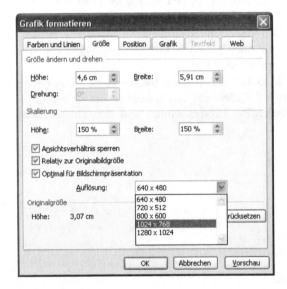

Abbildung 7.6:
Die optimale
Auflösung für
einen Film
festlegen

Alternativen

Möchten Sie ein nicht direkt von PowerPoint unterstütztes Videoformat einfügen (Sie erhalten in diesem Fall nach dem Einfügen einen leeren Platzhalter), können Sie es mit der Befehlsfolge *Einfügen/Objekt* probieren. Starten Sie aber zuerst den Win-dows Media Player (*Startmenü/Alle Programme* bzw. *Startmenü/Programme/ Zubehör/Unterhaltungsmedien*) und versuchen Sie, die Datei hier zu öffnen und abzuspielen.

Ein OLE-Objekt einfügen

Wenn dies klappt, gehen Sie folgendermaßen vor:

1. Wählen Sie die Befehlsfolge *Einfügen/Objekt* und lassen Sie das Optionsfeld *Neu erstellen* aktiviert.

2. Wählen Sie aus der Liste *Objekttyp* den Eintrag *Mediendatei*.

3. Soll der Film sofort sichtbar sein, sobald die entsprechende Folie angezeigt wird, lassen Sie das Kontrollkästchen *Als Symbol anzeigen* deaktiviert. Soll der Film hingegen erst nach Anklicken des Film-Symbols aktiviert werden, klicken Sie das Kontrollkästchen *Als Symbol anzeigen* an. Anschließend wird gleich darunter die Schaltfläche *Anderes Symbol* eingeblendet. Damit können Sie ein anderes Symbol zum Aktivieren Ihres Films auswählen.

HINWEIS Ein weiterer Unterschied: Bei aktiviertem Kontrollkästchen *Als Symbol* läuft der Clip in der Bildschirmpräsentationsansicht in einem separaten Fenster ab.

4. Klicken Sie auf *OK*

Abbildung 7.7:
Einen von
PowerPoint nicht
direkt unterstütz-
ten Clip fügen Sie
gegebenenfalls
über das Dialog-
feld Objekt einfü-
gen ein

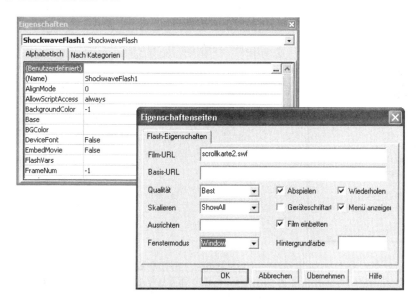

5. Die PowerPoint-Menüleiste wird nun durch die Menüleiste der Anwendung *Windows Medienwiedergabe* ersetzt und auf der Folie wird ein Medienclip-Platzhalter dargestellt.

Abbildung 7.8:
Die PowerPoint-
Menüleiste wird
durch die der
Medienwieder-
gabe ersetzt

6. Wählen Sie die Befehlsfolge *Clip einfügen/Video für Windows* bzw. *Gerät/Video für Windows*. Im Listenfeld *Dateityp* wählen Sie den Eintrag *Alle Dateien*.

7. Suchen Sie die gewünschte Datei heraus und führen Sie einen Doppelklick darauf aus.

Externe Videos und Animationen **155**

8. Der Film wird in Ihre PowerPoint-Präsentation eingefügt und erscheint entweder als Vorschaubild oder als Videosymbol auf Ihrer Folie. In der Grundeinstellung werden in der Bildschirmpräsentation die Steuerelemente des Players angezeigt und Sie starten das Video mit einem Klick.

Abbildung 7.9:
Eine per Einfügen/Objekt *integrierte Videodatei ist mit den Steuerelementen des Players ausgestattet*

Einem als Objekt eingefügten Clip können Sie keine Objektanimationseinstellungen zuweisen.

HINWEIS

Um das Abspielverhalten des Clips noch anzupassen, öffnen Sie sein Kontextmenü und wählen den Befehl *Medienclip-Objekt/Bearbeiten*.

Erneut wird die Player-Symbolleiste angezeigt. Wählen Sie hier *Bearbeiten/Optionen*.

Abbildung 7.10:
Die Wiedergabeeinstellungen für einen mit Einfügen/Objekt *integrierten Medienclip*

Deaktivieren Sie die Kontrollkästchen *Steuerleiste bei Wiedergabe* und *Rahmen um das Objekt*, um den Rand und die Kontrolltasten des Wiedergabefensters auszublenden. Das Kontrollkästchen *Automatische Wiederholung* sorgt für eine Endlosschleife.

QuickTime

Die Verwendung von QuickTime-Filmen in PowerPoint (unter Windows) läuft alles andere als reibungslos ab.

Apple Computer brachte das QuickTime-Videokompressionsformat für den Mac Ende 1991 heraus. Für Windows wurde QuickTime 2 im November 1994 herausgebracht. Mittlerweile gibt es die QuickTime-Version 6.x.

Aus Lizenzgründen ist die Windows-Version von PowerPoint nicht so QuickTime-freundlich wie die Mac-Version. Am Mac können Sie so gut wie jeden beliebigen QuickTime-Film in eine PowerPoint-Präsentation einfügen (da Microsoft hier –

anders als unter Windows – die QuickTime-API verwendet). Unter Windows sind Sie stärker eingeschränkt – Sie können hier nur QuickTime-Filme der Versionen 1, 2 und 2.5 einfügen.

Einen QuickTime-Film bis zur Version 2.5 in die Präsentation einfügen

Um einen QuickTime-Film bis einschließlich zur Version 2.5 oder einen QuickTime-Film mit dem Codec *QuickTime Cinepak* in Ihre Präsentation einzufügen, gehen Sie den üblichen Weg über die Befehlsfolge *Einfügen/Film & Sound/Film aus Datei*. PowerPoint fragt Sie dabei wieder, ob Sie den Film automatisch abspielen möchten oder nicht.

Einen Hyperlink auf den QuickTime-Clip erstellen

Für einen QuickTime-Film einer höheren Version erstellen Sie am besten mit der Befehlsfolge *Einfügen/Hyperlink* oder den AutoFormen *Interaktive Schaltflächen* einen Hyperlink zu der Datei. Auch dazu muss der entsprechende Player installiert sein.

Abbildung 7.11:
Für die Verknüp-
fung mit Video-
clips halten die
AutoFormen eine
bereits entspre-
chend gestaltete
Schaltfläche
bereit

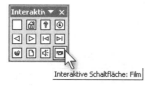

Abbildung 7.12:
Wählen Sie aus
dem Listenfeld
Hyperlink *zu den*
Eintrag Andere
Datei *und dann*
Ihre Mediendatei

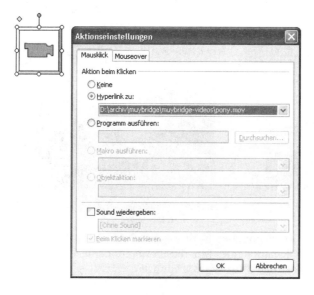

Während der Bildschirmpräsentation starten Sie den Clip dann mit einem Klick auf die Schaltfläche bzw. den Link.

Solche Methoden sind meist nur Hilfsmittel. Die bessere Möglichkeit ist es zweifellos, wenn Sie Ihren QuickTime-Film in ein voll kompatibles Format wie beispielsweise AVI konvertieren. Verwenden Sie dazu ein Tool wie QuickTime Professional (wählen Sie in diesem Programm die Befehlsfolge *Datei/Exportieren*).

QuickTime VR

QuickTime VR oder QTVR ist die Abkürzung von *QuickTime Virtual Reality*. Das Format wird für Bildpanoramen verwendet, die eine interaktive 360-Grad-Ansicht eines Objekts ermöglichen.

QTVR-Panoramen werden üblicherweise erzeugt, indem man eine Folge von digitalen Bildern, die zusammen eine 360-Grad-Ansicht ergeben, zusammenfügt. Eine andere Variation dieses Konzepts sind kubische Panoramen, die aus sechs Bildern bestehen – je einem für oben, unten, links, rechts, vorne, hinten. Der Anwender zieht innerhalb des Bilds mit gedrückter Maustaste in die gewünschte Richtung, um das Panorama zu schwenken und sich dabei scheinbar einmal um die eigene Achse zu drehen.

Abbildung 7.13: Auch Quick-Time-VR-Panoramen lassen sich mit der entsprechenden ActiveX-Komponente in Ihre PowerPoint-Präsentation einfügen

Zum Einfügen von QuickTime-VR-Panoramen in Ihre PowerPoint-Präsentation verwenden Sie die QTVR-ActiveX-Komponente. Mit dieser Komponente können Sie übrigens auch gewöhnliche QuickTime-MOV-Videos einfügen.

ActiveX-Komponenten erweitern die Möglichkeiten von Windows und dem Internet Explorer.

Wenn eine Komponente für einen bestimmten Medientyp etc. benötigt wird, kann der Windows Explorer sie automatisch von einem sicheren Bereich herunterladen. Die Komponente installiert sich automatisch und wird für Windows verfügbar. Damit kann Windows mithilfe einer kleinen binären Datei um neue Funktionen ergänzt werden, ohne dass das System neu installiert oder neu gestartet werden müsste. Obwohl sie grundsätzlich im Internet Explorer heruntergeladen und verwendet werden, können auch andere COM-fähige Windows-Applikationen auf ActiveX-Komponenten zugreifen und damit ihre Funktionalität erweitern. Es gibt mittlerweile Tausende von ActiveX-Komponenten, sowohl kostenlose als auch kostenfreie.

ACHTUNG Damit die QTVR-Datei nicht nur auf Ihrem Entwicklungsrechner, sondern auch auf dem Präsentationsrechner abgespielt wird, muss die QTVR-ActiveX-Komponente auch auf diesem installiert sein.

Bei Bedarf laden Sie die Komponenten vom folgenden URL herunter:

http://members.fortunecity.com/birbilis/QT4Delphi/downloads/index.html#ActiveX

Sie erhalten hier eine kostenlose Version der Komponente, die bei jedem Aktivieren ein Meldungsfenster zeigt. Die Vollversion der Komponente kostet 150 US-Dollar.

Abbildung 7.14:
Die unregist-
rierte Version
zeigt bei jedem
Aufruf ein Mel-
dungsfenster

Neben der QTVR-ActiveX-Komponente muss der QuickTime Player auf Ihrem System installiert sein.

TIPP Falls Sie keine eigene QTVR-Datei haben, aber dennoch experimentieren möchten, empfehlen wir die Seite *http://www.multimedialibrary.com/Downloads/d_qtvr.html*. Hier finden Sie kostenlose Panoramen zum Download.

Eine QTVR-Datei in PowerPoint einfügen

Nachdem Sie die Komponente installiert haben, gehen Sie folgendermaßen vor:

1. Speichern Sie Ihre QTVR-Datei der Einfachheit halber in demselben Ordner wie Ihre PowerPoint-Datei.
2. In der Symbolleiste *Steuerelement-Toolbox* klicken Sie auf die Schaltfläche *Weitere Steuerelemente*, um das zugehörige Menü zu öffnen.
3. Wählen Sie aus diesem das vorhin installierte *QTVRControlX*.

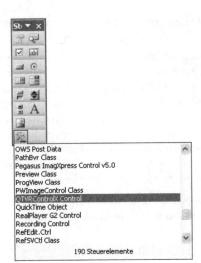

4. Ziehen Sie das Platzhalter-Rechteck in Ihrer Präsentation auf und klicken Sie es anschließend mit der rechten Maustaste an.

5. Aus dem Kontextmenü wählen Sie den Befehl *CTVRControlX Control-Objekt/ Properties*.

6. Im folgenden Dialogfeld klicken Sie auf die *Durchsuchen*-Schaltfläche und wählen Ihre MOV-Datei aus.

7. Aktivieren Sie das Kontrollkästchen *Use default view*.

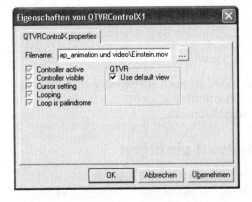

Abbildung 7.16:
Die Komponente
verfügt über ein
eigenes Dialog-
feld zum Festle-
gen ihrer
Eigenschaften

8. Schließen Sie das Dialogfeld mit *OK*.

Abbildung 7.17:
In der Normal-
ansicht wird
lediglich der
Platzhalter ange-
zeigt.

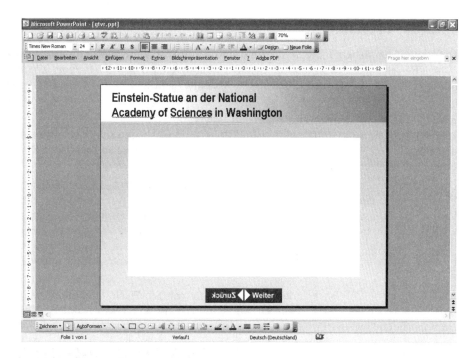

9. Erst in der Bildschirmpräsentationsansicht sehen Sie das QuickTime-Panorama.

Abbildung 7.18:
Das Panorama
sehen Sie erst in
der Bildschirm-
präsentation. Mit
gedrückter Maus-
taste können Sie
per Drag & Drop
darin navigieren.

Flash-Filme

Die bisher besprochenen Medienformate sind – mit Ausnahme vielleicht von Quick-Time VR – statisch und außerdem ziemlich umfangreich. Flash-SWF-Filme können mit ausgefeilten interaktiven Elementen ausgestattet sein und haben dabei doch nur eine sehr geringe Dateigröße.

Richtig eingesetzt, ergänzen sich Microsoft PowerPoint und Macromedia Flash recht gut. Die Animations- und Interaktionsfunktionen von Flash sind sehr viel leistungsfähiger als die von PowerPoint. Auf der anderen Seite fehlen Flash so praktische Funktionen wie Gliederung, Folienübergänge, vordefinierte Folienlayouts etc.

Da liegt es nahe, die Vorteile beider Programme zu kombinieren und beispielsweise Flash-Inhalt in eine PowerPoint-Präsentation zu importieren. Auf diese Weise versehen Sie Ihre Präsentationen nicht nur mit ausgefeilten Vektoranimationen, sondern auch mit interaktiven Elementen, die ausschließlich mit PowerPoint schwer oder gar nicht zu realisieren wären. Mithilfe von Flash-Buttons können Sie den Standardbrowser auf dem Abspielrechner mit einer bestimmten Webseite öffnen und vieles mehr.

Anders als etwa AVI- oder andere Videoclips können Sie Flash-Animationen ohne Qualitätsverluste stufenlos skalieren (es sei denn, in die Flash-Animation sind Bitmap-Bilder eingefügt).

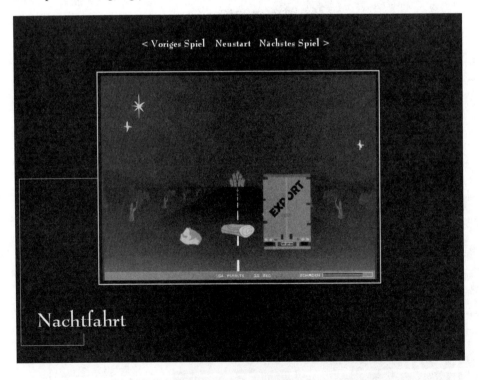

Abbildung 7.19:
Gerade Präsentationen, die für die Verteilung auf CD-ROM bestimmt sind, lassen sich durch Flash-Spiele aufwerten

Allerdings lassen sich SWF-Filme – anders als etwa AVI- oder QuickTime-Filme – nicht einfach mit *Einfügen/Film und Sound* oder Dergleichen in PowerPoint-Präsentation einfügen. Zum Einfügen von SWF-Filmen verwenden Sie die ActiveX-

Komponente für Shockwave Flash. Ist diese auf Ihrem Computer (bzw. auf dem Präsentationsrechner) nicht installiert, funktioniert die Sache nicht.

Seit der Version 98 wird Windows mit der ActiveX-Komponente für Shockwave Flash ausgeliefert und ist ein fester Bestandteil der Internet Explorer-Installationsroutine seit dem Internet Explorer 4.0. Damit kann vorausgesetzt werden, dass Sie – genauso wie die meisten anderen Windows-Benutzer – die Komponente installiert haben.

Die einfachste Möglichkeit herauszufinden, ob es sich tatsächlich so verhält, ist, dass Sie im Installationsverzeichnis des Internet Explorers nachsehen. In den meisten Fällen befindet sich dies in Ihrem *Windows-* oder *WINNT-*Ordner. Suchen Sie einen Ordner mit dem Namen *Downloaded Program Files*. In diesem Ordner muss das *Shockwave Flash Object* zu finden sein.

Abbildung 7.20:
Das Shockwave Flash-Objekt finden Sie normalerweise im Ordner Downloaded Program Files

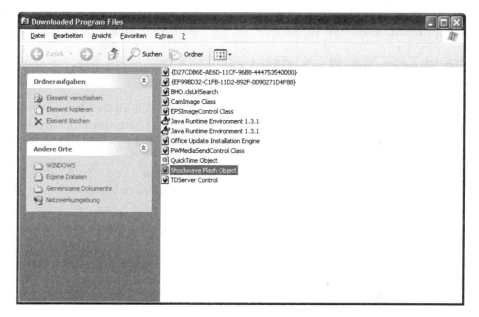

Falls die Komponente nicht zu finden ist, müssen Sie sie nachinstallieren:

Besuchen Sie dazu mit dem Internet Explorer die folgende Site: *www.macromedia.com/shockwave/download/download.cgi?P1_Prod_Version=ShockwaveFlash&Lang=German&P5_Language=German*

Hier laden Sie die ActiveX-Komponente herunter.

ACHTUNG Wenn Sie diese Seite mit dem Netscape Navigator besuchen, wird nicht das Flash-ActiveX-Objekt installiert, sondern das Flash-Plugin. Verwenden Sie also auf jeden Fall den Internet Explorer.

Wie erwähnt, genügt es nicht, dass das Flash-ActiveX-Objekt auf Ihrem Entwicklungsrechner installiert ist. Vielmehr muss es auch auf dem Rechner, auf dem die Präsentation abgespielt wird, vorhanden sein. Planen Sie eine Präsentation, die auf CD-
ROM etc. verbreitet werden soll, sollten Sie dieser daher vorsichtshalber die Flash-
ActiveX-Komponente mitgeben (auch wenn sicherlich der Großteil der Windows-
Anwender die Komponente bereits automatisch installiert hat). Macromedia gibt
dafür kostenlose Lizenzen aus. Weitere Informationen erhalten Sie auf *http://
www.macromedia.com/support/shockwave/info/licensing/*.

ACHTUNG

Auch wenn die meisten Anwender das ActiveX-Objekt installiert haben, heißt das
nicht, dass sie auch über die neueste Version verfügen. Standard in den Browsern ist
nach wie vor die Version 5, während das Programm Macromedia Flash mittlerweile
in der Version 7 (MX 2004) verfügbar ist und eben auch SWF-Filme für die Player-
Version 7 exportiert. Allerdings können Sie auch mit dieser Version SWF-Filme für
die Version 5 erstellen. Diese Vorgehensweise soll hier empfohlen werden, damit
auch Betrachter mit älteren Versionen etwas von Ihrer Präsentation haben.

Ein Shockwave-Flash-Objekt in eine PowerPoint-Präsentation einfügen

Nach diesen Vorbereitungen fügen Sie einen Flash-SWF-Film in Ihre PowerPoint-
Präsentation ein. Da Sie den Pfad zum SWF-Film in PowerPoint manuell eingeben
müssen, haben Sie es am einfachsten, wenn Sie die SWF-Datei in denselben Ordner
kopieren wie Ihre PowerPoint-Präsentation.

Falls Sie gerade keinen SWF-Film zur Hand haben, finden Sie im Ordner *kap07* verschiedene SWF-Filme – Animationen, Spiele etc. – zu Ihrer freien Verfügung.

Die grundsätzliche Vorgehensweise:

1. Zeigen Sie die Folie an, in die Sie den SWF-Film einfügen möchten und zeigen Sie
   die Symbolleiste *Steuerelement-Toolbox* an.

Normalerweise wird das Flash-Objekt über allen anderen Objekten der Präsentation
gezeigt. Die Ausnahme: Sie können es auf dem Folienmaster unterbringen. Der Vorteil ist auch, dass es dann kontinuierlich auf jeder einzelnen Folie der Präsentation
abgespielt wird – sinnvoll beispielsweise bei einem animierten Logo.

TIPP

Allerdings sollten Sie in diesem Fall darauf verzichten, das Flash-Objekt bildschirm-
füllend darzustellen. Denn ein Mausklick spricht dann nicht die PowerPoint-Präsentation an, sondern das Flash-Objekt.

2. Klicken Sie auf die Schaltfläche *Weitere Steuerelemente*, um die Liste der auf
   Ihrem Rechner verfügbaren Komponenten anzuzeigen.

3. Wählen Sie den Eintrag *Shockwave Flash Object*.

4. Ziehen Sie auf Ihrer Folie einen Rahmen auf. Dieser wird später Ihren SWF-Film
   aufnehmen.

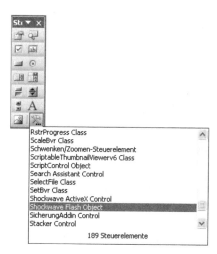

HINWEIS Wie bereits erwähnt: Das Flash-Objekt erscheint stets über allen anderen Objekten auf der Folie.

5. Wählen Sie aus dem Kontextmenü des Rahmens den Befehl *Eigenschaften*.

6. Im folgenden Codefenster klicken Sie ganz oben auf die Zeile *Benutzerdefiniert* und klicken anschließend auf die Schaltfläche am rechten Ende der Zeile.

7. Sie erhalten ein Dialogfeld mit verschiedenen Eigenschaften für die Einbettung des SWF-Films. Wenn Sie sich mit Flash auskennen, dürften Ihnen viele davon bekannt vorkommen, weil sie den Parametern für die Einbettung eines SWF-Films in eine Webseite gleichen (nur diejenigen Optionen, die in PowerPoint Auswirkungen haben, werden nachfolgend besprochen).

8. In das Feld *Film-URL* geben Sie den Pfad zum SWF-Film ein – leider können Sie hier keine Auswahl vornehmen, sondern müssen den Pfad tatsächlich manuell eingeben. Am leichtesten haben Sie es natürlich, wenn sich der SWF-Film in demselben Ordner wie die PowerPoint-Präsentation befindet (das erleichtert nebenbei auch den Umgang mit der Weitergabe der fertigen Präsentation). Sie können hier neben einem Platz auf Ihrer Festplatte auch einen URL im WWW angeben.

TIPP Bei Bedarf betten Sie den Flash-Film über das entsprechende Kontrollkästchen in Ihre Präsentation ein. Dann wird die PPT-Datei zwar etwas größer, jedoch haben Sie es bei der Verteilung leichter, weil Sie nicht daran denken müssen, die SWF-Datei mitzuliefern.

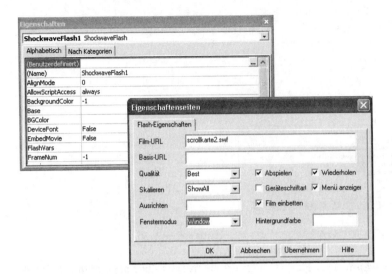

Abbildung 7.22:
*Über die Eigen-
schaftenseite des
Flash-Objekts ist
eine komfortable
Eingabe der
Parameter mög-
lich*

9. Zusätzlich können Sie die Wiedergabequalität festlegen, indem Sie das Listenfeld *Qualität* öffnen und die gewünschte Filmqualität auswählen. Sie haben folgende Möglichkeiten:

Qualität	Beschreibung
Hoch	Die Darstellungsqualität erhält Priorität gegenüber der Abspielgeschwindigkeit.
Auto-Hoch	Mit diesem Eintrag erzielen Sie zwar ebenfalls eine gute Darstellungsqualität, erhöhen aber gleichzeitig die Geschwindigkeit, wenn die Bildfrequenz unter den in Flash festgelegten Wert fällt.
Auto-Niedrig	Hier erhält die Geschwindigkeit Vorrang, aber die Darstellung wird verbessert, wenn die Prozessorgeschwindigkeit dazu ausreicht.
Niedrig	Hier erhält die Abspielgeschwindigkeit Vorrang gegenüber der Darstellungsqualität.

Tabelle 7.1:
*Qualitätseinstel-
lungen für SWF-
Filme*

10. Im Feld *Skalieren* legen Sie fest, in welcher Größe der Film platziert wird, wenn die von Ihnen definierten Abmessungen von den in Flash definierten Abmessungen abweichen.

Skalierung	Beschreibung
Standard	Der Film wird in seinen Originalproportionen dargestellt.
Kein Rahmen	Der Film füllt den gesamten von Ihnen definierten Bereich aus. Gleichzeitig bleiben aber die Originalproportionen des Films erhalten, sodass er abgeschnitten werden kann.
Genau passend	Der Film erhält genau die von Ihnen definierten Abmessungen, sodass er unter Umständen verzerrt dargestellt wird.

Tabelle 7.2:
*Skalierungsarten
für SWF-Filme*

11. In das Feld *Hintergrundfarbe* geben Sie bei Bedarf einen Hexadezimal-Farbwert ein. Für ein gelungenes Erscheinungsbild passen Sie die Farbe dem Hintergrund Ihrer Präsentation an.

Die folgende Tabelle zeigt Ihnen einige Hexadezimal-Farbwerte.

Tabelle 7.3:
Hexadezimale Farbwerte

Farbname	HEX-Code
Black	#000000
Green	#008000
navy	#000080
purple	#800080
Gray	#808080
Red	#FF0000
yellow	#FFFF00
Blue	#0000FF
Aqua	#00FFFF
white	#FFFFFF
aquamarine	#7FFFD4
beige	#F5F5DC
brown	#A52A2A
chocolate	#D2691E
crimson	#DC143C
darkcyan	#008B8B
darkgray	#A9A9A9
darkred	#8B0000
darkviolet	#9400D3
deeppink	#FF1493
forestgreen	#228B22
Gold	#FFD700
greenyellow	#ADFF2F
indigo	#4B0082
ivory	#FFFFF0
khaki	#F0E68C
lavender	#E6E6FA
lightblue	#ADD8E6
lightcoral	#F08080
lightgreen	#90EE90
lightpink	#FFB6C1
orange	#FFA500

Während eine normale Dezimalzahl nach der Neun auf zwei Stellen umgeschaltet wird, verwendet das Hexadezimalzahlensystem Buchstaben, um weitere einstellige Zahlen zu erzeugen. Eine einstellige Hexadezimalzahlenreihe besteht aus 0, 1, 2, 3, 4, 5, 6, 7, 8, 9, A, B, C, D, E und F. A bis F stehen dabei für 10 bis 15. Mit diesem System können Millionen Farbkombinationen mit nur sechs Stellen ausgedrückt werden.

12. Mit einem Klick auf das Kontrollkästchen *Abspielen* legen Sie fest, dass der Film sofort abspielen soll, sobald die Folie angezeigt wird.

13. Aktivieren Sie das Kontrollkästchen *Wiederholen*, wenn der Film in einer Endlosschleife abgespielt werden soll.

14. Wenn Sie das Kontrollkästchen *Geräteschriftart* aktivieren, werden alle statischen Texte, die auf dem System des Benutzers nicht installiert sind, durch Systemschriftarten (Serif, Sans-Serif und Typewriter) ohne Anti-Aliasing ersetzt.

15. Bei aktiviertem Kontrollkästchen *Menü anzeigen* kann der Benutzer während der Bildschirmpräsentation ein Kontextmenü anzeigen. In diesem finden sich Möglichkeiten, die Präsentation abzuspielen, zurückzuspulen, zu drucken, ihre Qualität einzustellen usw.

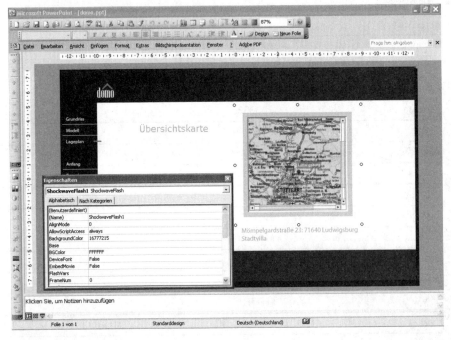

Abbildung 7.23:
Der Flash-Film erscheint in der Präsentation und kann nun noch skaliert werden

Im Großen und Ganzen sind Sie jetzt schon fertig – klicken Sie auf *OK* und testen Sie Ihre Präsentation in der Bildschirmpräsentationsansicht.

In manchen Fällen erscheint der SWF-Film erst dann auf der Folie, wenn Sie Ihr Dokument in der Bildschirmpräsentationsansicht angezeigt haben.

Wenn der Flash-Film nicht angezeigt werden kann

Sollte der Film nicht angezeigt werden, kann es dafür mehrere Ursachen geben:

Überprüfen Sie zuerst die Version der Komponente und die Ihres Films. Wenn Sie beispielsweise die ActiveX-Komponente für die Version 4.0 installiert haben und einen SWF-Film der Version 6.0 anzeigen möchten, kann das nicht funktionieren.

Die Version der Komponente finden Sie heraus, indem Sie im Ordner *Downloaded Program Files* aus dem Kontextmenü des *Shockwave Flash Objects* den Befehl *Eigenschaften* wählen und dann im Register *Version* nachsehen.

Abbildung 7.24:
Die Version der
Shockwave
Flash-Kompo-
nente heraus-
finden

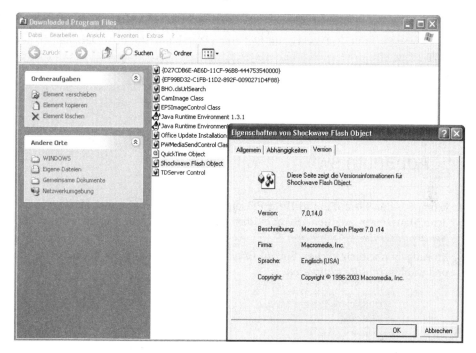

Falls Sie den SWF-Film nicht eingebettet haben und er in der Bildschirmpräsentation nicht angezeigt bzw. nicht abgespielt wird, haben Sie die SWF-Datei vielleicht verschoben oder umbenannt. Überprüfen Sie in den Eigenschaften, ob Sie den korrekten, vollständigen Pfad angegeben haben.

Vergewissern Sie sich ebenfalls, dass die Eigenschaft *Playing* auf den Wert *True* gesetzt ist. Mit dieser Eigenschaft beschäftigen wir uns weiter unten noch ein wenig ausführlicher.

Den SWF-Film als Objekt einfügen

Es gibt noch eine zweite Methode, um einen SWF-Film in Ihre PowerPoint-Präsentation einzufügen:

1. Zeigen Sie die gewünschte Folie an und wählen Sie die Befehlsfolge *Einfügen/ Objekt*.

2. Aktivieren Sie das Kontrollkästchen *Aus Datei erstellen* und suchen Sie die Flash-Datei heraus. Eine Verknüpfung ist hier leider nicht möglich.

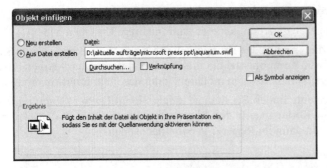

Abbildung 7.25:
Auch als Objekt
lässt sich ein
SWF-Film
einfügen

3. Bestätigen Sie mit *OK*. PowerPoint fügt einen Platzhalter mit dem Dateinamen des SWF-Films ein.

Abbildung 7.26:
Zunächst fügt
Flash lediglich
einen Platzhalter
für den SWF-Film
in die Präsenta-
tion ein

4. Damit Sie den Flash-Film in Ihrer Präsentation abspielen können, öffnen Sie mit dem Mauszeiger auf dem Symbol das Kontextmenü und wählen den Befehl *Benutzerdefinierte Animation*.

5. Im Aufgabenbereich klicken Sie auf *Effekt hinzufügen*, dann auf *Objektaktionen* und wählen *Inhalte aktivieren*.

Abbildung 7.27:
Aktivieren Sie im
Aufgabenbereich
Benutzerdefi-
nierte Anima-
tion den Befehl
Inhalte aktivie-
ren

6. In der Liste wird das *Objekt 1* angezeigt. Öffnen Sie das zugehörige Listenfeld und bestimmen Sie, ob die Wiedergabe automatisch oder auf Mausklick beginnen soll.

HINWEIS Das so eingefügte Objekt wird in einem eigenen Fenster des Flash Players abgespielt.

Abbildung 7.28:
Der als Objekt
eingefügte SWF-
Film wird in
einem separaten
Fenster abge-
spielt

Das Abspielverhalten des Flash-Films kontrollieren

In der Grundeinstellung wird der Flash-Film abgespielt, sobald die entsprechende Folie angezeigt wird. Häufig wünschen Sie aber, dass der Film erst bei einem Klick auf eine Schaltfläche oder Dergleichen gestartet wird.

Haben Sie Kenntnisse in ActionScript, programmieren Sie diese Interaktivität im Flash-Film selbst und sorgen dafür, dass das erste Bild des Films mit der Action-Script-Anweisung stop() zunächst angehalten wird und statten den Film mit entsprechenden Schaltflächen zum Abspielen, Anhalten etc. aus. In der Bildschirmpräsentation reagieren diese Schaltflächen dann aus PowerPoint heraus wunschgemäß.

Abbildung 7.29:
Von der Optik
und der Usabi-
lity her ist es
meist am besten,
wenn Sie die
Schaltflächen für
die Interaktion
mit dem SWF-
Film bereits in
Flash-Action-
Script program-
mieren

Kennen Sie sich in ActionScript nicht aus oder haben Sie keinen Zugriff mehr auf die dem SWF-Film zugrunde liegende FLA-Datei, genügen auch einige Zeilen VBA-Code, um den SWF-Film mit grundlegender Interaktivität auszustatten. Die nachfolgend erläuterte Vorgehensweise bezieht sich auf Flash-Filme, die über die ActiveX-Komponente eingefügt wurden.

VBA-Code zum Abspielen und Anhalten des SWF-Films erstellen

Klicken Sie zunächst mit der rechten Maustaste auf den SWF-Film und zeigen Sie die Eigenschaften an. Sehen Sie sich in der Liste den Namen des Objekts an – falls es sich um den ersten in die Präsentation eingefügten Flash-Film handelt, lautet dieser *ShockwaveFlash1*.

Das Beispiel finden Sie unter dem Namen *aquarium.ppt* auf der CD-ROM im Ordner *kap06*.

Ebenfalls in dieser Liste setzen Sie die Eigenschaft *playing* auf den Booleanschen Wert *false*, damit der Film beim Anzeigen der Folie in der Bildschirmpräsentation zunächst gestoppt wird.

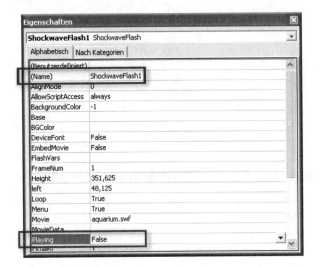

Abbildung 7.30:
Setzen Sie den
Abspielmodus
zunächst auf
False

Nach diesen Vorbereitungen erstellen Sie die benötigten Makros:

1. In der Symbolleiste *Steuerelement-Toolbox* klicken Sie auf die Schaltfläche *Code anzeigen*.

2. Im angezeigten Visual Basic Editor wählen Sie die Befehlsfolge *Einfügen/Modul*.

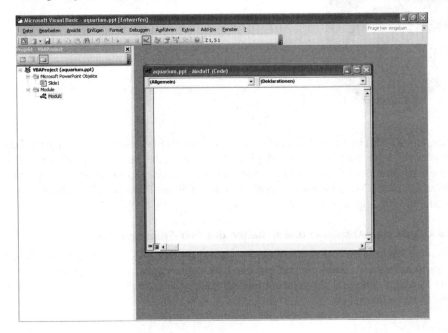

Abbildung 7.31:
Ein leeres
Modulfenster
wird angezeigt

3. Ein leeres Modulfenster wird angezeigt. Geben Sie den folgenden Code ein:

```
Sub FlashPlay()
Slide1.ShockwaveFlash1.Playing = True
End Sub
```

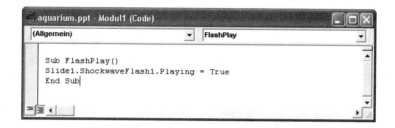

Dieses Skript setzt voraus, dass sich der Flash-Film auf der Folie 1 *(Slide1)* befindet und – wie oben überprüft – den Namen *ShockwaveFlash1* trägt. Sollte dies nicht der Fall sein, ändern Sie das Makro entsprechend ab.

4. Erstellen Sie darunter ein weiteres Skript zum Anhalten des Flash-Films:

```
Sub FlashStop()
Slide1.ShockwaveFlash1.Playing = False
End Sub
```

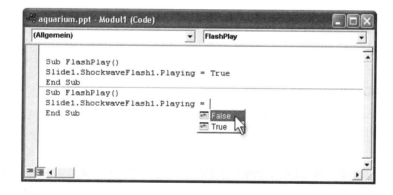

5. Wählen Sie die Befehlsfolge *Datei/Schließen und zurück zu Microsoft Power-Point.*

Detaillierte Informationen über VBA-Programmierung in PowerPoint erhalten Sie ab ▶ Kapitel 11.

Die Kontrollschaltflächen erstellen

Erstellen Sie nun auf der Folie mit dem SWF-Film die Schaltflächen zum Anhalten und Abspielen.

1. Wählen Sie aus den AutoFormen eine geeignete Schaltfläche aus und zeichnen Sie diese auf Ihre Folie.

Abbildung 7.34:
Gut geeignet für
die Abspielbut-
tons sind die
Interaktiven
Schaltflächen in
den AutoFormen

2. Im angezeigten Dialogfeld *Aktionseinstellungen* aktivieren Sie das Optionsfeld *Makro ausführen*. Wählen Sie das vorhin erstellte Makro zum Abspielen des SWF-Films.

Abbildung 7.35:
Versehen Sie den
Abspielbutton
mit dem entspre-
chenden Makro

3. Erstellen Sie eine weitere Schaltfläche, der Sie das andere Makro zum Stoppen des SWF-Films zuweisen.

4. Testen Sie Ihre Präsentation.

TIPP

Falls die Schaltflächen nicht funktionieren, sind die Makros wahrscheinlich zum Schutz vor Makroviren deaktiviert. Gehen Sie in diesem Fall folgendermaßen vor, um die Makros zu aktivieren: Wählen Sie die Befehlsfolge *Extras/Optionen*. Auf der Registerkarte *Sicherheit* klicken Sie auf die Schaltfläche *Makrosicherheit*. Im folgenden Dialogfeld wählen Sie *Mittel*. Schließen Sie die Präsentation und öffnen Sie sie erneut. Das angezeigte Dialogfeld bestätigen Sie mit *Makros aktivieren*.

Macromedia-Director-Inhalte in PowerPoint

Macromedia Director ist der große Bruder von Flash – er ermöglicht interaktive Features, die Sie mit Flash nur schwer oder gar nicht programmieren könnten. Wirklich einzigartig ist aber die 3D-Engine von Macromedia Director 8.5, mit der Sie Objekte im 3D-Raum animieren können. Es liegt nahe, dass solche 3D-Welten eine Power-Point-Präsentation optisch beträchtlich aufwerten können.

Das Ausgabeformat für Director-Dateien ist DXR. Zusätzlich verfügt Director über eigenes Web-Ausgabeformat (ShockWave Director) mit der Dateiendung DCR mit einer eigenen ActiveX-Komponente. Dieses ähnelt dem SWF-Format.

Damit Sie Director-Inhalte in PowerPoint einfügen können, müssen diese im DCR-Format vorliegen. Sie wählen dazu in Director die Befehlsfolge *Datei/Veröffentli-chungseinstellungen*.

Director-Filme in PowerPoint abspielen

Viele Systeme, auf denen die Shockwave-Flash-Komponente installiert ist, verfügen auch über die Macromedia-Director-Shockwave-Komponente.

- Der Name der zum Einfügen von Flash-SWF-Filmen benötigten ActiveX-Kompo-nente lautet *Shockwave* Flash *Control;*

- Der Name der zum Einfügen von Shockwave-DCR-Filmen benötigten ActiveX-Komponente lautet *Shockwave* ActiveX *Control.*

Die Vorgehensweise ähnelt der beim Einfügen von Flash-Inhalten stark – das einzige wirklich Wichtige ist, dass Sie die Director-Komponente nicht mit der Flash-Kompo-nente verwechseln.

TIPP Sollte die Komponente auf Ihrem Rechner nicht verfügbar sein, laden Sie sie von *http://www.macromedia.com/shockwave/download/ index.cgi?P1_Prod_Version=Shockwave* herunter.

Speichern Sie auch hier wieder die DCR-Datei am besten in demselben Ordner wie die PowerPoint-Präsentation, damit Sie später keinen komplexen Pfad eingeben müs-sen.

1. Zeigen Sie in Ihrer Präsentation die Folie an, in die Sie den Director-Film einfügen möchten.

2. In der Symbolleiste *Steuerelement-Toolbox* klicken Sie auf die Schaltfläche *Wei-tere Steuerelemente*.

3. Wählen Sie aus dem angezeigten Menü den Eintrag *Shockwave ActiveX Control.*

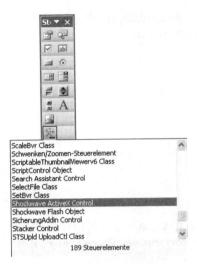

Abbildung 7.37:
Wählen Sie zum
Einfügen eines
Director-Films
das Shockwave
ActiveX Control

4. Ziehen Sie das Platzhalter-Rechteck für den Film auf. Größe und Positionierung sind zu diesem Zeitpunkt noch irrelevant.

5. Lassen Sie das von acht runden Ziehpunkten umgebene, unsichtbare Rechteck ausgewählt und öffnen Sie sein Kontextmenü. Wählen Sie den Befehl *Eigenschaften*.

6. Rechts neben der Option *SRC* geben Sie den Namen und Pfad Ihrer DCR-Datei ein – wenn Sie sie, wie oben empfohlen, in denselben Ordner eingefügt haben wie Ihre PowerPoint-Präsentation, genügt der Dateiname.

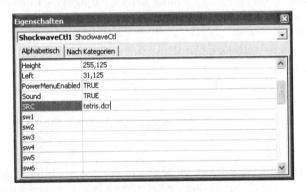

Leider fügt die Komponente automatisch den absoluten Pfad der Datei ein. Das bedeutet, dass Sie diesen trotzdem bearbeiten müssen, wenn Sie den Ordner mit der Präsentation und der Shockwave-Datei verschieben.

ACHTUNG

Wie Sie sehen, ist die Komponente so intelligent, dass Sie die tatsächlichen Abmessungen der Shockwave-Datei automatisch einträgt, auch wenn dies auf der Folie nicht angezeigt wird. Skalieren Sie das Objekt bei Bedarf direkt auf der Folie und testen Sie die Präsentation mit der eingefügten Shockwave-Datei anschließend.

Streaming-Media-Präsentationen mit Producer 2003

Im Business-Bereich sind Streaming-Media-Präsentationen, die über das Internet im Browser betrachtet werden können, sehr aktuell. Sie sparen Reisekosten, Schulungsräume usw.

Microsoft Producer ist ein kostenloses Add-in für PowerPoint 2003, mit dem Sie solche Streaming-Media-Präsentationen relativ einfach erstellen können.

HINWEIS Laden Sie das Add-in Producer 2003 bei Bedarf von *http://www.microsoft.com/downloads/* herunter.

Auf der Producer-Seite *http://www.microsoft.com/office/powerpoint/producer/prodinfo/default.mspx* können Sie einige Producer-Beispiele »live« betrachten. Sie finden auf dieser Seite auch weitere Informationen, Fallstudien und Schritt-für-Schritt-Tutorials für Ihren Einstieg in die Arbeit mit Producer 2003.

8 Mit Sound arbeiten

Sound in PowerPoint-Präsentationen

Animationen und Videos werden in PowerPoint-Präsentation relativ häufig verwendet, während die Verbreitung von Klängen weniger verbreitet ist. Sinnvoll eingesetzt können Klänge für eine Präsentation jedoch eine Bereicherung sein.

Die Möglichkeiten der Soundeinbindung in PowerPoint sind vielfältig:

- Sie können den Sound direkt in PowerPoint als Audiokommentar aufnehmen.

- Sie können den Sound dynamisch von Ihrem CD-ROM-Laufwerk abspielen.

- Sie können den Sound als eigene Datei verwalten und in die PowerPoint-Präsentation einbetten oder damit verknüpfen. Die folgenden Soundformate sind möglich: MIDI, WAV, MPEG und ASF.

PowerPoint-Präsentationen mit Sound benötigen beim Abspielen recht viele Ressourcen. Aus diesem Grund sollten Sie Ihre Sounddatei optimieren, bevor Sie sie in PowerPoint einfügen. Auch sollten Sie beim Vorführen der Präsentation möglichst wenige Anwendungen im Hintergrund laufen haben.

Programme für die Arbeit mit Sound

In PowerPoint selbst können Sie keine Sounds bearbeiten. Sie benötigen ein zusätzliches Programm wie Sony Sound Forge, Adobe Audition, GoldWave etc. Zudem werden auch die meisten Soundkarten mit kostenloser Soundbearbeitungssoftware ausgeliefert.

Für die Arbeit mit Sounds enthält Windows zwei kleine Programme: Audiorecorder und Media Player. Der Audiorecorder arbeitet mit Audiodateien im WAV-Format. Sie können damit einfache Bearbeitungen durchführen, beispielsweise die Lautstärke, die Kompression und die Codecs Ihrer Sounddateien ändern. Mit dem Media Player spielen Sie die verschiedensten Mediendateiformate ab. Zudem konvertieren Sie damit CD-Spuren in WMA-Dateien und erstellen Wiedergabelisten.

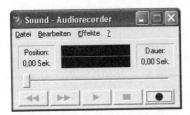

Abbildung 8.1:
Der Audiorecor-
der von Win-
dows XP

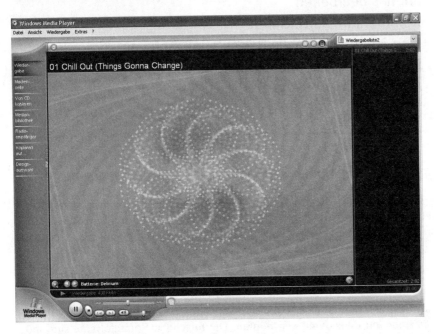

Abbildung 8.2:
Der Windows
Media Player
spielt eine Reihe
von Dateiforma-
ten ab

Sound-Formate

Oben haben Sie bereits einen kurzen Überblick über die in PowerPoint verwendbaren Soundformate erhalten. Nachfolgend informieren Sie sich im Detail darüber:

- MIDI-Dateien (Musical Instrument Digital Interface) haben sehr geringe Dateigrößen. Je nach Ihrer Soundkarte klingen MIDI-Sounds gut bis sehr dürftig. Mit einer durchschnittlichen Soundkarte klingen MIDI-Sounds ganz passabel. Für ein wirklich gutes Ergebnis benötigen Sie allerdings eine High-End-Soundkarte. Enthält der Vorführrechner eine weniger gute Soundkarte, sollten Sie Ihre MIDI-Dateien in WAV konvertieren.

  Ein Vorteil von MIDI-Dateien ist, dass die meisten Soundkarten MIDI- und WAV-Dateien gleichzeitig abspielen können. Das bedeutet, dass Sie beispielsweise einen MIDI-Sound im Hintergrund abspielen und gleichzeitig beim Klicken auf eine Schaltfläche einen WAV-Sound erklingen lassen können, ohne dass der Hintergrundsound dadurch unterbrochen würde.

- WAV-Dateien (Waveform Audio Files) sind ziemlich umfangreich. Sie eignen sich gut, wenn Sie Stimmen oder Musikinstrumente wiedergeben möchten. WAV-Dateien können von so gut wie allen Windows-Anwendungen mit Soundunterstützung abgespielt werden. Es gibt viele Codecs zur Komprimierung von WAV-Dateien, sodass sie bei weiterhin guter Qualität deutlich weniger Speicherplatz benötigen. Windows dekomprimiert solche Dateien während der Wiedergabe automatisch. Im Zusammenhang mit PowerPoint-Präsentationen ist das WAV-Format am einfachsten zu verwenden.

- AIFF (Audio Interchange File Format) ist am Mac ein Standard-Soundformat. Unter Windows kann es ebenfalls verwendet werden.

- MP3-Dateien (Motion Pictures Expert Group Layer-3) können gestreamt werden. Sie haben eine geringe Dateigröße und klingen beinahe so gut wie WAV-Dateien.

- WMA- und ASF-Dateien (Microsoft Streaming Format) können als Alternative zu MP3 betrachtet werden. Weiter unten sehen Sie, wie Sie Spuren von einer Audio-CD in WMA- oder ASF-Dateien konvertieren. Auch MP3-Dateien können in dieses Format konvertiert werden, wodurch sich die Dateigröße weiter reduziert. Das WMA-Format ist für PowerPoint-Präsentationen sehr geeignet.

- Neben den gängigen Formaten WMA/ASF lassen sich in PowerPoint 2003 Wiedergabelisten der verschiedensten Formate, wie ASX, WAX, M3U usw. einfügen.

- CD-Audio: Bei Bedarf spielen Sie während der Wiedergabe Ihrer Präsentation eine Spur von einer Audio-CD ab. Natürlich muss sich diese Audio-CD während der Vorführung der Präsentation im Laufwerk befinden. Wenn Sie versehentlich eine andere CD eingelegt haben, spielt PowerPoint die angegebene Spur von dieser CD ab – in der Präsentation wird lediglich das CD-Laufwerk und die Spurnummer gespeichert.

PowerPoint bettet eingefügte MIDI- und WAV-Dateien ein, wenn sie die auf der Registerkarte *Allgemein* des *Optionen*-Dialogfelds (Menü *Extras/Optionen*) angegebene Größe nicht überschreiten.

Abbildung 8.3:
Standardmäßig bettet Power-Point Sound-dateien bis zu einer Größe von 100 KB ein

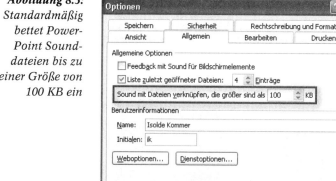

Ist die Sounddatei größer, wird sie mit der Präsentation verknüpft und muss dann beim Transport der Präsentation auf derselben Stelle auf der Festplatte verbleiben, da PowerPoint einen absoluten Pfad dorthin erstellt. WMA-, ASF- und MP3-Dateien können nicht eingebettet werden; sie werden immer verknüpft.

Codecs für WAV-Dateien

Es gibt sehr viele verschiedene Codecs für WAV-Dateien. Herauszufinden, welcher der geeignete für einen speziellen Zweck ist, ist nicht ganz einfach. Nachfolgend finden Sie einige 32-Bit-Codecs für WAV-Dateien, die mit Windows ausgeliefert werden:

Codec, Abkürzung	Kompressionsrate
Adaptive Delta Pulse Code Modulation, ADPCM	4:1
Interactive Media Association ADPCM, IMA ADPCM	4:1
Groupe Special Mobile, GSM	2:1
CCITT G.711 A-Law und u-Law	2:1

Tabelle 8.1:
32-Bit-Codecs für WAV-Dateien

Der Media Player enthält ebenfalls eine ganze Anzahl von Codecs, etwa MPEG-4, MP3, WMA, WMV und ASF.

Wenn Sie wissen möchten, ob eine bestimmte WAV-Datei komprimiert ist, laden Sie sie in den Audiorecorder und wählen dort die Befehlsfolge *Datei/Eigenschaften*. Wenn unter *Audioformat* der Begriff *PCM* auftaucht, bedeutet das, dass die Datei unkomprimiert ist.

TIPP

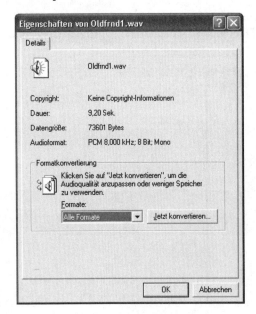

Abbildung 8.4:
Diese WAV-Datei ist unkomprimiert

Die Samplingrate

WAV-Dateien können aber nicht nur komprimiert werden, sondern Sie haben auch die Möglichkeit, die Samplingrate anzupassen. Ein Klang mit einer hohen Samplingrate hört sich zwar im Allgemeinen besser an, dafür benötigt er aber auch mehr Speicherplatz. Typische Windows-Samplingraten sind 8 kHz, 11 kHz, 22 kHz und 44 kHz. Darüber hinaus können Sie WAV-Dateien in Mono oder in Stereo abspeichern und zwischen den Samplegrößen 8 Bit oder 16 Bit auswählen.

- Für die Sprachausgabe eignen sich 11 kHz Mono.
- Für Musikstücke wählen Sie eventuell lieber 22 oder gar 44 kHz Stereo. Wobei Sie hier aber auf die Dateigröße achten sollten.

Soundformate konvertieren

Wenn Ihr Sound in einem Format vorliegt, das entweder gar nicht in PowerPoint eingefügt werden kann oder das einfach ungeeignet für Ihre speziellen Zwecke ist, konvertieren Sie Ihre Klangdatei in ein anderes Format. Manchmal ist es nicht einfach, hierbei eine optimale Qualität zu bewahren. Am Ende dieses Kapitels sehen Sie z.B., wie Sie Audio-CD-Dateien in das Windows-WMA-Format konvertieren.

Sounds bearbeiten

Wie gesagt, verfügt PowerPoint selbst über keinerlei Möglichkeiten, Sounds zu editieren. Nicht einmal einen einfachen Fade können Sie in PowerPoint erstellen. Bevor Sie Ihre Sounddatei in die Präsentation einfügen, müssen Sie sie daher in einem externen Programm bearbeiten.

Sie können die Audiodatei z.B. in ein anderes Dateiformat umwandeln und/oder komprimieren, zuschneiden, mit anderen Audiodateien kombinieren, Hall und Verzerrung hinzufügen oder die Länge ändern, damit der Klang zu Ihrer PowerPoint-Präsentation passt.

Da es sehr viele verschiedene Soundprogramme mit unterschiedlichen Arbeitsweisen gibt, beschränken wir uns nachfolgend auf die Durchführung einfacher Arbeiten mit dem Windows-eigenen Audiorecorder, den Sie über die Befehlsfolge *Alle Programme/Zubehör/Unterhaltungsmedien* im Startmenü öffnen.

Nachdem Sie Ihre Sounddatei im Audiorecorder geöffnet haben, betrachten Sie mit *Datei/Eigenschaften* ihre Eigenschaften.

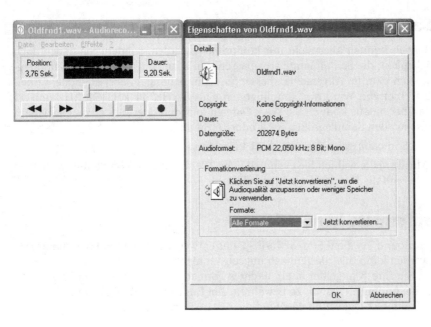

Ein Klick auf die Schaltfläche *Jetzt konvertieren* bringt Sie in das Dialogfeld *Sound-
auswahl*. Öffnen Sie die Liste *Name*. Hier finden Sie die Einstellungen *CD-Qualität*,
Radioqualität und *Telefonqualität*. Die niedrigste Qualität ist die Telefonqualität,
die höchste die CD-Qualität, was sich auch im Speicherbedarf der Datei nieder-
schlägt.

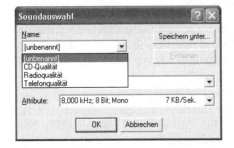

HINWEIS

Wenn Sie in der Liste eine Auswahl vornehmen, passt sich das Feld *Attribute* entsprechend an. Hier sehen Sie, wie viel Speicherplatz in der angeklickten Aufnahmequalität pro Sekunde benötigt wird. So benötigt die *CD-Qualität* 172 KB Speicherplatz pro Sekunde. Bei der Telefonqualität werden nur 11 KB pro Sekunde benötigt,
das sind 660 KB pro Minute. Für eine reine Textaufnahme ist die Telefon- oder Radioqualität besser geeignet. Bei Musikstücken müssen Sie zwischen Speicherbedarf und
Qualität abwägen.

In der Liste *Attribute* können Sie außer den drei voreingestellten Qualitäten aus vielen weiteren Kombinationen auswählen. Rechts entnehmen Sie den benötigten Speicherplatz pro Sekunde, sodass es Ihnen nicht allzu schwer fallen sollte, die Balance
zwischen Qualität und niedrigem Speicherbedarf zu halten.

Es bringt nichts, eine Audiodatei in schlechter Qualität durch Erhöhen der Sampling-rate verbessern zu wollen. Das Ergebnis wäre lediglich eine unnötig aufgeblähte Datei in identischer Klangqualität.

Das Kompressionsformat legen Sie in der Liste *Format* fest. Die Auswahl eines geeigneten Codec verkleinert die Datei weiter.

Abbildung 8.7:
Für WAV-
Dateien gibt es
eine geradezu
verwirrende Viel-
zahl von Codecs

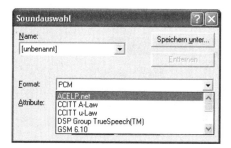

TIPP Neben den Optionen zur Verringerung der Sounddatei finden Sie im Audiorecorder auch einige wenige Soundeffekte, die allerdings nicht mit allen Kompressionsformaten funktionieren.

Sounds aufzeichnen

Selbst eigene Sounds können Sie mit dem Audiorecorder aufzeichnen – vorausgesetzt, ein Mikrofon ist an Ihren Computer angeschlossen. Wählen Sie dazu im Audiorecorder die Befehlsfolge *Bearbeiten/Audioeigenschaften* und klicken Sie auf die Schaltfläche *Erweitert* in der Optionsgruppe *Soundaufnahme*. Nehmen Sie hier die gewünschten Einstellungen vor. Die Aufnahme selbst starten Sie anschließend über die Schaltfläche *Aufnehmen* ganz rechts im Audiorecorder (das Symbol mit dem roten Punkt).

HINWEIS Übrigens können Sie auch direkt aus PowerPoint heraus Klänge aufnehmen *(Einfügen/Film und Sound/Sound aufzeichnen)* – der Nachteil ist allerdings, dass Sie keine Möglichkeit haben, Aufnahmeoptionen oder Kompression zu beeinflussen.

Kommentare aufzeichnen

Anders sieht es aus, wenn Sie eine PowerPoint-Präsentation mit gesprochenen Kommentaren versehen – auch dabei arbeiten Sie direkt in PowerPoint. Jedoch wird die Aufnahme als WAV-Datei auf Ihrer Festplatte gespeichert und mit Ihrer Präsentation verknüpft.

Da WAV-Dateien recht groß sind, eignen sich solche Präsentationen mit gesprochenen Kommentaren zwar für selbst ablaufende CD-ROMs – beispielsweise Schulungsunterlagen – etc., aber weniger für Websites. Möchten Sie Ihre Präsentation im WWW veröffentlichen, sollten Sie die WAV-Datei daher in das WMA-Format konvertieren. Das Ergebnis beträgt gerade noch zirka 1/8 der zugrunde liegenden WAV-Datei. Mehr über das WMA-Format erfahren Sie gegen Ende dieses Kapitels.

Den Kommentar in PowerPoint aufnehmen

Erstellen Sie ein Skript für die Aufnahme und sorgen Sie für eine entspannte, ruhige Atmosphäre.

Zeigen Sie die Foliensortierungsansicht an und wählen Sie die Folie aus, bei der Sie mit dem Kommentar beginnen möchten. Wählen Sie anschließend die Befehlsfolge *Bildschirmpräsentation/Kommentar aufzeichnen*.

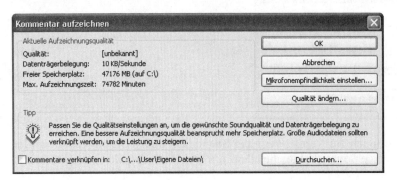

Abbildung 8.8: Das Dialogfeld zum Aufzeichnen eines Kommentars

Nehmen Sie hier gegebenenfalls die folgenden Einstellungen vor:

- Mit einem Klick auf die Schaltfläche *Mikrofonempfindlichkeit einstellen* testen Sie, ob Ihr Mikrofon ordnungsgemäß funktioniert.

- Die Schaltfläche *Qualität ändern* gibt Ihnen Gelegenheit, die Aufnahmequalität und damit die endgültige Dateigröße zu regeln. Je höher die Qualität, desto stärker werden die Systemressourcen beim Abspielen der Präsentation beansprucht. Radioqualität ist eigentlich immer ein guter Kompromiss.

- Wenn Sie eine ganze Präsentation mit einem Kommentar versehen möchten, wird die Dateigröße vermutlich beträchtlich sein. In einem solchen Fall aktivieren Sie das Kontrollkästchen *Kommentare verknüpfen in:*. Über die Schaltfläche *Durchsuchen* legen Sie den Dateipfad für die Verknüpfung fest – am besten wählen Sie denselben Ordner, in dem sich auch die Präsentation befindet.

TIPP

Das Aktivieren dieses Kontrollkästchens hat übrigens noch einen weiteren Vorteil: Nur dann können Sie den aufgenommenen Kommentar später in einem Soundbearbeitungsprogramm öffnen und nachbearbeiten!

Klicken Sie auf *OK*. Falls Sie nicht die erste Folie angeklickt hatten, fragt PowerPoint Sie nun, ob Sie bei der aktuellen oder bei der ersten Folie mit der Aufzeichnung beginnen möchten.

Nachdem Sie die zutreffende Schaltfläche angeklickt haben, wird die Präsentation in der Bildschirmpräsentationsansicht dargestellt. Beginnen Sie mit der Aufnahme. Mit einem Mausklick oder der Leer-Taste wechseln Sie zur nächsten Folie.

Wenn Sie fertig sind, betätigen Sie die Esc-Taste. PowerPoint fragt Sie, ob Sie die Folienanzeigedauer ebenfalls speichern möchten. Bestätigen Sie mit *Ja*.

Jede Folie, die mit einem Audiokommentar versehen ist, zeigt nun in der Normal- und der Foliensortierungsansicht in der rechten unteren Ecke ein Lautsprechersymbol.

Kommentare bearbeiten

Wenn Sie sich entschieden haben, die Aufzeichnung mit der Präsentation zu verknüpfen, können Sie sie noch nachbearbeiten. Diese Möglichkeit kann Ihnen schon bei der Aufnahme etwas »Lampenfieber« nehmen! Sie können selbstverständlich die Kommentardatei auch komplett durch eine andere Sounddatei ersetzen, so lange diese dieselbe Länge hat.

Eine Sounddatei in die Präsentation einfügen

Vorgefertigte Sounds fügen Sie in Ihre Präsentation ein, indem Sie die entsprechende Folie anzeigen und die Befehlsfolge *Einfügen/Film und Sound/Sound aus Datei* wählen (bzw. *Sound aus Clip Organizer*, wenn der gewünschte Sound bereits im Clip Organizer vorhanden ist).

Nachdem Sie die Audiodatei ausgewählt und im folgenden Dialogfeld entschieden haben, ob der Klang bei Mausklick oder automatisch beim Anzeigen der Folie abgespielt werden soll (beides bezieht sich auf die Bildschirmpräsentationsansicht), erscheint auf der Folie ein kleines Lautsprechersymbol.

Alternativ erstellen Sie ein OLE-Objekt (vgl. auch ▶ Kapitel 3):

Wählen Sie die Befehlsfolge *Einfügen/Objekt/Aus Datei erstellen*. Wählen die gewünschte Audiodatei aus. In diesem Fall haben Sie die Möglichkeit, das Kontrollkästchen *Verknüpfung* anzuklicken, um eine OLE-Verknüpfung zu erstellen (MIDI-Dateien sind immer verknüpft, egal ob das Kontrollkästchen angeklickt ist oder nicht).

Die Wiedergabeeinstellungen

Nachdem Sie die Audiodatei in die PowerPoint-Folie eingebunden haben, gibt es mehrere Möglichkeiten, die Wiedergabe des Klanges zu steuern. Gleichgültig, ob Sie festgelegt haben, dass die Audiodatei beim Anzeigen der Folie oder dass sie beim Anklicken abgespielt wird: Sie können diese Einstellungen auch jetzt noch ändern bzw. anpassen.

Möchten Sie nachträglich festlegen, dass die eingefügte Audiodatei ohne Ihr Zutun wiedergegeben bzw. dass sie mit einem Klick gestartet wird, wählen Sie aus dem Kontextmenü des Lautsprechersymbols den Befehl *Benutzerdefinierte Animation*.

Im Aufgabenbereich öffnen Sie das Kontextmenü des Wiedergabe-Triggers und wählen die gewünschte Einstellung aus.

Sie können natürlich auch noch weitere Animationseinstellungen festlegen (vgl. ▶ Kapitel 5).

Abbildung 8.9:
*Im Aufgabenbe-
reich* Benutzer-
definierte
Animation *legen
Sie unter ande-
rem fest, wann
der Sound abge-
spielt werden soll*

Benutzerdefinierte Animationen mit Klängen versehen

Auch der Animation einer AutoForm usw. können Sie einen Klang zuweisen. Wie Sie mit Folienübergängen und benutzerdefinierten Animationen umgehen, lesen Sie in ▶ Kapitel 5 nach.

Einen Sound während der kompletten Präsentation abspielen

Normalerweise erstreckt sich ein eingefügter Sound nur über eine einzige Folie, näm-lich diejenige, in welche er eingefügt wurde. Trotzdem können Sie auch Ihre gesamte Präsentation mit einem Musikstück untermalen.

Es gibt hier zwei Ansätze. Der zuerst beschriebene funktioniert nur mit WAV-Dateien – nicht mit MIDI oder MP3:

WAV-Sounds über mehrere Folien hinweg abspielen

Wechseln Sie in die Foliensortierungsansicht und klicken Sie die erste Folie mit der rechten Maustaste an. Wählen Sie aus dem Kontextmenü den Befehl *Folienüber-gang*. Im Aufgabenbereich öffnen Sie unter *Übergang ändern* die Liste *Sound* und wählen die gewünschte Audiodatei über den Eintrag *Anderer Sound* aus.

Sie brauchen den Sound nur der ersten Folie zuweisen; er wird durch die gesamte Präsentation hindurch abgespielt. Bei einem kurzen Sound klicken Sie das Kontroll-kästchen *Wiederholen bis zum nächsten Sound* an, damit der Sound in einer End-losschleife abgespielt wird.

Möchten Sie auf einer späteren Folie einen anderen Hintergrundsound einsetzen oder den Sound anhalten, klicken Sie in der Foliensortierungsansicht die entsprechende Folie an und wählen im Aufgabenbereich aus der Liste *Sound* entweder einen anderen Klang oder den Eintrag *[Vorherigen Sound anhalten]*.

Audio-CD-Wiedergabe für die Präsentation

Wie eingangs erwähnt, können Sie mit PowerPoint Musikstücke usw. von einer Audio-CD abspielen – vorausgesetzt, die CD befindet sich während der Vortragssituation im angegebenen Laufwerk. Wegen dieses Nachteils ist es meist besser, wenn Sie die gewünschte CD-Spur in eine WMA-Datei konvertieren und in PowerPoint eine Verknüpfung zu dieser Datei herstellen. Weiter unten erfahren Sie, wie es geht.

Für Präsentation, die im Web oder auf CD-ROM veröffentlicht werden sollen, ist die Verwendung einer Audio-CD aus nahe liegenden Gründen ebenfalls nicht geeignet.

Nachdem Sie die Audio-CD in Ihr CD-ROM-Laufwerk eingelegt haben, wird normalerweise die Windows-CD-Wiedergabe gestartet. Sie müssen diese schließen, damit Sie in PowerPoint eine Verknüpfung zur CD-Spur erstellen können.

Danach wählen Sie in PowerPoint die Befehlsfolge *Einfügen/Film und Sound/CD-Audiospur wiedergeben*. Im Dialogfeld *CD-Audio einlegen* legen Sie in den Feldern *Beginnen bei Spur* und *Beenden bei Spur* fest, welche Spur (welchen Titel) Sie abspielen möchten.

Klicken Sie das Kontrollkästchen *Endlos weiterspielen* an, wenn Sie eine Endlosschleife erzeugen möchten.

Abbildung 8.10:
Den abzuspielenden Teil einer Audio-CD festlegen

Bestätigen Sie mit *OK*, um das Dialogfeld zu schließen. Sie können jetzt noch festlegen, ob der Sound automatisch wiedergegeben oder ob er erst durch Anklicken abgespielt werden soll. Wählen Sie das Gewünschte aus.

Auf Ihrer Folie ist nun ein CD-Symbol erschienen. Falls Sie festgelegt haben, dass die CD-ROM nicht automatisch abgespielt werden soll, klicken Sie das CD-Symbol während der Präsentation an, um die angegebene Spur abzuspielen.

Auch nachträglich können Sie diese Wiedergabeeinstellungen hier noch ändern, indem Sie das CD-Symbol mit der rechten Maustaste anklicken und aus dem Kontextmenü den Befehl *Benutzerdefinierte Animation* wählen. Im Aufgabenbereich erscheinen dann die Einstellungen für die Wiedergabe. Ändern Sie hier gegebenenfalls den Trigger ab.

Öffnen Sie das Listenfeld des Triggers und wählen Sie den Befehl *Effektoptionen*. Hier haben Sie weitere Möglichkeiten. So legen Sie auf der Registerkarte *Effekt* etwa fest, wann die CD-Wiedergabe beendet werden soll: Über das Optionsfeld *Nach* machen Sie das Anhalten des Sounds beispielsweise von den Folien abhängig – legen Sie über das zugehörige Eingabefeld fest, nach welcher Folie der Sound gestoppt werden soll.

Abbildung 8.11:
Wiedergabeein-
stellungen für die
Audio-CD

Wechseln Sie jetzt zum Register *Anzeigedauer*. Hier können Sie festlegen, wie viele Sekunden nach dem Einblenden der Folie der Soundtrack beginnen soll. Dazu ist die Option *Verzögerung* zuständig (mehr über das Dialogfeld *Benutzerdefinierte Animation* erfahren Sie in ▶ Kapitel 5).

WMA- und WAX-Dateien aus Audio-CD-Spuren erstellen

Zu Beginn dieses Kapitels haben Sie Informationen über das ASF- bzw. das WMA-Format erhalten.

Das WMA-Format ist der Nachfolger des ASF-Formats. Beides sind Formate für das Streamen von Audio- und Video-Inhalten im Netzwerk. Möchten Sie eine ASF-Datei in das WMA-Format konvertieren, ändern Sie einfach die Dateiendung der ASF-Datei in WMA. Das WMA-Format eignet sich hervorragend für vertonte PowerPoint-Präsentationen, die im Web zur Verfügung gestellt werden sollen, weil der Sound, wie gesagt, gestreamt werden kann; das heißt, er muss nicht komplett heruntergeladen werden, damit er abgespielt wird. Vielmehr beginnt der Abspielvorgang schon, wenn erst ein geringer Anteil des Sounds auf den Rechner des Benutzers heruntergeladen wurde. Trotzdem sollten WMA-Dateien für das Web möglichst weniger als 500 KB groß sein. Für Offline-Präsentationen gelten diese Beschränkungen nicht.

TIPP

Eine Wiedergabeliste ist eine Datei, die lediglich Verknüpfungen zu Mediendateien auf Ihrer Festplatte, im Web etc. enthält und Informationen, in welcher Reihenfolge diese Medien abgespielt werden sollen. Wiedergabelisten erstellen und bearbeiten Sie beispielsweise im Windows Media Player. In PowerPoint können Sie auch ganze Wiedergabelisten einfügen. Ein geeignetes Dateiformat ist etwa WAX.

Oben wurde bereits erwähnt, warum es besser ist, aus den Audio-CD-Spuren, mit denen Sie Ihre PowerPoint-Präsentation untermalen möchten, eine Wiedergabeliste zu erstellen und diese in die Präsentation einzufügen. Nachfolgend erfahren Sie, wie Sie dabei vorgehen.

Für die folgenden Ausführungen benötigen Sie den Windows Media Player, der in Windows standardmäßig enthalten ist.

Eine Wiedergabeliste erstellen

Zuerst benötigen Sie eine Wiedergabeliste der Titel, die Sie in WMA- bzw. ASF-Dateien konvertieren möchten. Wie erwähnt, handelt es sich bei einer Wiedergabeliste um eine Liste der Medienclips, die Sie nacheinander anhören möchten. Die Reihenfolge der Medien können Sie selbst festlegen. Die Medienclip-Typen in der Wiedergabeliste müssen nicht miteinander übereinstimmen. Sie können Videoclips, Musikstücke und Live-Streams in eine solche Liste aufnehmen.

Um eine Wiedergabeliste zu erstellen, gehen Sie wie folgt vor:

1. Öffnen Sie den Windows Media Player und klicken Sie in der linken Navigationsleiste auf die Schaltfläche *Medienbibliothek*.

2. Klicken Sie in der oberen Navigationsleiste auf die Schaltfläche *Wiedergabelisten* und wählen Sie aus dem angezeigten Menü den Befehl *Neue Wiedergabeliste*. Geben Sie einen passenden Namen ein. Bestätigen Sie mit *OK*.

Abbildung 8.12:
Geben Sie der neuen Wiedergabeliste einen passenden Namen

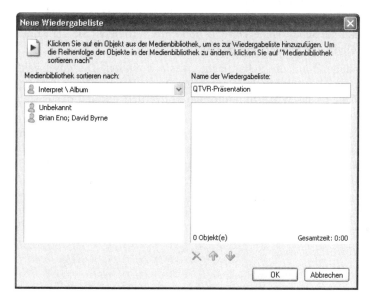

3. Die neue Wiedergabeliste erscheint im Ordner *Eigene Wiedergabelisten* im linken Teilfenster.

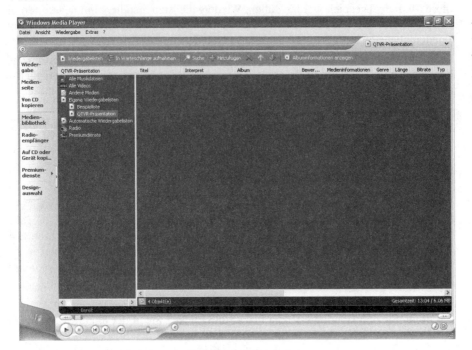

Dateien zur Wiedergabeliste hinzufügen

Fügen Sie nun die benötigten Dateien zur Wiedergabeliste hinzu.

Legen Sie die gewünschte Audio-CD ein und klicken Sie zunächst in der linken Navigationsleiste auf die Schaltfläche *Von CD kopieren*. Aktivieren Sie die Kontrollkästchen vor den Titeln, die Sie verwenden möchten.

Klicken Sie anschließend auf die Schaltfläche *Musik kopieren*. Die ausgewählten Spuren werden in die Medienbibliothek eingefügt. Dieser Vorgang kann eine ganze Weile dauern, weil sie in das WMA-Soundformat konvertiert und auf der Festplatte gespeichert werden.

Danach klicken Sie auf die Schaltfläche *Medienbibliothek*. Wählen Sie die hinzugefügten Dateien hier aus und klicken Sie in der oberen Navigationsleiste auf die Schaltfläche *Hinzufügen*. Aus dem angezeigten Dropdown-Menü wählen Sie die vorhin angelegte Wiedergabeliste aus.

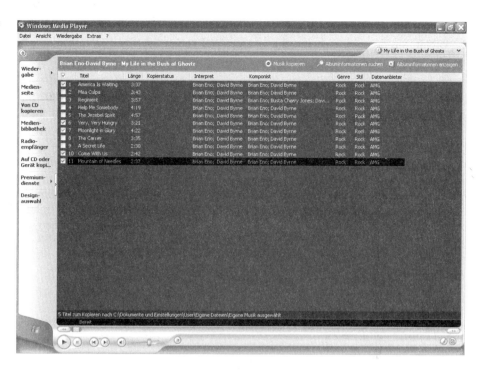

Abbildung 8.14:
Aktivieren Sie
die Kontrollkäst-
chen links neben
den Titeln, die
Sie kopieren
möchten

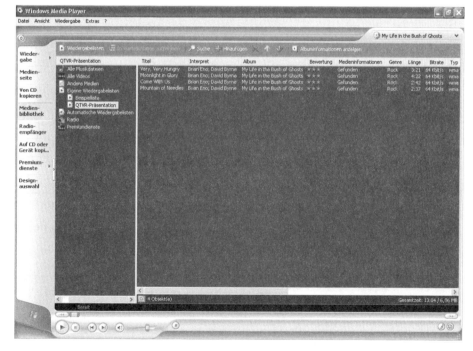

Abbildung 8.15:
Die gewünsch-
ten Sounddateien
wurden der Wie-
dergabeliste hin-
zufügt

Exportieren Sie Ihre Wiedergabeliste nun als WAX-Datei, damit Sie sie wie eine gewöhnliche Sounddatei in Ihre PowerPoint-Präsentation einfügen können:

---

1. Wählen Sie die Befehlsfolge *Datei/Wiedergabeliste in Datei exportieren*.

2. Wählen Sie den gewünschten Speicherort und geben Sie einen Dateinamen mit der Endung *WAX* an.

3. Klicken Sie auf *Speichern*.

Nun können Sie die so gespeicherte WAX-Wiedergabeliste in PowerPoint 2003 mit *Einfügen/Film und Sound/Sound aus Datei* in Ihre PowerPoint-Präsentation einfügen.

TIPP

Bei der Wiedergabeliste handelt es sich um eine einfache Verknüpfung zu den auf Ihrer Festplatte gespeicherten WMA-Dateien. Die WMA-Dateien selbst, also die einzelnen von der CD kopierten Musikstücke, werden standardgemäß im Ordner *Eigene Dateien\Eigene Musik* gespeichert. Wenn Sie die Wiedergabeliste später in Power-Point eingefügt haben, müssen Sie beim Vorführen der Präsentation sicherstellen, dass die WMA-Dateien von PowerPoint an diesem Ort gefunden werden können.

Alternativ können Sie natürlich auch eine der einzelnen WMA-Dateien in Ihre PowerPoint-Präsentation einfügen.

9 Vorführung und Verteilung

Eine Präsentation am Bildschirm abspielen

Um eine Präsentation am Bildschirm abzuspielen, wählen Sie die Befehlsfolge *Bildschirmpräsentation/Bildschirmpräsentation vorführen* oder betätigen die Taste F5.

Die Präsentation wird am Bildschirm vorgeführt. Am linken unteren Bildschirmrand erscheint eine dezente Symbolleiste, die sich farblich dem Hintergrund Ihrer Präsentation anpasst. Mit dieser Symbolleiste steuern Sie die Präsentation während der Vorführung.

Während der Bildschirmpräsentation wird am linken unteren Rand eine Navigationsleiste angezeigt – von links nach rechts: vorhergehende Folie, Stiftwerkzeug, Navigationsmenü, nächste Folie

Während der Präsentation auf den Folien zeichnen

Außer den allgemeinen Navigationsmöglichkeiten, die kaum im Einzelnen besprochen werden müssen, bietet Ihnen die Schaltfläche mit dem Stift die Möglichkeit, während der Präsentation mit gedrückter Maustaste auf Ihren Folien zu schreiben oder zu zeichnen, fast so, wie Sie es vielleicht von der klassischen Overheadfolien-Präsentation gewohnt sind. Wählen Sie dazu einfach das gewünschte »Schreibwerkzeug« aus dem Menü.

Um den Schreibmodus zu beenden, drücken Sie einfach die Esc-Taste.

Während der Präsentation Folien überspringen

Wenn Sie Ihre Präsentation testen, gehen Sie meist von idealen Bedingungen aus. In der Praxis wird es aber gelegentlich notwendig, unauffällig einige Folien zu überspringen, z.B. wenn eine bestimmte Frage aufkommt, die erst auf einer weit hinten angesiedelten Folie beantwortet wird.

Für solche Fälle können Sie in PowerPoint während der Präsentation eine bestimmte Folie direkt ansteuern.

Dazu klicken Sie während der Bildschirmpräsentation mit der rechten Maustaste auf eine beliebige Stelle auf dem Bildschirm und wählen aus dem Kontextmenü den Befehl *Gehe zu Folie*. Im Untermenü sind alle Folien Ihrer Präsentation anhand ihrer Folientitel aufgelistet. Alternativ klicken Sie in der Navigationsleiste am linken unteren Bildschirmrand auf die dritte Schaltfläche von links, um das Menü zu öffnen.

Eine PowerPoint-Präsentation auf zwei Bildschirmen vorführen

PowerPoint gibt Ihnen die Möglichkeit, eine Präsentation vorzuführen und gleichzeitig zu bearbeiten. Sie benötigen dazu lediglich zwei Monitore, die an Ihren Rechner angeschlossen sind, oder auch einen Monitor und einen Projektor.

Sie sehen dann die gesamte Präsentation mit Rednernotizen etc., während das Publikum nur die Folien sieht. Dabei können Sie sogar parallel Änderungen an der Präsentation ausführen, ohne dabei die Präsentation verlassen zu müssen.

Diese Möglichkeit kann Ihnen in der Vortragssituation viel Sicherheit geben: Der vor Ihnen stehende Monitor kann die Präsentation mitsamt Rednernotizen und Gliederung zeigen und Ihnen so in kritischen Situationen als »Souffleur« dienen, während der Projektor die Bildschirmpräsentationsansicht zeigt.

Auch können Sie die kommenden Folien betrachten, ohne die Bildschirmpräsentation auf dem anderen Monitor verlassen zu müssen.

Die benötigte Ausrüstung

Damit Sie zwei Bildschirme einsetzen können, benötigen Sie entweder eine PCI- oder AGP-Videokarte für jeden Monitor. Nur dann funktionieren die Dual-Monitor-Features von Windows und PowerPoint.

Eine andere Möglichkeit ist die Verwendung von Multi-Port-Videokarten, die Ihnen die Möglichkeit geben, zwei Monitore zu verwenden, aber nur einen PCI- oder AGP-Anschluss zu verwenden.

Wenn Sie ein Laptop verwenden, muss dieses das Dual-Monitor-System verwalten. Sollte Ihr Laptop einen Monitor-Ausgang besitzen, heißt das noch nicht, dass er mit dem Dual-Monitor-Feature ausgestattet ist. Sollte Ihr Laptop kein Dual-Monitor-Feature aufweisen, können Sie eine PCMCIA-Videokarte verwenden.

PCMCIA ist ein Steckkarten-System für Notebooks, vergleichbar mit PCI-Slots bei Desktoprechnern.

HINWEIS

Mit der Dual-Monitor-Funktion wird auf einem Monitor das PowerPoint-Programmfenster angezeigt und auf dem anderen die bildschirmfüllende Bildschirmpräsentation. Sobald Sie dies eingerichtet haben, können Sie die Bildschirmpräsentation auf einem Monitor anzeigen und das PowerPoint-Dokument auf dem anderen. Mit der Maus bewegen Sie sich von einem Monitor zum andern und können dabei ganz normal arbeiten.

Das System konfigurieren

Bevor Sie die Dual-Monitor-Funktion nutzen können, müssen Sie das System entsprechend konfigurieren. In der Grundeinstellung wird die Bildschirmpräsentation auf dem zweiten Monitor angezeigt. Während der Konfiguration können Sie aber festlegen, auf welchem Monitor die Präsentation abgespielt wird.

Wenn das System noch nicht für zwei Monitore konfiguriert wurde, gehen Sie folgendermaßen vor: In der *Systemsteuerung* doppelklicken Sie auf das Symbol *Anzeige*. In der Registerkarte *Einstellungen* legen Sie fest, welchen Monitor Sie als Hauptmonitor verwenden möchten.

Anschließend konfigurieren Sie PowerPoint für zwei Monitore:

1. Wählen Sie die Befehlsfolge *Bildschirmpräsentation/Bildschirmpräsentation einrichten*.

2. Im Bereich *Mehrere Bildschirme* wählen Sie aus dem Listenfeld *Bildschirmpräsentation anzeigen auf* den Monitor aus, auf dem die Bildschirmpräsentation vorgeführt werden soll.

Abbildung 9.1:
In PowerPoint bestimmen Sie, auf welchem Monitor die Bildschirmpräsentation angezeigt werden soll

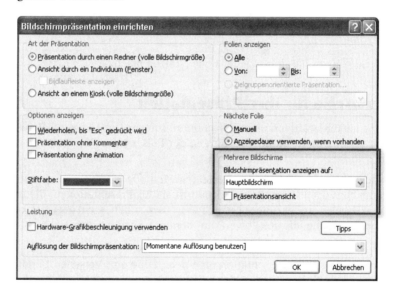

3. Bestätigen Sie das Dialogfeld mit *OK*.

Vortragsnotizen während der Bildschirmpräsentation erstellen

Stellen Sie sich die folgende Situation vor: Sie befinden sich in einer Präsentation. Alles verläuft gut – das Publikum nimmt lebhaft an der Diskussion teil und eine Menge Ideen werden vorgebracht, die festgehalten werden sollten, um sie später zu diskutieren oder auszuarbeiten.

PowerPoint stellt Ihnen eine Funktion zur Verfügung, mit der Sie während der Bildschirmpräsentation Notizen eingeben können.

1. Öffnen Sie die PowerPoint-Präsentation und wählen Sie *Ansicht/Bildschirmpräsentation*.

2. Navigieren Sie nach Belieben in der Bildschirmpräsentation.

3. Sobald Sie eine Vortragsnotiz eingeben möchten, klicken Sie mit der rechten Maustaste auf den Bildschirm und wählen aus dem Kontextmenü *Bildschirm/ Vortragsnotizen*.

4. Geben Sie in das folgende Dialogfeld Ihre Notizen ein und klicken Sie auf die Schaltfläche *Schließen*.

Abbildung 9.2:
Eine Vortrags-
notiz

5. Auf diese Weise können Sie sich zu jeder Folie Notizen machen.

Eine Notizenseite für Ihre Präsentation

Eine andere Möglichkeit, während einer Präsentation Informationen festzuhalten, ist das Erstellen einer extra Seite, in die Sie während der Präsentation Ihre Notizen eingeben können.

Der einzige Nachteil der nachfolgend vorgestellten Methode ist, dass Sie eine ActiveX-Komponente benötigen – aus diesem Grund ist sie für Präsentationen, die über die Viewer (mehr darüber weiter unten) betrachtet werden sollen, nicht geeignet, sondern nur für Präsentationen, die aus PowerPoint heraus ausgeführt werden.

ACHTUNG

Um eine solche Seite zu erstellen, gehen Sie wie folgt vor:

1. Fügen Sie am Anfang Ihrer Präsentation eine neue Folie ein. Versehen Sie diese Folie mit einer interaktiven Schaltfläche *(Bildschirmpräsentation/Interaktive Schaltflächen)*.

2. Im folgenden Dialogfeld aktivieren Sie das Optionsfeld *Hyperlink zu* und wählen aus dem Listenfeld den Eintrag *Zuletzt angesehene Folie*. Bestätigen Sie mit *OK*.

3. Wählen Sie die Befehlsfolge *Bildschirmpräsentation/Bildschirmpräsentation einrichten*.

4. Im gleichnamigen Dialogfeld aktivieren Sie rechts oben unter *Folien anzeigen* das Optionsfeld *Von*, geben hier eine 2 ein und in das Feld *Bis* die Nummer der letzten Folie Ihrer Präsentation. Diese Einstellung ist wichtig, denn Sie legen damit fest, dass die Präsentation mit der Folie 2 beginnen soll. Die Notizenseite soll schließlich kein normaler Bestandteil der Präsentation sein.

Abbildung 9.3:
Einen Hyperlink
auf die zuletzt
betrachtete Folie
erstellen

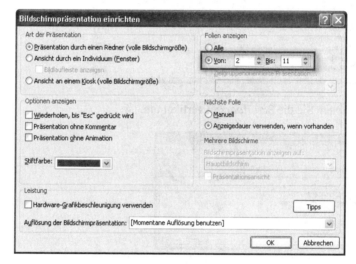

Abbildung 9.4:
Die Folie 1 wird
von der
Bildschirm-
präsentation aus-
geschlossen

5. Wählen Sie jetzt die Befehlsfolge *Ansicht/Symbolleisten/Steuerelement-Toolbox*. Klicken Sie auf das *Textfeld*-Symbol und zeichnen Sie damit ein Rechteck auf die Folie mit der gewünschten Breite. In dieses Feld werden Sie während der Präsentation Ihre Notizen eingeben.

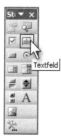

Abbildung 9.5:
Ein Textfeld
einfügen

6. Klicken Sie mit der rechten Maustaste auf das Textfeld und wählen Sie aus dem Kontextmenü den Befehl *Eigenschaften*. Im *Eigenschaften*-Fenster öffnen Sie die Registerkarte *Nach Kategorien*.

7. Scrollen Sie unter *Verhalten* zu *WordWrap* und vergewissern Sie sich, dass die Einstellung auf *True* steht. Genauso stellen Sie auch *Multiline* und *EnterKeyBehavior* auf *True*.

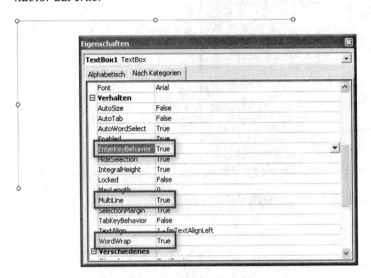

Abbildung 9.6:
Das Eigenschaf-ten-Fenster für das Textfeld

8. Unter *Bildlauf* stellen Sie die *Scrollbars* in vertikal um.

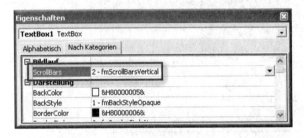

Abbildung 9.7:
Das Eigenschaf-ten-Fenster für das Textfeld

9. Die fertige Notizseite auf Folie 1 machen Sie nun von jeder Folie Ihrer Präsentation aus zugänglich. Wählen Sie dazu die Befehlsfolge *Ansicht/Master/Folien-master* und fügen Sie hier einen Hyperlink (beispielsweise in Form einer interakti-ven Schaltfläche) zur Folie 1 ein.

ACHTUNG Wichtig ist hier, dass Sie tatsächlich den Eintrag *Folie 1* wählen und nicht etwa *Erste Folie*. Denn Letzteres führt zur ersten Folie der regulären Bildschirmpräsentation – in unserem Beispiel wäre das die Folie 2.

Testen Sie Ihre Präsentation mit der Taste F5. Wie Sie sehen, startet die Präsentation mit der Folie 2, wie Sie es festgelegt haben. Mit einem Klick auf die Notiz-Schaltfläche wechseln Sie zur Notizenseite und nehmen hier bei Bedarf Ihre Eingaben vor. Anschließend klicken Sie auf die Vorwärts-Schaltfläche, um zur zuletzt angezeigten Folie zurückzukehren.

Wenn Sie die Präsentation schließen, fragt PowerPoint Sie, ob Sie die Änderungen an der Präsentation speichern möchten. Bestätigen Sie mit *Ja*, damit auch die Notizen gespeichert werden.

Tipps für die Bildschirmpräsentation

Nachfolgend finden Sie einige Tipps für Ihre Bildschirmpräsentationen:

- Vergewissern Sie sich, dass Sie alle Schriften, die Sie für Ihre Präsentation benötigen, im Ordner *Windows/Fonts* haben.

- Die Grafikkarte in Ihrem Rechner sollte mindestens 16 MB – besser 32 oder 64 MB – Speicher haben.

- Eine Bildschirmaktualisierungsrate von 60 Hertz eignet sich gut für viele Projektionssysteme – probieren Sie vor der eigentlichen Präsentation verschiedene Einstellungen aus. Um die Bildwiederholrate zu ändern, doppelklicken Sie in der Systemsteuerung auf das Symbol *Anzeige*, wechseln auf die Registerkarte *Einstellungen* und klicken auf die Schaltfläche *Erweitert*.

TIPP Bevor Sie Ihre alltägliche Arbeit wieder aufnehmen, sollten Sie die Bildwiederholrate allerdings wieder entsprechend Ihrem Monitor heraufsetzen, um Kopfschmerzen und Überanstrengung der Augen zu vermeiden.

● Wählen Sie die Befehlsfolge *Bildschirmpräsentation/Bildschirmpräsentation einrichten*. Aktivieren Sie in der Gruppe *Leistung* das Kontrollkästchen *Hardware-Grafikbeschleunigung verwenden*. Sollte Ihr Computer über die entsprechenden Features verfügen, kann die Präsentation daraufhin schneller abgespielt werden.

TIPP

Sollte das Gegenteil der Fall sein, Sie also Performanceprobleme bei der Vorführung der Bildschirmpräsentation feststellen, deaktivieren Sie dieses Kontrollkästchen wieder.

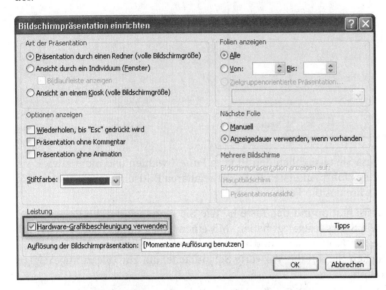

Abbildung 9.9:
Aktivieren Sie für die Bildschirm-präsentation die Hardware-Beschleunigung

TIPP

Achten Sie darauf, dass auch die Optionsfelder Präsentation durch einen *Redner (volle Bildschirmgröße)*, *Alle* (unter *Folien anzeigen*) und *Anzeigedauer verwenden, wenn vorhanden* aktiviert sind, damit Ihre Präsentation im Vollbildmodus und vollständig mit allen benutzerdefinierten Animationen abgespielt wird.

Eine Präsentation automatisch in einer Schleife abspielen lassen

Auf Messen, in Schaufenstern etc. möchten Sie Ihre Präsentation häufig automatisch in einer Endlosschleife ablaufen lassen. Dies lässt sich mit einigen wenigen Klicks verwirklichen:

1. Wählen Sie zunächst die Befehlsfolge *Bildschirmpräsentation/Neue Einblende-zeiten testen*.

2. Mit der Funktion *Neue Einblendezeiten testen* können Sie die Anzeigedauer der Präsentation überprüfen und einrichten. Klicken Sie sich durch die einzelnen Folien, wobei Sie immer erst dann klicken, wenn Sie meinen, dass die Folie lange genug auf dem Bildschirm sichtbar war.

3. Am Ende der Präsentation erhalten Sie ein Meldungsfenster mit der Frage, ob Sie beim nächsten Abspielen der Präsentation diese Zeit beibehalten möchten. Bestätigen Sie mit *Ja*. Die Einblendezeit für jede Folie ist somit übernommen worden.

4. Als Nächstes wählen Sie die Befehlsfolge *Bildschirmpräsentation/Bildschirm-präsentation einrichten* und aktivieren im folgenden Dialogfeld das Kontrollkäst-chen *Wiederholen, bis Esc gedrückt wird*.

Abbildung 9.10:
Die Präsentation
in einer Schleife
abspielen

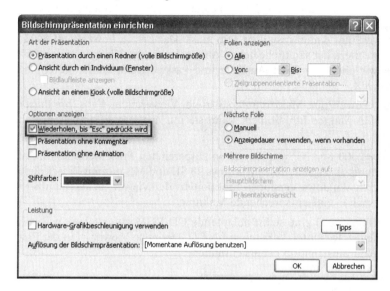

5. Speichern Sie die Präsentation. Wenn Sie jetzt die Präsentation vorführen, wird diese unbegrenzt in einer Schleife abgespielt.

Über den Aufgabenbereich Folienübergang lassen sich die Einblendzeiten der Folien natürlich auch nachträglich noch verändern. Am besten funktioniert eine Einblend-dauer von 5 Sekunden pro Folie mit interessanten Folienübergängen. Auf Sounds sollten Sie verzichten, da diese durch die ständige Wiederholung schnell lästig wer-den.

Selbstabspielende PowerPoint-Präsentationen

Viele PowerPoint-Präsentationen sind nicht für die Vortragssituation bestimmt – viel-mehr sollen sie an einen bestimmten Anwenderkreis verteilt werden. Es gibt hier ver-schiedene Möglichkeiten: Sie können die Präsentation beispielsweise auf CD-ROM, DVD (interaktive Präsentationen) oder VHS-Video (selbst ablaufende Präsentatio-nen) verteilen. Oder Sie versenden sie per E-Mail bzw. stellen Sie zum Download auf Ihrer Website zur Verfügung. In diesen Fällen suchen Sie wahrscheinlich nach einer Möglichkeit, die Präsentation so aufzubereiten, dass sie auch von Anwendern, die PowerPoint nicht auf ihrem Rechner installiert haben, betrachtet werden kann. Die folgenden Abschnitte beschreiben, wie Sie solche selbst abspielenden Präsentationen erzeugen.

Eine selbst abspielende CD in PowerPoint 2003 erstellen

Mit der Funktion *Verpacken für CD* von PowerPoint 2003 können Sie von jedem beliebigen System aus (Windows 98 oder höher) Bildschirmpräsentationen abspielen, ohne dass PowerPoint darauf installiert sein muss. Dazu ist in PowerPoint 2003 der neue Viewer integriert, der sämtliche neuen Animationen und Übergänge von Power-Point 2002 sowie animierte GIFs, Auslöser und Passwortschutz unterstützt – allerdings kein ActiveX.

Auch VBA und PowerPoint-Makros unterstützt der Viewer nicht. Falls Ihre Präsentation nur mit VBA-Makros funktioniert, kann sie nur aus PowerPoint heraus abgespielt werden.

ACHTUNG

Unter Windows 2000 und XP werden die so aufbereiteten Präsentationen mit allen genannten Features abgespielt, unter Windows 98 SE und ME nur mit Einschränkungen. Unter älteren Windows-Versionen funktioniert der Viewer nicht. Benutzer solcher Systeme erhalten eine entsprechende Meldung.

Um mit PowerPoint 2003 eine selbst ablaufende CD-ROM zu erstellen, wählen Sie einfach die Befehlsfolge *Datei/Verpacken für CD*. Der neue Viewer ist in der Power-Point 2003-Standardinstallation bereits enthalten.

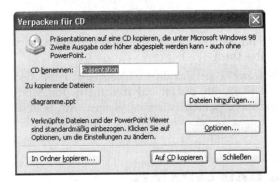

Abbildung 9.11: Über das Dialogfeld Verpacken für CD *erstellen Sie eine selbst ablaufende Präsentation*

Wie Sie sehen, werden standardmäßig sowohl sämtliche verknüpfte Dateien (beispielsweise Videoclips, Sounds etc.) als auch der PowerPoint-Viewer eingeschlossen, sodass Sie diese Dateien nicht mühsam eigenhändig auf Ihrer Festplatte zusammensuchen müssen. Das Vorteilhafte daran ist unter anderem, dass PowerPoint die Verknüpfungen in der Präsentation automatisch so anpasst, dass die Mediendateien korrekt abgespielt werden.

Falls Sie noch andere als die unmittelbar zur Präsentation gehörenden Dateien auf die CD-ROM kopieren möchten, klicken Sie auf die Schaltfläche *Dateien hinzufügen* und wählen die gewünschten Dateien aus.

In diesem Dialogfeld haben Sie die Wahl, die Präsentation entweder in einen Ordner auf Ihrer Festplatte oder direkt auf eine CD zu kopieren (in diesem Fall muss sich in Ihrem CD-Brenner eine beschreibbare CD befinden).

Nach dem Abschluss dieses Vorgangs finden Sie am angegebenen Speicherort etwa die folgenden Dateien:

Abbildung 9.12:
Die Funktion
Verpacken für CD
erstellt eine
Menge Hilfsda-
teien, die für die
Ausführung der
CD notwendig
sind

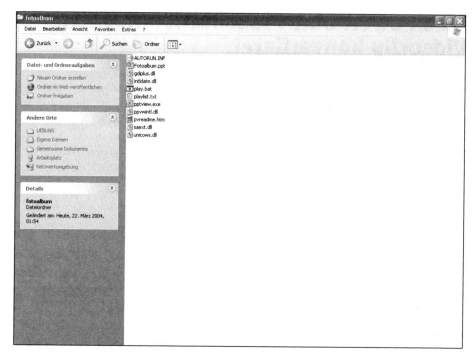

Neben der PowerPoint-Präsentation und den verknüpften Mediendateien finden Sie hier die Dateien

- gdiplus.dll
- intidate.dll
- ppview.exe
- ppvwintl.dll
- pvreadme.htm
- saext.dll
- unicows.dll

Diese werden vom PowerPoint-Viewer benötigt, während die Dateien

- AUTORUN.INF
- play.bat
- playlist.txt

für das automatische Abspielen der CD zuständig sind.

TIPP Um eine Präsentation im Viewer auszudrucken, klicken Sie mit der rechten Maustaste auf die gewünschte Folie und wählen aus dem Kontextmenü den Befehl *Drucken*.

Eine PowerPoint-Präsentation in einen Videoclip konvertieren

Die Konvertierung einer PowerPoint-Datei in einen Videoclip hat mehrere Vorteile. So können Sie den Clip, ein entsprechendes Dateiformat vorausgesetzt, über das Internet streamen, wodurch es kaum zu Wartezeiten kommt. Auch ist die Konvertierung in einen Videoclip ein unkomplizierter Weg, eine Präsentation an Kollegen weiterzugeben oder sie auf einer CD-ROM etc. zu veröffentlichen.

Es versteht sich von selbst, dass die nachfolgend geschilderte Vorgehensweise sich nicht für interaktive, sondern nur für selbst abspielende Präsentationen eignet.

Die Präsentation aufzeichnen

Grundsätzlich gehen Sie so vor, dass Sie die Bildschirmpräsentation abspielen, sie dabei mit einer speziellen Software aufzeichnen und als Videoclip speichern.

Ein geeignetes Produkt hierfür ist beispielsweise Camtasia Studio, von dem Sie sich eine kostenlose Testversion von *http://www.techsmith.com/download/studiodefault.asp* herunterladen können.

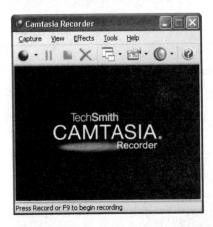

Abbildung 9.13: Camtasia Recorder ist eine äußerst populäre und einfach bedienbare Anwendung zum Aufzeichnen von Aktivitäten auf dem Bildschirm

Die meisten Programme erfassen die Bildschirmpräsentation als AVI-Videodatei. Bei Bedarf konvertieren Sie diese Datei anschließend mit einem Videobearbeitungsprogramm wie Adobe Premiere etc. in ein anderes Dateiformat.

Für ein perfektes Ergebnis sollten Sie Ihre Festplatte defragmentieren und eine Datenträgerbereinigung durchführen. Auch sollten möglichst keine anderen Programme im Hintergrund laufen. Mit einem schnellen Rechner funktioniert das Verfahren besser als mit einem langsameren.

Die Aufnahme

Das größte Problem bei Videodateien ist der Kompromiss zwischen Qualität und Abspielgeschwindigkeit. Je besser die Qualität, desto langsamer wird der Clip abgespielt, desto umfangreicher wird seine Dateigröße sein.

1. Stellen Sie eine Bildschirmauflösung von 800 x 600 Pixel ein und wählen Sie als Farbtiefe 32-Bit-TrueColor.

2. In Ihrer PowerPoint-Präsentation vergewissern Sie sich, dass für die erste Folie im Aufgabenbereich *Folienübergang (Bildschirmpräsentation/Folienübergang)* das Kontrollkästchen *Bei Mausklick* aktiviert ist. Damit sorgen Sie dafür, dass die Präsentation zunächst angehalten wird, sodass Sie sich auf die Aufnahme vorbereiten können.

3. Schließen und speichern Sie die Präsentation.

4. Speichern Sie die Präsentation nun mit der Befehlsfolge *Datei/Speichern unter* als PPS-Datei, indem Sie als Dateityp *PowerPoint-Bildschirmpräsentation (*.pps)* wählen. Durch dieses Manöver wird Ihr Rechner während der nachfolgenden Aufzeichnungsphase weiter entlastet. Beenden Sie PowerPoint dann.

Jetzt können Sie die Bildschirmpräsentation erfassen. Gehen Sie dazu wie folgt vor:

1. Aus dem Windows Explorer öffnen Sie die PPS-Bildschirmpräsentation und drücken eine Taste oder klicken mit der Maus, um die Präsentation zu starten. Lassen Sie die Präsentation einmal durchlaufen, damit der PC sie in seinen Cache nimmt.

2. Öffnen Sie das Aufzeichnungsprogramm und machen Sie sich mit seinen Funktionen vertraut.

3. Starten Sie die Aufzeichnung. Alle Vorgänge auf dem Bildschirm werden erfasst. Mit einem Druck auf Leertaste beenden Sie schließlich Ihre Präsentation.

4. Beenden Sie die Aufzeichnung.

Ihre Präsentation ist nun vom Aufzeichnungsprogramm als Videoclip gespeichert worden.

Eine PowerPoint-Präsentation auf eine DVD aufnehmen

Oben haben Sie gesehen, wie Sie Ihre Präsentation auf eine CD-ROM brennen. Man könnte annehmen, dass die Vorgehensweise in etwa identisch sein sollte, wenn Sie Ihre Präsentation auf eine DVD aufnehmen möchten. Das ist nicht der Fall. Vielmehr verwenden Sie hier dieselbe Technik wie im letzten Abschnitt »Eine PowerPoint-Präsentation in einen Videoclip konvertieren« beschrieben.

Anschließend müssen Sie den resultierenden Videoclip in DVD-Qualität konvertieren. Sie können dazu ein Programm wie beispielsweise Nero Vision Express (*http:// www.nero.com/*) verwenden. Mit diesem Tool können Sie auch ein DVD-Menü für Ihre Präsentation erstellen.

Zum Schluss brennen Sie das Ganze auf eine DVD.

Gestaltungshinweise für DVDs

Da es große Unterschiede zwischen einem Computermonitor und einem Fernsehbildschirm gibt (die Qualität eines Computermonitors ist viel besser als die eines TV-Bildschirms), sollten Sie diverse Besonderheiten bei der Gestaltung der für die Ausgabe auf DVD – oder auch auf VHS-Video – bestimmten Präsentation beachten:

- Eine DVD hat eine Auflösung von 720 × 480 Pixel. Da Sie diese Auflösung am PC nicht einstellen können, verwenden Sie am besten die Bildschirmauflösung 800 × 600 Pixel.

- Stellen Sie die Farbtiefe auf 32-Bit-Echtfarben.

- Das Bild wird beschnitten, sodass es auf den Fernsehbildschim passt. Setzen Sie daher keine Elemente zu nahe an die Folienränder.

- Helle Farben, die auf dem Computermonitor noch ganz gut aussehen, überfordern den Fernsehbildschirm. Rot sollten Sie ganz vermeiden. Am besten machen sich dunkle Hintergründe mit hellem Text.

- Texte in kleinen Graden, mit dünnen Strichen und Serifen sind am Fernsehbildschirm häufig nicht mehr lesbar. Die unterste Grenze für den Schriftgrad sollten zirka 30 pt sein. Ebenso sollten Linien nicht dünner als 3 pt sein.

Eine PowerPoint-Präsentation auf VHS aufnehmen

Viele PowerPoint-Anwender möchten ihre Präsentationen auf VHS-Kassetten aufzeichnen. Das Ganze ist nicht schwierig. Bedenken Sie jedoch, dass Sie damit keine professionelle Videoqualität erreichen können.

Bezüglich der Gestaltung gelten dieselben Tipps wie bei der DVD-Produktion, da auch das VHS-Video meist auf einem Fernsehbildschirm gezeigt wird. **TIPP**

Die Ausrüstung

Je nach der in Ihrem Computer verwendeten Videokarte verfügen Sie eventuell bereits über einen NTSC-Scankonverter (Videoscaler), der PC-Auflösungen und -Bildwiederholfrequenzen in ihre Videoentsprechungen umrechnet. Die bekannteste Videokarte mit diesem Feature ist ATI All-In-Wonder.

Es sollten auf jeden Fall zwei Steckplätze vorhanden sein: einer für *Video-In* und der andere für *Video-Out*.

Die Vorgehensweise

Verwenden Sie den Video-Out-Steckplatz, um das Signal Ihres PCs in Video umzuwandeln. Sie müssen dann nur noch den PC über den Videoausgang des PCs mit dem Video-In-Stecker des Videorecorders verbinden. Drücken Sie die Aufnahmetaste des Videorecorders und starten Sie die Bildschirmpräsentation. Fertig!

Wenn Ihr PC keine eingebaute Video-Funktion hat, müssen Sie einen Scankonverter erwerben. Es handelt sich dabei um ein kleines Gerät, das die Verbindung zwischen dem PC und dem Videorecorder herstellt. **HINWEIS**

10 Webseiten mit PowerPoint

PowerPoint-Präsentationen im Web veröffentlichen

Mit PowerPoint lassen sich alle Präsentationen mitsamt Texten, Bildern, interaktiven Elementen und selbst Multimediaelementen wie Klängen und Videos in eine Folge von verknüpften HTML-Seiten und den zugehörigen Bild- und Mediendateien konvertieren. Sie können eine komplette Präsentation oder nur Teile davon ins Internet stellen.

Je nach Inhalten sind die Sites, die PowerPoint aus Ihrer Präsentation generiert, oft ziemlich langsam. Allerdings sind HTML-Präsentationen nicht nur dann interessant, wenn Sie diese ins weltweite Netz oder das Firmen-Intranet stellen möchten, sondern auch, wenn Sie eine programm- oder sogar plattformübergreifende Präsentation erstellen möchten. Denn die Betrachter Ihrer HTML-Präsentation müssen Power-Point nicht auf dem Rechner installiert haben, sondern lediglich einen Browser – vorzugsweise den Microsoft Internet Explorer ab der Version 5. Mit diesem öffnen sie die Startdatei Ihrer HTML-Präsentation und können dann die Präsentation mit ihren Animationen und Multimediaeffekten abspielen lassen. Auch durch Skripte und Applets lässt sich eine solche Präsentation bereichern. Die erzeugten Dateien sind so klein, dass auch eine umfangreiche Präsentation normalerweise ohne weiteres auf eine normale Diskette passt.

Die bei der Konvertierung eingesetzten Dateien und Komponenten werden in einem separaten Ordner abgelegt. Der Ordner trägt den Namen der publizierten Seite. Bei inhaltlichen Änderungen an der Datei werden auch die entsprechenden Komponenten in dem dazugehörigen Ordner verändert. Diesen Ordner dürfen Sie also nicht löschen.

TIPP Bei Bedarf machen Sie sich ein erstes Bild davon, ob Ihre PPT-Datei als HTML-Präsentation gut aussehen wird, indem Sie sie in der Webseitenvorschau betrachten. Dazu wählen Sie den Befehl *Datei/Webseitenvorschau*. Ihr Browser wird gestartet, die Präsentation in einem temporären Verzeichnis abgespeichert und sofort im Browserfenster angezeigt. Während dieser Prozedur müssen Sie nicht eingreifen. Texte und Bilder werden systematisch in getrennten Ordnern abgelegt.

Während Sie eine HTML-Präsentation gestalten, ist es eine gute Praxis, nach jedem Gestaltungsschritt die Browservorschau aufzurufen.

PowerPoint behandelt HTML-Dokumente als natives Format. Sämtliche Informationen, die nicht in HTML beschrieben werden können, werden in XML abgelegt. Wenn Sie eine solche mit PowerPoint erstellte HTML-Datei mit XML-Elementen in PowerPoint laden, liest PowerPoint die XML-Informationen. Das Dokument sieht dann in PowerPoint genauso aus wie seine im PPT-Format gespeicherte Version.

Sogar fremde HTML-Dateien, die Sie in einem anderen Anwendungsprogramm erstellt haben, lassen sich in PowerPoint öffnen und weiterbearbeiten. **HINWEIS**

Das hat nicht nur Vorteile, sondern auch einen entscheidenden Nachteil: PowerPoint erzeugt eine Menge proprietären Code und bläht das HTML-Dokument auf. Im World Wide Web sollten Sie daher eher kleinere PowerPoint-Präsentationen ohne viele Animationen usw. veröffentlichen.

Grundsätzliche Vorgehensweise

Möchten Sie Ihre PowerPoint-Präsentation im HTML-Format speichern, wählen Sie die Befehlsfolge Datei/Als Webseite speichern. Im Feld *Dateiname* ist der Name Ihrer PowerPoint-Präsentation voreingestellt. Als Dateityp wählen Sie Webseite (*.htm; *.html).

Alternativ gibt es noch das Format *Webseite in einer Datei (*.mht, *.mhtml)*. Dieses **HINWEIS** Format führte Microsoft mit dem Internet Explorer 5 ein – und es kann auch nur im Internet Explorer ab der Version 5 angezeigt werden. Mit diesem Format speichern Sie HTML-Inhalte mit allen Grafiken und Verknüpfungen auf einer einzigen Seite. Beachten Sie aber, dass Sound- und Videodateien im MHT-Format nicht mit einbezogen werden können.

In anderen Browsern als dem Internet Explorer ab der Version 5 können Sie MHT- **ACHTUNG** Dateien nicht betrachten.

Um einen aussagekräftigen Seitentitel zu wählen, klicken Sie auf die Schaltfläche *Titel ändern*.

Der Seitentitel ist der Text, der in der Titelzeile des Internet-Browsers erscheint, wenn **HINWEIS** Ihre Seite angezeigt wird. Auch Suchmaschinen verwenden den Titel für ihre Ergebnislisten.

Anschließend klicken Sie auf Veröffentlichen, um das Dialogfeld Als Webseite veröffentlichen anzuzeigen. Hier bestimmen Sie unter anderem in der Gruppe *Veröffentlichen*, ob Sie die gesamte Präsentation oder nur einen Teil davon als Webseite veröffentlichen möchten.

Da HTML keine seiten-, sondern eine strukturorientierte Sprache ist, wird Ihre Website in verschiedenen Browsern höchstwahrscheinlich unterschiedlich aussehen. Zudem werden beim Export animierter Präsentationen auch DHTML- und andere Skripte hinzugefügt, die ältere Browser nicht interpretieren können. Das damit verbundene Risiko unschöner Effekte können Sie weitestmöglich eindämmen, indem Sie den von Ihrer Zielgruppe wahrscheinlich am häufigsten verwendeten Browser in der Optionsgruppe Browserunterstützung auswählen. Für eine Seite, die einem möglichst breiten Publikum präsentiert werden soll, empfiehlt sich meist die Option Alle oben aufgeführten Browser (erzeugt größere Dateien).

Abbildung 10.1:
Im Dialogfeld Als
Webseite veröf-
fentlichen *legen
Sie unter ande-
rem fest, welche
Teile Ihrer Prä-
sentation Sie
exportieren
möchten*

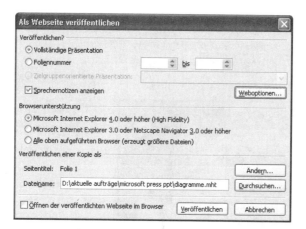

HINWEIS Die Option *Microsoft Internet Explorer oder Netscape Navigator 3.0 oder höher*
kann nur sehr eingeschränkt empfohlen werden, da sie in fast allen Fällen ein optisch
unbefriedigendes Ergebnis ergibt.

Möchten Sie gleich nach der Fertigstellung sehen, wie Ihre veröffentlichte Präsentation in Ihrem Browser aussieht, klicken Sie das Kontrollkästchen Öffnen der
veröffentlichten Webseite im Browser an.

Bei Bedarf nehmen Sie über die Schaltfläche *Weboptionen* noch weitere Einstellungen vor, auf die wir weiter unten eingehen werden. Klicken Sie auf OK und dann auf
Veröffentlichen.

Die Einstellungen, die Sie im Dialogfeld Als Webseite veröffentlichen, vorgenommen
haben, werden mit der Präsentation gespeichert und gelten außerdem als Standard-
vorgabe für künftige HTML-Präsentationen.

Abbildung 10.2:
*Ein PowerPoint-
Fotoalbum als
Webseite im
Browser*

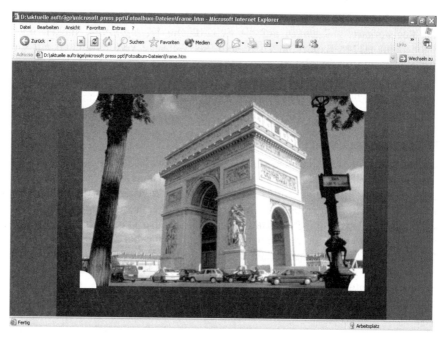

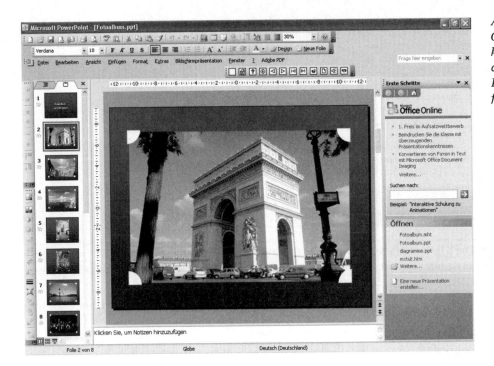

Abbildung 10.3:
*Optisch sind
keine Abwei-
chungen vom
PPT-Original
festzustellen*

Die Weboptionen

Prinzipiell ist es also höchst einfach, eine PowerPoint-Präsentation in eine HTML-Webseite zu konvertieren. Für ein optimales Ergebnis müssen Sie jedoch eventuell einige Anpassungen im Dialogfeld *Weboptionen* vornehmen.

Dieses Dialogfeld finden Sie, wenn Sie die Befehlsfolge *Extras/Optionen* wählen und auf der Registerkarte *Allgemein* auf die Schaltfläche *Weboptionen* klicken oder wenn Sie beim HTML-Export im Dialogfeld *Als Webseite veröffentlichen* auf die Schaltfläche *Weboptionen* klicken.

Im Dialogfeld finden Sie die Registerkarten *Allgemein*, *Browser*, *Dateien*, *Bilder*, *Codierung* und *Schriftarten*. Mit den Optionen dieser Registerkarten beschäftigen wir uns im Folgenden.

Die Registerkarte *Allgemein*

Im Register *Allgemein* bestimmen Sie das Aussehen der HTML-Präsentation. Mit dem ersten Kontrollkästchen fügen Sie bei Bedarf Steuerelemente in Form einer waagerechten Navigationsleiste am linken Rand des Browserfensters für die Foliennavigation hinzu. Solche Steuerelemente benötigen Sie aber im Allgemeinen nur für selbst ablaufende PowerPoint-Präsentationen, die noch über keine Schaltflächen verfügen. Eine von vornherein interaktive Präsentation, die bereits über Hyperlinks und/über Buttons verfügt, benötigt diese Navigationshilfe meist nicht. Denn die in dieser enthaltenen Hyperlinks und Buttons werden beim HTML-Export in Internet-Navigationselemente konvertiert.

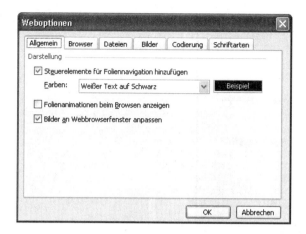

Mit dem nächsten Listenfeld bestimmen Sie eine Farbkombination für die waagerechte Navigationsleiste. Gleichzeitig bestimmen Sie damit auch den Hintergrund, auf dem die Präsentation im Webbrowser angezeigt wird.

Mit dem folgenden Trick schaffen Sie es, dass Sie zwar eine Hintergrundfarbe bestimmen können, die waagerechte Foliennavigationsleiste aber trotzdem nicht angezeigt wird:

1. Lassen Sie das Kontrollkästchen Steuerelemente für die Foliennavigation hinzufügen aktiviert.

2. Wünschen Sie beispielsweise einen schwarzen Hintergrund, wählen Sie Weißer Text auf Schwarz.

3. Danach deaktivieren Sie das Kontrollkästchen Steuerelemente für Foliennavigation hinzufügen.

Sollen die Folienübergänge und Objektanimationen Ihrer PowerPoint-Präsentation auch auf den Webseiten angezeigt werden (in Form von DHTML-Skripten), aktivieren Sie das Kontrollkästchen Folienanimationen beim Browsen anzeigen. Wenn Sie diesen Effekt verwenden möchten, sollten Sie testen, ob er auf dem von Ihrer Zielgruppe verwendeten Browser angezeigt werden kann. Damit das funktioniert, muss eventuell die Office Animation-Laufzeitkomponente nachinstalliert werden. Sie ist auf *http://office.microsoft.com/downloads/2002/msorun.aspx* erhältlich.

Aktivieren Sie das Kontrollkästchen Bilder an Webbrowserfenster anpassen, wird die Größe der Grafiken in Ihren Folien so angepasst, dass die Proportionen Ihrer Präsentation im Webbrowser stets erhalten bleiben.

Die Registerkarte *Browser*

Auf der Registerkarte *Browser* haben Sie zwei grundlegende Möglichkeiten, die HTML-Ausgabe Ihrer PowerPoint-Präsentation zu konfigurieren: Entweder Sie wählen eine der Browservoreinstellungen im oberen Listenfeld oder Sie erstellen über die untere Liste Ihr eigenes Profil.

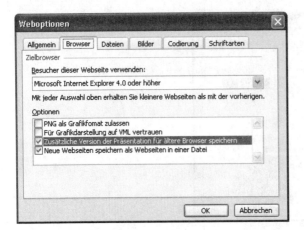

Abbildung 10.5:
Das Register
Browser *der Web-*
optionen

Sie können zwischen den folgenden vordefinierten Browserprofilen wählen:

Abbildung 10.6:
Bestimmen Sie in
diesem Listen-
feld, mit welchen
Browsertypen
Ihre Präsenta-
tion kompatibel
sein soll

Je nachdem, welches Browserprofil Sie gewählt haben, werden verschiedene, unten genannte, Optionen automatisch aktiviert.

o *PNG als Grafikformat zulassen*: Neuere Browser unterstützen die Grundfunktionen des PNG-Formats. Nur wenn Sie das Browserprofil *Microsoft Internet Explorer 6.0 oder höher* gewählt haben, wird diese Funktion automatisch aktiviert. In den meisten Fällen sollten Sie dieses Kontrollkästchen allerdings deaktivieren, um eine möglichst umfassende Kompatibilität zu erzielen.

o *Für Grafikdarstellung auf VML vertrauen*: VML ist die Abkürzung von Vector Markup Language, mit der Vektorgrafiken (also z.B. PowerPoint-Zeichnungselemente) angezeigt werden können. Leider wird VML nur im Internet Explorer ab der Version 5 unterstützt, in Netscape und Opera hingegen nicht. Aktivieren Sie dieses Kontrollkästchen demnach nur, wenn Sie sicher sind, dass Ihr Publikum ausschließlich aus Internet Explorer-Benutzern besteht. Lassen Sie das Kontrollkästchen deaktiviert, werden Ihre Vektorgrafiken als Bitmap-Dateien (GIFs) gespeichert, was mehr Speicherplatz und damit Ladezeit beansprucht.

o *Zusätzliche Version der Präsentation für ältere Browser speichern:* Es kann nur in wenigen Fällen vorausgesetzt werden, dass Ihr Zielpublikum stets über die neueste Browsertechnologie von Microsoft verfügt. Wenn Sie die beiden zuvor erläuterten Kontrollkästchen aktiviert haben, empfiehlt es sich daher auf jeden Fall, auch das Kontrollkästchen *Zusätzliche Version der Präsentation für ältere Browser speichern* zu aktivieren.

o *Neue Webseiten speichern als Webseiten in einer Datei:* Das Speichern einer Präsentation als Webseite wirft mehrere Probleme auf: Z.B. müssen Sie darauf achten, dass die Ordnerstruktur beim Transport der Präsentation erhalten bleibt, dass jede Bilddatei enthalten ist usw. *MHT*, das Format für das Speichern einer Webseite in einer Datei, gibt es seit dem Internet Explorer 5. Sie können damit HTML-

Inhalte mit allen Grafiken und Verknüpfungen auf einer einzigen Seite speichern. Auch eine umfangreiche PowerPoint-Präsentation mit vielen Folien kann so als einzelne Datei gespeichert werden.

ACHTUNG Beachten Sie aber, dass Sound- und Videodateien im MHT-Format nicht mit einbezogen werden können. In anderen Browsern als dem Internet Explorer ab der Version 5 können Sie MHT-Dateien nicht betrachten.

Die Registerkarte *Dateien*

Auf der Registerkarte *Dateien* legen Sie verschiedene Optionen fest, die Speicherung und Dateinamen Ihrer HTML-Präsentation betreffen:

- Aktivieren Sie das Kontrollkästchen Hilfsdateien in einen Ordner speichern, um alle Hilfsdateien (etwa Bilder und XML-Dateien) in einem eigenen Ordner zu speichern – lassen Sie das Kontrollkästchen deaktiviert, speichert PowerPoint die Hilfsdateien im gleichen Ordner wie die Webseite.

- Deaktivieren Sie das Kontrollkästchen Wenn möglich, lange Dateinamen verwenden, wenn die aus Ihrer Präsentation erzeugten Webdateien immer kurze Dateinamen (8.3-Konvention) haben sollen. Dies ist eventuell sinnvoll, denn einige Servertypen erkennen keine langen Dateinamen.

- Das Kontrollkästchen Links beim Speichern aktualisieren sollten Sie aktiviert lassen, um sicherzustellen, dass die Verknüpfungen zu den Hilfsdateien beim Speichern der Webseite automatisch aktualisiert werden.

- Wenn Sie Auf Office als Standardeditor für Office-Webseiten prüfen aktiviert haben, wird beim Speichern der Webseite geprüft, ob ein Microsoft Office-Programm als Standardeditor für die Webseite registriert ist. Sollte das nicht der Fall sein, werden Sie in einem Meldungsfenster gefragt, ob Sie das Office-Programm als Standardeditor wiederherstellen möchten.

Abbildung 10.7:
Das Register
Dateien *der Web-*
optionen

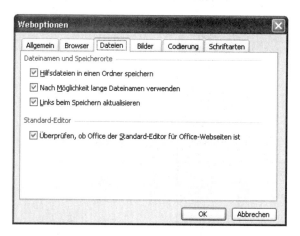

Die Registerkarte *Bilder*

Die Registerkarte *Bilder* ist zweifellos etwas missverständlich benannt – es geht hier vielmehr um die Bildschirmauflösung, für die die Präsentation optimiert ist. Standardmäßig sind 800 × 600 Pixel eingestellt. Viele Webseiten werden heute nach wie vor für diese Bildschirmauflösung gestaltet, damit sichergestellt ist, dass auch Anwender mit dieser Auflösung die Seite so betrachten können, wie Sie dies vorgesehen haben.

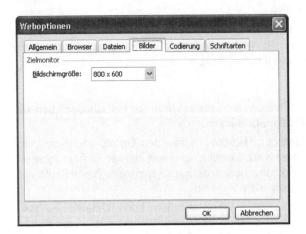

Abbildung 10.8:
Das Register
Bilder *der Web-*
optionen

Es ist nicht so einfach, ein für alle möglichen Webbrowser und Monitore ideales Erscheinungsbild zu generieren – ein Problem, mit dem auch professionelle Webdesigner immer zu kämpfen haben. Sie sollten daher Ihre HTML-Präsentation nach der Fertigstellung auf möglichst vielen verschiedenen Systemen und mit verschiedenen Webbrowsern testen, um festzustellen, ob sie auf allen Systemen und Browsern gut aussieht.

TIPP

Die Registerkarten *Codierung* und *Schriftarten*

Diese Registerkarte ist gemäß den Codierungseinstellungen Ihres Systems vorkonfiguriert. Normalerweise ist hier nichts zu ändern. Dasselbe gilt für das Register *Schriftarten*.

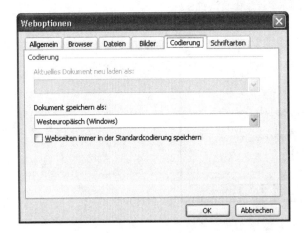

Abbildung 10.9:
Das Register
Codierung und
Schriftarten *der*
Weboptionen

Animationen in HTML-Präsentationen

Früher oder später fällt Ihnen wahrscheinlich auf, dass nicht alle Objektanimationen und Folienübergänge in Ihren HTML-Präsentationen originalgetreu wiedergegeben werden. Die folgenden Absätze zeigen Ihnen, was Sie dabei berücksichtigen sollten.

Wenn Sie von vornherein wissen, dass Sie Ihre Präsentation vorrangig als HTML-Präsentation veröffentlichen möchten, sollten Sie dies von Anfang an bei der Gestaltung berücksichtigen. Wenn Sie eine fertige Animation nachträglich als HTML-Präsentation veröffentlichen möchten, müssen Sie eventuell einige Animationseffekte ändern, damit die Präsentation auch im HTML-Format flüssig abgespielt wird.

HINWEIS Die Animationseffekte funktionieren nur mit dem Internet Explorer ab der Version 5.

Geeignete und ungeeignete Animationseffekte

Manche Animationseffekte funktionieren in HTML-Präsentationen recht gut. Dazu gehören Effekte wie Blenden, Einfliegen, Hineinkriechen etc.

Auch die meisten Bewegungspfade – ob vordefinierte oder selbst gezeichnete – können Sie problemlos verwenden.

Die folgenden Animationseffekte sollten Sie lieber nicht verwenden – entweder funktioniert die Animation überhaupt nicht oder sie wird anders dargestellt als erwartet:

- Alle Effekte, mit denen Texte oder Objekte nur in eine Richtung skaliert werden.
- Alle Effekte, bei denen Texte rotiert werden.
- Animationen von Diagrammelementen – Diagramme können nur als Ganzes animiert werden.
- *Nach Animation ausblenden* funktioniert in vielen Fällen ebenfalls nicht.

Trotz dieser Hinweise sollten Sie ausgiebige Tests durchführen, damit Ihre Animationseffekte auch in der Kombination in der HTML-Präsentation gut aussehen.

Die Veröffentlichung

Bei der HTML-Veröffentlichung von Präsentationen mit Animationseffekten sollten Sie Folgendes beachten:

- Im Dialogfeld *Als Webseite veröffentlichen* wählen Sie unter *Browserunterstützung* die Option *Microsoft Internet Explorer 4.0 oder höher (High Fidelity)*.
- Klicken Sie auf die Schaltfläche *Weboptionen* und aktivieren Sie im Register *Allgemein* das Kontrollkästchen *Folienanimationen beim Browsen anzeigen*.

Dynamik einbringen mit Applets und Skripten

Mit PowerPoint können Sie Ihren Webseiten VB-Skripte oder Java-Skripte hinzufügen. Web-Skripte werden normalerweise von der Webbrowser-Software ausgeführt, sobald die Webseite geöffnet wird.

Ein Skript in die Präsentation einfügen

Damit Sie ein Skript in Ihre Präsentation einfügen können, müssen Sie den dazu benötigten Befehl eventuell zuvor in das Menü *Extras* einfügen. Wählen Sie die Befehlsfolge *Extras/Anpassen* und wechseln Sie zur Registerkarte *Befehle*. In der Kategorienliste klicken Sie auf den Eintrag *Extras*. Im Feld *Befehle* sehen Sie alle für das Menü *Extras* verfügbaren Befehle. Klicken Sie auf den Eintrag *Skript einfügen*, halten Sie die Maustaste gedrückt und ziehen Sie ihn in der Menüleiste auf das Menü *Extras*, ohne die Maustaste danach freizugeben.

Das Menü *Extras* expandiert und zeigt alle Menübefehle an. Zeigen Sie auf den Eintrag *Makro*. Auch dieser expandiert. Jetzt zeigen Sie auf die Stelle, wo Sie den Befehl *Skript einfügen* positionieren möchten und geben Sie die Maustaste frei. Der Befehl wird dem Untermenü *Makro* hinzugefügt.

Auf dieselbe Weise fügen Sie dem Untermenü Makro nun noch die Befehle *Alle Skripts entfernen* und *Alle Skripts anzeigen* hinzu. Der Eintrag *Makro* bleibt expandiert, bis Sie das Dialogfeld *Anpassen* schließen.

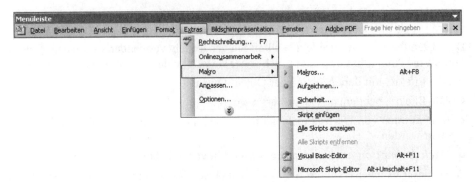

Abbildung 10.10:
Die notwendigen
Befehle wurden
dem Menü
Extras/Makro
hinzugefügt

Um Ihre Präsentation nun mit einem Skript zu versehen, wählen Sie die Befehlsfolge *Extras/Makro/Skript einfügen*. Die Microsoft-Entwicklungsumgebung wird mit einer gesonderten Kopie Ihrer Präsentation angezeigt.

Wenn Sie im Skript-Editor arbeiten, ändert sich Ihre Präsentation in PowerPoint dadurch nicht. Auch wenn Sie umgekehrt in PowerPoint arbeiten, während die Entwicklungsumgebung geöffnet ist, wird in dieser der Code nicht geändert. Dafür erscheint in einem solchen Fall die Symbolleiste *Aktualisieren* im anderen Programm.

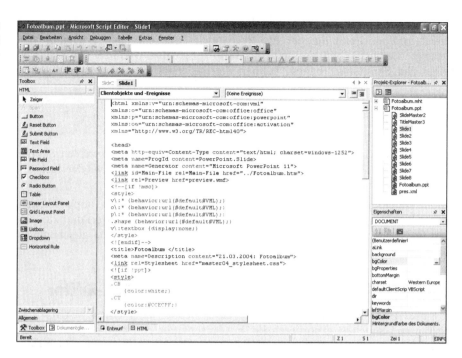

Klicken Sie hier auf die Schaltfläche *Aktualisieren*, um die Änderungen, die Sie in der Entwicklungsumgebung bzw. in PowerPoint vorgenommen haben, im anderen Programm zu speichern.

In der Entwicklungsumgebung können Sie nicht nur Skripte, sondern auch die HTML-Tags Ihrer Webseite einfügen und bearbeiten.

HINWEIS Bei Bedarf ändern Sie die verwendete Skriptsprache in der Entwicklungsumgebung. Dazu ändern Sie rechts unten im Bereich *Eigenschaften* den Wert der *defaultClient-Script*-Eigenschaft. Klicken Sie den Eintrag an und wählen Sie aus dem Listenfeld die gewünschte Skriptsprache.

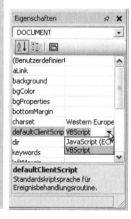

Wenn Sie auf die beschriebene Weise ein Skript in Ihre Präsentation eingefügt haben, erscheint in PowerPoint auf der entsprechenden Folie ein kleines Symbol, der Skriptanker. Erst im Webbrowser wird das Skript ausgeführt. Wenn Sie den Mauszeiger über den Skriptanker halten, können Sie die ersten 50 Zeichen des Skripts betrachten.

Abbildung 10.14:
Skriptanker

Wird der Skriptanker in Ihrer Präsentation gerade nicht angezeigt, wählen Sie die Befehlsfolge *Extras/Makro/Alle Skripts anzeigen*. Möchten Sie sie wieder ausblenden, wählen Sie den Befehl erneut.

TIPP

Wenn Sie ein bestimmtes Skript betrachten oder bearbeiten möchten, doppelklicken Sie auf seinen Skriptanker. Nach der Bearbeitung kehren Sie zu PowerPoint zurückkehren und klicken dort in der Symbolleiste *Aktualisieren* auf die gleichnamige Schaltfläche.

Die Alternative: Arbeiten im Text- oder HTML-Editor

Sind Sie es gewohnt, HTML-Dokumente im Texteditor oder einem WYSIWYG-Webeditor zu bearbeiten, exportieren Sie Ihre Präsentation einfach als HTML-Dokumente, öffnen diese anschließend in Ihrem Text- oder Webeditor und nehmen die gewünschten Bearbeitungen vor. Allerdings ist es häufig nicht ganz leicht, den etwas komplizierten und mit teilweise proprietären Tags überfrachteten HTML-Code zu durchschauen.

Praxis: Eine HTML-Präsentation in einer Endlosschleife abspielen

Auf diese Weise lassen sich verschiedene Features verwirklichen, für die PowerPoint selbst keine direkte Lösung anbietet. Nachfolgend ein Beispiel.

Mit einer kleinen Änderung des <Head>-Tags sorgen Sie dafür, dass Ihre HTML-Slideshow in einer Endlosschleife abgespielt wird.

Speichern Sie Ihre Präsentation, wie oben beschrieben, als Website. Dabei aktivieren Sie auf der Registerkarte *Dateien* im Dialogfeld *Weboptionen* die Kontrollkästchen *Hilfsdateien in einem Ordner speichern* und *Links beim Speichern aktualisieren*. Die senkrechte Navigationsleiste schalten Sie im Register *Allgemein* über das Kontrollkästchen *Steuerelemente für Foliennavigation hinzufügen* ab.

Betrachten Sie das Ergebnis im Windows Explorer: Sie erhalten neben der Haupt-HTML-Datei einen Ordner mit sämtlichen zur HTML-Präsentation gehörenden Dateien. Darin befinden sich unter anderem HTML-Dateien mit dem Namen *slide0001.htm, slide0002.htm* usw. Dies sind die einzelnen Folien Ihrer Präsentation.

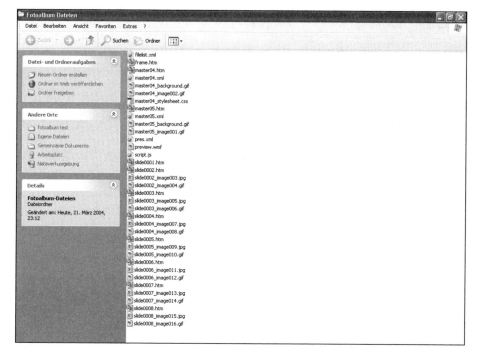

Abbildung 10.15:
Auch HTML-
Präsentationen
mit nur wenigen
Folien bestehen
aus einer ganzen
Menge von
Dateien

Öffnen Sie nun einen Texteditor (beispielsweise den Windows Editor) oder Ihren Web-Editor und öffnen Sie die aus der letzten Folie erstellte HTML-Datei. Wenn Ihre Präsentation beispielsweise aus acht Folien besteht, öffnen Sie die Datei *slide008.htm* im *Dateien*-Ordner Ihrer HTML-Präsentation.

Suchen Sie den <Head>-Tag der HTML-Seite heraus und ergänzen Sie ihn folgendermaßen:

```
<head>
<meta http-equiv="Refresh" content="1; URL=http://www.url.com/praesentation.htm">
```

HINWEIS Mit diesem Metatag geben Sie an, dass nach einer bestimmten Zeitspanne, die Sie über den Wert von content angeben, eine bestimmte Webseite automatisch angesteuert wird, in diesem Fall *http://www.url.com/praesentation.htm*. Dies ist die erste Seite Ihrer HTML-Präsentation. *http://www.url.com/praesentation.htm* ersetzen Sie selbstverständlich durch den URL Ihrer geplanten HTML-Präsentation. Speichern Sie die Datei und laden Sie sie ins Web hoch.

Abbildung 10.16:
Direkt unter dem
öffnenden
<Head>-Tag
fügen Sie den
Refresh-Meta-
Tag ein

```
slide0008.htm - Editor
Datei  Bearbeiten  Format  Ansicht  ?
<html xmlns:v="urn:schemas-microsoft-com:vml"
xmlns:o="urn:schemas-microsoft-com:office:office"
xmlns:p="urn:schemas-microsoft-com:office:powerpoint"
xmlns:oa="urn:schemas-microsoft-com:office:activation"
xmlns="http://www.w3.org/TR/REC-html40">

<head>
<meta http-equiv="Refresh" content="1; URL=../fotoalbum.htm">
<meta http-equiv=Content-Type content="text/html; charset=us-ascii">
<meta name=ProgId content=PowerPoint.Slide>
<meta name=Generator content="Microsoft PowerPoint 11">
<link id=Main-File rel=Main-File href="../Fotoalbum.htm">
<link rel=Preview href=preview.wmf>
<!--[if !mso]>
<style>
v\:* {behavior:url(#default#VML);}
o\:* {behavior:url(#default#VML);}
p\:* {behavior:url(#default#VML);}
.shape {behavior:url(#default#VML);}
v\:textbox {display:none;}
</style>
<![endif]-->
<title>Fotoalbum </title>
<meta name=Description content=21.03.2004>
<link rel=Stylesheet href="master04_stylesheet.css">
<![if !ppt]>
<style media=print>
<!--.sld
        {left:0px !important;
        width:6.0in !important;
        height:4.5in !important;
        font-size:107% !important;}
-->
</style>
<script src=script.js></script><script><!--
if( !IsNts() ) Redirect( "PPTSld" );
//--></script><!--[if vml]><script>g_vml = 1;
</script><![endif]--><![endif]><p:slidetransition advancetime="1000"
 effect="zoom" direction="out" flag="1024"/><o:shapelayout v:ext="edit">
 <o:idmap v:ext="edit" data="11"/>
</o:shapelayout>
</head>
```

Statt eines absoluten Links können Sie auch einen relativen Link verwenden, beispielsweise in der Form *URL=../praesentation.htm*, wobei hier davon ausgegangen wird, dass sich die aktuelle Folie – wie oben eingestellt – in einem Unterordner des Ordners mit der Hauptseite der Präsentation (*praesentation.htm*) befindet. Diese Vorgehensweise funktioniert dann auch für lokale HTML-Präsentationen, die Sie beispielsweise auf CD-ROM ausliefern.

Sound in HTML-Präsentationen

Wenn Sie eine PPT-Präsentation als HTML-Präsentation speichern, wird eine eventuell eingefügte Hintergrundmusik über alle Folien hinweg nicht mehr abgespielt.

Das stellt aber insofern kein Problem dar, als HTML Ihnen einen einfachen Befehl bietet, um eine Webseite mit einem Hintergrundsound auszustatten.

In welche HTML-Datei sollen Sie diesen Befehl aber einfügen? Wenn Sie ihn in eine der Folien-HTML-Dateien einfügen, wird der Sound nur abgespielt, so lange diese auf dem Bildschirm angezeigt wird. Sie benötigen deshalb eine übergeordnete Datei, die während der gesamten HTML-Datei aktiv ist.

Welche Datei das ist, hängt davon ab, ob Sie Ihre Präsentation im Register *Allgemein* des Dialogfelds *Weboptionen* mit Steuerelementen ausgestattet haben oder nicht.

Abbildung 10.17:
Im Dialogfeld
Weboptionen
legen Sie auf der
Registerkarte
Allgemein *fest, ob*
Ihre HTML-Prä-
sentation mit
Steuerelementen
ausgestattet wer-
den soll oder
nicht

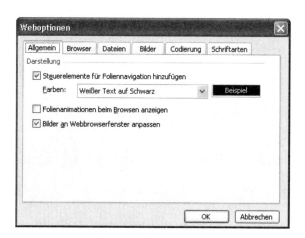

- Haben Sie Ihre Präsentation mit Steuerelementen ausgestattet, öffnen Sie in Ihrem Text- oder Webeditor die Datei *outline.html*.

- Haben Sie auf Steuerelemente verzichtet, öffnen Sie die Datei *frame.html*.

Fügen Sie zwischen dem ‹html›- und ‹head›-Tag die folgende Zeile ein:

```
<bgsound src="atlantic.wav" loop=infinite>
```

Abbildung 10.18:
Fügen Sie das
‹bgsound›-Tag
zwischen dem
‹html›- und
‹head›-Tag ein

```
frame.htm - Editor
Datei  Bearbeiten  Format  Ansicht  ?
<html>
<bgsound src="atlantic.wav" loop=infinite>
<head>
<meta http-equiv=Content-Type content="text/html; charset=windows-1252">
<meta name=ProgId content=PowerPoint.Slide>
<meta name=Generator content="Microsoft PowerPoint 11">
<link id=Main-File rel=Main-File href="../Fotoalbum.htm">
<link rel=Preview href=preview.wmf>
<script src=script.js></script>
<script><!--
var SCREEN_MODE     = "Kiosk";

function Load() {
        str=unescape(document.location.hash),idx=str.indexOf('#')
        if(idx>=0) str=str.substr(1);
        if(!str) str = "slide0001.htm";

        PPTSld.location.replace(MHTMLPrefix+escape(str));
}

function Unload() {
        if ( document.body.PPTSldFrameset != null )

document.body.PPTSldFrameset.frames[1].document.body.resume();
}

//-->
</script>
</head>
<frameset rows="*" frameborder=0 onload="Load()" onunload="Unload()">
 <frame src=slide0001.htm name=PPTSld>
</frameset>
</html>
```

Atlantic.wav ersetzen Sie durch den Namen Ihrer Sounddatei.

Anschließend fügen Sie die Sounddatei ebenfalls in den Ordner mit den Dateien für die HTML-Präsentation ein.

11 Erste Schritte mit VBA

Die Programmiersprache im gesamten Office-Paket heißt VBA (Visual Basic für Applikationen). Diese Sprache ist automatisch im Lieferumfang von Microsoft Office enthalten und nach der Installation von Office gleich verfügbar. Die Programmierung von PowerPoint-Präsentationen hat sicherlich nicht denselben Stellenwert wie beispielsweise die Programmierung von Excel-Arbeitsmappen, dennoch gibt es zahlreiche Praxisbeispiele, die den Einsatz von VBA rechtfertigen und sogar fordern.

VBA wird in Unternehmen eingesetzt, um:

- tägliche Abläufe und Routinearbeiten zu automatisieren
- PowerPoint mit weiteren eigenen Funktionen zu verbessern
- eine erhöhte Arbeitsgeschwindigkeit zu erreichen
- eigene Anwendungen zu entwickeln, die von anderen leicht zu bedienen sind

Sie lernen in den nächsten Kapiteln VBA kennen und programmieren anschließend komplexe Tools Schritt für Schritt.

Die Entwicklungsplattform kennen lernen

Für die Programmierung von PowerPoint steht Ihnen eine separate Entwicklungsumgebung zur Verfügung. In die Entwicklungsumgebung von PowerPoint gelangen Sie, wenn Sie die Tastenkombination Alt + F11 drücken.

Momentan sehen Sie in Abbildung 11.1 den Projekt-Explorer sowie das Eigenschaften-Fenster. Im Projekt-Explorer sind alle Komponenten Ihrer Präsentation aufgeführt.

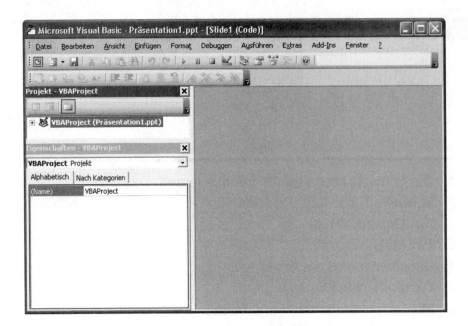

Abbildung 11.1:
Die Entwicklungsumgebung von PowerPoint

Um überhaupt programmieren zu können, müssen Sie zuerst einmal ein Modulblatt einfügen. Dazu klicken Sie im Projekt-Explorer mit der rechten Maustaste und wählen aus dem Kontextmenü den Befehl *Einfügen/Modul*. Alternativ dazu können Sie in der Entwicklungsumgebung aus dem Menü *Einfügen* den Befehl *Modul* auswählen. Sie können nun Ihr erstes Makro im Modulfenster eingeben.

Auf den ersten Blick erkennen Sie, dass sich oberhalb des Code-Bereichs zwei Dropdownfelder befinden:

○ Im ersten Dropdownfeld (*Allgemein*) werden alle Objekte aufgelistet, die sich in der Entwicklungsumgebung befinden. Das können beispielsweise Tabellen, Formulare und Berichte sein.

○ Im zweiten Dropdownfeld (*Deklarationen*) sehen Sie alle Makros und Ereignisse, die auf das im ersten Dropdownfeld eingestellte Objekt angewandt werden können.

Standardmäßig ist ein weiteres Fenster, das Eigenschaftenfenster, in der Entwicklungsumgebung von PowerPoint eingeblendet. Falls dieses Fenster fehlt, können Sie es einblenden, indem Sie aus dem Menü *Ansicht* den Befehl *Eigenschaftenfenster* wählen oder alternativ die Taste F4 drücken. Das Eigenschaftenfenster können Sie dazu benutzen, beispielsweise in einem Dialogfeld bestimmte Eigenschaften festzulegen, ohne eine einzige Zeile programmieren zu müssen. Aber dazu später mehr.

Im ersten Makro werden Sie den Namen der momentan geöffneten Präsentation am Bildschirm ausgeben. Dazu erfassen Sie das Makro aus Listing 11.1.

```
Sub Präsentationsname()
 MsgBox ActivePresentation.Name
End Sub
```

Listing 11.1:
Den Namen der aktiven Präsentation ermitteln

Setzen Sie die Schreibmarke in die erste Zeile des Makros und drücken Sie die Taste F5. Als Ergebnis sehen Sie folgende Meldung auf dem Bildschirm.

Abbildung 11.2:
Der Name der
Präsentation
wird am
Bildschirm
ausgegeben

Über die Funktion Msgbox können Sie eine Bildschirmmeldung erzeugen. Der Name der Präsentation wird in diesem Beispiel noch ohne Dateiendung ausgegeben. Dies liegt daran, dass die Präsentation noch nicht gespeichert wurde. Nach dem Speichern der Präsentation wird der Namen mitsamt der Dateiendung am Bildschirm ausgegeben. Die Eigenschaft Name gibt den Namen der aktiven Präsentation wider.

Die Programmiersprache VBA ist in der Sprache Englisch gehalten. Jedes Makro fängt mit der Anweisung Sub an. Danach folgt ein Leerzeichen, gefolgt von einem Namen, den Sie frei wählen können. Abschließend geben Sie ein Klammernpaar ein und drücken auf die Taste Eingabe. PowerPoint ergänzt nun automatisch die Schlusszeile des Makros End Sub. Vermeiden Sie bei der Benennung Leer- und Sonderzeichen. Diese sind nicht zulässig.

Möchten Sie neben dem Dateinamen der Präsentation auch noch den Speicherpfad ausgeben, dann setzen Sie das Makro aus Listing 11.2 ein.

Listing 11.2:
Den Namen und
Pfad der aktiven
Präsentation
ausgeben

```
Sub PräsentationsnameKomplett()
 MsgBox ActivePresentation.FullName
End Sub
```

Die Eigenschaft FullName ermittelt den kompletten Speicherpfad der aktiven Präsentation.

Abbildung 11.3:
Der komplette
Pfad der Präsen-
tation wird
ausgegeben

Makros ausführen

Zum Starten eines Makros haben Sie mehrere Möglichkeiten:

- Starten eines Makros aus der Präsentationsansicht über das Menü *Extras* und den Befehl *Makro/Makros* und die Auswahl des Makros im Listenfeld mit abschließendem Klick auf die Schaltfläche *Ausführen*.
- In der Entwicklungsumgebung in der Symbolleiste *Voreinstellung* mit einem Klick auf das Symbol *Sub/Userform ausführen*.
- Starten eines Makros direkt aus der Entwicklungsumgebung im Codefenster, indem Sie den Mauszeiger in die erste Zeile des Makros setzen und die Taste F5 drücken.

Befehle abrufen

Wenn Sie mehr über die verwendeten Befehle erfahren möchten, können Sie die integrierte Online-Hilfe in Anspruch nehmen. Setzen Sie im Listing einfach einmal den Mauszeiger in den Befehl Msgbox und drücken Sie die Taste F1.

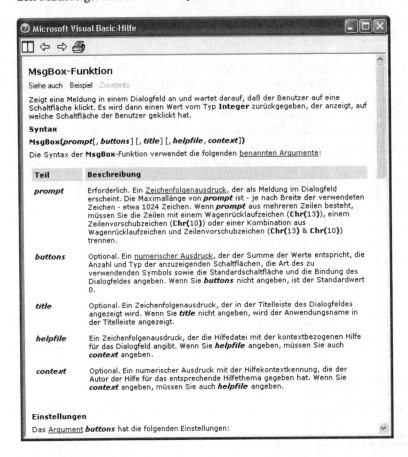

Wenn Sie Beispiele aus der Online-Hilfe herauskopieren und für eigene Zwecke verwenden möchten, ist das kein Problem. Klicken Sie im Online-Hilfe-Fenster ruhig einmal auf den Link *Beispiel*. Sie können das Beispiel mit der linken Maustaste markieren, kopieren und über die Zwischenablage in Ihr Modul in der Entwicklungsumgebung einfügen. Auf diesem Beispielcode können Sie dann aufbauen und das eingefügte Makro auf Ihre Wünsche hin noch anpassen.

Die Symbolleiste *Bearbeiten*

Die Symbolleiste *Bearbeiten*, die Sie in der Entwicklungsumgebung von PowerPoint über den Befehl *Symbolleisten/Bearbeiten* aus dem Menü *Ansicht* anzeigen können, enthält Funktionen, die Ihnen helfen sollen, den Programmcode schnell und sicher zu bearbeiten.

Auf die wichtigsten Funktionen dieser Symbolleiste wird nun kurz eingegangen.

Eigenschaften und Methoden anzeigen

Wenn Sie beispielsweise die Anweisung Application eingeben und dann direkt dahinter einen Punkt setzen, dann zeigt Ihnen PowerPoint für dieses Objekt alle verfügbaren Eigenschaften und Methoden an. Möchten Sie aber die Eigenschaften und Methoden von bereits eingegebenem Quellcode anzeigen lassen, setzen Sie den Mauszeiger in den Befehl hinter dem Punkt und klicken auf das Symbol *Eigenschaften/Methoden anzeigen*.

Abbildung 11.6:
Alle zur Verfügung stehenden Befehle werden angeboten

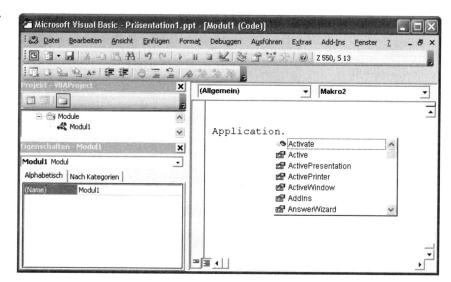

Konstanten anzeigen

Abbildung 11.7:
Alle möglichen Konstanten werden angeboten

Viele Befehle enthalten so genannte Konstanten, die Sie einsetzen können. So können Sie beispielsweise mithilfe von Konstanten die Schaltflächentypen einer Bildschirmmeldung festlegen. Im folgenden Beispiel soll eine Warnmeldung angezeigt werden. Geben Sie zu diesem Zweck die folgenden Zeilen ein, und beenden Sie die Eingabe an der Stelle, die in Abbildung 11.7 dargestellt ist.

Klicken Sie nach der Eingabe des Kommas auf das Symbol *Konstanten anzeigen*. In einem Kombinationsfeld bekommen Sie nun die verfügbaren Schaltflächen und Symbole angezeigt. Das komplette Makro zum Anzeigen einer Infomeldung mit dem Informationssymbol sowie einer OK-Schaltfläche lautet:

```
Sub Bildschirmmeldung()
 MsgBox "Hallo, das ist ein Test!", vbInformation
End Sub
```

Listing 11.3:
Ein Info-Fenster
am Bildschirm
anzeigen

Abbildung 11.8:
Die Ausgabe des
Makros

QuickInfo oder Parameterinfo

Mithilfe des Symbols *Quickinfo* bzw. des Symbols *Parameterinfo* können Sie sich die komplette Syntax des Befehls in einem Fensterchen anzeigen lassen. Setzen Sie dazu im vorherigen Beispiel den Mauszeiger auf die Funktion MsgBox und klicken Sie in der Symbolleiste *Bearbeiten* auf das Symbol *Quickinfo*.

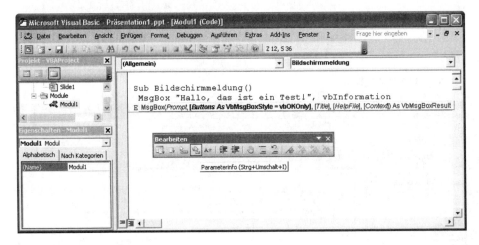

Abbildung 11.9:
Die komplette
Befehlssyntax in
einem Quickinfo-
Fenster anzeigen

Ganzes Wort

Mit dem Symbol *Ganzes Wort* können Sie sich ein wenig Schreibarbeit sparen. Geben Sie beispielsweise einmal die ersten drei Buchstaben von MsgBox ein und klicken danach auf das Symbol *Ganzes Wort* oder drücken Sie die Tastenkombination Strg + Leertaste. Der Befehl wird augenblicklich um die noch fehlenden Buchstaben ergänzt. Diese Funktion funktioniert aber nur, wenn schon nach den ersten Buchstaben klar wird, dass es sich hierbei nur um den Befehl Msgbox handeln kann. Diese Funktion wird demnach erst verfügbar, sobald anhand der ersten Buchstaben ein eindeutiger Befehl von PowerPoint erkannt werden kann.

Einzüge vergrößern bzw. verkleinern

Mit dieser Funktion können Sie einzelne oder auch mehrere Zeilen blockweise nach links einrücken. Dies macht den Programmcode leichter lesbar. Analog zu dieser Funktion können Sie mit der Funktion *Einzug verkleinern* eingerückte Programmteile wieder nach links rücken und pro Klick jeweils den markierten Text um einen Tabstopp versetzen.

Haltepunkte setzen

Wenn Sie ein Makro starten, welches einen Haltepunkt aufweist, dann stoppt es genau an diesem Haltepunkt. Hiermit können Sie Programm-Zwischenstände überprüfen und Makros testen. Setzen Sie einen Haltepunkt in der gewünschten Codezeile, indem Sie auf das Symbol *Haltepunkt ein/aus* klicken oder alternativ die Taste F9 drücken. Die Zeile wird daraufhin braun markiert, um den Haltepunkt zu kennzeichnen. Setzen Sie den Mauszeiger in die erste Zeile des Makros und drücken Sie die Taste F5, um das Makro zu starten. Die Ausführung des Makros beginnt und stoppt genau am gesetzten Haltepunkt. Bei längeren Makros empfiehlt es sich, mehrere Haltepunkte zu setzen. Einen Haltepunkt können Sie übrigens wieder entfernen, indem Sie den Mauszeiger in die entsprechende Zeile setzen und die Taste F9 drücken. Der Haltepunkt verschwindet dann augenblicklich wieder.

Kommentare einsetzen

Hinterlegen Sie in Ihren Makros bitte ausreichend Kommentare. Es fällt Ihnen dadurch später leichter, die einzelnen Befehle nachzuvollziehen. Auch Änderungen am Makro selbst können auf diese Art und Weise festgehalten werden:

- Geben Sie ein einfaches Anführungszeichen vor dem eigentlichen Befehl oder Text ein oder

- eine etwas überholte Möglichkeit besteht darin, die Anweisung Rem, gefolgt von einem Leerzeichen und dem Kommentar einzugeben.

Die Kommentarzeile nimmt dann standardmäßig die Schriftfarbe grün an. Diese so kommentierten Zeilen werden beim Makroablauf nicht ausgewertet. Sie können ganze Kommentarzeilen anlegen oder auch innerhalb einer Zeile am Ende einen Kommentar anfügen. Möchten Sie innerhalb einer Zeile einen Kommentar am Ende eines Befehls eingeben, fügen Sie nach dem eigentlichen Befehl ein einfaches Anführungszeichen ein und schreiben Ihren Kommentar dazu.

Eine der am häufigsten gebrauchten Funktionen ist die Funktion für das schnelle Auskommentieren von Makrobefehlen. Wenn Sie programmieren, dann werden Sie mit Sicherheit auch mal etwas auf die Schnelle einfach probieren wollen. Dazu werden Sie dann und wann auch mal einzelne bzw. auch mal mehrere Zeilen vorübergehend deaktivieren. Klar, die schnellste Methode ist, die Zeilen zu löschen. Der Nachteil dieser Vorgehensweise ist, dass diese Zeilen dann weg sind. Einfacher ist es, die momentan nicht benötigten Zeilen als Kommentar zu definieren. Dazu geben Sie am Anfang der Zeile ein einfaches Anführungszeichen mit der Tastenkombination Umschalt + # ein.

Damit wird die Zeile als Kommentar betrachtet und PowerPoint ignoriert diese bei der Programmausführung. Wenn es sich dabei nur um einzelne Zeilen handelt, klappt diese Vorgehensweise. Umständlicher wird es aber, wenn Sie gleich blockweise Zeilen auskommentieren möchten. Dazu markieren Sie den Bereich, den Sie auskommentieren möchten und klicken auf das Symbol *Block auskommentieren*.

Möchten Sie hingegen einzelne Zeilen oder auch einen ganzen Block wieder aktivieren, dann markieren Sie die entsprechende(n) Zeile(n) und klicken in der Symbolleiste *Bearbeiten* auf das Symbol *Auskommentierung des Blocks aufheben*.

Lesezeichen setzen

In recht umfangreichen Quellcodes, die mitunter mehrere DIN A4-Seiten ausmachen können, kann schnell einmal der Überblick verloren gehen. Sie haben daher die Möglichkeit, Lesezeichen zu setzen und bei Bedarf blitzschnell zu diesen zu wechseln.

Ein Lesezeichen erkennen Sie daran, dass ein hellblaues abgerundetes Viereck an der linken Leiste angezeigt wird. Über die Symbole *Nächstes Lesezeichen* bzw. *Vorheriges Lesezeichen* können Sie von Lesezeichen zu Lesezeichen springen. Mit einem Klick auf das Symbol *Alle Lesezeichen löschen* entfernen Sie alle gesetzten Lesezeichen.

Spezielle Techniken des Editors

Zum zweckmäßigen Bedienen der Entwicklungsumgebung sollten Sie sich noch einige typische Vorgehensweisen aneignen. Des Weiteren müssen Sie wissen, wie der Editor bestimmte Eingaben interpretiert und wo er Ihnen viel Arbeit abnehmen kann.

Befehle in der nächsten Zeile fortsetzen

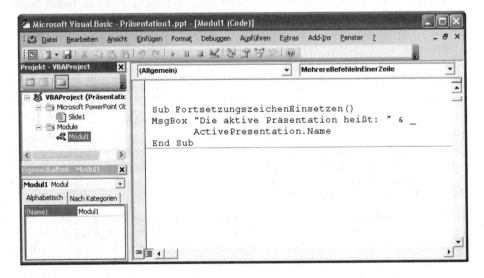

Abbildung 11.10: Das Fortsetzungszeichen erlaubt mehr Übersicht im Quellcode

Selbstverständlich können Sie längere Befehlsketten in einer Zeile eingeben. Der Nachteil daran ist, dass Sie sich irgendwann so weit in der Zeile nach rechts bewegen, dass Sie den Anfang der Zeile nicht mehr sehen. Hier empfiehlt es sich, über ein

Trennzeichen dem Editor mitzuteilen, dass der Befehl in der nächsten Zeile weitergehen soll. Auch hier leistet die automatische Syntaxprüfung des Editors Unterstützung, denn nicht jeder Befehl lässt sich an einer beliebigen Stelle trennen. Um einen Befehl in der nächsten Zeile fortzusetzen, drücken Sie am Ende der Zeile zunächst die Taste Leertaste und geben anschließend das Zeichen _ ein. Damit weiß der Editor, dass der Befehl in der nächsten Zeile fortgesetzt werden muss.

Mehrere Befehle in einer Zeile

Wenn Sie möchten, können Sie auch mehrere kurze Befehle in einer einzigen Zeile darstellen. Dazu verwenden Sie den Doppelpunkt als Trennzeichen zwischen den einzelnen Befehlen. Mit dieser Möglichkeit sollten Sie jedoch nicht übertreiben, weil es den Programmcode schwer lesbar macht.

Automatische Befehlsvervollständigung

Der VBA-Editor unterstützt Sie bei der Eingabe von Befehlen sehr tatkräftig. Sehen Sie sich dazu einmal das nächste Beispiel in Abbildung 11.11 an.

Abbildung 11.11:
Alle verfügbaren
Befehle werden
angezeigt

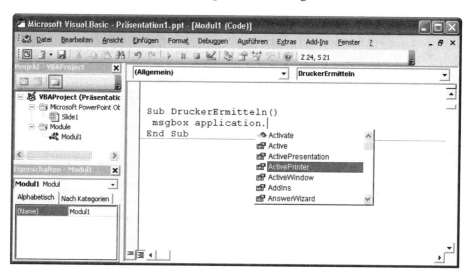

Begonnen wird im Makro *DruckerErmitteln* damit, dass der Befehl Msgbox eingetippt wurde. Danach kam das Objekt Application. Sobald Sie den Punkt nach diesem Objekt eintippen, zeigt der VBA-Editor Ihnen an, was er an Befehlen genau für dieses Objekt im Angebot hat. Unter anderem ist dies die Eigenschaft ActivePrinter, die den Standarddrucker ausgibt. Sie brauchen nichts weiter zu tun, als im obigen Beispiel die Eigenschaft ActivePrinter aus dem Dropdownfeld zu wählen. Mit diesem Automatismus stellt der VBA-Editor sicher, dass Sie keine Eigenschaften oder Methoden verwenden, die den Objekten fremd sind.

Automatische Anpassung der einzelnen Befehle

Sicher haben Sie es schon gemerkt, dass der Editor Ihre eingegebenen Befehle automatisch umsetzt. Wenn Sie beispielsweise die folgende Zeile eingeben:

```
msgBox application.activePrinter
```

Erfolgt die folgende Umsetzung:

```
MsgBox Application.ActivePrinter
```

Bei allen Befehlen, die PowerPoint bekannt sind, werden jeweils die Anfangsbuchstaben groß geschrieben. Geben Sie deshalb ruhig alle Befehle in der Kleinschreibweise ein. An der automatischen Umsetzung erkennen Sie dann, ob bei den eingegebenen Befehlen auch keine Schreibfehler gemacht wurden. In diesem Fall würden die Befehle in der Kleinschreibweise verbleiben.

Eine weitere automatische Anpassung erkennen Sie, wenn Sie z.B. die folgende Zeile eingeben:

```
Summe=100*1,016
```

Hier werden zwischen den Operatoren automatisch Leerzeichen eingefügt.

```
Summe = 100 * 1,016
```

Dieser Automatismus hat jedoch keine funktionale Bedeutung, er dient lediglich zur übersichtlicheren Darstellung der einzelnen Befehle.

Der Objektkatalog

Die Entwicklungsumgebung stellt Ihnen einen Objektkatalog zur Verfügung, in dem Sie sich über Objekte, Methoden und Eigenschaften informieren können. Im Objektkatalog werden einige Fachbegriffe verwendet, die an dieser Stelle erläutert werden sollen:

- **Objekte**

  Als Objekt bezeichnet man alle Teile, die Sie in PowerPoint sehen können. Die wichtigsten Objekte sind die Präsentation, das Präsentationsblatt, Objekte wie Textfelder, Kreise, Rechtecke und Ähnliches.

- **Eigenschaften**

  Dahinter verbergen sich die Merkmale eines Objektes. So ist z.B. die Hintergrundfarbe eines Rechtecks eine Eigenschaft dieses Rechtecks.

- **Methoden**

  Wenn von Methoden die Rede ist, fragen Sie sich am besten immer, was Sie mit den einzelnen Objekten anstellen können. Angewandt auf eine Präsentation wären das die Methoden für das Öffnen, Drucken, Speichern und Schließen.

○ **Ereignis**

Unter einem Ereignis versteht man in PowerPoint Vorgänge, die beispielsweise beim Öffnen oder beim Schließen einer Präsentation auftreten. Sie haben daher die Möglichkeit, auf bestimmte Vorgänge in PowerPoint automatisch zu reagieren, indem Sie den Ereignissen weitere Befehle hinzufügen, die ausgeführt werden, sobald ein Ereignis eintritt. So könnten Sie z.B. beim Öffnen einer Präsentation zur Begrüßung eine Bildschirmmeldung präsentieren. In Kapitel 15 lernen Sie dazu ein paar typische Beispiele kennen.

Abbildung 11.12:
Der Objektkata-
log liefert mehr
Infos zu Eigen-
schaften und
Methoden

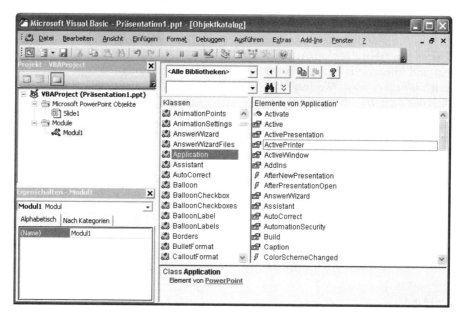

Den Objektkatalog können Sie auf unterschiedliche Weise aufrufen:

○ Drücken Sie die Taste F2.

○ Klicken Sie in der Symbolleiste *Voreinstellung* auf das Symbol *Objektkatalog*.

○ Klicken Sie im Codefenster mit der rechten Maustaste und wählen aus dem Kontextmenü den Befehl *Objektkatalog*.

○ Wählen Sie den Menübefehl *Ansicht/Objektkatalog*.

Alle in VBA zur Verfügung stehenden Objekte werden in Bibliotheken verwaltet. Standardmäßig ist im ersten Dropdownfeld der Eintrag *Alle Bibliotheken* ausgewählt. Wenn Sie die Anzeige ein wenig einschränken und die Inhalte einzelner Bibliotheken einsehen möchten, wählen Sie im Dropdownfeld die gewünschte Bibliothek aus. So können Sie z.B. in der Bibliothek *VBA* Befehle einsehen, welche nicht nur auf PowerPoint beschränkt sind, sondern im gesamten Office-Paket eingesetzt werden können. Sie finden in dieser Bibliothek beispielsweise die Befehle Date bzw. Time zum Abfragen des aktuellen Datums sowie der aktuellen Uhrzeit. Klar, es würde keinen Sinn machen, diese Anweisungen ausschließlich in der PowerPoint-Bibliothek zu speichern, da sie allgemein von allen Office-Anwendungen eingesetzt werden können.

Der Makrorekorder

Zu Beginn werden Sie häufig mit dem Makrorekorder arbeiten, um sich die Syntax der einzelnen Befehle leichter einzuprägen. PowerPoint bietet Ihnen die Möglichkeit, automatisch Programmcodes aufzeichnen zu lassen. Das läuft dann so ab, dass Sie den Makrorekorder starten und die zu automatisierende Aufgabe zunächst manuell durchführen. Haben Sie Ihre Aufgabe ausgeführt, beenden Sie den Makrorekorder. Der Makrorekorder hat Ihre Arbeitsschritte im Hintergrund aufgezeichnet. Diese Aufzeichnung können Sie dann als Ausgangsposition für weitere Programmierarbeiten verwenden.

Starten Sie den Makrorekorder, indem Sie in der Präsentationsansicht aus dem Menü *Extras* den Befehl *Makro/Aufzeichnen* wählen. Fügen Sie nun z.B. eine neue Folie ein und klicken Sie danach in der Symbolleiste *Aufzeichnen* auf das Symbol *Aufzeichnung beenden*. Wechseln Sie danach zur Entwicklungsumgebung und sehen sich den aufgezeichneten Code an.

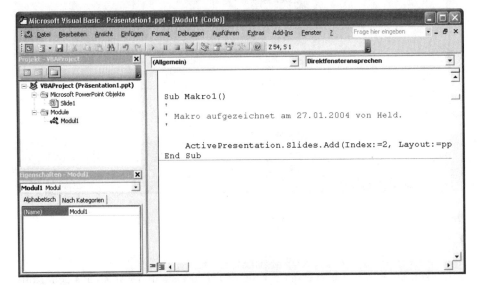

Abbildung 11.13: Die Aufzeichnung des Makrorekorders

Bei der Aufzeichnung wird sowohl das Datum als auch der Benutzer festgehalten, der die Aufzeichnung durchgeführt hat. Es empfiehlt sich, den Makros »sprechende« Namen zu geben. So könnte ein sprechender Name für das obige Makro lauten: Sub FolieEinfügen()

Der Makrorekorder liefert wertvolle Hinweise über die Syntax der einzelnen Befehle, leider verschluckt er aber auch einige Befehle. Aus diesem Grund kann dieses Hilfsmittel nur der erste Schritt sein, um ein Makro zu erstellen. Oft muss nachgebessert werden. Sie werden im weiteren Verlauf des Buches noch einige typische Beispiele sehen, wie man einen Code, der mit dem Makrorekorder aufgezeichnet wurde, verbessert. Was der Makrorekorder leider nicht kann, dass sind Strukturen wie Schleifen, Abfragen und dergleichen. Diese Strukturen müssen Sie selbst integrieren.

Die Fenster und die Testumgebung

Im Verlauf der Programmierung wird es nicht ausbleiben, dass Programmierfehler auftreten. Wichtig ist aber, immer zu wissen, wie weit das Programm lief, und vor allem, ob es bis zum Fehler korrekt abgelaufen ist.

Das Codefenster

Im Codefenster erfassen und bearbeiten Sie Ihre VBA-Makros. Sollte dieses Fenster noch nicht eingeblendet sein, dann wählen Sie aus dem Menü *Ansicht* den Befehl *Code*.

Das Codefenster enthält folgende Kombinationsfelder:

- *OBJEKT*: Hier werden die Namen der markierten Objekte angezeigt. Klicken Sie auf den Pfeil rechts neben dem Listenfeld, um eine Liste aller mit dem Formular verknüpften Objekte anzeigen zu lassen.

- *PROZEDUR*: Listet alle Ereignisse auf, die von Visual Basic für das Formular oder das Steuerelement, das im Feld *Objekt* angezeigt wird, bekannt sind. Bei der Auswahl eines Ereignisses wird die mit diesem Ereignisnamen verknüpfte Ereignisprozedur im Codefenster angezeigt. Alle Prozeduren werden übrigens in alphabetischer Reihenfolge im Kombinationsfeld angezeigt. Dies erleichtert die Suche nach bestimmten Modulen sehr.

Wenn Sie einen Blick auf den rechten oberen Rand des Codefensters werfen, erkennen Sie einen Fensterteiler. Damit können Sie das Codefenster in zwei horizontale Bereiche unterteilen, in denen separate Bildläufe durchgeführt werden können. So können Sie unterschiedliche Teile des Codes gleichzeitig anzeigen lassen. Die Informationen, die im Feld *Objekt* und *Prozedur* angezeigt werden, beziehen sich auf den Code in dem Fenster, das gerade aktiv ist. Mit einem Doppelklick auf den Fensterteiler wird ein Fenster geschlossen.

Das Direktfenster

Sie können bestimmte Inhalte von Variablen, die Sie im nächsten Kapitel kennen lernen werden, im Direktfenster ausgeben. Erfassen Sie zunächst einmal einen kleinen Beispielcode:

Listing 11.4:
Die Schleifen-
durchläufe im
Direktfenster
kontrollieren

```
Sub Direktfensteransprechen()
Dim i As Integer

For i = 1 To 5
  Debug.Print "Schleifendurchlauf: " & i
Next i
End Sub
```

Der Programmcode aus Listing 11.4 durchläuft eine Schleife genau fünfmal. Bei jedem Schleifendurchlauf wird mithilfe des Befehls Debug.Print ein Eintrag ins Direktfenster geschrieben, der den aktuellen Schleifendurchlauf festhält. Setzen Sie die Einfügemarke in die erste Zeile des Makros und drücken Sie die Taste F5, um das Makro zu starten. Kontrollieren Sie jetzt einmal das Ergebnis im Direktfenster. Dazu wählen Sie den Menübefehl *Ansicht/Direktfenster* oder drücken die Tastenkombination Strg + G.

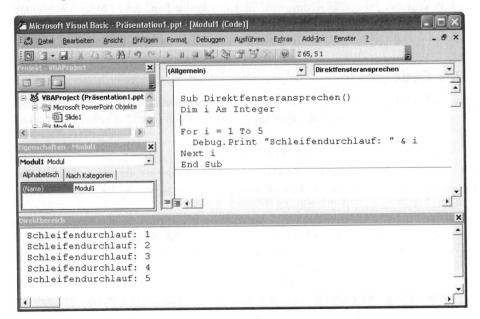

Abbildung 11.14:
Das Direktfenster zur Kontrolle des Makroablaufs einsetzen

Schritt für Schritt Code ablaufen lassen

Eine weitere Möglichkeit der Fehlersuche in PowerPoint besteht darin, das Makro Zeile für Zeile abzuarbeiten. Dazu setzen Sie die Einfügemarke in die erste Zeile des Makros und drücken die Taste F8. Alternativ dazu können Sie ebenso den Menübefehl *Debuggen/Einzelschritt* wählen. Das Makro hält nach jedem Befehl an. Sie können dann prüfen, ob die gewünschte Aktion ausgeführt wurde, indem Sie die Entwicklungsumgebung kurzfristig verlassen und in Ihrer Präsentation die Ergebnisse kontrollieren.

Eine weitere Variante ist es, im obigen Makro die Einfügemarke in jene Zeile zu setzen, bis zu der das Makro ausgeführt werden soll. Tun Sie dies und drücken Sie die Tastenkombination Strg + F8.

Der Code wird jetzt bis zu der momentan markierten Zeile ausgeführt und stoppt genau an dieser Position. Nun können Sie prüfen, ob das Makro auch korrekt funktioniert hat. Wenn alles soweit stimmt, können Sie durch die Taste F5 dafür sorgen, dass das Makro bis zum Ende durchläuft. Sollte etwas bei dem Makro nicht stimmen, brechen Sie dessen Ausführung ab, indem Sie den Menübefehl *Ausführen/Zurücksetzen* auswählen.

Das Überwachungsfenster

Eine besonders wertvolle Funktion können Sie einsetzen, wenn Sie das Überwachungsfenster einblenden. Wählen Sie dazu aus dem Menü *Ansicht* den Befehl *Überwachungsfenster*. Sie haben jetzt beispielsweise die Möglichkeit, zu überprüfen, wann sich eine bestimmte Variable ändert. Genau dann soll der Makroablauf unterbrochen werden. Im folgenden Beispiel wird eine Schleife genau achtmal durchlaufen. Bei jedem Schleifendurchlauf wird die Variable i verändert. Der Logik zur Folge muss das folgende Makro dann nach dem ersten Schleifendurchlauf gestoppt werden. Sehen Sie sich zu diesem Zweck einmal folgendes Listing an.

Listing 11.5:
Eine Über-
wachung
hinzufügen

```
Sub ÜberwachungChecken()
Dim i As Integer

For i = 1 To 8
  Debug.Print "Schleifendurchlauf: " & i
Next i
End Sub
```

Um nun die Überwachung der Variablen i zu aktivieren, befolgen Sie die nächsten Schritte:

1. Wählen Sie im Menü *Debuggen* den Befehl *Überwachung hinzufügen*.

Abbildung 11.15:
Überwachungs-
ausdruck hinzu-
fügen

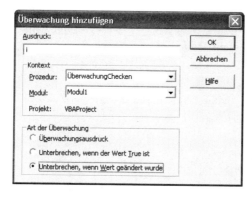

2. Geben Sie im Feld *Ausdruck* die Variable an, die Sie überwachen möchten.

3. Aktivieren Sie die Option *Unterbrechen, wenn Wert geändert wurde*.

4. Bestätigen Sie Ihre Einstellungen mit *OK*.

5. Starten Sie nun das Makro *ÜberwachungChecken*.

Abbildung 11.16:
Das Makro
stoppt bei der
ersten Wert-
änderung der
Variablen i

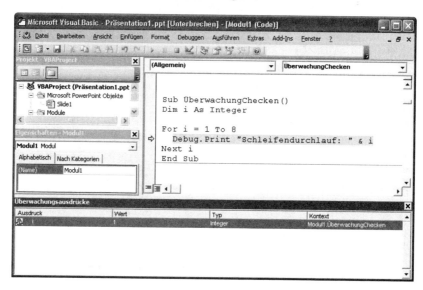

Das Lokal-Fenster

Das Lokal-Fenster wird in der Entwicklungsumgebung standardmäßig nicht angezeigt. Über das Menü *Ansicht* können Sie dieses Fenster jedoch einblenden. Das Lokal-Fenster zeigt alle deklarierten Variablen in der aktuellen Prozedur und deren Werte an. Sie haben daher die Möglichkeit, die Werte von Variablen übersichtlich zu prüfen.

Im folgenden Beispiel werden alle Objekte einer PowerPoint-Folie in einer Schleife durchlaufen und die Namen dieser Objekte im Direktbereich der Entwicklungsumgebung ausgegeben. Neben den Namen der Objekte können Sie über das Lokal-Fenster auch Informationen über deren Eigenschaften wie die Farbe, die Abmessungen sowie die Rahmenart ermitteln.

Um diese Eigenschaften im Lokal-Fenster anzuzeigen, befolgen Sie die nächsten Arbeitsschritte:

1. Wechseln Sie mit der Tastenkombination Alt+F11 in die Entwicklungsumgebung.

2. Wählen Sie im Menü *Einfügen* den Befehl *Modul*.

3. Erfassen Sie folgendes Makro:

```
Sub ObjekteAuslesen()
Dim shp As Shape
For Each shp In ActivePresentation.Slides(1).Shapes
 Debug.Print shp.Name
Next shp
End Sub
```

Listing 11.6:
Alle Objekte
einer Folie auslesen

4. Setzen Sie den Mauszeiger auf die Debug.Print – Anweisung und drücken Sie die Taste F9, um einen Haltepunkt zu setzen. Setzen Sie den Mauszeiger auf die erste Zeile des Makros und drücken die Taste F5, um das Makro zu starten. Der Makroablauf wird nun bis zum Haltepunkt ausgeführt.

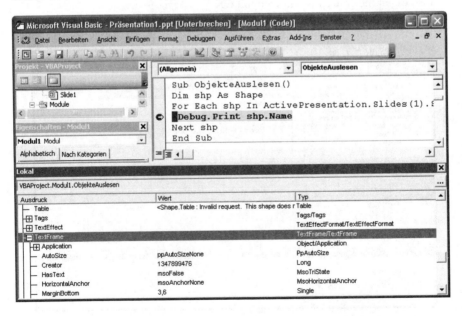

Abbildung 11.17:
Alle Eigenschaften des Objekts werden im Lokal-Fenster angezeigt

Folgende Spalten werden im Lokal-Fenster angezeigt.

○ *Ausdruck*: Listet die Namen der Variablen auf. Die erste Variable in der Liste ist eine spezielle Modulvariable und kann erweitert werden, um alle Variablen auf Modulebene des aktuellen Moduls anzuzeigen. Globale Variablen und Variablen in anderen Projekten sind über das Lokal-Fenster nicht verfügbar.

○ *Wert*: Wenn Sie in der Spalte *Wert* direkt auf einen Eintrag doppelklicken, wird dort die Schreibmarke angezeigt. Sie können diesen Wert dann bearbeiten und die Taste Eingabe drücken. Sollte der Wert nicht zulässig sein, bleibt das Bearbeitungsfeld aktiv und der Wert wird markiert. Außerdem wird ein Meldungsfeld mit einer Beschreibung des Fehlers angezeigt. Durch Drücken von Esc werden Änderungen rückgängig gemacht.

○ *Typ*: In dieser Spalte wird der Datentyp der Variablen angezeigt. Diesen Typ können Sie aber nicht ändern.

○ *Aufrufliste*: Ganz rechts oben im Lokal-Fenster finden Sie eine Schaltfläche mit einigen Punkten darauf. Nach einem Klick darauf wird eine Liste der derzeit aktiven Prozeduraufrufe im Haltemodus angezeigt. Beim Ausführen von Code in einer Prozedur wird diese einer Liste der aktiven Prozeduraufrufe hinzugefügt. Bei jedem Aufruf einer anderen Prozedur durch eine Prozedur wird diese der Liste hinzugefügt. Aufgerufene Prozeduren werden aus der Liste gelöscht, wenn die Ausführung an die aufrufende Prozedur übergeben wird.

Die Symbolleiste *Debuggen*

1. Die Symbolleiste *Debuggen* stellt Ihnen Symbole zur Verfügung, die das schnelle Testen von Quellcode vereinfachen. Sie lassen diese Leiste anzeigen, indem Sie im Menü *Ansicht* den Befehl *Symbolleisten* und anschließend *Debuggen* wählen.

Abbildung 11.18:
Die Symbolleiste
Debuggen *enthält wertvolle Hilfsmittel*

Lernen Sie die Bedeutung der einzelnen Symbole in der Tabelle 11.1 kennen.

Tabelle 11.1:
Die Symbole der Symbolleiste
Debuggen

Symbol	Bedeutung
	Aktiviert und deaktiviert den Entwurfsmodus.
	Führt die aktuelle Prozedur aus, falls sich der Cursor in einer Prozedur befindet; führt das UserForm-Formular (ein Dialogfeld) aus, falls ein UserForm-Formular aktiv ist; führt ein Makro aus, falls weder ein Codefenster noch ein UserForm-Formular aktiv ist.
	Beendet die Ausführung eines Programms und wechselt in den Haltemodus. Stattdessen können Sie auch die Taste Esc drücken, um den Ablauf des Makros zu stoppen.
	Löscht die Aufrufliste und die Variablen auf Modulebene und beendet das Projekt.
	Setzt oder entfernt einen Haltepunkt in der aktuellen Zeile. Alternativ dazu genügt auch ein Druck auf die Taste F9, um einen Haltepunkt zu setzen bzw. zu entfernen. ▶

Symbol	Bedeutung
	Führt jeweils genau eine Anweisung im Code aus. Alternativ können Sie hier mit der Taste **F8** arbeiten, um den Code Zeile für Zeile zu durchlaufen.
	Führt im Codefenster jeweils eine Prozedur oder eine Anweisung im Code aus.
	Führt die restlichen Zeilen einer Prozedur aus, in der sich der aktuelle Ausführungspunkt befindet.
	Blendet das Lokal-Fenster ein.
	Blendet das Direkt-Fenster ein. Alternativ dazu können Sie auch die Tastenkombination **Strg + G** drücken.
	Blendet das Überwachungsfenster ein.
	Zeigt das Dialogfeld *Aktuellen Wert anzeigen* mit dem aktuellen Wert des ausgewählten Ausdrucks an.
	Zeigt das Dialogfeld *Aufrufliste* an, in dem die derzeit aktiven Prozeduraufrufe (Prozeduren in der Anwendung, die gestartet, aber nicht abgeschlossen wurden) angezeigt werden.

Weitere Einstellungen

In der Entwicklungsumgebung von PowerPoint haben Sie die Möglichkeit, den Visual Basic-Editor Ihren Anforderungen entsprechend anzupassen. Dazu wählen Sie im Menü *Extras* den Befehl *Optionen*.

Editor-Einstellungen

Wechseln Sie zur Registerkarte *Editor*. Dort können Sie die Einstellungen für das Code- und das Projektfenster festlegen.

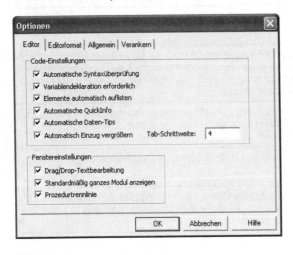

Abbildung 11.19:
Editoroptionen
festlegen

Im Gruppenfeld *Code-Einstellungen* finden Sie die folgenden Einstellungsmöglichkeiten:

o *Automatische Syntaxüberprüfung*: Mit dieser Einstellung sorgen Sie dafür, dass Ihr Editor nach der Eingabe einer Codezeile automatisch eine Syntaxprüfung vornimmt. Bei einer Syntaxprüfung werden alle eingegebenen Befehle daraufhin überprüft, ob sie richtig geschrieben worden sind. Wie leicht schleichen sich Zahlen- und Buchstabendreher beim Erfassen von Makros ein. Daher bietet die automatische Syntaxprüfung eine sehr gute Unterstützung.

o *Variablendeklaration erforderlich*: Wenn Sie diese Option aktivieren, werden in allen neuen Modulen den allgemeinen Deklarationen die Anweisung `Option Explicit` hinzugefügt. Damit müssen alle im Code verwendeten Variablen zu Beginn eines Makros definiert werden. Wird dies vergessen, weist Sie PowerPoint automatisch darauf hin. Es wird auf jeden Fall kein Makro ausgeführt, in dem nicht alle verwendeten Variablen definiert sind.

o *Elemente automatisch auflisten*: Zeigt eine Liste mit den Informationen an, die die Anweisung an der aktuellen Einfügemarke logisch vervollständigen können.

o *Automatische Quickinfo*: Wird diese Option aktiviert, werden bei der Eingabe eines Befehls die dazugehörigen Funktionen bzw. Parameter angezeigt.

o *Automatische Daten-Tipps*: Diese Option ist lediglich im Haltemodus verfügbar und zeigt die Werte der Variablen an, auf der der Mauszeiger sich gerade befindet.

o *Automatisch Einzug vergrößern*: Zur besseren Übersichtlichkeit sollten Sie sich angewöhnen, Ihren Quellcode einzurücken. Die dafür zur Verfügung gestellte Option legt für die erste Codezeile einen Tabulator fest. Alle nachfolgenden Zeilen beginnen an dieser Tabulatorposition.

o *Tab-Schrittweite*: In diesem Eingabefeld stellen Sie die Tab-Schrittweite auf einen Wert zwischen 1 und 32 Leerzeichen ein. Unter einer Tab-Schrittweite versteht man die Anzahl Zeichen, um die ein Befehl im Codefenster nach rechts verschoben wird, wenn die Taste Tabulator gedrückt wird.

Im Gruppenfeld *Fenstereinstellungen* können Sie unter anderem die Drag & Drop-Funktionalität im Codefenster ausschalten, automatisch eine Trennlinie zwischen den einzelnen Prozeduren ziehen lassen und das Erscheinungsbild von neuen Modulen beeinflussen.

Editierformat festlegen

Wenn Sie zur Registerkarte *Editierformat* wechseln, können Sie die Darstellung Ihres Quellcodes anpassen.

Im Listenfeld *Code-Farben* werden die Textelemente angezeigt, für die die Farben angepasst werden können. Darunter befinden sich drei Dropdownfelder, in denen Sie das Format für den Vorder- bzw. Hintergrund der einzelnen Elemente bestimmen sowie die Kennzeichenleiste aktivieren oder deaktivieren können. Darüber hinaus haben Sie die Möglichkeit, die Schriftart sowie deren Größe zu bestimmen. Die Kennzeichenleiste kommt dann zur Geltung, wenn Sie häufiger mit Haltepunkten oder Lesezeichen arbeiten. So bewirkt beispielsweise ein Klick auf die Kennzeichenleiste, die sich zwischen dem Projekt-Explorer und dem Codefenster befindet, dass automatische Setzen eines Haltepunkts an dieser Stelle.

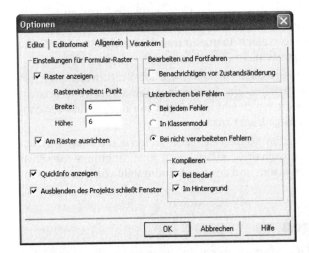

Allgemeine Einstellungen vornehmen

Wechseln Sie nun zur Registerkarte *Allgemein*. Dort werden die allgemeinen Einstellungen, die Fehlerbehandlung und die Kompilierungseinstellungen für das aktuelle Visual Basic-Projekt festgelegt.

Im Gruppenfeld *Einstellungen für Formular-Raster* können Sie die Darstellungsart des Formulars/Userform beim Bearbeiten festlegen. Sie können ein Raster anzeigen, die Rastereinheiten sowie die Rasterung selbst für das Formular festlegen und eingefügte Steuerelemente automatisch am Raster ausrichten lassen.

Die Einstellung *Quickinfo anzeigen* bezieht sich lediglich auf die QuickInfos für die Symbolschaltflächen und kann deaktiviert werden, wenn Sie etwas mehr Übung haben und die Symbole in den Symbolleisten kennen.

Aktivieren Sie das Kontrollkästchen *Ausblenden des Projekts schließt Fenster*, wenn Projekt-, UserForm-, Objekt- oder Modulfenster automatisch geschlossen werden sollen, sobald ein Projekt im Projekt-Explorer ausgeblendet wird.

Im Gruppenfeld *Bearbeiten und Fortfahren* bestimmen Sie, ob eine Benachrichtigung erfolgen soll, wenn durch eine angeforderte Aktion alle Variablen auf Modulebene für ein laufendes Projekt zurückgesetzt werden.

Das Gruppenfeld *Unterbrechen bei Fehlern* bestimmt, wie Fehler in der Visual Basic-Entwicklungsumgebung verarbeitet werden sollen. Das Einstellen dieser Option wirkt sich auf alle Instanzen von Visual Basic aus, die nach dem Ändern dieser Einstellung gestartet werden.

Sie haben dabei folgende drei Möglichkeiten:

1. *Bei jedem Fehler*: Bei jedem Fehler wird für das Projekt der Haltemodus aktiviert, unabhängig davon, ob eine Fehlerbehandlungsroutine aktiviert ist oder sich der Code in einem Klassenmodul befindet. Die fehlerhafte Zeile wird dann mit einer gelben Hintergrundfarbe hinterlegt. Für nähere Information zum Thema Klassenmodul können Sie das ▶ Kapitel 15 aufschlagen und sich die Programmierung von Ereignissen ansehen.

2. *In Klassenmodul*: Mit dieser Einstellung werden alle nicht verarbeiteten Fehler in einem Klassenmodul mit dem Haltemodus gestoppt.

3. *Bei nicht verarbeiteten Fehlern*: Wenn eine Fehlerbehandlungsroutine läuft, wird der Fehler behandelt, ohne den Haltemodus zu aktivieren. Sollte keine Fehlerbehandlungsroutine vorhanden sein, bewirkt der Fehler, dass der Haltemodus für das Projekt aktiviert wird. Eine Fehlerbehandlungsroutine ist ein Programmabschnitt innerhalb eines Makros, dessen Befehle ausgeführt werden, wenn ein Fehler während der Ausführung des Makros auftritt.

Im Gruppenfeld *Kompilieren* legen Sie fest, ob ein Projekt vor dem Start vollständig kompiliert oder ob der Code bei Bedarf kompiliert wird, wodurch die Anwendung schneller gestartet werden kann. Der Kompiliervorgang beschränkt sich hierbei auf eine Syntaxprüfung des eingegebenen Quellcodes.

Fenster verankern

Auf der Registerkarte *Verankern* legen Sie fest, welche Fenster verankerbar sein sollen.

Abbildung 11.22:
Fenster
verankern

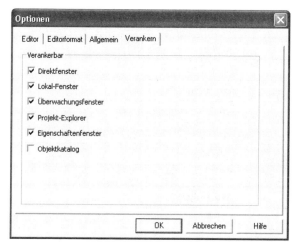

Ein Fenster ist verankert, wenn es mit einer Kante eines anderen verankerbaren Fensters oder eines Anwendungsfensters verbunden ist. Ein verankerbares Fenster wird beim Verschieben automatisch ausgerichtet. Ein Fenster ist nicht verankerbar, wenn es an eine beliebige Position auf dem Bildschirm verschoben werden kann und diese Position beibehält. Wählen Sie die Fenster aus, die verankerbar sein sollen, und deaktivieren Sie die Kontrollkästchen für die anderen Fenster.

Mit Tastenkombinationen arbeiten

Es gibt eine ganze Reihe Tastenkombinationen, die Ihnen mehr Arbeitserleichterung und eine nicht zu unterschätzende Zeitersparnis beim Programmieren bieten.

Entnehmen Sie aus der folgenden Tabelle einige der gängigsten Tastenkombinationen für das zügige Arbeiten in der Entwicklungsumgebung.

Tastenkombination	Beschreibung
F7	Codefenster anzeigen
F2	Objektkatalog anzeigen
Strg+f	Suchen
Strg+h	Ersetzen
F3	Weitersuchen
Umschalt+F3	Suchen in entgegengesetzte Richtung
Strg+Pfeil unten	Nächste Prozedur
Strg+Pfeil oben	Vorherige Prozedur
Umschalt+F2	Definition anzeigen
Strg+Bild ab	Einen Bildschirm nach unten
Strg+Bild auf	Einen Bildschirm nach oben
Strg+Umschalt+F2	Zur letzten Position wechseln
Strg+Pos1	Anfang des Moduls
Strg+Ende	Ende des Moduls
Strg+Pfeil rechts	Ein Wort nach rechts
Strg+Pfeil links	Ein Wort nach links
Ende	Zum Zeilenende wechseln
Pos1	Zum Zeilenanfang wechseln
Strg+z	Letzten Befehl rückgängig machen
Strg+c	Code kopieren
Strg+x	Code auschneiden
Strg+v	Code einfügen
Strg+y	Aktuelle Zeile löschen ▶

Tabelle 11.2:
Die wichtigsten Tastenkombinationen fürs Programmieren

Tastenkombination	Beschreibung
Strg+Entf	Bis zum Wortende löschen
Tab	Einzug vergrößern
Umschalt+Tab	Einzug verkleinern
Strg+Umschalt+F9	Alle Haltepunkte löschen
Umschalt+F10	Kontextmenü anzeigen
Strg+p	Modul drucken
Strg+e	Modul/Formular exportieren
Strg+s	Modul speichern

12 Variablen, Objektvariablen, Konstanten und Sprachelemente

In diesem Kapitel lernen Sie das Handwerkszeug der VBA-Programmierung kennen. Gleich zu Beginn erfahren Sie, wie man Variablen, Objektvariablen und Konstanten deklariert und wie man Sprachelemente wie Schleifen und Verzweigungen in Power-Point einsetzt.

Alle hier vorgestellten Beispiele finden Sie auf der CD-ROM zum Buch im Verzeichnis **Kap12** in der Datei **Präsentation1.ppt**.

Arbeiten mit Variablen

Mithilfe von Variablen speichern Sie Informationen dauerhaft während der Laufzeit eines Makros. Sie können diese Informationen mehrmals im Makro benutzen, indem Sie Variablen damit füllen. Die in den Variablen gespeicherten Werte können nachträglich verändert werden (z.B. in Schleifen, wo eine Zählervariable, deren Inhalt sich ständig verändert, für die einzelnen Schleifendurchläufe benötigt wird). Mit Konstanten legen Sie Informationen fest, die sich selten oder sogar nie ändern. PowerPoint bietet für die Deklaration von Variablen und Konstanten eine ganze Auswahl an Datentypen. Je nach Aufgabe setzten Sie dazu die vorgesehenen Datentypen ein.

Regeln für den Gebrauch von Variablen

Wenn Sie Variablen einsetzen, müssen Sie sich dabei an bestimmte Konventionen für deren Benennung halten:

- Das erste Zeichen muss aus einem Buchstaben bestehen. Als folgende Zeichen können Sie Buchstaben, Zahlen und einige Sonderzeichen verwenden.

- Sie dürfen keine Leerzeichen in einem Variablennamen verwenden. Wenn Sie einzelne Wörter trennen möchten, verwenden Sie dazu den Unterstrich, wie z.B. `Dim Kosten_Quartal1 as Currency`.

- Sonderzeichen wie #, %, &, ! oder ? sind nicht erlaubt.

Wenn Sie Ihre Variablennamen übersichtlich und auch aussagekräftig definieren möchten, empfiehlt sich die folgende Schreibweise:

```
Dim sFehlerMeldung as String
```

Hier geht aus dem Namen der Variablen klar hervor, welchem Zweck die Variable dienen soll. Außerdem ist die Variable durch die Schreibweise leicht lesbar. Der erste Buchstabe der Variablen repräsentiert dabei den Datentyp, s steht hier für eine Variable vom Typ String.

Variablen deklarieren

Variablen werden immer zu Beginn eines Makros deklariert, also nach der Sub-Anweisung. Dabei spricht man von *lokalen* Variablen. Diese Variablen können nur in dem Makro verwendet werden, in dem sie deklariert wurden. Nachdem ein Makro ausgeführt wurde, wird diese Variable wieder aus dem Speicher gelöscht.

Von *globalen* Variablen spricht man, wenn Sie diese allgemein gültig, also in mehreren Makros verwenden möchten. Dann muss die Variablendeklaration vor der Sub-Anweisung stattfinden.

Globale Variablen können gleich für mehrere Makros verwendet werden. Diese werden nach dem Ende eines Makros auch nicht gelöscht und behalten ihren aktuellen Wert bei. Es gibt Beispiele, in denen diese Vorgehensweise sinnvoll ist. In den meisten Fällen sollten globale Variablen aber weitestgehend vermieden werden, da sie wertvollen Speicherplatz auf dem Stapelspeicher belegen, was sich negativ auf das Laufzeitverhalten von Makros auswirken kann.

Eine Variablendeklaration beginnt immer mit der Anweisung Dim, gefolgt von einem Variablennamen, den Sie frei wählen können. Danach geben Sie mit dem Schlüsselwort As an, welchen Datentyp die Variable erhalten soll. In der Tabelle 12.1 werden die gängigsten Variablentypen aufgelistet.

Variablentyp	Wertebereich/Speicherbedarf
Byte	Ganze Zahlen zwischen 0 und 255 (1 Byte)
Boolean	Wahrheitswert (2 Bytes), entweder True (wahr) oder False (falsch)
Currency	Währungs-Datentyp: Festkommazahlen mit 15 Stellen vor und 4 Stellen nach dem Komma (8 Bytes)
Date	Datums- und Zeit-Datentyp (8 Bytes)
Decimal	Dezimalzahlen (14 Bytes)
Double	Fließkommazahlen mit einer Genauigkeit von 16 Stellen hinterm Komma (8 Bytes)
Integer	Ganze Zahlen zwischen −32.768 und +32.767 (2 Bytes)
Long	Ganze Zahlen im Wertebereich von −2.147.483.648 und +2.147.483.647 (4 Byte)
Object	Datentyp gibt einen Verweis auf ein Objekt wieder (4 Bytes)
Single	Fließkommazahlen mit einer Genauigkeit von 8 Stellen hinterm Komma (4 Bytes) ▶

Tabelle 12.1:
Die wichtigsten Datentypen

Variablentyp	Wertebereich/Speicherbedarf
String	Der Datentyp für alle Texte (10 Bytes)
Variant	Standarddatentyp, wird automatisch gewählt, wenn kein anderer Datentyp definiert ist (16 Bytes)

Oft werden Variablen in folgender Form deklariert:

```
Dim i, i2, i3 As Integer
```

Dazu ist zu sagen, dass lediglich der ersten Variablen der Typ Integer zugeordnet wird. Alle anderen Variablen sind vom Datentyp Variant. Richtig wäre hier:

```
Dim i As Integer
Dim i2 As Integer
Dim i3 As Integer
```

oder

```
Dim i As Integer, i2 As Integer, i3 As Integer
```

Wenn Sie nach und nach geübter in der Programmierung werden, möchten Sie möglicherweise die Variablennamen nicht mehr ganz so lang schreiben und auch bei der Datentyp-Anweisung weniger Schreibarbeit haben. Sehen Sie sich dazu einmal die folgende Tabelle an:

Tabelle 12.2:
Die Kurzform für
die Deklaration
von Variablen

Ausführlich	Kurzform
Dim Zähler as Integer	Dim Zähler%
Dim Zähler Groß as Long	Dim ZählerGroß&
Dim Betrag as Currency	Dim Betrag@
Dim Meldung as String	Dim Meldung$
Dim Zahl as Single	Dim Zahl!
Dim MaxZahl as Double	Dim MaxZahl#

TIPP Die Entwicklungsumgebung von PowerPoint bietet Ihnen eine hilfreiche Möglichkeit, um zu prüfen, wo verwendete Variabeln definiert sind. Klicken Sie die zu überprüfenden Variablen mit der rechten Maustaste an und wählen Sie im Kontextmenü den Befehl *Definition* aus. Der Mauszeiger springt danach direkt an die Stelle im Code, an der die Variable definiert wurde.

Variablendeklarationen erzwingen

Sie können PowerPoint so einstellen, dass jede Variable vor deren ersten Verwendung deklariert werden muss. Vorher wird dann kein einziges Makro ausgeführt, sofern es mit Variablen arbeitet, die nicht deklariert wurden. Um diese wichtige Einstellung vorzunehmen, wechseln Sie in die Entwicklungsumgebung und rufen den

Befehl *Extras/Optionen* auf. Wechseln Sie zur Registerkarte *Editor* und aktivieren Sie das Kontrollkästchen *Variablendeklaration erforderlich*.

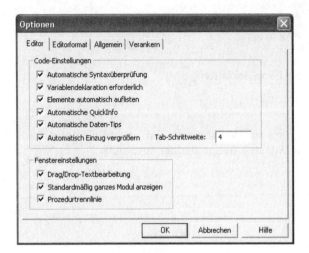

Abbildung 12.1:
Jetzt müssen alle verwendeten Variablen im Code vorher deklariert werden

Immer wenn Sie ein neues Modul einfügen, wird automatisch die Anweisung Option Explicit in die erste Zeile Ihres Modulblattes eingetragen. Diese Anweisung können Sie selbstverständlich auch von Hand erfassen. Sie bedeutet nichts anderes als dass verwendete Variablen im Code vor deren Aufruf deklariert werden müssen.

Verschiedene Variablentypen

In PowerPoint haben Sie neben den lokalen und globalen Variablen weitere Möglichkeiten, um Variablen zu deklarieren. Lernen Sie diese auf den folgenden Seiten kennen.

Statische Variablen

Sie haben die Möglichkeit, Variablen so zu definieren, dass diese nach jedem Makroende erhalten bleiben. Sehen Sie sich dazu einmal die beiden folgenden Listings an.

```
Sub VariableNormal()
Dim i As Integer

i = i + 1
MsgBox i
End Sub
```

Listing 12.1:
Variable zerfällt nach jedem Makroende

In Listing 12.1 wird bei jedem Makrostart die Variable auf den Anfangswert 1 zurückgesetzt.

```
Sub VariablenStatisch()
Static i As Integer

i = i + 1
MsgBox i
End Sub
```

Listing 12.2:
Variable bleibt nach Makroende erhalten

Wenn Sie das Makro aus Listing 12.2 mehrmals hintereinander aufrufen, werden Sie sehen, dass der Inhalt der Variablen i auch nach jedem Makrodurchlauf erhalten bleibt.

Private Variablen

Wird die Anweisung Private bei der Deklaration einer Variablen eingesetzt, ist deren Gültigkeit auf alle im Modul befindlichen Makros gültig.

Listing 12.3:
Die Variable i
kann nur für
Makros einge-
setzt werden, die
sich im Modul
befinden

```
Private i As Integer
Sub VariablePrivate()
i = i + 1
MsgBox i
End Sub
```

Öffentliche Variablen

Analog zu den privaten Variablen gibt es selbstverständlich auch öffentliche Variablen. Diese Variablen werden mit der Anweisung Public deklariert. Damit haben Sie die Möglichkeit, auf Variablen zuzugreifen, die in anderen Modulen untergebracht sind.

Listing 12.4:
Eine öffentliche
Variable kann
überall im VBA-
Projekt angespro-
chen werden

```
Public i As Integer
Sub VariablePublic()
i = i + 1
MsgBox i
End Sub
```

Objektvariablen einsetzen

Neben den normalen Variablen gibt es auch noch so genannte Objektvariablen, die jetzt vorgestellt werden sollen. Über so genannte Objektvariablen kann man Objekte wie beispielsweise Folien und Textfelder ansprechen.

Die Objektvariable Slide

Über die Objektvariable Slide können Sie eine bestimmte Folie in einer Präsentation direkt ansprechen. Im folgenden Beispiel aus Listing 12.5 wird die zweite Folie in der aktiven Präsentation angesprochen und deren Name abgefragt.

Listing 12.5:
Eine Folie direkt
ansprechen

```
Sub ObjektVar_Folie()
Dim Folie As Slide

Set Folie = ActivePresentation.Slides(2)
MsgBox Folie.Name
End Sub
```

Sie deklarieren im ersten Schritt eine Objektvariable vom Typ Slide. Danach geben Sie über die Anweisung Set bekannt, welche Folie der Präsentation Sie ansprechen möchten. Durch die erfolgte Zuweisung der Objektvariablen stehen Ihnen nun alle Eigenschaften und Methoden zur Verfügung, die eben für Folien verfügbar sind. Unter anderem ist das die Eigenschaft Name, die den Namen der Folie zurückgibt. Mithilfe der Funktion Msgbox geben Sie diesen Namen auf dem Bildschirm aus.

Abbildung 12.2:
Den Namen der
Folie am Bild-
schirm ausgeben

Die Objektvariable Presentation

Über die Objektvariable Presentation können Sie eine Präsentation auf direktem Wege ansprechen. Im nächsten Makro aus Listing 12.6 wird der Speicherpfad der aktiven Präsentation auf dem Bildschirm ausgegeben.

```
Sub ObjVar_Präsentation()
Dim PP As Presentation

Set PP = ActivePresentation
MsgBox PP.FullName
End Sub
```

Listing 12.6:
Der Speicher-
pfad der aktiven
Präsentation
wird ausgegeben

Sie deklarieren im ersten Schritt eine Objektvariable vom Typ Presentation. Danach geben Sie über die Anweisung Set bekannt, welche Präsentation Sie ansprechen möchten. Durch die erfolgte Zuweisung der Objektvariablen stehen Ihnen nun alle Eigenschaften und Methoden zur Verfügung, die für Präsentationen verfügbar sind. Unter anderem ist das die Eigenschaft FullName, die den Speicherpfad der Präsentation wiedergibt. Mithilfe der Funktion Msgbox geben Sie diese Information auf dem Bildschirm aus.

Abbildung 12.3:
Der Name der
Präsentation
inklusive des
Pfadnamens wird
ausgegeben

Die Objektvariable Shape

Unter einem Shape-Objekt versteht man eine AutoForm, eine freihändig gezeichnete Zeichnung oder ein OLE-Objekt. Sogar Grafiken können mithilfe des Shape-Objekts angesprochen werden.

Im folgenden Makro aus Listing 12.7 wird der Name des ersten Shape-Objekts angesprochen, das sich auf der ersten Folie der aktiven Präsentation befindet.

```
Sub ObjVar_Shape()
Dim shp As Shape

Set shp = ActivePresentation.Slides(1).Shapes(1)
MsgBox shp.Name & vbLf & _
       shp.Width & vbLf & _
       shp.Height, vbInformation
End Sub
```

Listing 12.7:
Den Namen
sowie die Größe
des Shapes ausle-
sen

Sie deklarieren im ersten Schritt eine Objektvariable vom Typ Shape. Danach geben Sie über die Anweisung Set bekannt, welches Shape-Objekt Sie ansprechen möchten. Dabei geben Sie neben dem Namen der Präsentation auch die Folie an, auf der sich das Shape-Objekt befindet. Durch die Zuweisung der Objektvariablen stehen Ihnen nun alle Eigenschaften und Methoden zur Verfügung, die für Präsentationen verfügbar sind. Unter anderem ist dies die Eigenschafte Name, die den Namen des Shape-Objekts wiedergibt. Des Weiteren können Sie über die Eigenschaften Width und Height die genaue Größe in Pixel abfragen. Mithilfe der Funktion Msgbox geben Sie diese Information auf dem Bildschirm aus.

Abbildung 12.4:
Die Größe des
Rechtecks wird
ausgegeben

Die Objektvariable TextRange

Mithilfe der Objektvariablen TextRange können Sie den Text, der mit einer Form verknüpft ist, sowie Eigenschaften und Methoden zum Bearbeiten des Textes ansprechen.

Im folgenden Beispiel wird auf der zweiten Folie der aktiven Präsentation der Inhalt des zweiten Shapes ausgelesen.

Listing 12.8:
Den Inhalt einer
Form auslesen

```
Sub ObjVar_TextRange()
Dim txtR As TextRange

Set txtR = ActivePresentation.Slides(1). _
        Shapes(2).TextFrame.TextRange
MsgBox txtR.Text, vbInformation
End Sub
```

Sie deklarieren im ersten Schritt eine Objektvariable vom Typ TextRange. Danach geben Sie über die Anweisung Set bekannt, welches Shape-Objekt Sie ansprechen möchten. Dabei geben Sie neben dem Namen der Präsentation auch die Folie an, auf der sich das Shape-Objekt befindet. Über das Objekt TextFrame wird der Textrahmen des Shape-Objekts angesprochen. Durch die erfolgte Zuweisung der Objektvariablen stehen Ihnen nun alle Eigenschaften und Methoden zur Verfügung, die für Präsentationen verfügbar sind. Unter anderem ist das die Eigenschaft Text, die den Inhalt des Shape-Objekts zurückgibt. Über die Funktion Msgbox geben Sie diese Information auf dem Bildschirm aus.

Die Objektvariable DocumentProperties

Mithilfe der Objektvariable DocumentProperties haben Sie Zugriff auf alle Dokumenteigenschaften, die Sie sich auch ansehen können, wenn Sie im Menü *Datei* den
Befehl *Eigenschaften* auswählen.

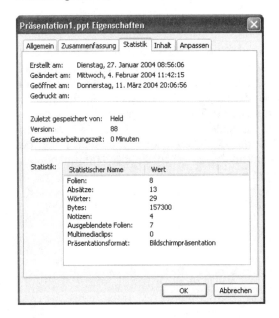

Im folgenden Beispiel aus Listing 12.9 geben Sie die Dokumenteigenschaften *Letzte Änderung*, *Anlagedatum* sowie *Letzter Bearbeiter* der aktiven Präsentation auf dem Bildschirm aus.

Listing 12.9:
Einige Doku-
menteigenschaf-
ten ausgeben

```
Sub ObjVar_DocumentProperties()
Dim DocE As DocumentProperties

Set DocE = ActivePresentation.BuiltInDocumentProperties
MsgBox "Letzte Änderung: " & DocE("last save time") & vbLf & _
       "Anlagedatum: " & DocE("creation date") & vbLf & _
       "Letzter Bearbeiter: " & DocE("Last author")
End Sub
```

Abbildung 12.7:
Dokumenteigen-
schaften auslesen

Sie deklarieren im ersten Schritt eine Objektvariable vom Typ DocumentProperties. Danach geben Sie über die Anweisung Set bekannt, dass Sie auf die Dokumenteigenschaften der aktiven Präsentation zugreifen möchten. Über die Funktion Msgbox geben Sie diese Information auf dem Bildschirm aus. Weitere wichtige Dokumenteigenschaften können Sie der Tabelle 12.3 entnehmen.

Tabelle 12.3:
Die wichtigsten
Dokumenteigen-
schaften im
Überblick

Dokumenteigenschaft	Bedeutung
Title	Der Titel der Präsentation
Subject	Das Thema der Präsentation
Author	Der Autor der Präsentation
Keywords	Stichwörter, die für die Präsentation gelten sollen
Comments	Kommentare zur Präsentation
Template	Die Vorlage der Präsentation
Last Author	Der letzte Bearbeiter der Präsentation
Last Print Date	Das letzte Druckdatum
Creation date	Das Erstellungsdatum der Präsentation
Last Save Time	Das Datum der letzten Speicherung der Präsentation
Total Editing Time	Gesamtbearbeitungszeit in Minuten
Number of Pages	Die Seitenanzahl der Präsentation
Number of Words	Die Anzahl der Wörter in der Präsentation
Number of Characters	Die Anzahl der Zeichen in der Präsentation
Category	Die Kategorie der Präsentation
Manager	Der »Chef« des Autors ▶

Dokumenteigenschaft	Bedeutung
Company	Der Firmenname
Number of Slides	Die Anzahl der Folien in einer Präsentation
Number of hidden Slides	Die Anzahl der versteckten Folien in einer Präsentation
Number of Multimedia Clips	Die Anzahl der eingesetzten Multimedia-Dateien einer Präsentation

Die Objektvariable CommandBars

Mithilfe der Objektvariablen CommandBars können Sie auf jede Menü- und Symbolleiste von PowerPoint zugreifen. Im folgenden Makro aus Listing 12.10 werden die ersten drei Menüs aus der Menüleiste angesprochen. Über die Eigenschaft Caption wird dabei die Beschriftung der Menüs ausgelesen.

```
Sub ObjVar_Commandbar()
Dim cmd As CommandBar

Set cmd = Application.CommandBars("Menu bar")
With cmd
MsgBox .Controls(1).Caption & vbLf & _
       .Controls(2).Caption & vbLf & _

       .Controls(3).Caption, vbInformation
End With
End Sub
```

Sie deklarieren zu Beginn des Makros eine Objektvariable vom Typ CommandBars. Danach geben Sie über die Anweisung Set bekannt, dass Sie auf die Menüleiste von PowerPoint zugreifen möchten. Mithilfe der With-Anweisung können Sie sich ein wenig Schreibarbeit sparen, indem Sie innerhalb der With-Struktur den Namen der Objektvariablen weglassen und dafür einen Punkt setzen. Dies erhöht die Übersichtlichkeit im Quellcode sehr.

Listing 12.10:
Die Menü-
befehle werden
ausgelesen

Abbildung 12.8:
Die ersten drei
Menünamen der
Menüleiste aus-
geben

Möchten Sie anstatt der einzelnen Menüs die Befehle eines bestimmten Menüs abfragen, dann setzen Sie das Makro aus Listing 12.11 ein.

```
Sub ObjVar_Commandbar2()
Dim cmd As CommandBar

Set cmd = Application.CommandBars("Menu bar")

With cmd.Controls(1)
MsgBox .Controls(1).Caption & vbLf & _
       .Controls(2).Caption & vbLf & _
```

Listing 12.11:
Die Befehle des
Menüs Datei
abfragen

```
        .Controls(3).Caption, vbInformation
End With
End Sub
```

Geben Sie in der With-Anweisung an, dass Sie Zugriff auf das erste Menü in der
Menüleiste von PowerPoint haben möchten. Danach fragen Sie die Beschriftung der
einzelnen Menübefehle über die Eigenschaft Caption ab.

Abbildung 12.9:
Die ersten drei
Befehle des
Menüs Datei

Konstanten einsetzen

Im Gegensatz zu den Variablen ändern Konstanten ihre Werte nie und bleiben während der Programmausführung immer konstant. Auch hier wird zwischen lokalen
und globalen Konstanten unterschieden. Globale Konstanten werden außerhalb der
einzelnen Makros definiert und sind damit für alle Makros im Modul verwendbar.
Lokale Konstanten hingegen gelten nur in dem Makro, in welchem sie definiert wurden. Wie schon bei den Variablen sollten Sie darauf achten, nicht allzu viele globale
Konstanten zu verwenden, da sich dies merklich auf Ihren Speicher auswirkt.

Nachfolgend ein paar typische Deklarationen mit Konstanten:

```
Const Präsentation = "Büro.ppt"
Const Datum1 = #01/10/2003#
Const Fehler1 = _
 "Fehler beim Öffnen aufgetreten!"
Const MWST = 1.16
```

Was für die Variablen gilt, trifft auch auf Konstanten zu. In den obigen Beispielen ist
noch nicht bestimmt worden, welche Datentypen verwendet werden sollen. Zum
aktuellen Zeitpunkt wird in allen vier Beispielen der Datentyp Variant eingesetzt. Es
geht auch etwas genauer und Speicher sparender:

```
Const Präsentation as String = "Büro.ppt"
Const Datum1 As Date = #01/10/2003#
Const Fehler1 as String = _
 "Fehler beim Öffnen aufgetreten!"
Const MWST as Single = 1.16
```

Systemkonstanten einsetzen

Neben den Konstanten, die Sie selber deklarieren können, gibt es auch vom System
vorgegebene Konstanten. Lernen Sie auf den nächsten Seiten ein paar dieser Konstanten kennen.

Die Dir-Konstanten

Sicher kennen Sie noch den alten DOS-Befehl Dir, über den Sie sich damals, aber auch noch heute, den Inhalt Ihrer Festplatte anzeigen lassen konnten. Mit diesem Befehl können bestimmte Konstanten eingesetzt werden, die Sie in der Tabelle 12.4 einsehen können.

Konstante	Wert	Beschreibung
VbNormal	0	(Voreinstellung) Dateien ohne Attribute.
VbReadOnly	1	Schreibgeschützte Dateien, zusätzlich zu Dateien ohne Attribute.
VbHidden	2	Versteckte Dateien, zusätzlich zu Dateien ohne Attribute.
VbSystem	4	Systemdateien, zusätzlich zu Dateien ohne Attribute. Beim Macintosh nicht verfügbar.
VbVolume	8	Datenträgerbezeichnung. Falls andere Attribute angegeben wurden, wird vbVolume ignoriert. Beim Macintosh nicht verfügbar.
VbDirectory	16	Verzeichnis oder Ordner, zusätzlich zu Dateien ohne Attribute.

Tabelle 12.4:
Die Dir-Konstanten

Im folgenden Beispiel soll mithilfe der Funktion GetAttr und den Dir-Konstanten überprüft werden, ob eine bestimmte Präsentation in einem Verzeichnis existiert. Schreiben Sie dazu eine Funktion und eine aufrufende Prozedur, die Sie im folgenden Listing sehen können.

```
Function PP_Ver(ByVal Pfad As String) As Boolean
  On Error Resume Next
  PP_Ver = (GetAttr(Pfad) And vbDirectory) = 0
End Function

Sub PräsentationsKontrolle()
Dim b As Boolean

b = PP_Ver("C:\Eigene Dateien\Präsentation1.ppt")
If b = False Then
MsgBox "Präsentation konnte nicht gefunden werden!"
Else
MsgBox _
"Präsentation wurde im angegebenen Pfad gefunden!"
End If
End Sub
```

Listing 12.12:
Prüfen, ob eine bestimmte Präsentation existiert

Übergeben Sie der Funktion PP_Ver den kompletten Pfad- und Dateinamen der gesuchten Präsentation. Mit dem Schlüsselwort ByVal legen Sie fest, dass diese Information als Wert übergeben wird. Dies bedeutet, dass der aktuelle Wert der Variablen, die die Information speichert, nicht von der Prozedur verändert werden kann, die den Pfad und Dateinamen entgegennimmt.

Mit der Funktion GetAttr geben Sie einen Wert vom Typ Integer zurück, der über die Attribute einer Datei, eines Verzeichnisses oder eines Ordners informiert.

Die Shell-Konstanten

Mithilfe der Funktion Shell können Sie jedes ausführbare Programm aufrufen. Über die Shell-Konstanten legen Sie dabei fest, ob das Programm im Hintergrund bleiben bzw. minimiert oder maximiert angezeigt werden soll.

Die Funktion Shell hat folgende Syntax:

```
Shell(pathname[,windowstyle])
```

Im Argument pathname geben Sie den Pfad sowie den Dateinamen der ausführbaren Datei an, die Sie starten möchten.

Das Argument WindowsStyle legt den Stil des Fensters fest, in dem das Programm ausgeführt werden soll. Dabei stehen Ihnen folgende Konstanten aus Tabelle 12.5 zur Verfügung.

Tabelle 12.5:
Die Konstanten
der Funktion
Shell

Konstante	Wert	Beschreibung
VbHide	0	Das Fenster ist ausgeblendet und das ausgeblendete Fenster erhält den Fokus.
VbNormalFocus	1	Das Fenster hat den Fokus und die ursprüngliche Größe und Position wird wiederhergestellt.
VbMinimizedFocus	2	Das Fenster wird als Symbol mit Fokus angezeigt.
VbMaximizedFocus	3	Das Fenster wird maximiert mit Fokus angezeigt.
VbNormalNoFocus	4	Die zuletzt verwendete Größe und Position des Fensters wird wiederhergestellt. Das momentan aktive Fenster bleibt aktiv.
VbMinimizedNoFocus	6	Das Fenster wird als Symbol angezeigt. Das momentan aktive Fenster bleibt aktiv.

Wenden Sie jetzt die Funktion Shell und deren Konstanten in einem Beispiel an. So wird im nächsten Listing der Internet Explorer von Microsoft gestartet und eine bestimmte Webseite automatisch geladen.

Listing 12.13:
Den Internet-
Explorer
aufrufen

```
Sub HomepageLaden()
Dim WebSeite
Dim s_Web As String

s_Web = "http://held-office.de"
WebSeite = Shell _
("C:\Programme\Internet Explorer\IExplore.exe " & s_Web, 1)
End Sub
```

Die StrConv-Konstanten

Mithilfe der Funktion StrConv und den dazugehörigen Konstanten können Sie Texte automatisch anpassen. Sie haben dabei unter anderem die Möglichkeit, Texte in Groß- bzw. Kleinbuchstaben umzuwandeln.

Entnehmen Sie aus der Tabelle 12.6 die gängigsten Konstanten der Funktion StrConv.

Konstante	Wert	Beschreibung
VbUpperCase	1	Wandelt die Zeichenfolge in Großbuchstaben um.
VbLowerCase	2	Wandelt die Zeichenfolge in Kleinbuchstaben um.
VbProperCase	3	Wandelt den ersten Buchstaben jedes Wortes innerhalb der Zeichenfolge in einen Großbuchstaben um.

Tabelle 12.6:
Die Konstanten der Funktion StrConv

Im folgenden Beispiel wird in der zweiten Folie der aktiven Präsentation der Text des zweiten Textfeldes in Großbuchstaben konvertiert. Die Lösung dieser Aufgabe können Sie im Makro aus Listing 12.14 sehen.

```
Sub TextWandeln()
With ActivePresentation.Slides(2).Shapes(2)
 .TextFrame.TextRange.Text = _
  StrConv(.TextFrame.TextRange.Text, vbUpperCase)
End With
End Sub
```

Listing 12.14:
Text wird in Großbuchstaben konvertiert

Abbildung 12.10:
Der Text wurde in Großbuchstaben konvertiert

Die Sprachelemente von VBA

Das Wesentliche, was eine Programmiersprache ausmacht, sind ihre Sprachelemente. Auf den nächsten Seiten erfahren Sie, wie Sie mithilfe von Abfragen, Schleifen und anderen Anweisungen Ihre Programme flexibel gestalten können. Diese Sprachelemente lassen sich leider nicht mit dem Makrorekorder aufzeichnen und müssen von Ihnen selbst erstellt werden. Der richtige Einsatz der Sprachelemente macht letztendlich die Kunst der Programmierung aus.

Die Verzweigungen

Mit Verzweigungen können Sie in VBA bestimmte Zustände abfragen und je nach Zustand anders reagieren. Die Syntax für eine solche Verzweigung lautet:

```
If Bedingung Then [Anweisungen] [Else elseAnweisungen]
```

Alternativ können Sie die Block-Syntax verwenden:

```
If Bedingung Then
[Anweisungen]
[ElseIf Bedingung-n Then
[elseifAnweisungen] ...
[Else
[elseAnweisungen]]
End If
```

Als Argument Bedingung bzw. Bedingung-n müssen Sie entweder einen numerischen Ausdruck oder einen Zeichenfolgenausdruck eingeben, der True (wahr) oder False (falsch) ergibt. Wenn die Bedingung den Wert 0 zurückmeldet, wird die Bedingung als False interpretiert.

Anstelle des Arguments Anweisungen verwenden Sie jene Anweisungen, die ausgeführt werden sollen, wenn Bedingung den Wert True liefert.

Das Argument elseifAnweisungen wird durch eine oder mehrere Anweisungen ersetzt, die ausgeführt werden sollen, wenn die zugehörige Bedingung (bzw. Bedingung-n) den Wert True zurückgibt.

Das Argument elseAnweisungen meint eine oder mehrere Anweisungen, die ausgeführt werden sollen, wenn keine der Bedingungen (Bedingung-Ausdruck oder Bedingung-n-Ausdruck) den Wert True meldet.

Abfrage nach dem Erstellungsdatum der Präsentation

Im folgenden Beispiel aus Listing 12.15 soll ermittelt werden, ob die aktuell geöffnete Präsentation am heutigen Tag erstellt wurde. Wenn ja, dann soll diese Information bestätigt werden. Wenn nicht, dann soll das Erstellungsdatum der Präsentation auf dem Bildschirm ausgegeben werden.

Listing 12.15: Abfrage nach dem Erstellungsdatum der Präsentation

```
Sub Verzweigung01()
Dim DocE As DocumentProperties

Set DocE = ActivePresentation.BuiltInDocumentProperties
If DocE("Creation date") = Date Then
MsgBox "Die Präsentation wurde heute erstellt!", vbInformation
Else
MsgBox "Die Präsentation wurde nicht heute erstellt, sondern am " & _
        DocE("Creation date"), vbInformation
End If
End Sub
```

Mithilfe der Funktion Date können Sie das aktuelle Tagesdatum abfragen. Dieses Datum wird dabei aus den Systemeinstellungen von Windows bezogen. Das Datum wird danach mit dem Erstellungsdatum der Präsentation verglichen und je nach Vergleichsergebnis entsprechend kommentiert.

Versionsabfrage durchführen

Da sich die einzelnen Befehle in den verschiedenen PowerPoint-Versionen unterscheiden, können Sie beispielsweise auch eine Versionsabfrage durchführen. Im folgenden Makro aus Listing 12.16 werden die beiden Versionen PowerPoint 2002 und PowerPoint 2003 abgefragt.

```
Sub Verzweigung02()
If Application.Version = "11.0" Then
 MsgBox "PowerPoint 2003 ist installiert", vbInformation
 Else
  If Application.Version = "10.0" Then
  MsgBox "PowerPoint 2002 ist installiert", vbInformation
  End If
 MsgBox "Diese Version wird nicht unterstützt!"
End If
End Sub
```

Listing 12.16:
Versionsabfrage
mit If then else

Über die Eigenschaft Version können Sie die installierte Version von PowerPoint abfragen. In diesem Beispiel wurde die If-Anweisung geschachtelt. Wenn Sie weitere Versionen überprüfen möchten, dann lernen Sie später noch eine übersichtlichere Methode kennen, um diese Aufgabe zu lösen.

Eingaben überprüfen

Bei allen Arten von Eingaben können Sie überprüfen, ob die Eingabe richtig vorgenommen wurde. So können Sie beispielsweise über die Funktion IsNumeric überprüfen, ob eine Eingabe in numerischer Form vorgenommen wurde.

Im nächsten Beispiel aus Listing 12.17 soll einer Eingabeaufforderung ein gültiger Betrag übergeben werden. Diese Eingabe soll danach geprüft werden.

```
Sub Verzweigung03()
Dim s As String

s = InputBox _
("Geben Sie hier das gewünschte Einkommen ein!", "Eingabe")
If s = "" Then Exit Sub
If Not IsNumeric(s) Then
MsgBox "Sie haben keinen numerischen Wert eingegeben!"
End If
End Sub
```

Listing 12.17:
Abfrage auf
numerische
Eingabe

Nutzen Sie die Funktion InputBox, um eine Eingabeaufforderung auf dem Bildschirm anzeigen zu lassen. Kontrollieren Sie danach wiederum, ob überhaupt eine Eingabe vorgenommen wurde. Wenn ja, dann prüfen Sie mithilfe der Funktion IsNumeric, ob ein numerischer Wert eingegeben wurde.

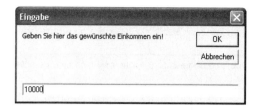

Im nächsten Beispiel aus Listing 12.18 soll eine Eingabe automatisch in Großbuchstaben konvertiert werden.

Listing 12.18:
Texte werden
automatisch in
Großbuchstaben
umgesetzt

```
Sub Verzweigung04()
Dim s As String

s = InputBox _
("Geben Sie hier einen Text ein!", "Eingabe")
If s = "" Then Exit Sub
If Not IsNumeric(s) Then
 s = UCase(s)
 Else
 MsgBox "Sie haben keinen gültigen Text eingegeben!"
End If
MsgBox s
End Sub
```

Über die Funktion InputBox zeigen Sie eine Eingabeaufforderung auf dem Bildschirm an. Kontrollieren Sie danach, ob überhaupt eine Eingabe vorgenommen wurde. Wenn ja, dann prüfen Sie mithilfe der Funktion IsNumeric, ob ein numerischer Wert eingegeben wurde. Indem Sie das Wort Not vor diese Funktion setzen, prüfen Sie, ob ein Text eingegeben wurde. Wenn ja, dann wandeln Sie den eingegebenen Text über die Funktion UCase in Großbuchstaben um.

Abbildung 12.12:
Texteingabe soll
gewandelt
werden

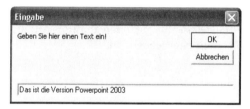

Abbildung 12.13:
Der eingegebene
Text wurde in
Großbuchstaben
umgewandelt

TIPP Selbstverständlich haben Sie auch die Möglichkeit, einen Text in Kleinbuchstaben zu konvertieren. Die dazu notwendige Funktion heißt LCase.

Neben der Prüffunktion IsNumeric gibt es eine ganze Reihe weiterer Funktionen, die gerne in Verbindung mit If-Abfragen eingesetzt werden. Entnehmen Sie diese Funktionen aus der Tabelle 12.7.

Variablen, Objektvariablen, Konstanten und Sprachelemente

Funktion	Beschreibung
IsEmpty	Gibt einen Wert vom Typ Boolean zurück, der angibt, ob eine Variable initialisiert wurde.
IsArray	Gibt einen Wert vom Typ Boolean zurück, der angibt, ob eine Variable ein Datenfeld ist.
IsDate	Gibt einen Wert vom Typ Boolean zurück, der angibt, ob ein Ausdruck in ein Datum umgewandelt werden kann.
IsError	Gibt einen Wert vom Typ Boolean zurück, der angibt, ob ein Ausdruck ein Fehlerwert ist.
IsNull	Gibt einen Wert vom Typ Boolean zurück, der angibt, ob ein Ausdruck keine gültigen Daten (Null) enthält.
IsNumeric	Gibt einen Wert vom Typ Boolean zurück, der angibt, ob ein Ausdruck als Zahl ausgewertet werden kann.
IsObject	Gibt einen Wert vom Typ Boolean zurück, der angibt, ob ein Ausdruck eine Objekt-Variable darstellt.

Tabelle 12.7:
Die Prüffunktionen von VBA

Die Funktion IIF

Neben der Verzweigung If...Then...Else gibt es eine weitere Möglichkeit, um Werte zu überprüfen. Die Funktion lautet IIF.

Die Funktion IIF hat folgende Syntax:

```
IIf(expr, truepart, falsepart)
```

Mit dem Argument expr geben Sie den auszuwertenden Ausdruck an.

Das Argument truepart liefert den zurückzugebenden Wert oder Ausdruck, wenn expr den Wert True ergibt.

Das Argument falsepart stellt den zurückzugebenden Wert oder Ausdruck dar, wenn expr den Wert False liefert.

Diese Funktion wertet immer sowohl den Teil truepart als auch den Teil falsepart aus, auch dann, wenn nur einer von beiden Teilen zurückgegeben wird.

```
Function ZahlenPrüf(Test1 As Integer)
    ZahlenPrüfen = IIf(Test1 > 1000, "Groß", "Klein")
End Function

Sub WertebereichZahl()
 MsgBox "Ihre Eingabe war: " & ZahlenPrüf(500)
End Sub
```

Listing 12.19:
Mit der Funktion
IIf arbeiten

Über die Funktion ZahlenPrüf können Sie mit der Funktion IIF kontrollieren, ob ein übergebener Wert in einem bestimmten Wertbereich liegt. Die Funktion ZahlenPrüf rufen Sie auf, indem Sie in Ihrer Prozedur den Namen der Funktion angeben und dieser einen Wert mitgeben. In der Funktion ZahlenPrüf wird dieser übergebende Wert dann untersucht und an die aufrufende Prozedur zurückgemeldet.

Die Anweisung Select Case

Wenn Sie mehrere Verzweigungen ineinander schachteln bzw. mehrere Verzweigungen hintereinander durchführen möchten, gibt es dafür eine bessere und übersichtlichere Lösung. Setzen Sie für solche Aufgaben die Anweisung Select Case ein.

Die Syntax für Select Case lautet:

```
Select Case Testausdruck
[Case Ausdrucksliste-n
    [Anweisungen-n]] ...
[Case Else
    [elseAnw]]
End Select
```

Das Argument Testausdruck kennzeichnet einen beliebigen numerischen Ausdruck oder Zeichenfolgenausdruck, den Sie auswerten möchten. Im Argument Ausdrucksliste-n spezifizieren Sie den zu untersuchenden Ausdruck näher. Dabei können Sie Vergleichsoperatoren verwenden. So stehen Ihnen Vergleichsoperatoren wie To, Is oder Like zur Verfügung.

Mit dem Argument Anweisungen-n können Sie eine oder mehrere Anweisungen angeben, die ausgeführt werden sollen, wenn Testausdruck mit irgendeinem Teil in Ausdrucksliste-n übereinstimmt.

Das Argument elseAnw ist optional einsetzbar. Damit können Sie darauf reagieren, wenn Testausdruck mit keinem der Ausdrücke im Case-Abschnitt übereinstimmen sollte.

Sehen Sie nun ein paar typische Beispiele für den Einsatz von Select Case.

Elemente identifizieren

Im nächsten Beispiel aus Listing 12.20 werden Sie einzelne Elemente auf einer Folie identifizieren. Dazu setzen Sie die Anweisung Select Case ein.

Listing 12.20: Objekte einer Folie identifizieren

```
Sub ShapesAuswerten()
Dim shp As Shape
Dim s As String

Set shp = ActivePresentation.Slides(1).Shapes(1)
Select Case Left(shp.Name, 4)
 Case "Rect"
  s = "Rechteck!"
 Case "Oval"
  s = "Kreis"
 Case "Line"
  s = "Linie"
 Case "Word"
  s = "WordArt"
 case else
  s="Objekt noch nicht identifiziert!"
End Select
MsgBox "Das angegebene Objekt heißt: " & s
End Sub
```

Mithilfe der Funktion Left können Sie eine bestimmte Anzahl von Zeichen (hier sind es 4) vom linken Rand eines Textes extrahieren. Den Namen des Shape-Objekts können Sie über die Eigenschaft Name abfragen. Innerhalb der Case-Struktur prüfen Sie die einzelnen Fälle.

Zahlen überprüfen

Wenn Sie Zahlen überprüfen möchten, die in einem bestimmten Wertebereich liegen sollen, dann leistet die Select Case-Anweisung auch hierbei hervorragende Dienste. Im folgenden Beispiel aus Listing 12.21 wird eine Zahl zwischen 1 und 100 eingegeben und im Anschluss daran ausgewertet.

```
Sub ZahlenAuswerten()
Dim i As Integer

i = InputBox _
("Geben Sie einen Wert zwischen 1 und 100 ein!")

Select Case i
  Case 1 To 5
   MsgBox "Wert liegt zwischen 1 und 5"
  Case 6, 7, 8
   MsgBox "Wert ist entweder 6, 7 oder 8"
  Case 9 To 15
   MsgBox "Wert liegt zwischen 9 und 15"
  Case 16 To 100
   MsgBox "Wert liegt zwischen 16 und 100"
  Case Else
   MsgBox "Es wurde kein gültiger Wert eingegeben!"
End Select
End Sub
```

Listing 12.21:
Zahlen auswerten mit Select case

Sie wenden die Select Case-Anweisung an, um die eingegebenen Werte zu überprüfen. In der ersten Abfrage kontrollieren Sie, ob der eingegebene Wert zwischen 1 und 5 liegt. In diesem Fall können Sie den Vergleichsoperator To einsetzen. In der zweiten Abfrage haben Sie die Zahlenwerte durch Kommata getrennt eingegeben. Wurde kein gültiger Zahlenwert eingegeben, dann schlägt die Anweisung Case Else zu. Dort geben Sie eine Fehlermeldung auf dem Bildschirm aus.

Die Tabelle 12.8 enthält eine Liste der Vergleichsoperatoren und die Bedingungen, unter denen das Ergebnis True, False oder 0 wird:

Vergleichsoperator	Erklärung
<	kleiner als
<=	kleiner oder gleich
>	größer als
>=	größer oder gleich
=	gleich
<>	ungleich

Tabelle 12.8:
Die Vergleichsoperatoren in VBA

Fensterstatus abfragen

Im folgenden Beispiel aus Listing 12.22 soll der momentane Fensterstatus der Applikation abgefragt werden. Es gibt die Fenstermodi maximiert, minimiert und normal.

Listing 12.22:
Den Fenster-
status ermitteln

```
Sub FensterstatusAuswerten()
Dim s As String

    Select Case Application.WindowState
        Case ppWindowMaximized
            s = "maximiert"
        Case ppWindowMinimized
            s = "minimiert"
        Case ppWindowNormal
            s = "normal"
    End Select
    MsgBox "Der Fensterstatus ist: " & s
End Sub
```

Mithilfe der Eigenschaft WindowState können Sie den Status des angezeigten Fensters ermitteln. Die Prüfung erfolgt über eine Select Case-Anweisung.

Abbildung 12.14:
Der Fenstersta-
tus wurde ermit-
telt und
ausgegeben

Monatsnamen ermitteln

Ausgehend vom aktuellen Datum soll im folgenden Beispiel aus Listing 12.23 der dazugehörige Monatsname ermittelt werden. Auch diese Aufgabe können Sie über eine Select Case-Anweisung lösen.

Listing 12.23:
Den Monats-
namen aus dem
aktuellen Tages-
datum
extrahieren

```
Sub MonatAusDatumExtrahieren()
Dim imonat As Integer
Dim s As String

imonat = Month(Date)
```

Variablen, Objektvariablen, Konstanten und Sprachelemente

```
Select Case imonat
Case 1
  s = "Januar"
Case 2
  s = "Februar"
Case 3
  s = "März"
Case 4
  s = "April"
Case 5
  s = "Mai"
Case 6
  s = "Juni"
Case 7
  s = "Juli"
Case 8
  s = "August"
Case 9
  s = "September"
Case 10
  s = "Oktober"
Case 11
  s = "November"
Case 12
  s = "Dezember"
End Select
MsgBox "Momentan haben wir den Monat " & s
End Sub
```

Mithilfe der Funktion Month können Sie den Monatswert aus einem Datum ermitteln. Dabei liefert diese Funktion einen Wert zwischen 1 und 12. Diesen Rückgabewert werten Sie in der Select Case-Anweisung aus und geben den entsprechenden Monatsnamen auf dem Bildschirm aus.

In den aktuelleren PowerPoint-Versionen können Sie diese Aufgabe übrigens mit einer einzigen Zeile lösen:

TIPP

```
MsgBox MonthName(Month(Date))
```

Erweiterte Versionskontrolle durchführen

Erinnern Sie sich noch an die Versionskontrolle, die Sie ein paar Seiten vorher mithilfe der If then else-Anweisung durchgeführt haben? Dort haben Sie lediglich eine Prüfung durchgeführt, die überprüft hat, ob Sie mit der PowerPoint-Version 2002 oder 2003 arbeiten. Dieses Beispiel wird im Makro aus Listing 12.24 erweitert, in dem nun beginnend ab PowerPoint 5 alle Versionen geprüft werden. Dabei wird sowohl die Select case-Anweisung als auch eine If then else-Anweisung eingesetzt.

```
Sub VersionsKontrolle()

Select Case Left(Application.Version, 1)
  Case 5
    MsgBox "PowerPoint 5"
  Case 7
    MsgBox "PowerPoint 7/95"
```

```
      Case 8
        MsgBox "PowerPoint 97"
      Case 9
        MsgBox "PowerPoint 2000"
      Case Else
       If Left(Application.Version, 2) = 10 Then
        MsgBox "PowerPoint 2002"
       Else
        MsgBox "PowerPoint 2003"
       End If
  End Select
  End Sub
```

Listing 12.24:
Die erweiterte
Versionskontrolle
Für die ersten paar Versionen von PowerPoint genügt es, wenn Sie von der zurückgemeldeten Versionsnummer die erste Ziffer von links auswerten. Bei den beiden neueren Versionen ist die Versionsnummer zweistellig, das bedeutet, wenn Sie also die Versionen 10 und 11 richtig unterscheiden möchten, dann fragen Sie die ersten beiden Zeichen der Versionsnummer ab.

Überprüfung auf Sicherung

Bei der folgenden Aufgabe soll geprüft werden, ob Änderungen in einer Präsentation bereits gespeichert wurden oder nicht. Wenn nicht, dann soll die Präsentation gespeichert werden.

Listing 12.25:
Änderungsstatus
einer Präsenta-
tion abfragen
```
Sub Verzweigung05()
If ActivePresentation.Saved = msoTrue Then
    MsgBox "Änderungen wurden bereits gesichert!"
Else
    MsgBox "Änderungen wurden noch nicht gesichert!"
    ActivePresentation.Save
End If
End Sub
```

Mithilfe der Eigenschaft Saved können Sie ermitteln, ob Änderungen in der Präsentation bereits gesichert wurden. Wenn ja, dann meldet diese Eigenschaft den Wert msoTrue.

HINWEIS Wurde für die Saved-Eigenschaft einer geänderten Präsentation msoTrue festgelegt, wird der Benutzer beim Schließen der Präsentation nicht aufgefordert, die Änderungen zu speichern. Es gehen dann alle Änderungen verloren, die seit dem letzten Speichern vorgenommen wurden

Zahlen in Text konvertieren

Bei der folgenden Aufgabe soll in einer Präsentation ein Textfeld, in dem eine Zahl zwischen 1 und 10 steht, in Text umgewandelt werden. So soll aus der Zahl 2 beispielsweise der Text »Zwei« werden.

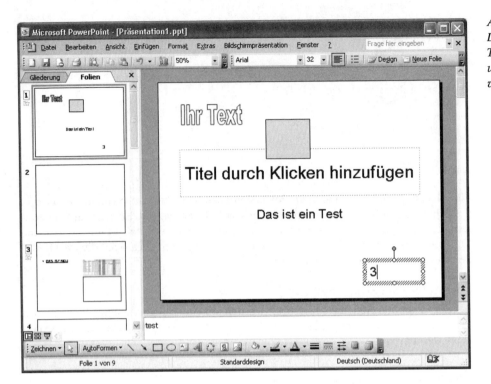

Abbildung 12.15:
Der Inhalt des Textfeldes rechts unten soll konvertiert werden

Die Lösung dieser Aufgabe finden Sie im Makro aus Listing 12.26.

Listing 12.26:
Zahlenwerte in Texte umsetzen

```
Sub ZahlenInText()
Dim txtR As TextRange

Set txtR = ActivePresentation.Slides(1). _
        Shapes(5).TextFrame.TextRange
MsgBox txtR.Text, vbInformation

 Select Case txtR.Text
  Case 1: txtR.Text = "Eins"
  Case 2: txtR.Text = "Zwei"
  Case 3: txtR.Text = "Drei"
  Case 4: txtR.Text = "Vier"
  Case 5: txtR.Text = "Fünf"
  Case 6: txtR.Text = "Sechs"
  Case 7: txtR.Text = "Sieben"
  Case 8: txtR.Text = "Acht"
  Case 9: txtR.Text = "Neun"
  Case 10: txtR.Text = "Zehn"
  Case Else
    MsgBox "Ungültige Zahl", vbCritical
End Select
End Sub
```

Sie deklarieren zuerst eine Objektvariable vom Typ TextRange. Danach geben Sie bekannt, wo genau sich das Textfeld mit der Zahl in der Präsentation befindet. Die

Auswertung des Inhalts des Textfeldes erfolgt über die Select Case-Anweisung. Je nach Zahlenwert wird dabei der alte Zahlenwert durch den neuen Text ersetzt.

Passwortabfrage durchführen

Im nächsten Beispiel soll eine Eingabeaufforderung angezeigt werden, in die der Anwender ein Passwort eingeben kann. Wird das falsche Passwort eingegeben, soll PowerPoint automatisch beendet werden. Das Makro für diese Aufgabe lautet:

```
Sub EingabeUndEnde()
Dim s As String

s = InputBox("Passworteingabe", _
"Geben Sie ein Passwort ein!")
If s <> "" Then
 Select Case s
  Case Is = "X", "Y", "Z"
    'OK, weiterarbeiten
  Case Else
    'PowerPoint beenden
    Application.Quit
 End Select
Else
 Application.Quit
End If
End Sub
```

Mithilfe der Funktion Inputbox rufen Sie eine Eingabeaufforderung auf, in die in unserem Fall ein Passwort eingegeben werden soll. Entspricht dieses Passwort nicht den definierten Passwörtern oder wird die Maske über die Taste Esc oder die Schaltfläche *Abbrechen* verlassen, dann wird PowerPoint über die Anweisung Application.Quit beendet.

Schleifen

Schleifen werden in PowerPoint dazu verwendet, Abläufe mehrmals hintereinander durchzuführen. Die Schleifen werden so lange durchlaufen, bis eine oder mehrere Bedingungen erfüllt sind, die einen Abbruch der Schleife bewirken. Je nach verwendeter Schleife findet die Abbruch-Prüfung am Anfang der Schleife bzw. am Ende der Schleife statt.

Lernen Sie auf den nächsten Seiten typische Beispiele für den sinnvollen Einsatz von Schleifen kennen.

Die For...Next-Schleife

Sie können die Schleife For...Next verwenden, um einen Block von Anweisungen wiederholt ausführen zu lassen. For...Next-Schleifen verwenden eine Zählervariable, deren Wert mit jedem Schleifendurchlauf erhöht oder verringert wird. Sie brauchen daher nicht daran zu denken, den Zähler selbst hoch- oder herunterzusetzen.

Die Syntax dieser Schleife lautet:

```
For Zähler = Anfang To Ende [Step Schritt]
[Anweisungen]
[Exit For]
[Anweisungen]
Next [Zähler]
```

Das Argument Zähler ist erforderlich und besteht aus einer numerischen Variable, die als Schleifenzähler dient.

Das Argument Anfang repräsentiert den Startwert von Zähler.

Mit dem Argument Ende legen Sie den Endwert von Zähler fest. Das Argument Schritt ist optional. Hier können Sie den Betrag bestimmen, um den die Variable Zähler bei jedem Schleifendurchlauf verändert wird. Falls kein Wert angegeben wird, ist die Voreinstellung eins.

Unter Anweisungen stehen eine oder mehrere Anweisungen zwischen For und Next, die so oft wie angegeben ausgeführt werden.

Innerhalb einer Schleife kann eine beliebige Anzahl von Exit For-Anweisungen an beliebiger Stelle als alternative Möglichkeit zum Verlassen der Schleife verwendet werden.

Folien hinzufügen

Über den Einsatz einer Schleife sollen 10 neue Folien in eine neue Präsentation eingefügt werden. Das Makro für diese Aufgabe sehen Sie in Listing 12.28.

Listing 12.28:
Neue Folien einfügen

```
Sub FolienEinfügen()
Dim PP As Presentation
Dim i As Integer

Set PP = Presentations.Add

    For i = 1 To 10
        PP.Slides.Add(Index:=1, Layout:=ppLayoutText).Select
    Next i
End Sub
```

Im ersten Schritt definieren Sie eine Objektvariable vom Typ Presentation sowie eine Zählvariable vom Typ Integer. Danach fügen Sie mithilfe der Methode Add eine neue Präsentation ein. Diese geben Sie über die Anweisung Set bekannt. Im Anschluss daran starten Sie eine For Next-Schleife, die genau 10 Mal abläuft. Innerhalb der Schleife wenden Sie die Methode Add an, um Folien einzufügen. Dabei geben Sie über die Indexnummer der neuen Folie die Position der Folie innerhalb der Präsentation an. Dieser Wert darf nicht größer sein als die Anzahl der vorhandenen Folien plus 1. Bei einem Wert von 1 wird die neue Folie zur ersten Folie in der Präsentation.

Über das Argument Layout können Sie den Folientyp bestimmen. In der Tabelle 12.9 sehen Sie dabei die wichtigsten Folientypen.

Tabelle 12.9:
Die wichtigsten Folientypen

Typ	Bedeutung
ppLayoutBlank	Leere Folie
ppLayoutChart	Folie mit einem Diagramm
ppLayoutChartAndText	Folie mit einem Diagramm und einem Textfeld
ppLayoutClipartAndText	Folie mit einem ClipArt und einem Textfeld
ppLayoutFourObjects	Folie mit vier Objektfeldern
ppLayoutMediaClipAndText	Folie mit einem Medien-Objekt und einem Textfeld
ppLayoutOrgchart	Folie mit einem Organigramm
ppLayoutTable	Folie mit einer Tabelle
ppLayoutText	Folie mit Textfeldern

HINWEIS Weitere Folientypen finden Sie in der Online-Hilfe von PowerPoint-VBA.

Variablen, Objektvariablen, Konstanten und Sprachelemente

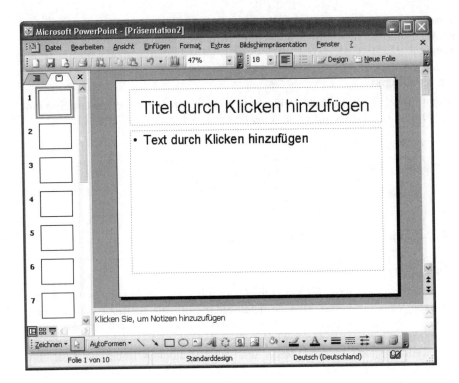

Shapes zählen (Folie)

Im folgenden Beispiel aus Listing 12.29 sollen alle Shape-Objekte einer bestimmten Folie gezählt und deren Namen im Direktfenster der Entwicklungsumgebung ausgegeben werden.

```
Sub ShapesZählen()
Dim i As Integer

With ActivePresentation.Slides(1)
For i = 1 To .Shapes.Count
 Debug.Print .Shapes(i).Name
Next i
End With
End Sub
```

Sie deklarieren zu Beginn des Makros eine Zählvariable vom Typ Integer. Danach geben Sie an, auf welcher Folie sich die Shapes befinden, die Sie auszählen und identifizieren möchten. Über die With – Anweisung können Sie sich dabei etwas Schreibarbeit sparen. Die Anzahl der Shape-Objekte können Sie mithilfe der Eigenschaft Count abfragen. Diese Anzahl bildet auch das Endkriterium für Ihre Schleife. Innerhalb der Schleife editieren Sie über die Anweisung Debug.Print den Direktbereich der Entwicklungsumgebung. Die Eigenschaft Name liefert dabei den Namen des Shape-Objektes.

```
Direktbereich                                              ⊠
Rectangle 2                                                ▲
Rectangle 3
Rectangle 5
WordArt 8
Text Box 9
|
                                                           ▼
◄                                                      ►
```

Shapes zählen (Präsentation)

Gehen Sie jetzt einen Schritt weiter und zählen und identifizieren Sie alle Shapes, die sich in der aktiven Präsentation befinden. Dabei soll der Name des jeweiligen Shape-Objektes sowie die Folie genannt werden, in der das Objekt sich befindet. Sehen Sie sich zu diesem Zweck das Makro aus Listing 12.30 an.

Listing 12.30:
Alle Shapes
zählen und iden-
tifizieren

```
Sub AlleShapes()
Dim i As Integer
Dim iShp  As Integer
Dim shp As Shape

For i = 1 To ActivePresentation.Slides.Count
    For iShp = 1 To ActivePresentation.Slides(i).Shapes.Count
        Set shp = ActivePresentation.Slides(i).Shapes(iShp)
        With shp
          Debug.Print .Name & " in " & ActivePresentation.Slides(i).Name
        End With
    Next iShp
Next i
End Sub
```

Mithilfe zweier Schleifen lösen Sie diese Aufgabe. In der ersten Schleife werden alle Folien der aktiven Präsentation abgearbeitet. In der zweiten Schleife werden die Namen aller Shape-Objekte der jeweiligen Folie verarbeitet. Über die Anweisung Debug.Print wird dabei in das Direktfenster der Entwicklungsumgebung geschrieben. Den Namen des Shape-Objekts sowie den Namen der Folie erhalten Sie über die Eigenschaft Name.

Abbildung 12.20:
Die Namen und
Folien der
Objekte wurden
dokumentiert

```
Direktbereich                                              ⊠
Rectangle 2 in Slide1                                      ▲
Rectangle 3 in Slide1
Rectangle 5 in Slide1
WordArt 8 in Slide1
Text Box 9 in Slide1
Rectangle 2 in Slide10
Rectangle 3 in Slide10
Rectangle 5 in Slide5
Rectangle 3 in Slide5
Object 4 in Slide5
Line 11 in Slide4
Line 13 in Slide4
Line 15 in Slide4
Oval 17 in Slide4
Line 18 in Slide4
Object 4 in Slide9                                         ▼
◄                                                      ►
```

Variablen, Objektvariablen, Konstanten und Sprachelemente

Bestimmte Shapes formatieren

In der folgenden Aufgabe soll in einer Präsentation jede Folie nach Kreisobjekten abgesucht werden. Jeder gefundene Kreis soll danach mit der Farbe Gelb formatiert werden. Das Makro zur Lösung dieser Aufgabe sehen Sie in Listing 12.31.

```
Sub AlleKreiseFüllen()
Dim i As Integer
Dim iShp  As Integer
Dim shp As Shape

For i = 1 To ActivePresentation.Slides.Count
    For iShp = 1 To ActivePresentation.Slides(i).Shapes.Count
        Set shp = ActivePresentation.Slides(i).Shapes(iShp)
        With shp
          If Left(.Name, 4) = "Oval" Then
            .Fill.ForeColor.RGB = RGB(255, 255, 0)
          End If
        End With
    Next iShp
Next i
End Sub
```

Listing 12.31:
Alle Kreise wer-
den mit der Farbe
gelb gefüllt

Auch bei dieser Aufgabe werden zwei Schleifen eingesetzt, um sowohl alle Folien sowie alle darauf enthaltenen Shape-Objekte abzuarbeiten. Innerhalb der zweiten Schleife untersuchen Sie die ersten vier Buchstaben des Shape-Objektnamens. Dieser lautet für Kreisobjekte »Oval«. Wurde also ein Kreisobjekt gefunden, wenden Sie die Eigenschaft Fill an, um das Objekt mit einer Füllung zu belegen. Um die Vordergrundfarbe eines Objekts zu bestimmen, verwenden Sie die Eigenschaft ForeColor. Die eigentliche Farbe erzeugen Sie über die Funktion RGB.

Dabei müssen Sie sich die Farbe zusammenmischen. Als Argumente geben Sie hierbei drei Werte an. Der erste Wert steht für den Rotanteil der Farbe, der zweite für den grünen Anteil und der dritte für den blauen Anteil der gewählten Farbe. Die folgende Tabelle 12.10 listet einige typische Farbmischungen auf.

Farbe	Rot-Wert	Grün-Wert	Blau-Wert
Schwarz	0	0	0
Blau	0	0	255
Grün	0	255	0
Cyan	0	255	255
Rot	255	0	0
Magenta	255	0	255
Gelb	255	255	0
Weiß	255	255	255

Tabelle 12.10:
Die Farbwerte
der Funktion
RGB

Die For Each...Next-Schleife

Die Schleife For Each...Next wiederholt eine Gruppe von Anweisungen für jedes Element in einem Datenfeld oder einer Auflistung. So können Sie beispielsweise alle Folien einer Präsentation über eine solche Schleife abarbeiten, aber dazu später mehr.

Die Syntax dieser Schleife lautet:

```
For Each Element In Gruppe
[Anweisungen]
[Exit For]
[Anweisungen]
Next [Element]
```

Das Argument Element ist die Auflistung bzw. das Datenfeld, das durchlaufen werden soll, um die darin enthaltenen Elemente zu bearbeiten. Bei Auflistungen ist für Element nur eine Variable vom Typ Variant, eine allgemeine Objektvariable oder eine beliebige spezielle Objektvariable zulässig. Bei Datenfeldern ist für Element nur eine Variable vom Typ Variant zulässig. Das nächste Argument Gruppe steht für den Namen einer Objektauflistung oder eines Datenfeldes. Das letzte Argument Anweisungen ist optional und führt eine oder mehrere Anweisungen durch, die für jedes Element in Gruppe ausgeführt werden sollen.

Diese Art von Schleife arbeitet z.B. mit Objektvariablen, die weiter vorne im Kapitel bereits besprochen wurden.

Alle geöffneten Präsentationen ermitteln

Im ersten Beispiel für die For Each...Next-Schleife sollen die Namen aller zurzeit geöffneten Präsentationen auf dem Bildschirm ausgegeben werden. Das Makro zur Lösung dieser Aufgabenstellung können Sie in Listing 12.32 sehen.

Listing 12.32:
Alle geöffneten Präsentationen ermitteln

```
Sub AllePräsentationen()
Dim pp As Presentation

For Each pp In Application.Presentations
  MsgBox pp.Name
Next pp
End Sub
```

Sie deklarieren zu Beginn des Makros aus Listing 12.32 eine Objektvariable vom Typ Presentation. Damit haben Sie Zugriff auf alle Methoden und Eigenschaften, die für dieses Objekt zur Verfügung stehen. Danach arbeiten Sie alle geöffneten Präsentationen in einer Schleife ab und geben die Namen der Präsentationen auf dem Bildschirm aus.

Verknüpfte Dateien ermitteln

In PowerPoint haben Sie die Möglichkeit, andere Office-Dateien oder auch Grafiken in Ihre Präsentationen einzubinden und zu verknüpfen. Das folgende Makro aus Listing 12.33 liefert Ihnen die Namen sowie die Speicherpfade aller verknüpften Dateien.

```
Sub Verknüpfungen()
Dim Folie As Slide
Dim shp As Shape
Dim s As String

For Each Folie In ActivePresentation.Slides
 For Each shp In Folie.Shapes
    If shp.Type = msoLinkedOLEObject Then
       With shp.LinkFormat
          s = s & vbLf & .SourceFullName
       End With
    End If
 Next shp
Next Folie
MsgBox s
End Sub
```

Listing 12.33:
Alle verknüpften
Dateien ermitteln

In diesem Beispiel werden gleich zwei For Each...Next-Schleifen eingesetzt. Die erste Schleife arbeitet alle Folien der Präsentation ab. In der zweiten Schleife werden alle Shapes der jeweiligen Folie untersucht. Mithilfe der Eigenschaft Type finden Sie heraus, um was für ein Shape es sich genau handelt. In Tabelle 12.11 sehen Sie ein paar der wichtigsten Shape-Typen.

Shape-Typ	Bedeutung
msoAutoShape	Eine AutoForm
msoChart	Ein Diagramm
msoFreeform	Eine Freihandform
msoLine	Eine Linie
msoLinkedOLEObject	Verknüpftes Objekt, z.B. eine Excel-Tabelle
msoLinkedPicture	Verknüpftes Bild
msoMedia	Ein Multimedia-Objekt
msoPicture	Ein Bild
msoTable	Eine Tabelle
msoTextbox	Ein Textfeld

Tabelle 12.11:
Die wichtigsten
Shape-Typen

Die Eigenschaft LinkFormat gibt ein Objekt zurück, das alle Eigenschaften für das verknüpfte OLE-Objekt enthält. Mithilfe der Eigenschaft SourceFullName können Sie den Namen und den Pfad der verknüpften Quelldateien ermitteln.

Abbildung 12.21:
Alle verknüpften
Dateien aufspü-
ren

Sollen lediglich verknüpfte Bilder ausgelesen werden, dann starten Sie das Makro aus Listing 12.34.

Listing 12.34:
Verknüpfte Bil-
der ermitteln

```
Sub GrafikVerknüpfungen()
Dim Folie As Slide
Dim shp As Shape
Dim s As String

For Each Folie In ActivePresentation.Slides
 For Each shp In Folie.Shapes
    If shp.Type = msoLinkedPicture Then
        With shp.LinkFormat
            s = s & vbLf & .SourceFullName
        End With
    End If
 Next shp
Next Folie
MsgBox s
End Sub
```

Sie geben als Typkonstante `msoLinkPicture` an, um die verknüpften Bilddateien in der Präsentation aufzuspüren.

Abbildung 12.22:
Alle verknüpften
Bilder werden
auf dem Bild-
schirm ausgege-
ben

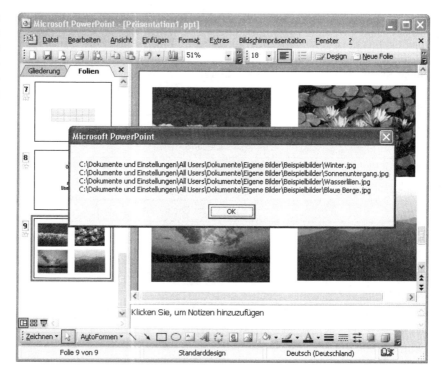

Linien formatieren

Im folgenden Beispiel aus Listing 12.35 werden alle Linien in einer Präsentation formatiert. Dabei werden die Linienart sowie die Stärke der Linie angepasst.

```
Sub LinienFormatieren()
Dim shp As Shape
Dim Folie As Slide

For Each Folie In ActivePresentation.Slides
 For Each shp In Folie.Shapes
   If shp.Type = msoLine Then
   With shp.Line
    .DashStyle = msoLineRoundDot
    .Weight = 10
   End With
   End If
 Next shp
Next Folie
End Sub
```

Listing 12.35:
Alle Linien
anpassen

In der ersten `For Each...next`-Schleife arbeiten Sie alle Folien der Präsentation ab. In einer zweiten Schleife untersuchen Sie die einzelnen Shapes auf den jeweiligen Folien. Handelt es sich dabei um Linien, dann erfolgt eine Umformatierung. Über das Objekt `Line` können Sie dabei auf alle Eigenschaften und Methoden zugreifen, die für dieses Objekt zur Verfügung stehen. Unter anderem können Sie über die Eigenschaft `DashStyle` festlegen, welcher Typ der Linie zugewiesen werden soll. In der Tabelle 12.12 können Sie die dafür zur Verfügung stehenden Linientypen sehen.

Linienkonstante	Bedeutung
msoLineDash	Linie-Gedankenstrich (unterbrochene Linie)
msoLineDashDot	Linie-Gedankenstrich-Punkt
msoLineDashDotDot	Linie-Gedankenstrich-Punkt-Punkt
msoLineLongDash	Lange Linie-Gedankenstrich
msoLineLongDashDot	Linie langer Gedankenstrich-Punkt
msoLineRoundDot	Linie aus runden Punkten
msoLineSolid	Gerade Linie ohne Unterbrechung
msoLineSquareDot	Linie aus quadratischen Punkten

Tabelle 12.12:
Die Linienkonstanten

Über die Eigenschaft `Weight` können Sie die Stärke einer Linie in Punkten festlegen.

Abbildung 12.23:
Der Linientyp
msoLineRound-
Dot *wurde ange-*
wendet

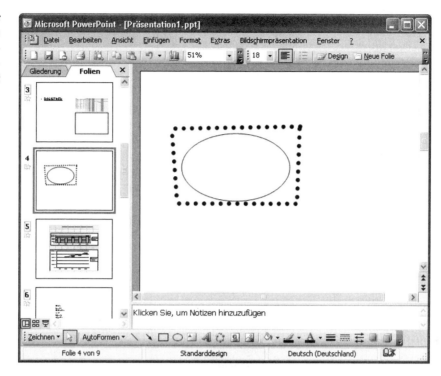

Shape-Typen identifizieren

Jedes einzelne Shape-Objekt in einer Präsentation kann angesprochen werden. Diese Shape-Objekte werden in Gruppen zusammengefasst. Über die Eigenschaft Type kann dabei die Gruppenzugehörigkeit eines jeden Shape-Objekts klar festgestellt werden.

Im folgenden Makro aus Listing 12.36 werden alle Shape-Objekte der aktiven Präsentation im Direktfenster der Entwicklungsumgebung dokumentiert.

Listing 12.36:
Alle Shape-
Objekte auslesen

```
Sub ShapeTypenErmitteln()
Dim shp As Shape
Dim Folie As Slide

For Each Folie In ActivePresentation.Slides
 For Each shp In Folie.Shapes
    Debug.Print "Typ: " & shp.Type & vbLf & _
    "Name: " & shp.Name & vbLf & _
    "Folie: " & Folie.Name & vbLf
 Next shp
Next Folie
End Sub
```

In diesem Beispiel werden zwei For Each...Next-Schleifen eingesetzt, um die Aufgabe zu lösen. In der ersten Schleife werden alle Folien der aktiven Präsentation abgearbeitet. Die innere Schleife sucht nach den Shape-Objekten der einzelnen Folien und schreibt die Typen sowie die Namen und den Standort des jeweiligen Shape-Objektes in den Direktbereich der Entwicklungsumgebung.

Variablen, Objektvariablen, Konstanten und Sprachelemente

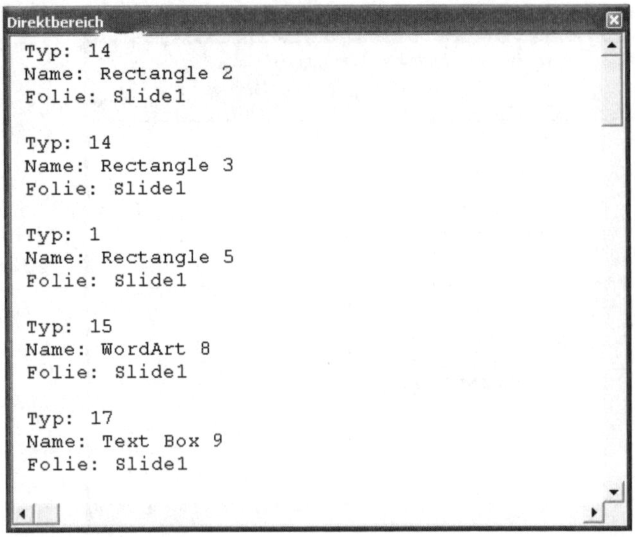

Abbildung 12.24:
Übersichtliche
Dokumentation
der Shape-
Objekte im
Direktfenster

```
Direktbereich                                    [X]
  Typ: 14
  Name: Rectangle 2
  Folie: Slide1

  Typ: 14
  Name: Rectangle 3
  Folie: Slide1

  Typ: 1
  Name: Rectangle 5
  Folie: Slide1

  Typ: 15
  Name: WordArt 8
  Folie: Slide1

  Typ: 17
  Name: Text Box 9
  Folie: Slide1
```

Texte austauschen

Möchten Sie bestimmte Texte in einer Präsentation austauschen und diese Aufgabe nicht manuell erledigen, dann könnte das Makro aus Listing 12.37 zum Einsatz kommen.

```
Sub TexteAustauschen()
Dim shp As Shape
Dim Folie As Slide

For Each Folie In ActivePresentation.Slides
 For Each shp In Folie.Shapes
   If shp.Type = msoTextBox Or shp.Type = 14 Then
    If InStr(shp.TextFrame.TextRange.Text, "Text Alt") > 0 Then
     With shp
     .TextFrame.TextRange.Replace "Text Alt", "Text Neu"
     End With
    End If
   End If
 Next shp
Next Folie
End Sub
```

Auch für diese Aufgabe werden zwei For Each...Next-Schleifen eingesetzt. In der ersten Schleife werden die einzelnen Folien der Präsentation abgearbeitet. Die zweite Schleife wird verwendet, um die einzelnen Shape-Objekte abzuarbeiten. Innerhalb dieser zweiten Schleife wird überprüft, ob es sich bei dem Objekt um ein Textfeld oder ein Rectangle-Objekt handelt, welches den Typ 14 zurückmeldet. In diesem Fall soll der Austausch des alten Textes mit dem neuen Text stattfinden. Zuvor aber prüfen Sie mithilfe der Funktion Instr, ob der zu ersetzende Text überhaupt im Shape-Objekt vorhanden ist. Wenn ja, dann wird ein Wert zurückgegeben, der größer als 1 ist. Wenn diese Bedingung zutrifft, wenden Sie die Funktion Replace an und tauschen den alten Text durch den Neuen.

Folien einzeln speichern

Bei der nächsten Aufgabenstellung sollen alle Folien einer Präsentation in einzelnen Präsentationsdateien gespeichert werden. Dabei sollen die einzelnen Folien im gleichen Verzeichnis wie das Original gesichert werden. Das Makro für diese Aufgabe können Sie in Listing 12.38 einsehen.

Listing 12.38:
Folien einzeln
speichern

```
Sub FolienSpeichern()
Dim Folie As Slide
Dim PPNeu As Presentation

For Each Folie In ActivePresentation.Slides
    Set PPNeu = Presentations.Add(msoFalse)
    Folie.Copy
    PPNeu.Slides.Paste
    PPNeu.SaveAs ActivePresentation.Path & _
             "\" + Folie.Name + ".ppt", _
        ppSaveAsPresentation
    PPNeu.Close
Next
End Sub
```

In einer For Each...Next – Schleife arbeiten Sie alle Folien der Präsentation ab. Innerhalb dieser Schleife legen Sie jeweils eine neue, noch leere Präsentation mithilfe der Methode Add an. Über die MsoTristate-Konstante können Sie steuern, ob die Präsentation in einem sichtbaren Fenster angezeigt werden soll. Da dies für diese Aufgabe nicht notwenig ist und die Verarbeitung eher im Hintergrund ablaufen soll, setzen Sie die Konstante msoFalse ein. Über die Methode Copy wird die jeweilige Folie kopiert und danach über die Methode Paste in der neuen Präsentation gespeichert. Die Sicherung der Präsentation wird über die Methode SaveAs erreicht. Dabei geben Sie den gewünschten Speicherpfad an, wobei Sie diesen über die Eigenschaft Path der originalen Präsentation beziehen. Der Name der jeweiligen Präsentation wird über die Eigenschaft Name vom Foliennamen des Originals abgeleitet. Die Methode Close sorgt anschließend dafür, dass die Präsentation wieder geschlossen wird.

Abbildung 12.25:
Die einzelnen
Folien wurden
separat gespei-
chert

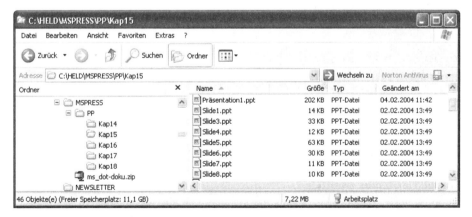

Verknüpfte Grafiken aktualisieren

Stellen Sie sich für die folgende Aufgabe bitte einmal eine Präsentation mit sehr vielen verknüpften Grafikdateien vor. Da die Grafikdateien öfters angepasst werden, muss hier eine Lösung gefunden werden, die es erlaubt die eingebundenen Grafiken per Makro zu aktualisieren. Die Lösung für diese Aufgabe hält das Makro aus Listing 12.39 bereit.

```
Sub EingebundeneGrafikenAktualisieren()
Dim Folie As Slide
Dim shp As Shape

For Each Folie In ActivePresentation.Slides
 For Each shp In Folie.Shapes
  If shp.Type = msoLinkedPicture Then
     shp.LinkFormat.SourceFullName = _
     shp.LinkFormat.SourceFullName
   End If
 Next shp
 Next Folie
End Sub
```

Listing 12.39:
Alle verknüpften
Grafikdateien
aktualisieren

Im Makro aus Listing 12.39 werden alle eingebundenen Grafiken mittels zweier For Each...Next-Schleifen aktualisiert. Über die Eigenschaft Type kann dabei geprüft werden, ob es sich tatsächlich um eine verknüpfte Grafikdatei handelt. Wenn ja, dann kann über die Eigenschaft SourceFullName der Verknüpfungspfad zur Grafikdatei angefragt bzw. neu zugewiesen werden. Durch diesen Trick werden die eingebundenen Grafiken neu aktualisiert.

Verknüpfte Objekte aktualisieren

Haben Sie Excel-Diagramme, Excel-Tabellen oder gar ganze Word-Dokumente in einer Präsentation miteinander verknüpft, dann aktualisiert das Makro aus Listing 12.40 all diese Verknüpfungen automatisch.

```
Sub VerknüpfteObjekteAktualisieren()
Dim Folie As Slide
Dim shp As Shape

For Each Folie In ActivePresentation.Slides
 For Each shp In Folie.Shapes
  If shp.Type = msoLinkedOLEObject Then shp.LinkFormat.Update
 Next shp
 Next Folie
End Sub
```

Listing 12.40:
Alle verknüpften
Objekte aktuali-
sieren

Mithilfe der Methode Update können Sie verknüpfte Objekte aktualisieren.

Gruppierte Shapes ermitteln

In PowerPoint haben Sie jederzeit die Möglichkeit, Shape-Objekte zu gruppieren. Dieser Vorgang erlaubt es Ihnen, gruppierte Objekte im richtigen Größenverhältnis zu verkleinern bzw. zu vergrößern. Mithilfe des folgenden Makros aus Listing 12.41

können Sie gruppierte Shapes in Ihrer Präsentation ermitteln und die einzelnen Bestandteile der Gruppe im Direktfenster der Entwicklungsumgebung ausgeben. Sehen Sie sich aber vorher die Abbildung 12.26 an.

Abbildung 12.26:
Ein gruppiertes
Objekt aus meh-
reren Shape-
Objekten

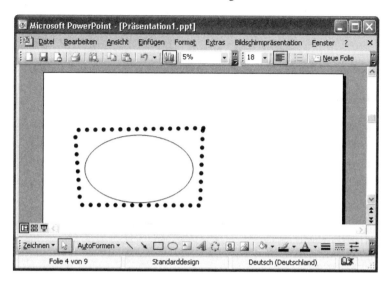

Listing 12.41:
Gruppierte
Shapes auslesen
und dokumentie-
ren

```
Sub GruppierteShapesAuslesen()
Dim Folie As Slide
Dim Shp As Shape
Dim ShpG As Shape

For Each Folie In ActivePresentation.Slides
  For Each Shp In Folie.Shapes
    If Shp.Type = msoGroup Then
      Debug.Print "Gruppe bestehend aus:"
      For Each ShpG In Shp.GroupItems
          Debug.Print ShpG.Name
      Next
      Debug.Print vbLf
    End If
  Next Shp
Next Folie
End Sub
```

Mithilfe von zwei For Each...Next-Schleifen wird die komplette Präsentation Folie für Folie abgearbeitet. Über die Eigenschaft Type können Sie unter anderem prüfen, ob es sich bei dem Shape-Objekt um eine Gruppierung mehrer Shape-Objekte handelt. Wenn ja, dann liefert die Bedingung shp.Type = msoGroup den Wert True. In diesem Fall verwenden Sie eine dritte For Each...Next-Schleife, um die gruppierten Einzelobjekte identifizieren zu können. Die Namen der Einzelobjekte können mithilfe der Eigenschaft Name abgefragt werden.

Variablen, Objektvariablen, Konstanten und Sprachelemente

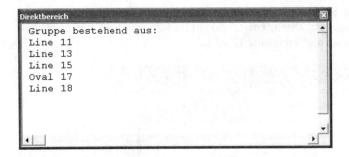

Gruppierungen aufheben

Gehen Sie jetzt einen Schritt weiter und heben Sie alle Gruppierungen in einer Präsentation auf. Für diese Aufgabe setzen Sie das Makro aus Listing 12.42 ein.

```
Sub GruppierteShapesAuflösen()
Dim Folie As Slide
Dim Shp As Shape

For Each Folie In ActivePresentation.Slides
 For Each Shp In Folie.Shapes
  If Shp.Type = msoGroup Then
    Shp.Ungroup
  End If
Next Shp
Next Folie
End Sub
```

Listing 12.42:
Gruppierungen von Objekten aufheben

Über die Methode Ungroup kann eine Objektgruppe wieder in die einzelnen Objekte zerlegt werden. Prüfen Sie aber vorher mithilfe der Eigenschaft Type, ob es sich tatsächlich um gruppierte Objekte handelt.

Menübefehle auslesen

Eine For Each...Next-Schleife können Sie auch dann einsetzen, wenn Sie Menüs programmieren möchten. Das folgende Makro aus Listing 12.43 liest alle Menünamen der Menüleiste aus und gibt diese im Direktfenster der Entwicklungsumgebung aus.

```
Sub MenübefehleAuslesen()
Dim cmd As CommandBar
Dim cmdc As CommandBarControl

Set cmd = Application.CommandBars("Menu bar")

For Each cmdc In cmd.Controls
 Debug.Print cmdc.Caption
Next cmdc
End Sub
```

Listing 12.43:
Menübefehle auslesen

Sie deklarieren zu Beginn des Makros eine Objektvariable vom Typ `CommandBars`. Danach geben Sie über die Anweisung `Set` bekannt, dass Sie auf die Menüleiste von PowerPoint zugreifen möchten. Die Objektvariable vom Typ `CommandBarControl` bezeichnet einen Menübefehl. Die einzelnen Menübefehle der Menüleiste schreiben Sie in einer `For Each...Next`-Schleife in das Direktfenster der Entwicklungsumgebung.

Abbildung 12.28:
Die einzelnen
Menünamen im
Direktfenster
auflisten

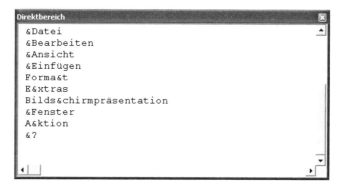

```
Direktbereich
 &Datei
 &Bearbeiten
 &Ansicht
 &Einfügen
 Forma&t
 E&xtras
 Bilds&chirmpräsentation
 &Fenster
 A&ktion
 &?
```

Dokumenteigenschaften auslesen

Mithilfe einer `For Each...Next`-Schleife werden im Makro aus Listing 12.44 alle Namen der Dokumenteigenschaften einer Präsentation in das Direktfenster der Entwicklungsumgebung von PowerPoint geschrieben.

Listing 12.44:
Alle Dokument-
eigenschaften
einer Präsenta-
tion ermitteln

```
Sub DokumenteigenschaftenDokumentieren()
Dim DocE As DocumentProperties
Dim obj As DocumentProperty

Set DocE = ActivePresentation.BuiltInDocumentProperties

For Each obj In DocE
 Debug.Print obj.Name
Next obj
End Sub
```

Sie deklarieren im ersten Schritt eine Objektvariable vom Typ `DocumentProperties`. Danach geben Sie über die Anweisung `Set` bekannt, dass Sie auf die Dokumenteigenschaften der aktiven Präsentation zugreifen möchten. In einer anschließenden `For Each...Next`-Schleife schreiben Sie die Namen der Dokumenteigenschaften in das Direktfenster der Entwicklungsumgebung.

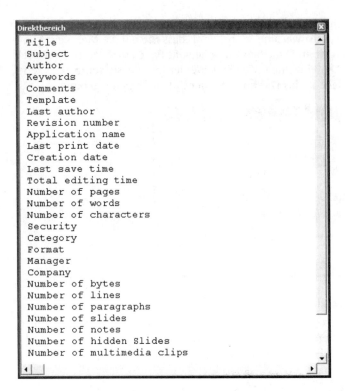

Gehen Sie jetzt einen Schritt weiter und schreiben Sie die einzelnen Werte der Dokumenteigenschaften daneben. Starten Sie zu diesem Zweck das Makro aus Listing 12.45.

```
Sub DokumenteigenschaftenAbfragen()
Dim DocE As DocumentProperties
Dim obj As DocumentProperty

Set DocE = ActivePresentation.BuiltInDocumentProperties
On Error Resume Next
For Each obj In DocE
 Debug.Print obj.Name & ": " & obj.Value
ext obj
End Sub
```

Listing 12.45:
Dokument-eigenschaften abfragen

Die On Error-Anweisung sorgt dafür, dass das Makro nicht abstürzt, wenn es zu einer Dokumenteigenschaft keinen Wert gibt. Über die Eigenschaft Value können Sie den momentanen Wert der Dokumenteigenschaft abfragen. Die Dokumenteigenschaften für Präsentationen können über den Menübefehl *Datei/Eigenschaften* gepflegt werden.

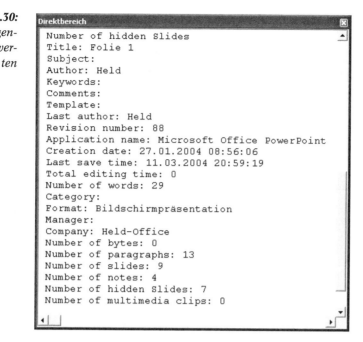

```
Direktbereich                                        X
Number of hidden Slides
Title: Folie 1
Subject:
Author: Held
Keywords:
Comments:
Template:
Last author: Held
Revision number: 88
Application name: Microsoft Office PowerPoint
Creation date: 27.01.2004 08:56:06
Last save time: 11.03.2004 20:59:19
Total editing time: 0
Number of words: 29
Category:
Format: Bildschirmpräsentation
Manager:
Company: Held-Office
Number of bytes: 0
Number of paragraphs: 13
Number of slides: 9
Number of notes: 4
Number of hidden Slides: 7
Number of multimedia clips: 0
```

Folienübergänge festlegen

Bei PowerPoint-Präsentationen können bestimmte Übergangseffekte eingestellt werden, die automatisch ablaufen, wenn die nächste Folie eingeblendet wird. Neben diesen Effekten können Sie noch eine Sound-Datei beim Folienwechsel erklingen lassen sowie die Geschwindigkeit des Folienwechsels einstellen. All diese Funktionen können Sie per Makro für jede einzelne Folie einstellen. Sehen Sie sich dazu einmal das Makro aus Listing 12.46 an.

Listing 12.46:
Die Folienüber-
gänge festlegen

```
Sub FolienÜbergängeDefinieren()
Dim Folie As Slide

For Each Folie In ActivePresentation.Slides
With Folie.SlideShowTransition
    .Speed = ppTransitionSpeedMedium
    .EntryEffect = ppEffectStripsDownLeft
    .SoundEffect.ImportFromFile "c:\Eigene Dateien\ringin.wav"
    .AdvanceOnTime = True
    .AdvanceTime = 5
End With
Next Folie
End Sub
```

In der For Each...Next-Schleife legen Sie die Übergänge der einzelnen Folien fest. Dabei können Sie mithilfe der Eigenschaft Speed die Geschwindigkeit der Folienübergänge festlegen. Dazu stehen Ihnen die Konstanten aus Tabelle 12.13 zur Verfügung.

Konstante	Bedeutung
ppTransitionSpeedFast	Schneller Folienübergang
ppTransitionSpeedMedium	Mittlere Geschwindigkeit
ppTransitionSpeedSlow	Langsamer Folienübergang

Tabelle 12.13:
Die Geschwin-
digkeiten der
Folienübergänge

Mithilfe der Eigenschaft EntryEffect können Sie den Spezialeffekt beim Folienübergang bestimmen. Ein paar davon können Sie aus Tabelle 12.14 entnehmen. Weitere Übergangseffekte können Sie in der Online-Hilfe nachschlagen.

Konstante	Bedeutung
ppEffectAppear	Kein besonderer Effekt, einfaches Einblenden der Folie
ppEffectBlindsHorizontal	Die Folie wird über horizontale Streifen eingeblendet (»Rolladen-Effekt«)
ppEffectBlindsVertical	Die Folie wird über vertikale Streifen eingeblendet
ppEffectBoxIn	Die Folie wird über eine sich verkleinernde Box eingeblendet
ppEffectBoxOut	Die Folie wird über eine sich vergrößernde Box eingeblendet
ppEffectCoverDown	Die Folie wird von oben nach unten ins Bild geschoben
ppEffectCoverLeftDown	Die Folie wird von unten nach oben ins Bild geschoben
ppEffectCoverLeft	Die Folie wird von rechts nach links ins Bild geschoben
ppEffectCoverRight	Die Folie wird von links nach rechts ins Bild geschoben
ppEffectDissolve	Die Folie wird Stück für Stück eingeblendet (»Dalli-Klick-Effekt«)

Tabelle 12.14:
Die Übergangs-
effekte für Folien

Über die Eigenschaft SoundEffect können Sie beim Folienübergang eine Sound-Datei abspielen lassen. Geben Sie die gewünschte Datei über die Methode ImportFromFile bekannt.

Die Eigenschaft AdvanceOnTime bestimmt, dass der Folienübergang nach einer bestimmten Zeit automatisch ablaufen soll. Die Dauer der Pause können Sie über die Eigenschaft AdvanceTime in Sekunden festlegen.

Die Do Until...Loop-Schleife

Die Do Until...Loop-Schleife wiederholt einen Block mit Anweisungen, solange eine Bedingung erfüllt ist (den Wert True zurückgibt). Die Bedingung wird jeweils am Ende der Schleife geprüft. Als Abbruchbedingung können Sie alles Mögliche abfragen; so können Sie z.B. eine Abbruchbedingung festlegen, wenn ein bestimmter Wert erreicht ist oder ein Shape-Objekt einen bestimmten Text aufweist. Beispielsweise könnten Sie eine solche Schleife sooft wiederholen, solange sich die Zellenformatierung der Zellen nicht ändert.

Die Syntax dieser Schleife sieht wie folgt aus:

```
Do [{Until} Bedingung]
[Anweisungen]
[Exit Do]
[Anweisungen]
Loop
```

Bedingung stellt einen numerischen Ausdruck oder Zeichenfolgenausdruck dar, der entweder True oder False ergibt. Liefert die Bedingung den Wert 0, so wird die Bedingung als nicht erfüllt (False) interpretiert. Anweisungen sind eine oder mehrere Anweisungen, die wiederholt werden, solange oder bis Bedingung durch True erfüllt ist.

Innerhalb einer Do Until...Loop-Anweisung können an beliebiger Stelle Exit Do-Anweisungen zum vorzeitigen Verlassen der Schleife verwendet werden. Exit Do wird oft in Zusammenhang mit der Auswertung einer Bedingung (z.B. If...Then) eingesetzt und hat zur Folge, dass die Ausführung des Makros mit der ersten Anweisung im Anschluss an Loop fortgesetzt wird.

Makroliste erstellen

In der folgenden Aufgabe soll eine Liste der Makros erstellt werden, die in Modul1 erfasst wurden. Dabei soll der Name des Makros im Direktfenster der Entwicklungsumgebung ausgegeben werden. Um diese Aufgabe zu lösen, muss ein Zugriff auf die Entwicklungsumgebung erfolgen. Man spricht dabei von der VBE-Programmierung, für die zwei Voraussetzungen erfüllt sein müssen.

- Aktivieren der Bibliothek Microsoft Visual Basic for Extensions
- Deaktivierung des Zugriffschutzes auf VBE-Projekte

Um die zusätzliche Bibliothek einzubinden, verfahren Sie wie folgt:

1. Wechseln Sie in die Entwicklungsumgebung.
2. Wählen Sie aus dem Menü *Extras* den Befehl *Verweise*.
3. Aktivieren Sie im Listenfeld *Verfügbare Verweise* das Kontrollkästchen der Bibliothek *Microsoft Visual Basic for Applications Extensibility 5.3*.
4. Bestätigen Sie diese Einstellung mit *OK*.

Abbildung 12.31:
Eine Bibliothek
einbinden

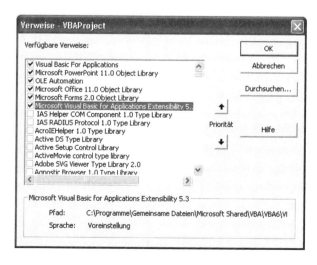

In den neueren Versionen von PowerPoint ist der Zugriff per Makro auf die Entwicklungsumgebung aus Sicherheitsgründen deaktiviert. Man hat hier auf die in letzter Zeit stark zunehmende Bedrohung durch Makroviren reagiert, die ebenfalls auf die VBE zugreifen. Aus diesem Grund muss dieser Schutz beim folgenden Makro aus Listing 12.47 deaktiviert werden. Wählen Sie dazu aus dem PowerPoint-Menü *Extras* den Befehl *Makro/Sicherheit*. Wechseln Sie danach auf die Registerkarte *Vertrauenswürdige Herausgeber*.

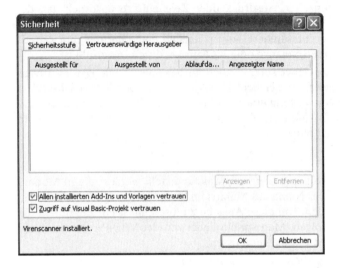

Abbildung 12.32:
Den Zugriff auf die Entwicklungsumgebung zulassen

Aktivieren Sie das Kontrollkästchen *Zugriff auf Visual Basic-Projekt vertrauen* und bestätigen mit *OK*.

Erfassen Sie jetzt das folgende Makro, um alle Makros aus Modul1 im Direktfenster auszugeben.

```
Sub MakrosAuflisten()
Dim VbKomp As Object
Dim lStart As Long
Dim s As String

Set VbKomp = _
Application.VBE.ActiveVBProject.VBComponents _
("Modul1").CodeModule

With VbKomp
    lStart = .CountOfDeclarationLines + 1
    Do Until lStart >= .CountOfLines
      s = s & .ProcOfLine(lStart, vbext_pk_Proc) & vbLf
      lStart = lStart + _
      .ProcCountLines(.ProcOfLine(lStart, _
      vbext_pk_Proc), vbext_pk_Proc)
    Loop
End With
Debug.Print s
Set VbKomp = Nothing
End Sub
```

Listing 12.47:
Alle Makros aus Modul1 im Direktfenster auflisten

Zu Beginn des Makros ermitteln Sie mithilfe der Eigenschaft `CountOfDeclarationLines` die Anzahl der Code-Zeilen im Deklarationsabschnitt des Code-Moduls.

Mithilfe einer `Do Until...Loop`-Schleife arbeiten Sie alle Makros innerhalb des Moduls ab. Dabei können Sie über die Eigenschaft `ProcOfLine` den Namen des jeweiligen Makros in `Modul1` ermitteln. Diese Eigenschaft benötigt zwei Argumente: Im ersten Argument geben Sie die Startzeile an, ab der nach dem Makronamen gesucht werden soll. Im zweiten Argument wird der Typ der zu suchenden Prozedur festgelegt. Über die Konstante `vbext_pk_Proc` wird dabei bestimmt, dass Makros und Funktionen ermittelt werden sollen.

Über die Eigenschaft `CountOfLines` ermitteln Sie die Gesamtzahl der Codezeilen in einem Modul.

Abbildung 12.33:
Alle Makros aus
Modul1 wurden
aufgelistet

Folien löschen

Im folgenden Makro aus Listing 12.48 werden alle Folien einer Präsentation bis auf die erste Folie gelöscht.

Listing 12.48:
Alle Folien bis
auf die erste Folie
löschen

```
Sub FolienLöschen()
Do Until ActivePresentation.Slides.Count = 1
 ActivePresentation.Slides(ActivePresentation.Slides.Count).Delete
Loop
End Sub
```

Über die Anweisung `ActivePresentaion.Slides.Count` können Sie ermitteln, wie viele Folien sich in einer Präsentation befinden. In einer `Do Until...Loop`-Schleife wird jetzt jede Folie über die Methode `Delete` aus der Präsentation entfernt bis nur noch die erste Folie übrig bleibt.

Folien ein- und ausblenden

Sie können in PowerPoint bestimmen, welche Folien in einer Bildschirmpräsentation abgespielt werden sollen. Dabei können Sie für jede Folie angeben, ob diese angezeigt werden soll oder nicht. Über ein Makro können Sie beispielsweise einzelne oder mehrere Folien der Präsentation für die Bildschirmvorführung deaktivieren, indem Sie das folgende Makro aus Listing 12.49 starten.

```
Sub Folienausblenden()
Dim i As Integer

i = 2
Do Until i = ActivePresentation.Slides.Count
 ActivePresentation.Slides(i).SlideShowTransition.Hidden = msoTrue
 i = i + 1
Loop
End Sub
```

Listing 12.49:
Alle Folien für die Bildschirm-präsentation ausblenden

Wenn Sie jetzt aus dem Menü *Bildschirmpräsentation* den Befehl *Bildschirmpräsentation vorführen* wählen, dann wird lediglich die erste Folie angezeigt.

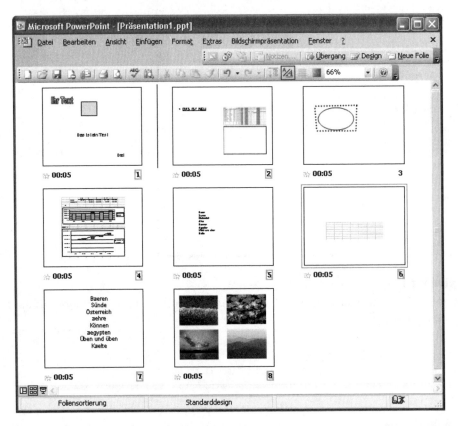

Abbildung 12.34:
Alle Folien bis auf die erste sind ausgeblendet

Den ausgeblendeten Status erkennen Sie beispielsweise in der Foliensortierungsansicht, dass die fortlaufenden Nummern der ausgeblendeten Folien durchgestrichen sind.

Um jetzt die ausgeblendeten Folien wieder einzublenden, starten Sie das Makro aus Listing 12.50.

```
Sub FolienEinblenden()
Dim i As Integer

i = 2
Do Until i = ActivePresentation.Slides.Count
 ActivePresentation.Slides(i).SlideShowTransition.Hidden = msoFalse
 i = i + 1
Loop
End Sub
```

Die Schleife Do While...Loop

Die `Do While...Loop`-Schleife wiederholt einen Block mit Anweisungen, solange eine Bedingung erfüllt ist (den Wert `True` zurückgibt). Die Prüfung der angegebenen Bedingung erfolgt immer zu Beginn der Schleife. Als Abbruchbedingung können Sie alles Mögliche abfragen; so können Sie z.B. eine Abbruchbedingung festlegen, wenn ein bestimmter Wert erreicht ist oder ein Shape-Objekt einen bestimmten Text aufweist.

Die Syntax dieser Schleife sieht wie folgt aus:

```
Do [{While} Bedingung]
[Anweisungen]
[Exit Do]
[Anweisungen]
Loop
```

`Bedingung` stellt einen numerischen Ausdruck oder Zeichenfolgenausdruck dar, der entweder `True` oder `False` ergibt. Liefert die Bedingung den Wert 0, so wird die Bedingung als `False` interpretiert. Hinter `Anweisungen` verbergen sich eine oder mehrere Anweisungen, die wiederholt werden, solange die Bedingung erfüllt ist (`True` zurückgibt).

Innerhalb einer `Do While...Loop`-Anweisung können an beliebiger Stelle `Exit Do`-Anweisungen zum vorzeitigen Verlassen der Schleife verwendet werden. `Exit Do` wird oft in Zusammenhang mit der Auswertung einer Bedingung (z.B. `If...Then`) eingesetzt und hat zur Folge, dass die Ausführung mit der ersten Anweisung im Anschluss an `Loop` fortgesetzt wird.

Präsentationen zählen

Im folgenden Makro aus Listing 12.51 sollen alle PowerPoint-Präsenationen aus einem Verzeichnis gezählt sowie deren Namen im Direktfenster der Entwicklungsumgebung ausgegeben werden.

```
Sub PräsentationenZählen()
Dim sOrdner As String
Dim sName As String
Dim i As Integer

    sOrdner = "c:\Eigene Dateien\"
    sName = Dir(sOrdner & "*.ppt")
```

```
    Debug.Print sName
    While sName <> ""
        sName = Dir
        Debug.Print sName
        i = i + 1
    Wend
    MsgBox "Gefundene Präsentationen: " & i
End Sub
```

Zu Beginn des Makros legen Sie fest, auf welchem Laufwerk bzw. in welchem Verzeichnis nach den Präsentationen gesucht werden soll. Danach setzen Sie die Funktion `Dir` ein. Diese Funktion gibt eine Zeichenfolge (`String`) zurück, die den Namen einer Datei, eines Verzeichnisses oder eines Ordners darstellt, der mit einem bestimmten Suchmuster, einem Dateiattribut oder mit der angegebenen Datenträger- bzw. Laufwerksbezeichnung übereinstimmt. Sie geben dieser Funktion noch als Information mit, wo diese suchen und nach welchen Dateien sie Ausschau halten soll. Sie speichern den ersten gefundenen Wert in der Variable `sName`. Danach verwenden Sie die `Do While...Loop`-Schleife, die so lange durchlaufen werden soll, bis keine weiteren Präsentationen mehr gefunden werden. Innerhalb der Schleife suchen Sie jeweils die nächste Präsentation im angegebenen Verzeichnis und schreiben den Namen der Präsentation über die Anweisung `Debug.Print` in das Direktfenster der Entwicklungsumgebung.

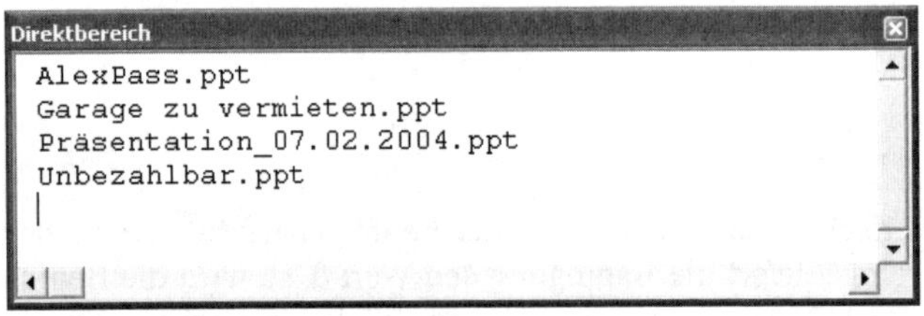

Abbildung 12.35:
Präsentationen
in einem
Verzeichnis
ermitteln

Bildschirmpräsentationen beenden

Wenn Sie mehrere Bildschirmpräsentationen nacheinander aufrufen, beziehungsweise von einer Präsentation zu einer anderen wechseln, werden Sie am Ende mit einer ganzen Reihe geöffneter Bildschirmpräsentationen konfrontiert. Das folgende Makro aus Listing 12.52 schließt alle momentan geöffneten Bildschirmpräsentationen.

```
Sub AllePräsentationenBeenden()
Do While SlideShowWindows.Count > 0
    SlideShowWindows(1).View.Exit
Loop
End Sub
```

Listing 12.52:
Alle geöffneten
Bildschirmprä-
sentationen
beenden

In einer `Do While...Loop`-Schleife werden alle Bildschirmpräsentationen mithilfe der Methode `Exit` beendet. Dabei wird über die Anweisung `SlideShowWindows.Count` geprüft, wie viele Präsentationsfenster momentan geöffnet sind. Es wird innerhalb der Schleife eine Bildschirmpräsentation nach der anderen geschlossen bis noch »0 Bildschirmpräsentationsfenster« aktiv sind.

PowerPoint-Dateien schließen

Um alle geöffneten PowerPoint-Präsentationen zu schließen, setzen Sie das Makro aus Listing 12.53 ein.

Listing 12.53:
Alle geöffneten
Präsentationen
schließen

```
Sub AllePräsentationenSchließen()
Do While Application.Presentations.Count > 0
    ActivePresentation.Close
Loop
End Sub
```

In der Do While...Loop-Schleife werden alle Präsentationsdateien mithilfe der Methode Close geschlossen. Dabei wird über die Anweisung Application.Presentations.Count geprüft, wie viele Dateien momentan geöffnet sind. Es wird innerhalb der Schleife eine Datei nach der anderen geschlossen bis noch »0 Dateien« geöffnet sind.

Variablen, Objektvariablen, Konstanten und Sprachelemente

13 Funktionen anwenden und eigene Funktionen erstellen

VBA-Standardfunktionen einsetzen

Neben PowerPoint spezifischen Funktionen gibt es eine ganze Reihe wichtiger VBA-Funktionen, die Sie in allen Office-Produkten einsetzen können, wie z.B. in Excel, Word, Access und natürlich auch PowerPoint. Lernen Sie auf den nächsten Seiten die wichtigsten VBA-Funktionen kennen.

 Alle hier vorgestellten Beispiele finden Sie auf der CD-ROM zum Buch im Verzeichnis **Kap13** in der Datei **Funktionen.ppt**.

Die Textfunktionen

Oft kommt es bei der Programmierung vor, dass bestimmte Texte in eine bestimmte Form gebracht werden müssen. Dabei können Zeichen entfernt, hinzugefügt oder einzelne Zeichen ersetzt werden.

Die Länge eines Textes messen

Mithilfe der Funktion Len können Sie die Länge eines Textes in Zeichen abfragen. Im folgenden Beispiel aus Listing 13.1 werden sowohl der Inhalt als auch die Anzahl der Zeichen vom ersten Shape-Objekt auf der ersten Folien der aktiven Präsentation abgefragt.

Listing 13.1:
Länge und Inhalt eines Textes abfragen

```
Sub Textlänge()
Dim s As String

s = ActivePresentation.Slides(1).Shapes(1).TextFrame.TextRange.Text

MsgBox "Länge alt: " & Len(s) & " Zeichen" & vbLf & _
      "Inhalt: " & s, vbInformation
End Sub
```

Sie speichern zunächst den genauen Text, der sich im ersten Shape-Objekt der Folie 1 befindet in der String-Variablen s ab. Danach wenden Sie die Funktion Len an, um die Textlänge zu messen und geben beide Informationen am Bildschirm aus.

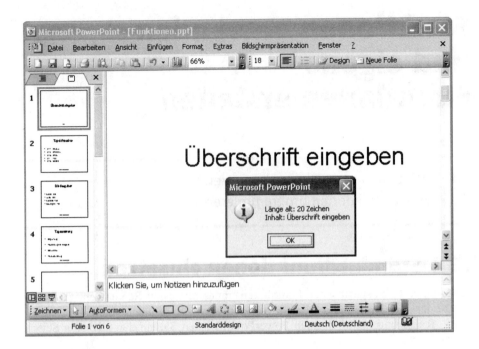

Abbildung 13.1:
Die Zeichenlänge
eines Shape-
Objektes ermit-
teln

Texte zuschneiden und extrahieren

Ist ein Text zu lang, kann er mithilfe von Funktionen auf die richtige Länge gebracht werden. Um beispielsweise einen Text rechts abzuschneiden, werden mithilfe der Funktion Left eine bestimmte Anzahl von Zeichen zurückgegeben.

Im folgenden Beispiel aus Listing 13.2 werden aus einem Text nur die ersten acht Zeichen von links zurückgegeben.

```
Sub TextAbschneiden()
Dim sAlt As String
Dim sNeu As String
Dim shp As Shape

Set shp = ActivePresentation.Slides(1).Shapes(2)
With shp
 sAlt = .TextFrame.TextRange.Text
 Debug.Print "Text vorher: "; sAlt
 sNeu = Left(sAlt, 8)
 Debug.Print "Text nachher: "; sNeu
End With
End Sub
```

Listing 13.2:
Einen Text
zurechtschnei-
den (am rechten
Textrand)

Sie deklarieren im ersten Schritt eine Objektvariable vom Typ Shape und geben über die Anweisung Set bekannt, wo genau in der Präsentation sich das Shape-Objekt befindet, auf das Sie zugreifen möchten. Danach speichern Sie den originalen Text in der Variablen sAlt und geben diesen im Direktfenster der Entwicklungsumgebung über die Anweisung Debug.Print aus. Danach bringen Sie den Text auf die gewünschte Länge von 8 Zeichen, indem Sie die Funktion Left anwenden und dabei genau 8 Zeichen vom linken Textrand in die Variable sNeu übertragen.

Soll der Text links abgeschnitten werden, dann setzen Sie die Funktion Right ein. Diese Funktion überträgt eine bestimmte Anzahl von Zeichen beginnend am rechten Textrand in eine Variable. Sehen Sie sich dazu einmal das Beispiel aus Listing 13.3 an.

Listing 13.3:
Einen Text zurechtschneiden (am linken Textrand)

```
Sub TextAbschneidenR()
Dim sAlt As String
Dim sNeu As String
Dim shp As Shape

Set shp = ActivePresentation.Slides(1).Shapes(2)
With shp
 sAlt = .TextFrame.TextRange.Text
 Debug.Print "Text vorher: "; sAlt
 sNeu = Right(sAlt, 13)
 Debug.Print "Text nachher: "; sNeu
End With
End Sub
```

Abbildung 13.3:
Text abschneiden (von rechts)

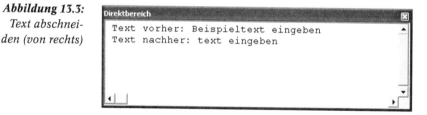

Bei der nächsten Variante werden weder Zeichen vom rechten oder linken Rand abgeschnitten, sondern es wird ein Abschnitt genau aus der Mitte des Textes extrahiert.

Im Makro aus Listing 13.4 wird aus dem Text »Beispieltext eingeben« das Wort »text« extrahiert.

Listing 13.4:
Einen Textteil extrahieren

```
Sub TextExtrahieren()
Dim sAlt As String
Dim sNeu As String
Dim shp As Shape

Set shp = ActivePresentation.Slides(1).Shapes(2)
With shp
 sAlt = .TextFrame.TextRange.Text
 Debug.Print "Text vorher: "; sAlt
 sNeu = Mid(sAlt, 9, 4)
 Debug.Print "Text nachher: "; sNeu
End With
End Sub
```

Bei der Funktion Mid müssen Sie ein Argument mehr angeben. Mit dem ersten Argument geben Sie an, welcher Text bearbeitet werden soll. Das zweite Argument bestimmt die Position des ersten Zeichens, gezählt vom linken Textrand, ab dem eine Übertragung einzelner Zeichen stattfinden soll. Im letzten Argument geben Sie die Anzahl der Zeichen an, die übertragen werden sollen.

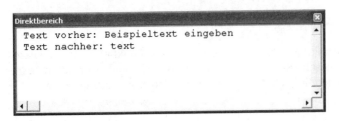

Abbildung 13.4:
Textteil extrahieren

Texte prüfen

Ganz gezielt können Sie Text nach bestimmten Zeichen und Zeichenfolgen durchsuchen lassen. Im folgenden Beispiel aus Listing 13.5 soll der Buchstabe »t« im Text »Beispieltext« gesucht und mit Positionsangabe gemeldet werden.

```
Sub TextPrüfen()
Dim sAlt As String
Dim sNeu As String
Dim shp As Shape
Dim i As Integer

Set shp = ActivePresentation.Slides(1).Shapes(2)
With shp
 sAlt = .TextFrame.TextRange.Text
 i = InStr(sAlt, "t")
 MsgBox "Der gesuchte Buchstabe <t> im Text: " & vbLf & _
 "<<" & sAlt & ">>" & vbLf & " tritt auf an Position: " & i
End With
End Sub
```

Listing 13.5:
Die Position eines Buchstabens in einem Text wird ermittelt (von links)

Mithilfe der Funktion InStr können Sie prüfen, an welcher Stelle in einem Text ein Zeichen oder eine Zeichenfolge auftritt. Es werden dabei die Zeichen, beginnend vom linken Textrand solange gezählt, bis das Zeichen bzw. die Zeichenfolge gefunden wird.

Abbildung 13.5:
Position eines Buchstabens im Text ermitteln (von links)

Die Funktion Instr ermittelt vom linken Textrand aus die Position des ersten Auftretens eines Zeichens bzw. einer Zeichenfolge. Sie können jedoch auch den umgekehrten Weg gehen.

Beim folgenden Makro aus Listing 13.6 beginnt die Suche nach dem Buchstaben t am rechten Textrand.

```
Sub TextPrüfenR()
Dim sAlt As String
Dim sNeu As String
Dim shp As Shape
Dim i As Integer

Set shp = ActivePresentation.Slides(1).Shapes(2)
With shp
 sAlt = .TextFrame.TextRange.Text
 i = InStrRev(sAlt, "t")
 MsgBox "Der gesuchte Buchstabe <t> im Text: " & vbLf & _
 "<<" & sAlt & ">>" & vbLf & " tritt auf an Position: " & i
End With
End Sub
```

Die Funktion InStrRev sucht einen Text, beginnend am rechten Textrand, nach einem bestimmten Zeichen oder einer Zeichenfolge ab und liefert die Position der Fundstelle. In diesem Beispiel wird das erste t vom rechten Textrand gefunden. Dies entspricht dem 12. Zeichen vom linken Textrand.

Beim nächsten Bespiel aus Listing 13.7 wird die Funktion von InStrRev noch klarer.

```
Sub NamenDerPräsentation()
Dim iPunkt As Integer

Debug.Print ActivePresentation.FullName
Debug.Print ActivePresentation.Path
Debug.Print ActivePresentation.Name

iPunkt = InStrRev(ActivePresentation.Name, ".")
Debug.Print Left(ActivePresentation.Name, iPunkt - 1)
Debug.Print Mid(ActivePresentation.Name, iPunkt + 1, 3)
End Sub
```

Über die Eigenschaft FullName erhalten Sie den kompletten Speicherpfad der aktiven Präsentation. Die Eigenschaft Path gibt das Verzeichnis zurück, indem die aktive Präsentation gespeichert ist. Mithilfe der Funktion InStrRev ermitteln Sie die Position des Punktes, um den Namen sowie die Erweiterung des Dateinamens danach über die Funktionen Left und Mid zu ermitteln.

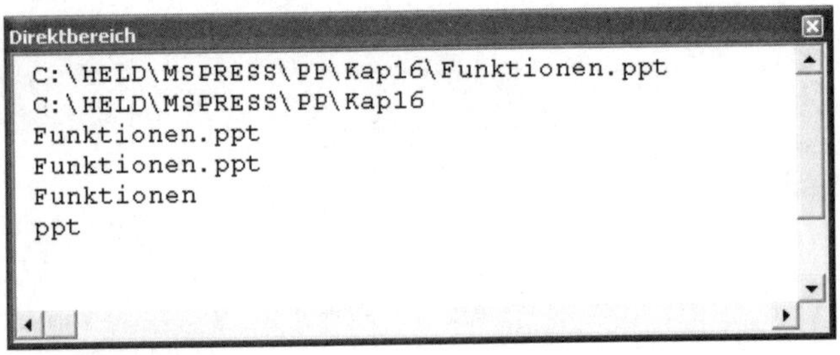

Abbildung 13.7:
*Den Namen bzw.
den Pfad einer
Präsentation
bearbeiten*

Text zerlegen

Seit der PowerPoint-Version 2000 gibt es die VBA-Funktion Split. Mithilfe dieser Funktion können Sie Zeichenfolgen in ihre Einzelteile zerlegen.

Bei der nächsten Aufgabe aus Listing 13.8 wird ein Text, der durch Semikolons getrennt ist, in einzelne Felder aufgeteilt und anschließend im Direktfenster der Entwicklungsumgebung ausgegeben.

```
Sub TextZerlegen()
Dim sText As String
Dim Varray As Variant
Dim i As Integer
Dim iGes As Integer

sText = "4711;Kölnisch Wasser;Parfum;Regal II"
Varray = Split(sText, ";")
For i = 0 To UBound(Varray)
 Debug.Print "Feld " & i + 1 & ": " & Varray(i)
Next i
End Sub
```

Listing 13.8:
*Text zerlegen mit
Split*

In der String-Variablen sText wird zunächst der komplette Text erfasst. Die einzelnen Felder sind hier durch ein Semikolon voneinander getrennt. Danach wenden Sie die Funktion Split an, um die einzelnen Feldinhalte in ein Datenfeld zu lesen. Bei der Funktion geben Sie als erstes Argument an, welcher Text gesplittet werden soll. Mit dem zweiten Argument geben Sie das Seperatorzeichen an, hier das Semikolon. Das Datenfeld Varray wird vorher mit dem Datentyp Variant deklariert. Nachdem Sie das Datenfeld gefüllt haben, ermitteln Sie mithilfe der Funktion UBound, wie viele einzelne Daten im Datenfeld eingelesen wurden. Dabei muss darauf geachtet werden, dass das erste Feld im Datenfeld mit dem Index 0 beginnt. Um also die Artikelbezeichnung aus dem Datenfeld zu ermitteln, könnte man Msgbox Varray(1) schreiben.

In einer Schleife lesen Sie ein Feld nach dem anderen aus und geben es über die Anweisung Debug.Print im Direktfenster der Entwicklungsumgebung aus.

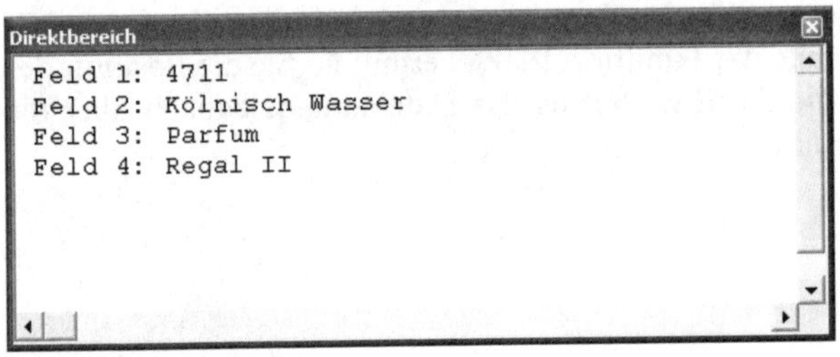

Abbildung 13.8:
*Der Text wurde
in seine Einzel-
teile zerlegt*

Text zerlegen, wandeln und wieder zusammensetzen

Im nächsten Beispiel wird ein Text komplett zerlegt, dann werden Änderungen vorgenommen und anschließend wird der Text wieder zusammengesetzt. Zu Beginn liegt ein Text vor, bei dem die einzelnen Informationen durch Semikolons getrennt sind. Nach der Zerlegung der einzelnen Teile, werden diese in Großbuchstaben gewandelt und wieder in einen Gesamttext zusammengesetzt. Das Makro für diese Aufgabe können Sie in Listing 13.9 einsehen:

Listing 13.9:
Texte zerlegen,
konvertieren und
wieder zusam-
mensetzen

```
Sub TexteZerlegenUndVerbinden()
Dim sText As String
Dim Varray As Variant
Dim i As Integer
Dim iGes As Integer

sText = "4711;Kölnisch Wasser;Parfum;Regal II"
Debug.Print "Vorher: " & sText
Varray = Split(sText, ";")
iGes = UBound(Varray)

For i = 0 To iGes
 Varray(i) = UCase(Varray(i))
Next i

Varray = Join(Varray, ";")
Debug.Print "Nachher: " & Varray
End Sub
```

Der Text liegt zunächst in einer String-Variablen vor. Die einzelnen Textinformationen werden durch Semikolons voneinander getrennt. Über den Einsatz der Funktion Split zerlegen Sie diesen Gesamttext in einzelne Teile. Danach durchlaufen Sie in einer Schleife alle einzelnen Felder, die danach im Datenfeld Varray gespeichert sind. Innerhalb der Schleife wenden Sie die Funktion Ucase an, um die einzelnen Informationen in Großbuchstaben zu wandeln. Am Ende des Makros kommt dann die Funktion Join zum Einsatz, um die einzelnen Felder wieder zusammenzusetzen. Übergeben Sie dazu dieser Funktion als erstes Argument das Datenfeld, das die konvertierten Texte enthält. Im zweiten Argument geben Sie das Seperatorzeichen bekannt, das verwendet werden soll.

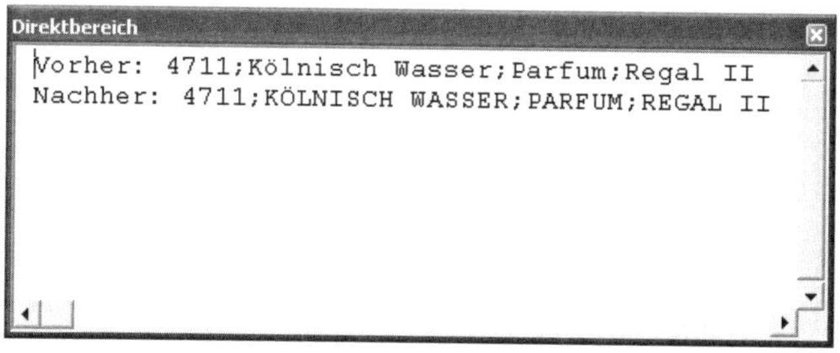

Abbildung 13.9:
Der Text wurde
anschließend
wieder zusam-
mengesetzt

```
Direktbereich
Vorher: 4711;Kölnisch Wasser;Parfum;Regal II
Nachher: 4711;KÖLNISCH WASSER;PARFUM;REGAL II
```

Text drehen

Eine eher etwas witzige Funktion ist StrReverse. Mithilfe dieser Funktion können Sie einen Text drehen, d.h. aus dem Wort »Esel« würde beispielsweise das Wort »lese«. Sehen Sie sich dazu das folgende Makro aus Listing 13.10 an.

```
Sub TextDrehen()
Dim s As String

s = "Esel"
MsgBox LCase(StrReverse(s))
End Sub
```

Listing 13.10:
Einen Text drehen und dabei in Kleinbuchstaben konvertieren

Die Funktion StrReverse ändert die Reihenfolge der Buchstabe, indem es die Buchstaben von rechts nach links neu anordnet. Die Funktion Lcase konvertiert dabei den Text in Kleinbuchstaben.

Text bereinigen

Wenn Sie Transfers von Texten in Ihre Präsentation vornehmen, sollten Sie vorher dafür sorgen, dass keine Leerzeichen mit übertragen werden. Leerzeichen stellen bei der Programmierung immer eine Gefahr dar, weil man sie nicht sieht und dadurch beispielsweise Probleme beim Abgreifen von Texten entstehen könnten. Für diesen Zweck stellt Ihnen VBA drei Funktionen zur Verfügung. Die Funktion LTrim entfernt führende Leerzeichen (linker Rand), die Funktion RTrim eliminiert nachgestellte Leerzeichen (rechter Rand) und die Funktion Trim entfernt vor- und nachgestellte Leerzeichen.

Sehen Sie sich dazu einmal das folgende Makro aus Listing 13.11 an.

```
Sub LeereEntfernen()
Dim s As String
s = _
"  vorne zuviel und hinten zuviel  "

MsgBox "Aus dem Text: " & vbLf & s & _
vbLf & " wird: " & vbLf & Trim(s), vbInformation
End Sub
```

Listing 13.11:
Störende Leerzeichen entfernen

Mithilfe der Funktion Trim haben Sie führende und nachgestellte Leerzeichen aus dem Text entfernt.

Abbildung 13.10:
Die Leerzeichen wurden entfernt

Texte vergleichen

Wenn Sie zwei Texte miteinander vergleichen möchten, dann kommt es immer darauf an, ob dabei auch die Groß- und Kleinschreibung beachtet werden soll. Im Makro aus Listing 13.12 werden zwei Zeichenfolgen miteinander verglichen, die zwar vom gleichen Inhalt sind, sich aber in der Groß- und Kleinschreibung unterscheiden.

Listing 13.12:
Zwei Textfolgen
miteinander ver-
gleichen

```
Sub TextvergleichDurchführen()
Dim sText1 As String
Dim sText2 As String

sText1 = "PowerPoint-VBA"
sText2 = "PowerPoint-vba"

If StrComp(sText1, sText2, 1) = 0 Then
 MsgBox "Beide Zeichenfolgen sind identisch!"
Else
 MsgBox "Beide Zeichenfolgen sind unterschiedlich!"
End If
End Sub
```

Die Funktion `StrComp` benötigt drei Argumente. Mit den ersten beiden Argumenten geben Sie die beiden Zeichenfolgen an, die verglichen werden sollen. Mit dem dritten Argument legen Sie die Art des Zeichenfolgenvergleichs fest. Beim Wert 1 wird nicht zwischen Groß- und Kleinschreibung unterschieden. Geben Sie stattdessen eine 0 dort an, dann erfolgt auch eine Unterscheidung zwischen Groß- und Kleinschreibung.

Texte konvertieren

Neben den Funktionen `LCase` und `UCase` gibt es noch eine spezielle VBA-Funktion zum Konvertieren von Texten. Die Funktion heißt `StrConv`.

Im folgenden Beispiel aus Listing 13.13 sind die wichtigsten Umwandlungsformen zusammengestellt.

Listing 13.13:
Texte konvertie-
ren

```
Sub TexteKonvertieren()
Dim s As String
s = "Das ist ein Test"

Debug.Print "Aus <" & s & "> wird"
Debug.Print StrConv(s, vbLowerCase)
Debug.Print StrConv(s, vbProperCase)
Debug.Print StrConv(s, vbUpperCase)
End Sub
```

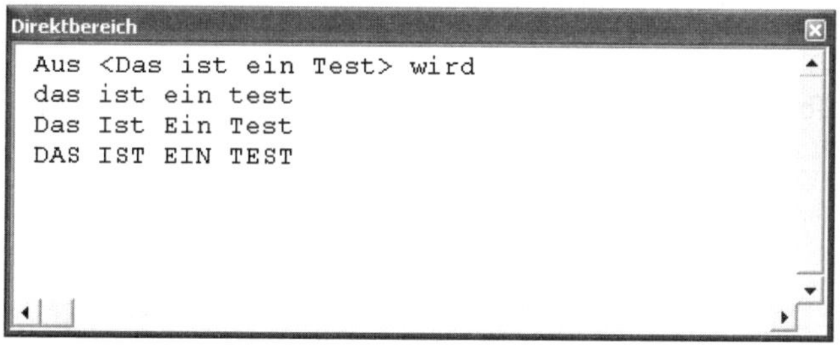

Abbildung 13.11:
Verschiedene
Arten der Text-
konvertierung im
Direktfenster

```
Direktbereich
Aus <Das ist ein Test> wird
das ist ein test
Das Ist Ein Test
DAS IST EIN TEST
```

Funktionen anwenden und eigene Funktionen erstellen

Fremddateien einlesen

PowerPoint kann mit Daten von diversen anderen Programmen arbeiten. Beispielsweise können Sie Textdateien, Word-Dokumente oder Excel-Tabellen als Datenquelle für Ihre Präsentation nützen.

Textdatei einlesen

Im ersten Beispiel lesen Sie eine Textdatei in PowerPoint ein. Zunächst werden Sie den Inhalt der Textdatei in das Direktfenster von PowerPoint übertragen. Das Makro für diese Aufgabe können Sie in Listing 13.14 sehen.

```
Sub TextdateiEinlesen()
Dim stextzeile As String
Dim sPfad As String

sPfad = ActivePresentation.Path & "\"
  Open sPfad & "Top.txt" For Input As #1
    Do While Not EOF(1)
      Line Input #1, stextzeile
      Debug.Print stextzeile
    Loop
    Close #1
End Sub
```

Listing 13.14:
Eine Textdatei in das Direktfenster von PowerPoint einlesen

Mithilfe der Eigenschaft Path können Sie ermitteln, wo die aktuell geöffnete Präsentation gespeichert ist. In genau dem gleichen Verzeichnis wurde vorher die Textdatei *Top.txt* (siehe Beispielverzeichnis auf der CD-ROM zum Buch) angelegt und gespeichert. Sie öffnen mit der Methode Open die angegebene Textdatei. Danach setzen Sie die Do While...Loop-Schleife ein und geben als Endkriterium die Funktion EOF (End of file, Dateiende) an. Über EOF kann die letzte Zeile einer geöffneten Textdatei ermittelt werden. Über die Anweisung Line Input lesen Sie die einzelnen Zeilen der Textdatei in die Variable stextzeile ein. Ebenfalls in der Schleife geben Sie die einzelnen Zeilen über die Anweisung Debug.Print im Direktfenster der Entwicklungsumgebung aus. Am Ende des Makros schließen Sie die Textdatei über die Methode Close.

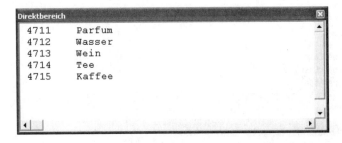

Abbildung 13.12:
Der Inhalt der Textdatei Top.txt wurde in das Direktfenster eingelesen

Auf der letzten Aufgabe aufbauend, lesen Sie jetzt diese 5 Artikel in eine PowerPoint-Folie ein. Verwenden Sie dazu das Makro aus Listing 13.15.

```
Sub TextdateiInFolieEinlesen()
Dim stextzeile As String
Dim sPfad As String
Dim shp As Shape
```

Listing 13.15:
Eine Textdatei in eine PowerPoint-Folie einlesen

```
ActivePresentation.Slides(2).Shapes(1).TextFrame.TextRange.Text = "Top-5-Produkte"
Set shp = ActivePresentation.Slides(2).Shapes(2)

sPfad = ActivePresentation.Path & "\"
  Open sPfad & "Top.txt" For Input As #1
    Do While Not EOF(1)
      Line Input #1, stextzeile
        shp.TextFrame.TextRange.Text = _
        shp.TextFrame.TextRange.Text & Chr(13) & stextzeile
    Loop
    Close #1
End Sub
```

Sie schreiben zuerst die Überschrift in das erste Shape in der zweiten Folie der Präsentation. Danach geben Sie über die Anweisung Set bekannt, in welches Shape-Objekt die Textdatei eingelesen werden soll. Danach öffnen Sie die Textdatei über die Methode Open und durchlaufen jede Zeile der Datei in einer Do While...Loop-Schleife. Sie übertragen diese Zeilen nacheinander in die Folie und fügen nach jedem Eintrag einen Zeilenwechsel ein, indem Sie die Funktion Chr aufrufen. Mithilfe dieser Funktion können Sie ein Standard-ASCII-Zeichen in eine Zeichenfolge einfügen. Chr(13) bedeutet beispielsweise, dass eine neue Zeile begonnen werden soll.

Abbildung 13.13:
Die Textdatei wurde in eine Folie übertragen

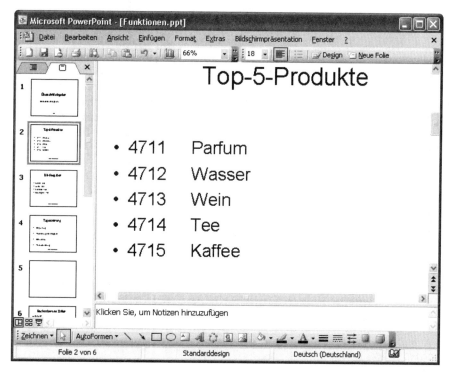

Excel-Tabelle einlesen

Die nächste Aufgabe besteht darin, die Daten einer Excel-Tabelle in eine PowerPoint-Folie zu übertragen. Benutzen Sie dazu die in Abbildung 13.14 dargestellte Excel-Tabelle *Ausgaben.xls*, die sich im Beispielverzeichnis auf der CD-ROM zu diesem Buch befindet. Speichern Sie diese Datei im gleichen Verzeichnis wie die momentan geöffnete Beispielpräsentation.

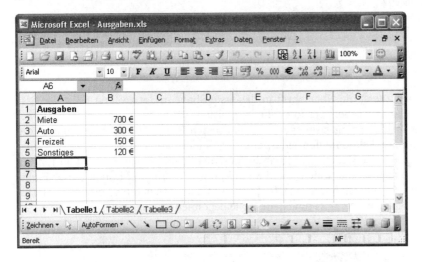

Abbildung 13.14:
Die Ausgangs-
tabelle in Excel

Bevor Sie mit dem Programmieren des Transfer-Makros beginnen, wechseln Sie in die Entwicklungsumgebung von PowerPoint und wählen aus dem Menü *Extras* den Befehl *Verweise*. Im Dialog *Verfügbare Verweise* aktivieren Sie je nach installierter Excel-Version die Bibliothek *Microsoft Excel 11.0 Object library* (für Excel 2003), bzw. *Microsoft Excel 10.0 Object library* (Excel 2002) oder *Microsoft Excel 9.0 Object library* (Excel 2000), sofern diese nicht bereits aktiviert ist. Bestätigen Sie diese Aktion mit *OK*.

Erfassen Sie jetzt das Makro aus Listing 13.16.

```
Sub ExcelTabelleEinlesen()
Dim shp As Shape
Dim EXapp As Excel.Application
Dim ExMap As Excel.Workbook
Dim sPfad As String
Dim i As Integer

ActivePresentation.Slides(3).Shapes(1).TextFrame.TextRange.Text = "Die Ausgaben"
Set shp = ActivePresentation.Slides(3).Shapes(2)

sPfad = ActivePresentation.Path & "\"

On Error Resume Next
Set EXapp = GetObject(, "Excel.Application.11")
```

Listing 13.16:
Eine Excel-
Tabelle als
Datenlieferanten
heranziehen

```
If Err.Number = 429 Then
    Set EXapp = CreateObject("Excel.Application.11")
    Err.Number = 0
End If
EXapp.Visible = True

Set ExMap = EXapp.Workbooks.Open(sPfad & "Ausgaben.xls")
For i = 2 To ExMap.Sheets(1).UsedRange.Rows.Count
 shp.TextFrame.TextRange.Text = _
 shp.TextFrame.TextRange.Text & Chr(13) & Cells(i, 1).Value & _
 "   " & Cells(i, 2).Value
Next i

ExMap.Close savechanges:=False
EXapp.Quit

Set ExMap = Nothing
Set EXapp = Nothing
End Sub
```

Sie erzeugen ein Excel-Objekt, mit welchem Sie Zugriff auf die Excel-VBA-Methoden und Eigenschaften erhalten. Dazu setzen Sie die Methode CreateObject ein und übergeben ihr das Applikationsobjekt von Excel. Die Zahl 11 bedeutet hier übrigens, dass Sie mit der Version Excel 2003 arbeiten möchten. Die Zahl 10 bedeutet, dass Sie mit der Version Excel 2002 arbeiten. Haben Sie z.B. Excel 2000, müssen Sie hier die Zahl 9 angeben. Für Excel 97 geben Sie die Zahl 8 an.

Natürlich ist es möglich, dass Sie die Anwendung Excel bereits geöffnet haben. In diesem Fall brauchen Sie kein neues Excel-Objekt anzulegen. Hier reicht es, wenn Sie über die Methode GetObject dieses geöffnete Objekt in den Vordergrund bringen. Versuchen Sie die Methode GetObject auf ein Objekt anzuwenden, welches augenblicklich nicht zur Verfügung steht, weil es beispielsweise geschlossen ist, wird Ihnen die Fehlernummer 429 zurückgemeldet. Mithilfe der Anweisung On Error Resume Next können Sie einen eventuell auftretenden Fehler ignorieren, sodass es zu keinem Makroabsturz kommt.

Nach der Anlage des neuen Excel-Objekts bzw. dessen Aktivierung setzen Sie die Eigenschaft Visible ein, um das neue Excel-Objekt anzuzeigen.

Sie definieren nun ein weiteres Excel-Objekt, welches die zu öffnende Arbeitsmappe darstellen soll. Die Arbeitsmappe wird über die Methode Open geöffnet, bei der Sie den Namen und den Pfad der Excelmappe angeben müssen.

Danach übertragen Sie über eine For...Next-Schleife alle Daten der Tabelle direkt in die PowerPoint-Folie. Schließen Sie danach die Excel-Arbeitsmappe über die Methode Close und beenden Sie die Excel-Anwendung, indem Sie die Methode Quit einsetzen. Am Ende des Makros wird der reservierte Speicher für die beiden Variablen ExApp und ExMap über die Set-Anweisung aufgehoben.

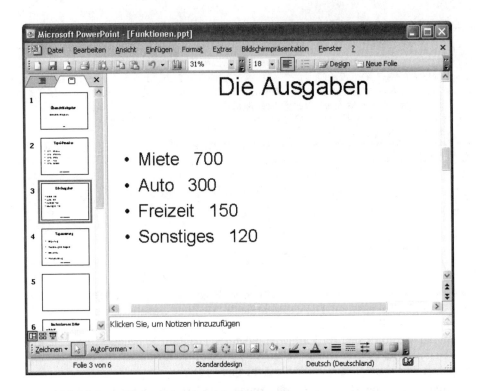

Abbildung 13.15:
Die Daten wur-
den erfolgreich
aus Excel impor-
tiert

Word-Dokument einlesen

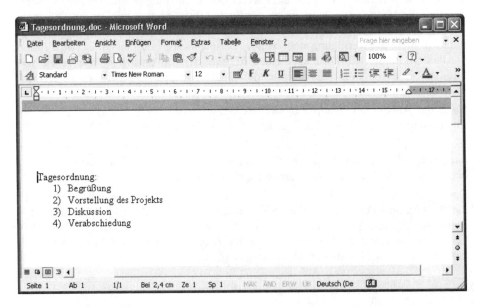

Abbildung 13.16:
Das Ausgangsdo-
kument in Word

Im nächsten Beispiel werden die Daten für eine Präsentation aus einem Word-Dokument bezogen. Legen Sie sich zu diesem Zweck ein Dokument nach dem Vorbild von Abbildung 13.16 an und speichern Sie es im gleichen Verzeichnis wie Ihre aktuell geöffnete Präsentation. Sie können natürlich auch das Dokument aus dem Beispielverzeichnis der CD-ROM zu diesem Buch verwenden, das den Namen *Tagesordnung.doc* trägt.

Bevor Sie mit dem Programmieren des Transfer-Makros beginnen, wechseln Sie in die Entwicklungsumgebung von PowerPoint und wählen aus dem Menü *Extras* den Befehl *Verweise*. Im Dialog *Verfügbare Verweise* aktivieren Sie je nach installierter Word-Version die Bibliothek *Microsoft Word 11.0 Object library* (für Word 2003), bzw. *Microsoft Word 10.0 Object library* (Word 2002) oder *Microsoft Word 9.0 Object library* (Word 2000). Bestätigen Sie diese Aktion mit *OK*.

Erfassen Sie jetzt das Makro aus Listing 13.17.

Listing 13.17: Ein Word-Dokument als Datenquelle heranziehen

```
Sub WordDokumentEinlesen()
Dim shp As Shape
Dim Wordapp As Word.Application
Dim WordDok As Word.Document
Dim sPfad As String
Dim i As Integer

ActivePresentation.Slides(4).Shapes(1).TextFrame.TextRange.Text = "Tagesordnung"
Set shp = ActivePresentation.Slides(4).Shapes(2)

sPfad = ActivePresentation.Path & "\Tagesordnung.doc"

On Error Resume Next
Set Wordapp = GetObject(, "Word.Application.11")
If Err.Number = 429 Then
    Set Wordapp = CreateObject("Word.Application.11")
    Err.Number = 0
End If
Wordapp.Visible = True
Set WordDok = Wordapp.Documents.Open(sPfad)

For i = 2 To 5
 shp.TextFrame.TextRange.Text = _
  shp.TextFrame.TextRange.Text & Chr(13) & _
  WordDok.Paragraphs(i).Range.Text
Next i

WordDok.Close savechanges:=True
'Wordapp.Quit

Set WordDok = Nothing
Set Wordapp = Nothing
End Sub
```

Sie erzeugen ein Word-Objekt, mit welchem Sie Zugriff auf die Word-VBA-Methoden und Eigenschaften erhalten. Dazu setzen Sie die Methode `CreateObject` ein und übergeben ihr das Applikationsobjekt von Word. Die Zahl 11 bedeutet hier übrigens, dass Sie mit der Version Word 2003 arbeiten möchten. Die Zahl 10 bedeutet, dass Sie mit der Version Word 2002 arbeiten. Haben Sie z.B. Word 2000, müssen Sie hier die Zahl 9 angeben. Für Word 97 geben Sie die Zahl 8 an.

Natürlich ist es möglich, dass Sie die Anwendung Word bereits geöffnet haben. In diesem Fall brauchen Sie kein neues Word-Objekt anzulegen. Hier reicht es, wenn Sie über die Methode GetObject dieses geöffnete Objekt in den Vordergrund bringen. Versuchen Sie die Methode GetObject auf ein Objekt anzuwenden, welches augenblicklich nicht zur Verfügung steht, weil es beispielsweise geschlossen ist, wird Ihnen die Fehlernummer 429 zurückgemeldet.

Nach der Erstellung des neuen Word-Objekts bzw. dessen Aktivierung setzen Sie die Eigenschaft Visible ein, um das Objekt anzuzeigen.

Definieren Sie nun ein weiteres Word-Objekt, welches das zu öffnende Dokument darstellen soll. Das Dokument wird über die Methode Open geöffnet, bei der Sie den Namen und den Pfad des Dokuments angeben müssen.

Danach übertragen Sie über eine For...Next-Schleife alle Daten der Tabelle direkt in die PowerPoint-Folie. Schließen Sie danach das Word-Dokument über die Methode Close und beenden Sie die Word-Anwendung, indem Sie die Methode Quit einsetzen. Am Ende des Makros wird der reservierte Speicher für die beiden Variablen WordApp und WordDok über die Set-Anweisung aufgehoben.

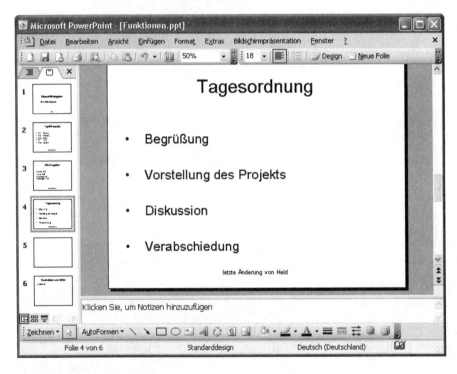

Abbildung 13.17: Die Daten wurden aus dem Word-Dokument in eine Power-Point-Folie importiert

Ordner verwalten

VBA stellt auch einige Anweisungen zur Verfügung, mit denen Sie Ordner anlegen, auf Verzeichnisse zugreifen und Ordner löschen können.

Ordner erstellen

Im folgenden Makro aus Listing 13.18 werden zwei neue Ordner angelegt.

Listing 13.18:
Neue Ordner
anlegen und
aktivieren

```
Sub OrdnerErstellung()
Const sOrdner = "Grafiken"
Const SUnterOrd = "Privat"

On Error GoTo fehler
ChDir "C:\Eigene Dateien"
MkDir sOrdner

ChDir "C:\Eigene Dateien\" & sOrdner
MkDir SUnterOrd
Exit Sub

fehler:
MsgBox "Es ist ein Fehler aufgetreten!", vbCritical
End Sub
```

Mithilfe der Anweisung ChDir wechseln Sie in das angegebene Verzeichnis. Dieses Verzeichnis und das Laufwerk sollte natürlich auf Ihrem PC auch vorhanden sein. Die Namen der gewünschten Ordner wurden vorher über Konstanten bestimmt. Daraufhin wird der erste Ordner über die Anweisung MkDir angelegt. Im Anschluss daran wird wiederum über die Anweisung ChDir der neue Ordner geöffnet, bevor der Unterordner darin angelegt wird.

Abbildung 13.18:
Die neuen
Ordner wurden
angelegt

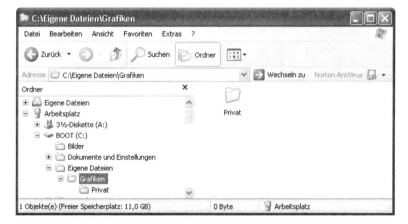

Ordner entfernen

Im folgenden Makro aus Listing 13.19 werden beide gerade erstellten Ordner wieder entfernt.

Listing 13.19:
Ordner entfernen

```
Sub OrdnerEntfernen()
Const sOrdner = "Grafiken"
Const SUnterOrd = "Privat"

ChDir "C:\Eigene Dateien\" & sOrdner
On Error GoTo fehler
RmDir "C:\Eigene Dateien\" & sOrdner & "\" & SUnterOrd
```

Funktionen anwenden und eigene Funktionen erstellen

```
ChDir "C:\Eigene Dateien\"
RmDir "C:\Eigene Dateien\" & sOrdner
Exit Sub

fehler:
 MsgBox "Es ist ein Fehler aufgetreten!", vbCritical
End Sub
```

Mithilfe der Anweisung RmDir können Sie einen Ordner entfernen, sofern er leer ist.
Geben Sie dazu den kompletten Pfad des Ordners an.

Dateien entfernen

Das Löschen eines Ordners funktioniert nur dann, wenn sich keine Dateien darin
befinden. Daher können Sie das Makro aus Listing 13.20 einsetzen, um alle Dateien
aus einem Verzeichnis zu entfernen.

```
Sub DateienLöschen()
On Error GoTo fehler
 ChDir ("C:\Eigene Dateien\Grafiken")
 Kill "*.*"
 Exit Sub

fehler:
 MsgBox "Der Ordner konnte nicht gefunden werden!", vbCritical
End Sub
```

Listing 13.20:
Alle Dateien aus
einem Verzeich-
nis entfernen

Beim Einsatz der Anweisung Kill können Sie so genannte Platzhalter einsetzen oder
den Namen der zu löschenden Datei komplett angegeben. Die Dateien werden direkt
gelöscht, ohne dass vorher noch einmal nachgefragt wird. Möchten Sie eine Sicher-
heitsabfrage einbauen, dann vervollständigen Sie den Code aus Listing 13.20 wie folgt:

```
Sub DateienLöschenNachRückfrage()
Dim i As Integer

On Error GoTo fehler
 ChDir ("C:\Eigene Dateien\Grafiken")
 i = MsgBox("Möchten Sie die Dateien wirklich löschen?", vbYesNo)

 If i = 6 Then
 Kill "*.*"
 Else
 MsgBox "Abbruch durch Benutzer!", vbCritical
 End If
 Exit Sub

fehler:
 MsgBox "Es ist ein Fehler aufgetreten!"
End Sub
```

Listing 13.21:
Dateien nach
Rückfrage aus
einem Ordner
entfernen

Mit der MsgBox-Anweisung und den Konstanten vbYesNo zeigen Sie ein Meldungsdialog-
feld mit den beiden Schaltflächen *Ja* und *Nein* an. Um zu ermitteln, auf welche
Schaltfläche der Anwender geklickt hat, lesen Sie die Variable i aus. Klickt der
Anwender die Schaltfläche *Ja* an, ist in der Variablen der Wert 6 gespeichert. Klickt er

hingegen auf die Schaltfläche *Nein*, wird der Wert 7 zurückgegeben. In Abhängigkeit davon führen Sie dann Ihre Löschaktion durch oder nicht.

Abbildung 13.19:
Ermitteln, auf
welche Schalt-
fläche geklickt
wird

Präsentation kopieren

Bei der folgenden Aufgabe soll die aktive Präsentation in einen anderen Ordner als Sicherungskopie kopiert werden. Dazu starten Sie das Makro aus Listing 13.22.

Listing 13.22:
Die aktive
Präsentation
wird in ein ande-
res Verzeichnis
als Sicherung
kopiert

```
Sub DateienKopieren()
Dim spp As String
Dim spp_Kopie As String

spp = ActivePresentation.FullName
spp_Kopie = "Kopie_" & ActivePresentation.Name

' Ersetzen Sie das folgende Verzeichnis durch
' eines, das sich auf Ihrem Rechner befindet.
ChDir "c:\Eigene Dateien\"
FileCopy spp, spp_Kopie
 Exit Sub

fehler1:
 MsgBox "Fehler beim Kopieren aufgetreten!", vbCritical
 End Sub
```

Sie erstellen zuerst zwei Variablen, in denen Sie den Namen der aktuell geöffneten Präsentation sowie den gewünschten Namen der Kopie-Präsentation speichern. Über die Eigenschaft `FullName` bekommen Sie den »langen" Dateiname«, d.h. es steht anschließend sowohl der Name als auch der Speicherpfad in der Variablen `spp`. Über die Eigenschaft `Name` können Sie das Duplikat mit dem ursprünglichen Namen mit einem kleinen Zusatz aufgreifen und in der Variablen `spp_Kopie` speichern. Über die Anweisung `ChDir` wird das gewünschte Zielverzeichnis geöffnet, in dem die Kopie gespeichert werden soll.

Die Anweisung `FileCopy` benötigt den Namen der Quelldatei sowie den gewünschten Namen der Kopie, um den Kopiervorgang durchzuführen.

Abbildung 13.20:
Es wurde eine
Kopie der aktuel-
len Präsentation
in einem ande-
ren Ordner
erstellt

Zählfunktionen anwenden

Wichtig vor allem für die Schleifensteuerung sind Zählfunktionen, die eine genaue Dimensionierung von Schleifen erlauben. Lernen Sie auf den nächsten Seiten ein paar typische Beispiele kennen, bei denen Zählfunktionen eingesetzt werden.

Folien zählen

Wenn Sie beispielsweise alle Folien einer Präsentation abarbeiten möchten, dann müssen Sie wissen, wie viele Folien in der Präsentation enthalten sind. Das folgende Makro aus Listing 13.23 zählt alle Folien, die in der aktuell geöffneten Präsentation vorhanden sind.

```
Sub ZählenFolien()
 MsgBox "In der Präsentation" & _
 ActivePresentation.Name & vbLf & " sind insgesamt " & _
 ActivePresentation.Slides.Count & " Folien", vbInformation
End Sub
```

Listing 13.23:
Folien einer Prä-
sentation zählen

Mithilfe der Eigenschaft Count können Sie die Anzahl der Folien (Slides) in der aktuell geöffneten Präsentation (ActivePresentation) zählen.

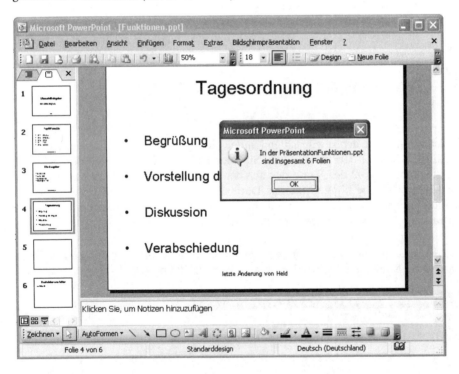

Abbildung 13.21:
Die Folien einer
Präsentation
wurden gezählt

Angewendet in einer Schleife können Sie die Funktion Count, wie im Makro aus Listing 13.24 dargstellt, benutzen.

In diesem Makro wird in allen Folien der Präsentation eine Fußzeile definiert.

Listing 13.24:
Folien–Fußzeile
definieren

```
Sub FolienMitCopyRight()
Dim i As Integer

For i = 1 To ActivePresentation.Slides.Count
ActivePresentation.Slides(i).HeadersFooters.Footer.Text = _
 "letzte Änderung von Held"Next i
End Sub
```

Die `For...Next`-Schleife wird so oft durchlaufen, wie es Folien in der Präsentation gibt. Innerhalb der Schleife wird die Fußzeile einer jeden Folie mit einem Vermerk ausgestattet.

Abbildung 13.22:
Eine Fußzeile in
PowerPoint
anlegen

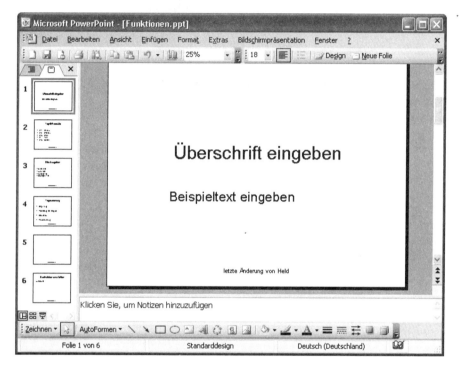

Dateien zählen

Wenn Sie Dateien zählen möchten, dann können Sie dies auf unterschiedliche Art und Weise tun.

Dateien zählen über die Bibliothek Scripting Runtime

Im ersten Beispiel aus Listing 13.25 wird die Zählung mithilfe einer zusätzlichen Bibliothek realisiert. Dazu wechseln Sie in die Entwicklungsumgebung und wählen aus dem Menü *Extras* den Befehl *Verweise*. Im Dialog *Verfügbare Verweise* aktivieren Sie die Bibliothek *Microsoft Scripting Runtime*, sofern diese nicht bereits aktiviert ist, und bestätigen mit OK.

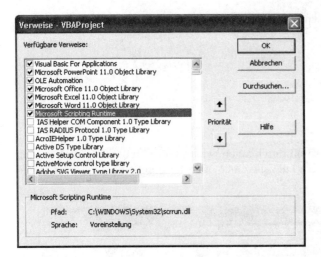

Abbildung 13.23:
Eine zusätzliche
Bibliothek muss
aktiviert werden

Erfassen Sie jetzt das Makro aus Listing 13.25, um die Dateien eines Verzeichnisses zu zählen.

Listing 13.25:
Zählen von
Dateien
(Variante 1)

```
Sub ZählenDateien()
Dim FSO As New Scripting.FileSystemObject
Dim sOrdner As String
Dim i As Integer


On Error Goto Fehler
' Bitte folgenden Ordner durch das Verzeichnis
' ersetzen, in dem sich die Dateien befinden.
sOrdner = "C:\Eigene Dateien\"
i = FSO.GetFolder(sOrdner).Files.Count
MsgBox "Im angegebenen Ordner befinden sich " & _
       i & " Dateien", vbInformation

Exit Sub

Fehler:
Msgbox "Es ist ein Fehler aufgetreten!"
End Sub
```

Mithilfe der Eigenschaft `GetFolder` können Sie auf einen bestimmten Ordner verweisen. Über die Eigenschaft `Count` zählen Sie die darin enthaltenen Dateien (`Files`).

Dateien zählen über die Funktion Dir

Vielleicht kennen Sie noch die gute alte DOS-Funktion `Dir`, mit der Sie Dateien und Verzeichnisse auf DOS-Ebene zählen und anzeigen lassen konnten. Auch diese Funktion wurde in VBA integriert. Sehen Sie sich dazu einmal das Makro aus Listing 13.26 an.

```
Sub DateienZählen2()
Dim sOrdner As String
Dim i As Integer

sOrdner = Dir("C:\Eigene Dateien\*.*")

Do While sOrdner <> ""
   i = i + 1
   sOrdner = Dir()
Loop
 MsgBox "Im angegebenen Ordner befinden sich " & _
      i & " Dateien", vbInformation
End Sub
```

In der Do While...Loop-Schleife werden alle im Verzeichnis befindlichen Dateien nacheinander gezählt und am Ende auf dem Bildschirm ausgegeben.

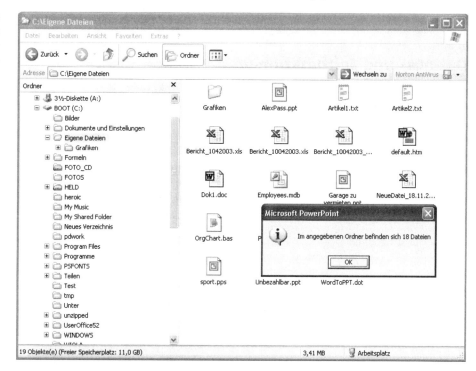

Dateien zählen über das FileSearch-Objekt

Sehr komfortabel ist auch die Suche mithilfe des FileSearch-Objekts, das Sie im Makro aus Listing 13.27 sehen können.

```
Sub ZählenDateien3()
With Application.FileSearch
    .NewSearch
    .LookIn = "C:\Eigene Dateien"
    .FileName = "*.*"
    .Execute
```

```
      MsgBox "Im angegebenen Ordner befinden sich " & _
        .FoundFiles.Count & " Dateien", vbInformation
End With
End Sub
```

Das Objekt `FileSearch` stellt Ihnen einige Eigenschaften und Methoden für die Suche nach Dateien zur Verfügung. Über die Methode `NewSearch` setzen Sie die Sucheinstellungen zurück. Die Suchkriterien werden somit immer nur für die Dauer einer Anwendungssitzung beibehalten. Verwenden Sie diese Methode jedes Mal, wenn Sie die Suchkriterien ändern, also auch beim ersten Start des Makros. Über die Eigenschaft `LookIn` können Sie bestimmen, in welchem Verzeichnis gesucht werden soll. Über die Eigenschaft `FileName` können Sie die Suche näher einschränken und nur bestimmte Dateitypen suchen lassen. Im Beispiel aus Listing 13.27 werden jedoch alle Dateien gesucht. Über die Methode `Execute` wird die Suche initiiert. Kurz darauf stehen alle gefundenen Dateien (Namen der Dateien) im Objekt `FoundFiles` zur Verfügung. Diese können Sie mithilfe der Funktion `Count` zählen und auf dem Bildschirm ausgeben.

Datums- und Zeitfunktionen

Fest in VBA integriert sind auch die Datums- und Zeitfunktionen. Lernen Sie auf den nächsten Seiten die wichtigsten Funktionen dieser Kategorie kennen.

Den Wochentag ermitteln

Wenn Sie ein Datum sehen, wissen Sie nicht immer, um welchen Tag in der Woche es sich dabei handelt. Die Funktion `Weekday` meldet Ihnen einen Wert zwischen 1 und 7 zurück, wenn Sie sie mit einem gültigen Datumswert füttern. Im folgenden Makro aus Listing 13.28 wird über eine Eingabeaufforderung ein Datum eingegeben. Das Makro prüft dann, welcher Wochentag an diesem Datum ist.

```
Sub WochentagErmitteln()
Dim s As String
Dim sWT As String

  s = InputBox("Geben Sie ein Datum!", "Datumseingabe", Date)
  If s = "" Then Exit Sub

    Select Case Weekday(s)
    Case 1
     sWT = "Sonntag"
    Case 2
     sWT = "Montag"
    Case 3
     sWT = "Dienstag"
    Case 4
     sWT = "Mittwoch"
    Case 5
     sWT = "Donnerstag"
    Case 6
     sWT = "Freitag"
```

Listing 13.28:
Den Wochentag
ermitteln
(Variante 1)

```
        Case 7
          sWT = "Samstag"
        End Select
      MsgBox "Das eingegebene Datum ist ein " & sWT, vbInformation
    End Sub
```

Mit Inputbox nehmen Sie vom Anwender eine Datumseingabe entgegen. Sie geben in dieser Eingabeaufforderung bereits ein Datum vor, nämlich das aktuelle Tagesdatum. So ist der Anwender über die Form der Eingabe informiert und muss jetzt lediglich das gewünschte Datum eingeben. Danach prüfen Sie, ob der Anwender nach der Eingabe des Datums die Schaltfläche OK angeklickt hat. Wenn ja, dann werten Sie die Eingabe des Datums in einer Select Case-Anweisung mithilfe der Funktion Weekday aus und geben das Ergebnis am Bildschirm aus.

Abbildung 13.25:
Eingabe des
Datums

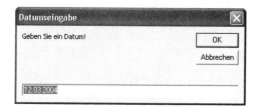

Abbildung 13.26:
Die Datumsaus-
wertung nach
dem Wochentag

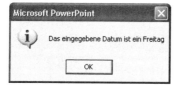

Wenn Sie mit PowerPoint ab Version 2000 arbeiten, können Sie diese Aufgabe mit einem noch kürzeren Programmcode lösen, der in Listing 13.29 aufgeführt ist.

Listing 13.29:
Den Wochentag
ermitteln
(Variante 2)

```
Sub WochentagErmitteln2()
Dim s As String

  s = InputBox("Geben Sie ein Datum ein!", "Datumseingabe", Date)
If s = "" Then Exit Sub
  s = Weekday(s) - 1
  s = WeekdayName(s)
  MsgBox "Der genannte Tag ist ein: " & s
End Sub
```

Die Funktion WeekdayName wandelt den Zahlenwert, den Ihnen die Funktion Weekday meldet, automatisch in den richtigen Wochentag um.

Den Monatsnamen ermitteln

Verwandt mit der gerade beschriebenen Funktion ist auch die Funktion Month. Diese Funktion meldet aufgrund eines Datums den dazugehörenden Monat. Diese Funktion gibt einen Wert vom Typ Variant zurück, der den Monat im Jahr als ganze Zahl im Bereich von 1 bis 12 angibt.

Im folgenden Makro aus Listing 13.30 wird das eingegebene Datum dahingehend geprüft, in welchem Monat es liegt.

```
Sub ErmittelnMonat()
Dim s As String

s = InputBox("Geben Sie ein Datum ein!", "Datumseingabe", Date)
If s = "" Then Exit Sub

s = MonthName(Month(s))
MsgBox "Das eingegebene Datum liegt im Monat " & s
End Sub
```

Listing 13.30:
*Den Monats-
namen ermitteln*

Mithilfe der Funktion Month ermitteln Sie zunächst den aktuellen Monatsindex, den Sie an die Funktion MonthName übergeben. Diese Funktion bildet dann aus diesem Monatsindex den dazugehörigen Monatsnamen (1=Januar, 2=Februar usw.).

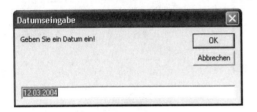

Abbildung 13.27:
*Eingabe des
Datums*

Abbildung 13.28:
*Die Datumsprü-
fung nach dem
Monatsnamen*

Datumsberechnungen durchführen

Für Datumsberechnungen steht Ihnen die Funktion DateDiff zur Verfügung. Sehen Sie in Listing 13.31, wie Sie beispielsweise die Differenz an Tagen vom aktuellen Tag zu einem in der Zukunft liegenden Tag ermitteln können.

```
Sub BerechnenDatum()
Dim Datum1 As Date

 Datum1 = InputBox("Geben Sie ein zukünftiges Datum ein")
 MsgBox "Tage von heute an: " & DateDiff("d", Now, Datum1)
End Sub
```

Listing 13.31:
*Eine Datumsbe-
rechnung durch-
führen*

Die Funktion DateDiff arbeitet mit Datumskürzeln, die Sie in Tabelle 13.1 einsehen können.

Kürzel	Bedeutung	
yyyy	Jahr	
q	Quartal	
m	Monat	▶

Tabelle 13.1:
*Die Datumskür-
zel der Funktion
DateDiff*

Kürzel	Bedeutung
y	Tag des Jahres
d	Tag
w	Wochentag
ww	Woche
h	Stunde
n	Minute
s	Sekunde

Abbildung 13.29:
Ein Datum in der
Zukunft
eingeben

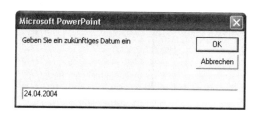

Abbildung 13.30:
Datumsdifferen-
zen schnell
errechnen mit der
Funktion DateDiff

Das Quartal ausgeben

Ausgehend von einem eingegebenen Datum soll das dazugehörige Quartal ausgegeben werden. Auch bei dieser Aufgabe können Sie auf die Datumskürzel der Tabelle 13.1 zurückgreifen. Für diese Aufgabe kommt im Makro aus Listing 13.32 die Funktion DatePart zum Einsatz.

Listing 13.32:
Das Quartal zu
einem eingegebe-
nen Datum
ermitteln

```
Sub QuartalErmitteln()
Dim Datum1 As Date

Datum1 = InputBox("Geben Sie ein Datum ein:", , Date)
MsgBox "Quartal: " & DatePart("q", Datum1), vbInformation
End Sub
```

Datumsangaben formatieren

Möchten Sie eine Datumsangabe in ein bestimmtes Format bringen, dann können Sie dazu die Eigenschaft Format verwenden.

Im folgenden Makro aus Listing 13.33 wird ein Datum auf verschiedene Weisen formatiert.

Listing 13.33:
Datumsangaben
formatieren

```
Sub DatumsFormateAnwenden()
Dim Datum1 As Date

Datum1 = InputBox("Geben Sie ein Datum ein:", , Date)
```

Funktionen anwenden und eigene Funktionen erstellen

```
Debug.Print Format(Datum1, "DD.MM.YYYY")
Debug.Print Format(Datum1, "DD.MM.YY")
Debug.Print Format(Datum1, "DD.MM.YYYY (DDDD)")
Debug.Print "Wochennummer: " & Format(Datum1, "ww")
End Sub
```

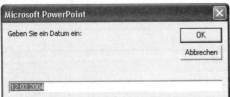

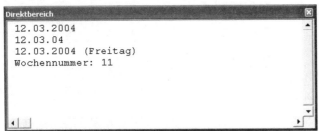

In der Tabelle 13.2 finden Sie weitere Formatkürzel, die Sie mit der Funktion Format verwenden können.

Kürzel	Bedeutung
c	Vordefiniertes Standarddatum.
d	Monatstag mit einer oder zwei Ziffern (1 bis 31).
dd	Monatstag mit zwei Ziffern (01 bis 31).
ddd	Die ersten drei Buchstaben des Wochentags (Son bis Sam).
dddd	Vollständiger Name des Wochentags (Sonntag bis Samstag).
w	Wochentag (1 bis 7).
ww	Kalenderwoche (1 bis 53).
m	Monat des Jahres mit einer oder zwei Ziffern (1 bis 12).
mm	Monat des Jahres mit zwei Ziffern (01 bis 12).
mmm	Die ersten drei Buchstaben des Monats (Jan bis Dez).
mmmm	Vollständiger Name des Monats (Januar bis Dezember).
q	Datum als Quartal angezeigt (1 bis 4).
y	Kalendertag (1 bis 366).
yy	Die letzten zwei Ziffern der Jahreszahl (01 bis 99).
yyyy	Vollständige Jahreszahl (0100 bis 9999).
h	Stunde mit einer oder zwei Ziffern (0 bis 23). ▶

Kürzel	Bedeutung
hh	Stunde mit zwei Ziffern (00 bis 23).
n	Minute mit einer oder zwei Ziffern (0 bis 59).
nn	Minute mit zwei Ziffern (00 bis 59).
S	Sekunde mit einer oder zwei Ziffern (0 bis 59).
SMS	Sekunde mit zwei Ziffern (00 bis 59).
AM/PM	Zwölf-Stunden-Format mit den Großbuchstaben AM oder PM.
am/pm	Zwölf-Stunden-Format mit den Kleinbuchstaben am oder pm.
A/P	Zwölf-Stunden-Format mit den Großbuchstaben A oder P.
a/p	Zwölf-Stunden-Format mit den Kleinbuchstaben a oder p.

Änderungsdatum einer Datei erkennen

Im folgenden Beispiel aus Listing 13.34 wird das letzte Änderungsdatum der aktiven Präsentation auf dem Bildschirm ausgegeben. Die dazu notwendige VBA-Funktion heißt FileDateTime.

Listing 13.34:
Das letzte Ände-
rungsdatum einer
Datei ermitteln

```
Sub LetzteÄnderung()
  MsgBox "Letzte Änderung der Datei " & ActivePresentation.Name & _
  vbLf & " am: " & FileDateTime(ActivePresentation.FullName)
End Sub
```

Geben Sie der Funktion FileDateTime den kompletten Speicherpfad der aktuell geöffneten Präsentation bekannt, indem Sie die Eigenschaft FullName einsetzen.

Abbildung 13.33:
Das letzte Ände-
rungsdatum einer
Präsentation
ausgeben

Bildschirmmeldungen und Eingabeaufforderungen

Wie schon öfters in diesem Buch angesprochen, können Sie Bildschirmmeldungen ausgeben oder auch Eingabeaufforderungen anzeigen lassen. Um eine Bildschirmmeldung anzuzeigen, setzen Sie die Funktion Msgbox ein. Um eine Eingabeaufforderung einzublenden, kommt die Funktion Inputbox zum Einsatz.

Dialogfeld-Funktion Msgbox

Um eine Meldung auf dem Bildschirm anzuzeigen, verwenden Sie die Funktion Msgbox, welche folgende Syntax hat:

```
MsgBox(prompt[, buttons] [, title] [, helpfile, context])
```

Das erste Argument prompt muss angegeben werden. Es besteht aus einem Text, der als Meldung im Dialogfeld erscheinen soll.

Das nächste Argument buttons bestimmt, welche Schaltflächen Sie in Ihrer Meldung mit anzeigen möchten. Diese Einstellung können Sie entweder durch eine Konstante oder einen eindeutigen Index vornehmen. Entnehmen Sie der Tabelle 13.3 die möglichen Varianten dazu:

Konstante oder Wert	Beschreibung
vbOKOnly oder 0	Zeigt nur die Schaltfläche *OK* an.
vbOKCancel oder 1	Zeigt die Schaltflächen *OK* und *Abbrechen* an.
vbAbortRetryIgnore oder 2	Zeigt die Schaltflächen *Abbruch*, *Wiederholen* und *Ignorieren* an.
vbYesNoCancel oder 2	Zeigt die Schaltflächen *Ja, Nein* und *Abbrechen* an.
vbYesNo oder 4	Zeigt die Schaltflächen *Ja* und *Nein* an.
vbRetryCancel oder 5	Zeigt die Schaltflächen *Wiederholen* und *Abbrechen* an.
vbCritical oder 16	Zeigt die Meldung mit einem Stopp-Symbol an.
vbQuestion oder 32	Zeigt die Meldung mit einem Fragezeichen-Symbol an.
vbExclamation oder 48	Zeigt die Meldung mit einem Ausrufezeichen-Symbol an.
vbInformation oder 64	Zeigt die Meldung mit einem Info-Symbol an.
vbDefaultButton1 oder 0	Erste Schaltfläche ist Standardschaltfläche.
vbDefaultButton2 oder 256	Zweite Schaltfläche ist Standardschaltfläche.
vbDefaultButton3 oder 512	Dritte Schaltfläche ist Standardschaltfläche.
vbDefaultButton4 oder 768	Vierte Schaltfläche ist Standardschaltfläche.
vbApplicationModal oder 0	Der Anwender muss zuerst auf die Meldung reagieren, bevor er seine Arbeit mit der aktuellen Anwendung fortsetzen kann.
vbSystemModal oder 4096	Alle Anwendungen werden unterbrochen, bis der Benutzer auf die Meldung reagiert.
vbMsgBoxHelpButton oder 16384	Fügt dem Meldungsfenster eine Hilfeschaltfläche hinzu.

Tabelle 13.3:
Schaltflächen für Bildschirmmeldungen

Mit dem nächsten Argument Title legen Sie einen Text fest, der im Fenstertitel angezeigt werden soll.

Die letzten beiden Argumente helpfile und context setzen Sie ein, wenn Sie im Meldungsfenster auf einen Hilfetext verweisen möchten.

Je nachdem, welche Schaltfläche der Anwender im Meldungsfenster anklickt, sollen unterschiedliche Aktionen folgen. Wird z.B. die Schaltfläche *Abbrechen* angeklickt, muss das Makro sofort beendet werden. Entnehmen Sie der Tabelle 13.4 die möglichen Rückgabewerte.

Konstante oder Wert	Beschreibung
vbOK oder 1	Die Schaltfläche *OK* wurde angeklickt.
vbCancel oder 2	Die Schaltfläche *Abbrechen* wurde angeklickt.
vbAbort oder 3	Die Schaltfläche *Abbruch* wurde angeklickt. ▶

Tabelle 13.4:
Die Rückgabewerte der Schaltflächen

Konstante oder Wert	Beschreibung
vbRetry oder 4	Die Schaltfläche *Wiederholen* wurde angeklickt.
vbIgnore oder 5	Die Schaltfläche *Ignorieren* wurde angeklickt.
vbYes oder 6	Die Schaltfläche *Ja* wurde angeklickt.
vbNo oder 7	Die Schaltfläche *Nein* wurde angeklickt.

Rückfragen einholen

Im folgenden Beispiel aus Listing 13.35 soll vor dem Löschen der ersten Folie eine Rückfrage eingeholt werden. Erst wenn diese bestätigt wird, darf die Folie gelöscht werden.

Listing 13.35:
Eine Löschrück-
frage einholen

```
Sub LöschenFolie()
Dim i As Integer

i = MsgBox("Wollen Sie die erste Folie wirklich löschen?", _
  1 + vbQuestion, "Löschenabfrage")

If i = 2 Then
  Exit Sub
Else
  ActivePresentation.Slides(1).Delete
End If
End Sub
```

Um zu ermitteln, auf welche Schaltfläche der Anwender geklickt hat, fragen Sie die Variable i ab. Klickt der Anwender auf die Schaltfläche *Abbrechen*, so meldet die Variable den Wert 2, was ein sofortiges Beenden des Makros über die Anweisung Exit Sub zur Folge hat. Im andern Fall wird über die Methode Delete die erste Folie aus der aktiven Präsentation gelöscht.

Abbildung 13.34:
Eine Löschrück-
frage einholen

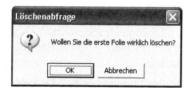

Mehrzeilige Bildschirmmeldung anzeigen

Möchten Sie gleich mehrere Informationen am Bildschirm anzeigen, können Sie mit MsgBox eine mehrzeilige Bildschirmmeldung anzeigen lassen. Im folgenden Beispiel aus Listing 13.36 wird das aktuelle Datum sowie die Uhrzeit und der Name der Präsentation in einer Bildschirmmeldung angezeigt.

Listing 13.36:
Eine mehrzeilige
Meldung
ausgeben

```
Sub MehrzeiligeMeldungAusgeben()
MsgBox "Heute ist der " & Date & vbLf & _
      "Momentan ist es " & Time & " Uhr" & vbLf & _
      "Die Präsentation heißt: " & ActivePresentation.Name, _
      vbInformation + vbOKOnly
End Sub
```

Wenn Sie mehrzeilige Informationen in einem Meldungsfenster ausgeben möchten, verbinden Sie die einzelnen Abschnitte jeweils mit einem beginnenden & sowie einem endenden Zeichen &. Am Ende jeder Zeile geben Sie ein Leerzeichen ein, gefolgt von einem Unterstrich, um PowerPoint mitzuteilen, dass der Befehl noch nicht zu Ende ist und in der nächsten Zeile fortgesetzt werden soll. Setzen Sie die Konstante VbLf ein, um einen Zeilenumbruch in der Meldung zu erzeugen.

Abbildung 13.35:
Mit der Konstan-
ten vbLf *können*
Sie einen Zeilen-
umbruch erzwin-
gen

Die Dialogfeld-Funktion InputBox

Mithilfe der Methode Inputbox versetzen Sie den Anwender in die Lage, einzelne Eingaben in einer Eingabeaufforderung vorzunehmen. Diese Funktion eignet sich für kleinere Aufgaben hervorragend und auch hier können Sie Aussehen und Funktion des Dialogs selbst bestimmen.

Die Syntax dieser Funktion sieht wie folgt aus:

```
InputBox(prompt, title, default, Left, Top, helpFile, helpContext)
```

Das erste Argument prompt muss angegeben werden. Es besteht aus einem Text, der als Meldung im Dialogfeld erscheinen soll.

Mit dem nächsten Argument title legen Sie einen Text fest, der im Fenstertitel angezeigt werden soll.

Mithilfe des Arguments default können Sie eine Vorbelegung wählen, die im Textfeld angezeigt werden soll, wenn der Benutzer keine Eingabe vornimmt. Wenn Sie das Argument weglassen, wird ein leeres Textfeld angezeigt.

Mit den nächsten beiden Argumenten left und top können Sie die Position auf dem Bildschirm festlegen, wo die Eingabeaufforderung angezeigt werden soll. So wird mit dem Argument left der horizontale Abstand des linken Dialogfeldrandes vom linken Bildschirmrand festgelegt. Mit dem Argument top wird der vertikale Abstand des oberen Dialogfeldrandes vom oberen Bildschirmrand festgelegt.

Die beiden Argumente helpfile und context setzen Sie ein, wenn Sie auf einen Hilfetext im Meldungsfenster verweisen möchten.

Fußzeilen über Inputbox festlegen

Im folgenden Beispiel aus Listing 13.37 legen Sie die Fußzeile der ersten Folien in Ihrer Präsentation fest.

```
Sub FußzeileFestlegen()
Dim s As String

s = InputBox(prompt:="Fußzeile eingeben")
MsgBox s
If s <> "" Then
```

Listing 13.37:
Eine Fußzeile
über eine Einga-
beaufforderung
erfassen

```
ActivePresentation.Slides(1).HeadersFooters.Footer.Text = s
Else
 Exit Sub
End If
End Sub
```

Abbildung 13.36:
Eine Eingabeauf-
forderung aufru-
fen und editieren

Eigene Funktionen programmieren

Vieles, was PowerPoint noch nicht hergibt, können Sie selbst programmieren, um die
Funktionalität des Programms zu erweitern. Lernen Sie auf den nächsten Seiten typische Beispiele für eigene Funktionen kennen.

Ordner prüfen

Zu Problemen während der Programmierung kommt es häufig, wenn versucht wird
auf Objekte zuzugreifen, die gar nicht existieren. Ein Paradebeispiel hierfür ist der
Zugriff auf ein Verzeichnis, das gar nicht existiert. PowerPoint quittiert diesen Zugriff
mit dem Laufzeitfehler 1004.

In der folgenden Funktion aus Listing 13.38 wird geprüft, ob ein Order überhaupt
vorhanden ist.

Listing 13.38:
Überprüfung, ob
ein bestimmter
Ordner existiert

```
Function OrdnerExist(s As String) As Boolean
On Error GoTo fehler
 ChDir (s)
 OrdnerExist = True
 Exit Function

fehler:
 OrdnerExist = False
End Function
```

Die Funktion OrdnerExist erwartet als Parameter eine Zeichenfolge. In dieser Zeichenfolge übergeben Sie das Verzeichnis, dessen Existenz Sie überprüfen möchten. Über
die Anweisung ChDir versuchen Sie innerhalb der Funktion dieses Verzeichnis zu öffnen. Schlägt dieser Vorgang fehl, dann wird ein Fehler erzeugt, den Sie über die On
Error-Klausel abfangen können. In diesem Fall verzweigen Sie ans Ende der Funktion
und geben als Rückgabeargument den Wert False zurück. Ergab die Prüfung des Verzeichnisses ein positives Ergebnis, geben Sie als Rückgabeargument den Wert True
zurück und springen danach über die Anweisung Exit Function direkt aus der Funktion.

Was jetzt noch fehlt, ist das die Funktion aufrufende Makro, das Sie in Listing 13.39 sehen können:

```
Sub PräsentationSpeichern()
Dim b As Boolean
Const Ordner = "C:\Eigene Dateien\"

b = OrdnerExist(Ordner)
If b = False Then
'Neuanlage des Verzeichnisses
 MkDir Ordner
Else
End If
 ChDir Ordner
'Speicherung der Datei
 ActivePresentation.SaveAs "Präsentation_" & Date & ".ppt"
End Sub
```

Listing 13.39:
Verzeichnis akti-
vieren oder neu
erstellen

Sie deklarieren im ersten Schritt eine Variable vom Typ Boolean. Diese Variable meldet Ihnen das Ergebnis der Funktion OrdnerExist in Form eines Wahrheitswertes mit True (Verzeichnis existiert) bzw. False (Verzeichnis existiert nicht). Den Ordner, dessen Existenz Sie überprüfen möchten, können Sie entweder direkt beim Funktionsaufruf angeben oder in einer Konstanten, gleich zu Beginn des Makros. Sie rufen nun die Funktion OrdnerExist auf und warten auf den Rückgabewert, welchen Sie über eine If-Abfrage auswerten. Im Falle, dass das Verzeichnis noch nicht verfügbar ist, legen Sie das gewünschte Verzeichnis über die Anweisung MkDir an. Wechseln Sie danach über die Anweisung ChDir in das Zielverzeichnis und wenden Sie die Methode SaveAs an, um die Präsentation dort zu speichern. Als Namen können Sie einen Text wie *Präsentation* angeben und zusätzlich das aktuelle Tagesdatum verwenden. Sollte die Funktion Date nicht das richtige Datum liefern, dann müssen Sie die Datumseinstellung in der Systemsteuerung von Windows anpassen.

Präsentation prüfen

Die Existenz einer Präsentation sollte gewährleistet sein, wenn Sie versuchen diese zu öffnen bzw. zu löschen. Beim Versuch, eine Präsentation zu öffnen, die nicht vorhanden ist, wird der Laufzeitfehler 1004 ausgelöst. Beim Versuch eine nicht existente Präsentation von der Festplatte zu entfernen, wird der Laufzeitfehler 53 (Datei nicht gefunden) angezeigt. Beide Fehlermeldungen können Sie unterdrücken, indem Sie die folgende Lösung aus Listing 13.40 anwenden:

```
Function PräsentationDa(s As String) As Boolean
 PräsentationDa = False
 If Len(s) > 0 Then PräsentationDa = (Dir(s) <> "")
End Function
```

Listing 13.40:
Existiert eine
bestimmte
Präsentation?

Die Funktion PräsentationDa erwartet eine Zeichenfolge, in der Sie den Namen sowie den kompletten Pfad der Datei übergeben, die Sie öffnen bzw. löschen möchten. Über die Funktion Len können Sie überprüfen, ob überhaupt ein gültiger Dateiname an die Funktion übergeben wurde. Wenn ja, dann liefert diese Funktion einen Wert größer Null. In diesem Fall wenden Sie die Funktion Dir an, um zu testen, ob die gewünschte Datei überhaupt vorhanden ist. Wird die so angesteuerte Datei gefunden, dann meldet die Funktion Dir einen Wert ungleich leer zurück. Im diesem Fall gibt die Funktion PräsentationDa den Wert True zurück. Im anderen Fall wird als Rückgabeargument der Wert False übergeben, den Sie ja standardmäßig zu Beginn der Funktion gesetzt haben.

Sehen Sie jetzt in den Makros aus Listing 13.41 und Listing 13.42, wie Sie eine Datei, in Abhängigkeit ihrer Existenz, löschen bzw. öffnen können.

Listing 13.41:
Die Existenz
einer Präsenta-
tion vor dem
Löschvorgang
prüfen

```
Sub PräsentationLöschen()
Dim b As Boolean
Const Datei = "C:\Eigene Dateien\Präsentation1.ppt"

b = PräsentationDa(Datei)
If b = True Then
Kill Datei
Else
 MsgBox "Die angegebene Datei konnte nicht gefunden werden!", vbCritical
End If
End Sub
```

Listing 13.42:
Die Existenz
einer Präsenta-
tion vor dem
Öffnen prüfen

```
Sub PräsentationÖffnen()
Dim b As Boolean
Const Datei = "C:\Eigene Dateien\Präsentation1.ppt"

b = PräsentationDa(Datei)
If b = True Then
Application.Presentations.Open Datei
Else
 MsgBox "Die angegebene Datei konnte nicht gefunden werden!", vbCritical
End If
End Sub
```

In beiden Makros erfolgt vor dem Zugriff auf die Präsentation eine Existenzprüfung. Verläuft diese Prüfung erfolgreich, entfernen Sie mithilfe der Anweisung Kill die angegebene Präsentation von Ihrer Festplatte. Im Makro PräsentationÖffnen wenden Sie nach erfolgreicher Prüfung die Methode Open an, um die angegebene Präsentation zu öffnen.

HINWEIS Die Anweisung Kill entfernt eine Datei direkt von Ihrer Festplatte, ohne den Weg über den Windows-Papierkorb zu nehmen. Nach Anwendung dieser Anweisung haben Sie standardmäßig keine Möglichkeit mehr, diese Datei wieder zurückzuholen.

Status einer Präsentation prüfen

Eventuell haben Sie auch schon einmal eine Präsentation versucht zu öffnen, obwohl diese schon geöffnet ist. Dies führt dann zu Problemen, speziell dann, wenn nicht Sie, sondern ein Kollege die Präsentation an einem anderen PC im Netzwerk geöffnet hat. Sie haben dann nur die Möglichkeit, die Präsentation schreibgeschützt zu öffnen und können daher keine Änderungen in dieser Präsentation mehr speichern. Testen Sie daher vor dem Zugriff den Status der Präsentation, indem Sie die folgende Funktion aus Listing 13.43 anwenden:

```
Function PräsentationOffen(s As String) As Boolean
Dim pp As Presentation

On Error GoTo fehler
 PräsentationOffen = False
 For Each pp In Application.Presentations
  If pp.Name = s Then PräsentationOffen = True
 Next pp
 Exit Function

fehler:
    PräsentationOffen = False
End Function
```

Listing 13.43:
Ist die Präsen-
tation bereits
geöffnet?

In der Funktion PresentationOffen vergleichen Sie in einer Schleife die an die Funktion übergebene Präsentation mit den bereits geöffneten Präsentationen. Fällt der Vergleich positiv aus, dann geben Sie als Rückgabewert den Wahrheitswert True zurück.

Schreiben Sie jetzt das Makro aus Listing 13.44, welches die Funktion Präsentation-Offen aufruft.

```
Sub PräsentationStarten()
Dim B As Boolean
Const Datei = "Präsentation1.ppt"

B = PräsentationOffen(Datei)
If B = False Then
On Error GoTo Fehler
Application.Presentations.Open Datei
Else
'Tue nichts weiter..
End If
Exit Sub

Fehler:
MsgBox "Die angegebene Präsentation konnte nicht gefunden werden!", vbCritical
End Sub
```

Listing 13.44:
Wenn die Präsen-
tation bereits
geöffnet ist, muss
sie nicht noch
einmal geöffnet
werden

Sie geben den Namen der Präsentation, die Sie überprüfen möchten, in einer Konstanten an. Sie gehen auf Nummer sicher und geben dabei zusätzlich auch die Dateinamenserweiterung ppt an. Danach rufen Sie die Funktion PräsentationOffen auf und übergeben der Funktion den Namen der Präsentation. Sie erhalten anschließend den Rückgabewert der Funktion. Für den Fall, dass die Präsentation noch nicht aktiv ist, wenden Sie die Methode Open an, um die Präsentation zu öffnen. Im anderen Fall müssen Sie gar nichts tun, da die bereits geöffnete Präsentation bereits in der Funktion selbst aktiviert wurde.

Folie überprüfen

Zu einem Absturz eines Makros kommt es in jedem Fall, wenn Sie versuchen, auf eine Folie zuzugreifen, die es in Ihrer Präsentation nicht gibt. Es kommt auch dann zum Fehlerfall, wenn Sie den Namen der Folie nicht genau angeben.

Im folgenden Beispiel aus Listing 13.45 wird versucht, auf die Folie Slide1 der aktiven Präsentation zuzugreifen. Überprüfen Sie vor diesem Zugriff mit einer Funktion, ob diese Folie überhaupt in der Präsentation existiert.

Listing 13.45:
Kann eine
bestimmte Folie
aktiviert werden?

```
Function FolieExist(s As String) As Boolean
    On Error GoTo fehler

ActivePresentation.Slides(s).Select
FolieExist = True
Exit Function

fehler:
    FolieExist = False
End Function
```

Der Funktion FolieExist wird der Name der gewünschten Folie als Zeichenfolge übergeben. Mithilfe dieses Namens wird nun versucht, über die Methode Select die angegebene Folie zu aktivieren. Schlägt dies fehl, wird ein abfangbarer Fehler erzeugt, ans Ende der Funktion verzweigt und als Rückgabeargument an das aufrufende Makro der Wert False zurückgegeben.

Sehen Sie nun das die Funktion aufrufende Makro:

Listing 13.46:
Foliensprung erst
nach erfolgter
Prüfung durch-
führen

```
Sub FolieSelektieren()
Dim b As Boolean
Const Folie = "Slide1"

b = FolieExist(Folie)

If b = False Then
MsgBox "Die Folie " & Folie & " konnte nicht gefunden werden!", vbCritical
Else
'Tue nichts
End If
End Sub
```

Der Name der Folie, die Sie aktivieren möchten, wurde im Makro aus Listing 13.46 in einer Konstanten angegeben. Selbstverständlich können Sie den Namen der Folie auch direkt beim Funktionsaufruf angeben.

```
b = FolieExist("Slide1")
```

In beiden Fällen warten Sie das Rückgabeergebnis der Funktion FolieExist ab und reagieren darauf. Im Fall, dass die gewünschte Folie in der Präsentation vorhanden ist, müssen Sie nichts weiter tun, da der Sprung auf die Folie bereits in der Funktion FolieExist durchgeführt wurde. Kann die Folie nicht gefunden werden, geben Sie eine Meldung auf dem Bildschirm aus.

Die gerade in Listing 13.46 vorgestellte Lösung können Sie übrigens noch weiter ausbauen, indem Sie zusätzlich zur Folie, auch noch die Präsentation überprüfen. Nur wenn der Name der geöffneten Präsentation sowie der übergebene Name der Folie stimmt, darf der Foliensprung ausgeführt werden. Um diese Aufgabe zu lösen, wenden Sie die Funktion aus Listing 13.47 an:

```
Function FolieInPräsExist(s As String, Folie As String) As Integer
Dim PP As DocumentWindow

 On Error GoTo fehler
For Each PP In Application.Windows
  If PP.Presentation.Name = s Then PP.Activate
Next PP

ActivePresentation.Slides(Folie).Select
FolieInPräsExist = True
Exit Function

fehler:
    FolieInPräsExist = False
End Function
```

Listing 13.47:
Präsentation und
Folie werden
überprüft

In der Funktion FolieInPräsExist wird der Name der Präsentation sowie der Folien-
name übergeben. Innerhalb der Funktion werden alle geöffneten Fenster durchlaufen
und nach einer Übereinstimmung gesucht. Kann die Präsentation unter den geöffneten Präsentationen gefunden werden, wird das entsprechende Fenster aktiviert.
Danach wird versucht, die gewünschte Folie auszuwählen. Waren beide Aktionen
erfolgreich, wird ein Wahrheitswert zurückgegeben, der im Makro aus Listing 13.48
abgefragt wird.

```
Sub FolieInPräsentationSelektieren()
Dim b As Boolean
Const Datei = "AlexPass.ppt"
Const Folie = "Slide1"

b = FolieInPräsExist(Datei, Folie)

If b = False Then
MsgBox "Die Folie " & Folie & " in der Präsentation " _
& Datei & " konnte nicht gefunden werden!", vbCritical
Else
 'Tue nichts
End If
End Sub
```

Listing 13.48:
Beide Prüfungen
müssen positiv
abgeschlossen
worden sein

Leere Folien ermitteln

In der nächsten Aufgabe soll eine bestimmte Folie der aktiven Präsentation überprüft
werden. Ist diese gänzlich leer, soll sie gelöscht werden. Bei dieser Aufgabe können
Sie so vorgehen, dass Sie die Shape-Objekte der Folie zählen. Wenn dabei kein
Shape-Objekt gefunden wird, können Sie davon ausgehen, dass die Folie leer ist. Sie
packen diese Informationen in die Funktion aus Listing 13.49.

```
Function FolieLeer(s As String) As Boolean
If ActivePresentation.Slides(s).Shapes.Count = 0 Then
    FolieLeer = True
    Else
    FolieLeer = False
End If
End Function
```

Listing 13.49:
Enthält eine
Folie Shape-
Objekte oder
nicht?

Der Funktion FolieLeer wird der Name der gewünschten Folie übergeben. Innerhalb der Funktion zählen Sie mithilfe der Funktion Count alle Shape-Objekte. Können dabei keine Shape-Objekte gefunden werden, dann geben Sie einen Wahrheitswert zurück. Dieser Wahrheitswert wird vom Makro aus Listing 13.50 ausgewertet.

Listing 13.50:
Nur leere Folien
dürfen gelöscht
werden

```
Sub FolieLöschenWennLeer()
Dim B As Boolean

 B = FolieLeer("Slide7")
 If B = True Then
  ActivePresentation.Slides("Slide7").Delete
 Else
  ' tue nichts
 End If
End Sub
```

Gibt die Funktion FolieLeer den Wahrheitswert True zurück, wenden Sie die Methode Delete an, um die Folie zu entfernen.

Buchstaben aus Texten entfernen

Bei der folgenden Aufgabe sollen aus einem Shape-Objekt, das einen Text enthält, alle Buchstaben entfernt werden. Sehen Sie sich dazu die folgende Ausgangssituation in Abbildung 13.37 an.

Abbildung 13.37:
Ein Textfeld mit
Zahlen und
Buchstaben

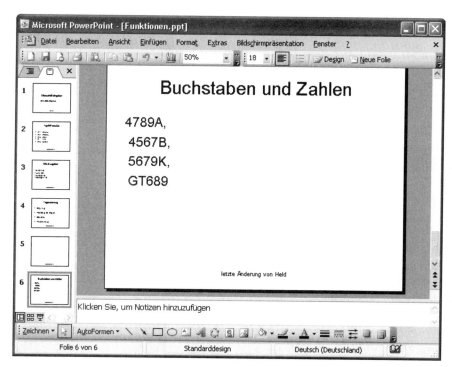

Die Lösung dieser Aufgabe finden Sie in der Funktion aus Listing 13.51.

```
Function BuchstabenWeg(txt As String) As String
Dim i As Integer

On Error Resume Next
 For i = 1 To Len(txt)
    Select Case Asc(Mid(txt, i, 1))
        Case 0 To 64, 123 To 197
            BuchstabenWeg = BuchstabenWeg & Mid(txt, i, 1)
        End Select
  Next i
End Function
```

Listing 13.51:
*Alle Buchstaben
sollen aus dem
Textfeld entfernt
werden*

Sie ermitteln im ersten Schritt die Länge des Textes im Shape-Objekt und setzen dafür die Funktion Len ein. Danach prüfen Sie mithilfe der Funktion Asc das jeweils aktuelle Zeichen des Textes, indem Sie dieses in einen Integer-Wert umwandeln. Mit der Funktion Mid extrahieren Sie jeweils das nächste Zeichen aus dem Text. Dabei entsprechen die Werte 65-90 Kleinbuchstaben und die Werte 97-122 den Großbuchstaben und die restlichen Werte den Zahlen und Satz- und Sonderzeichen. Diese Wertbereiche grenzen Sie innerhalb der Select Case-Anweisung aus. Wird ein Zeichen im Text gefunden, welches numerisch ist bzw. einem Satzzeichen entspricht, dann wird dieses an die bereits ermittelten Zahlen angehängt.

Das Makro, welches die Funktion aus Listing 13.51 aufruft, sehen Sie in Listing 13.52.

```
Sub BuchstabenEntfernen()
Dim shp As shape

Set shp = ActivePresentation.Slides(6).Shapes(2)
With shp
.TextFrame.Textrange.Text = _
 BuchstabenWeg(.TextFrame.Textrange.Text)
End With
End Sub
```

Listing 13.52:
*Alle Buchstaben
sollen entfernt
werden*

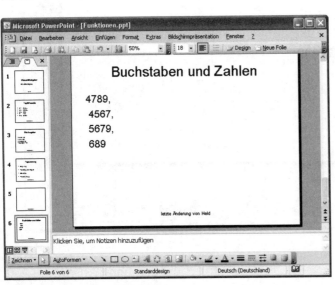

Abbildung 13.38:
*Alle Buchstaben
wurden aus dem
Text entfernt*

Zahlen aus Texten entfernen

Im nächsten Beispiel sollen aus einem Text alle Zahlen entfernt werden. Sehen Sie sich dazu einmal die Ausgangssituation in Abbildung 13.39 an.

Abbildung 13.39:
Aus diesem Text-
feld sollen alle
Zahlen entfernt
werden

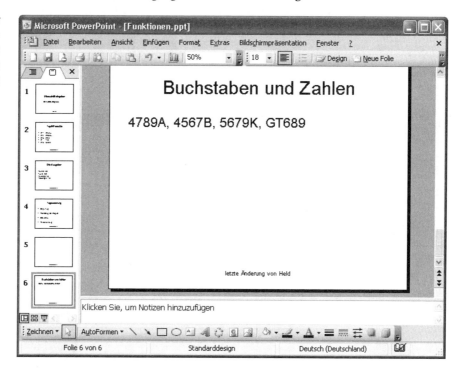

Um diese Aufgabe zu lösen, setzen Sie die Funktion aus Listing 13.53 ein.

Listing 13.53:
Alle Zahlen wer-
den entfernt

```
Function ZahlenWeg(txt As String) As String
Dim i As Integer

For i = 1 To Len(txt)
    Select Case Asc(Mid(txt, i, 1))
        Case 48 To 57
        'leerer Zweig
        Case Else
        ZahlenWeg = ZahlenWeg & Mid(txt, i, 1)
        End Select
    Next i
End Function
```

Analog zum Makro aus Listing 13.51 fangen Sie jetzt die Zahlen ab. Dabei liefert die Funktion ASC für die Zahl 0 den Wert 48, die Zahl 9 ist durch den Wert 57 gekennzeichnet. Alle anderen Zeichen müssen erhalten bleiben.

Das Makro, welches die Funktion aufruft, sehen Sie in Listing 13.54.

```
Sub ZahlenEntfernen()
Dim shp As shape

Set shp = ActivePresentation.Slides(6).Shapes(2)
With shp
.TextFrame.Textrange.Text = _
 ZahlenWeg(.TextFrame.Textrange.Text)
End With
End Sub
```

Listing 13.54:
Alle Zahlen
sollen aus dem
Textfeld entfernt
werden

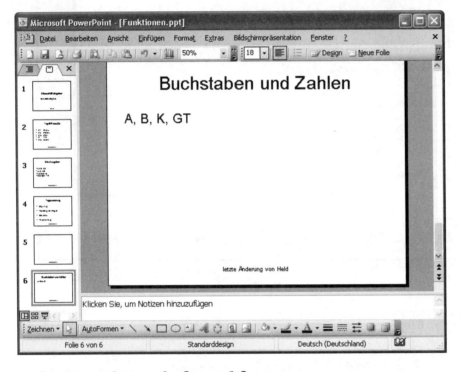

Abbildung 13.40:
Alle Zahlen wur-
den entfernt

Dokumenteigenschaften abfragen

Bei der nächsten Lösung werden mit einer Funktion diverse Dokumenteigenschaften einer Präsentation abgefragt. Dabei werden der Funktion der Dateiname sowie eine Eigenschaftsnummer übergeben, durch die die Funktion dann die entsprechenden Informationen zur Verfügung stellt.

Die selbst definierten Eigenschaftsnummern können Sie der Tabelle 13.5 entnehmen.

Eigenschafts-Nummer	Beschreibung	
0	Dateiname mit Pfad	
1	nur Pfad	
2	nur Dateiname	
3	Dateityp	▶

Tabelle 13.5:
Die verfügbaren
Eigenschafts-
nummern

Eigenschafts-Nummer	Beschreibung
4	Dateigröße in Byte
5	erstellt am
6	letzte Änderung am
7	letzter Zugriff am

Erfassen Sie nun die Funktion aus Listing 13.55.

Listing 13.55:
Über eine Num-
mer die Doku-
menteigenschaft
auslesen

```
Function ZeigeDateiEigenschaften _
(Dateiname, EigenschaftsNr As Integer) As String
Dim fso As Object
Dim tmp As String

On Error Resume Next
Set fso = CreateObject("Scripting.FileSystemObject")
With fso.GetFile(Dateiname)
Select Case EigenschaftsNr
  Case Is = 0: tmp = .Path
  Case Is = 1: tmp = Mid(.Path, 1, _
      Len(.Path) - Len(.Name))
  Case Is = 2: tmp = .Name
  Case Is = 3: tmp = .Type
  Case Is = 4: tmp = .Size
  Case Is = 5: tmp = CDate(.DateCreated)
  Case Is = 6: tmp = CDate(.DateLastModified)
  Case Is = 7: tmp = CDate(.DateLastAccessed)
  Case Else
     tmp = "Ungültige EigenschaftsNr!"
End Select
End With
ZeigeDateiEigenschaften = tmp
End Function
```

Sie erstellen im ersten Schritt einen Verweis auf FileSystemObject, um über dieses Objekt Informationen über die Arbeitsmappe zu erhalten. Danach werten Sie die übergebene Eigenschaftsnummer in einer Select Case-Anweisung aus.

HINWEIS Die verwendeten Eigenschaften des FileSystemObject-Objekts können Sie im Objektkatalog nachsehen. Dazu müssen Sie vorher die Bibliothek *Microsoft Scripting Runtime* in der Entwicklungsumgebung unter dem Menübefehl *Extras/Verweise* aktivieren.

Wenden Sie die Funktion aus Listing 13.55 an, indem Sie das Makro aus Listing 13.56 starten. Dabei werden alle verfügbaren Dokumenteigenschaften in den Direktbereich der Entwicklungsumgebung geschrieben.

```
Sub DokuEig()
Debug.Print ZeigeDateiEigenschaften(ActivePresentation.FullName, 1)
Debug.Print ZeigeDateiEigenschaften(ActivePresentation.FullName, 2)
Debug.Print ZeigeDateiEigenschaften(ActivePresentation.FullName, 3)
Debug.Print ZeigeDateiEigenschaften(ActivePresentation.FullName, 4)
Debug.Print ZeigeDateiEigenschaften(ActivePresentation.FullName, 5)
Debug.Print ZeigeDateiEigenschaften(ActivePresentation.FullName, 6)
Debug.Print ZeigeDateiEigenschaften(ActivePresentation.FullName, 7)
End Sub
```

Listing 13.56:
Alle verfügbaren
Dokumenteigen-
schaften im
Direktbereich

Sie übergeben der Funktion ZeigeDateiEigenschaften mithilfe der Eigenschaft FullName den kompletten Pfad der Präsentation.

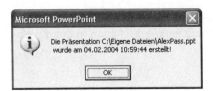

Direktbereich
```
C:\HELD\MSPRESS\PP\Kap16\
Funktionen.ppt
PPT-Datei
78848
04.02.2004 17:32:40
07.02.2004 10:16:39
12.03.2004 08:32:54
```

Abbildung 13.41:
Die verfügbaren
Dokumenteigen-
schaften der akti-
ven Präsentation

Beim vorherigen Beispiel aus Listing 13.56 wurden die Dokumenteigenschaften der aktuell geöffneten Präsentation ausgelesen. Natürlich funktioniert der Zugriff auch bei Präsentationen, die momentan nicht geöffnet sind. Im folgenden Beispiel aus Listing 13.57 wird beispielsweise auf eine noch geschlossene Präsentation zugegriffen und das Erstellungsdatum abgefragt. Den Pfad sowie den Dateinamen sollten Sie vorher noch anpassen.

```
Sub GeschlossenPräsentation()
Dim s As String
Dim SDatei As String

' Bitte nachfolgend Pfad und Dateiname der gewünschten
' Präsentation eingeben
SDatei = "C:\Eigene Dateien\AlexPass.ppt"

s = ZeigeDateiEigenschaften(SDatei, 5)
MsgBox "Die Präsentation " & SDatei & vblf & _
" wurde am " & s & " erstellt!", vbInformation
End Sub
```

Listing 13.57:
Dokumenteigen-
schaften aus
einer geschlosse-
nen Präsenta-
tion abfragen

Microsoft PowerPoint

Die Präsentation C:\Eigene Dateien\AlexPass.ppt
wurde am 04.02.2004 10:59:44 erstellt!

[OK]

Abbildung 13.42:
Der Zugriff
erfolgte auf die
geschlossene Prä-
sentation

14 Dialogfelder und Oberflächen erstellen in PowerPoint

In diesem Kapitel lernen Sie, wie Sie Dialogfelder (UserForm-Objekte) in der Programmierung einsetzen können, um anwenderfreundliche Anwendungen zu erstellen.

Alle hier vorgestellten Beispiele finden Sie auf der CD-ROM zum Buch im Verzeichnis **Kap14** in der Datei **DiaShow.ppt**.

UserForm-Objekte entwerfen

Für das Zeichnen der UserForm-Objekte steht Ihnen eine eigene Symbolleiste zur Verfügung. Bevor Sie jedoch an das Zeichnen gehen, müssen Sie eine UserForm anlegen. Dazu wechseln Sie in die Entwicklungsumgebung und wählen im Menü *Einfügen* den Befehl *UserForm*.

Abbildung 14.1:
Die UserForm
wurde eingefügt

Sobald Sie Ihre erste UserForm eingefügt haben, wird automatisch die Symbolleiste *Werkzeugsammlung* mit eingeblendet. Diese Werkzeugsammlung nutzen Sie, um das noch leere Dialogfeld mit Elementen zu bestücken.

Entnehmen Sie der folgenden Tabelle die wichtigsten Steuerelemente der Symbolleiste *Werkzeugsammlung*.

Symbol	Funktionsbeschreibung
▶	Mit diesem Werkzeug können Sie ein Element markieren, das Sie auf der UserForm angeordnet haben.
A	Mit dem Werkzeug *Bezeichnungsfeld* können Sie Texte in Ihrer UserForm erfassen. Dieses Hilfsmittel wird in der Regel dazu verwendet, andere Elemente auf der UserForm zu beschriften.
abl	Damit ordnen Sie Eingabefelder auf der UserForm an, mit denen Sie Texte oder Zahlen erfassen können.
▦	Ein Kombinationsfeld besteht streng genommen aus einem Eingabefeld, welches mit einem Listenfeld gekoppelt ist. Kombinationsfelder erkennen Sie daran, dass sich rechts neben dem Eingabefeld ein kleiner Pfeil nach unten befindet. Mit einem Klick darauf werden Ihnen weitere Auswahlmöglichkeiten angeboten. In einem Kombinationsfeld kann immer nur ein Eintrag gewählt werden.
▤	Verwandt mit dem Kombinationsfeld ist auch das Listenfeld. Das Listenfeld benötigt jedoch mehr Platz, weil mehrere Einträge gleichzeitig angezeigt werden. Ein Listenfeld kann so eingestellt werden, dass mehrere Einträge ausgewählt werden können.
[XYZ]	Das Rahmen-Steuerelement können Sie verwenden, um einzelne Elemente in einer Gruppe zusammenzufassen. Wichtig bei der Erstellung eines Rahmens ist, dass dieser vor den einzelnen Steuerelementen, die darin platziert werden sollen, eingefügt wird. Das Steuerelement besticht ferner durch seine räumliche Darstellung und kann auch eingesetzt werden, um die UserForm optisch aufzupeppen.
☑	Das Kontrollkästchen kann entweder aktiviert oder nicht aktiviert sein. Bei aktiviertem Zustand erscheint im Kästchen ein Häkchen. Wenn Sie Kontrollkästchen in einer Gruppe verwenden, können ein oder mehrere Kontrollkästchen aktiviert sein.
◉	Das Optionsfeld, auch bekannt als Radiobutton, kann aktiviert oder nicht aktiviert sein. Bei aktiviertem Zustand ist das Optionsfeld mit einem schwarzen Punkt ausgefüllt. Wenn Sie mehrere Optionsfelder innerhalb einer Gruppe verwenden, kann immer nur eine Option aktiviert sein.
⊏	Das Umschaltfeld könnte man mit einem Lichtschalter vergleichen. Es hat genau zwei Zustände: Ein und Aus, die sich optisch leicht voneinander abheben.
⊔	Sie können eine Befehlsschaltfläche auf einer UserForm anordnen und diese mit einem Makro verknüpfen, das ausgeführt wird, wenn der Benutzer auf die Schaltfläche klickt. Wenn Sie möchten, können Sie aber auch mit einer Tastenkombination eine Schaltfläche aktivieren. Dazu setzen Sie mithilfe der *Accelerator*-Eigenschaft dieses Objekts das Zeichen & vor den gewünschten Buchstaben. Um die Schaltfläche zu aktivieren muss der Benutzer dann lediglich die Taste **Alt** sowie die Taste drücken, die mit dem von Ihnen gewählten Buchstaben beschriftet ist. ▶

Tabelle 14.1:
Die Steuerelemente einer UserForm

Symbol	Funktionsbeschreibung
	Wenn Sie auf einer UserForm mehrere Registerkarten anordnen möchten, können Sie dieses Element einsetzen.
	Verwandt mit dem letzten Steuerelement ist das Steuerelement *Multiseiten*. Auch bei diesem Element haben Sie die Möglichkeit, Informationen übersichtlich auf mehrere Seiten zu verteilen.
	Dieses Steuerelement verwenden Sie bei größeren UserForms, wenn Sie horizontal oder auch vertikal scrollen müssen, um bestimmte Elemente anzuzeigen.
	Das Drehfeld können Sie verwenden, wenn Sie einen Wert schrittweise hochzählen möchten. Das Steuerelement wird meist in Verbindung mit einem Textfeld verwendet.
	Mithilfe dieses Elements können Sie Grafiken in Ihre UserForm einfügen.

HINWEIS Weitere Steuerelemente können Sie jederzeit einblenden, indem Sie mit der rechten Maustaste auf die Symbolleiste klicken und aus dem Kontextmenü den Befehl *Zusätzliche Steuerelemente* auswählen. Im Listenfeld *Verfügbare Steuerelemente* können Sie dann zusätzliche Steuerelemente per Mausklick Ihrer Symbolleiste hinzufügen.

Die Steuerelemente werden auf der UserForm eingefügt, indem sie in der Symbolleiste *Werkzeugsammlung* mit der linken Maustaste angeklickt und danach in der gewünschten Größe und an der gewünschten Position auf der UserForm aufgezogen werden.

Um den Gebrauch der Steuerelemente zu demonstrieren, entwickeln Sie jetzt Schritt für Schritt ein Hilfsmittel zum Anzeigen von Bildern.

Der Bildbetrachter

Zuerst einmal werden die Funktionen des Hilfsmittels kurz beschrieben. Es soll in PowerPoint ein Hilfsmittel programmiert werden, mit dem man Grafikdateien aus einem Verzeichnis nacheinander in einem Dialog anzeigen, in Folien importieren und exportieren kann. Neben den Betrachtungsfunktionen soll es möglich sein, alle Bilder eines Verzeichnisses nacheinander anzeigen zu lassen.

UserForm anlegen und bestücken

Im ersten Schritt werden eine UserForm und über die Symbolleiste *Werkzeugsammlung* einige Steuerelemente eingefügt (siehe Abbildung 14.2). Das wichtigste Steuerelement ist das Steuerelement *Anzeige*, das später die einzelnen Bilder anzeigen soll. Nach dem Einfügen dieses Steuerelements werden im Eigenschaftenfenster unter anderem die folgenden Eigenschaften aufgeführt.

Eigenschaft	Wert	Erklärung
BorderStyle	0 - fmBorderStyleNone	Damit wird der Standardrahmen für dieses Steuerelement ausgeschaltet.
PictureAlignment	2 - fmPictureAlignmentCenter	Die Grafik wird im Steuerelement zentriert.
PictureSizeMode	3 - PictureSizeModeZoom	Vergrößert die Grafik, sodass es die gesamte Größe des eingefügten Steuerelements ausfüllt. Verzerrt dabei aber die Grafik weder in vertikaler noch in horizontaler Richtung.
SpecialEffect	0 - fmSpecialEffectFlat	Das Steuerelement Anzeige erscheint von der Optik her flach.

Tabelle 14.2:
Die Eigenschaften für die Anzeige

Gerade für die Eigenschaft SpecialEffect lassen sich für nahezu alle Steuerelemente weitere Konstanten für eine noch bessere Optik in UserForms einsetzen.

Spezialeffekt	Beschreibung
FmSpecialEffectRaised	Die Grafik wird am oberen und linken Rand hervorgehoben und hat am unteren und rechten Rand einen Schatten.
FmSpecialEffectSunken	Die Grafik weist am oberen und linken Rand einen Schatten auf. Der untere und rechte Rand sind dabei jedoch heller. Die Grafik erscheint wie in das Formular »eingelassen«.
FmSpecialEffectEtched	Die Grafik erscheint wie in das Formular »eingefrässt«.
FmSpecialEffectBump	Die Grafik ist am unteren und rechten Rand hervorgehoben und erscheint am oberen und linken Rand flach.

Tabelle 14.3:
Weitere Spezialeffekte für das Steuerelement Anzeige

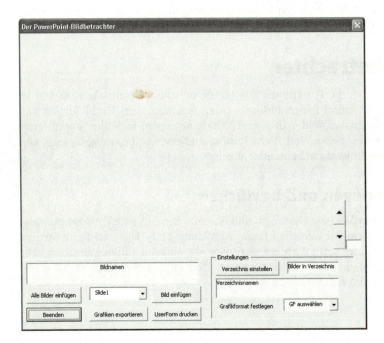

Abbildung 14.2:
Die benötigten Steuerelemente wurden eingefügt

Bei den Bezeichnungsfeldern wurden über das Eigenschaftenfenster und die Eigenschaft *Caption* die Beschriftungen *Bildnamen*, *Bilder in Verzeichnis* und *Verzeichnisnamen* eingefügt. Diese Beschriftungen werden später durch die jeweiligen Informationen ersetzt. Außerdem wurde im Eigenschaftenfenster mit der Eigenschaft *Backcolor* die Hintergrundfarbe der Bezeichnungs- und Textfelder auf ein helles Gelb gesetzt.

Die UserForm automatisieren

Nachdem alle Steuerelemente in die UserForm eingefügt wurden, werden diese programmiert. Schon beim Aufruf der UserForm müssen bestimmte Aufgaben wie das Füllen der Dropdownsteuerelemente mit den angebotenen Grafikformaten sowie das Ermitteln der vorhandenen Folien der aktiven Präsentation erledigt werden. Dazu reagieren Sie auf das Ereignis UserForm_Initialize, welches automatisch beim Öffnen der UserForm ausgelöst wird. Führen Sie dazu in der Entwicklungsumgebung einen Doppelklick an einer freien Stelle der UserForm aus und wählen das Ereignis Initialize aus dem Dropdownfeld rechts oben, um das Grundgerüst der Ereignisbehandlungsroutine erstellen zu lassen, die, wie in Listing 14.1 dargestellt, vervollständigt werden muss.

Listing 14.1:
Das Füllen der
Dropdownfelder
wird direkt beim
Öffnen der User-
Form umgesetzt

```
Private Sub UserForm_Initialize()
Dim Folie As Slide

With UserForm1.ComboBox1
 .AddItem "GF auswählen"
 .AddItem "*.jpg"
 .AddItem "*.bmp"
 .AddItem "*.tif"
 .AddItem "*.wmf"
 .ListIndex = 0
End With

With UserForm1.ComboBox2
 For Each Folie In ActivePresentation.Slides
  .AddItem Folie.Name
 Next Folie
 .ListIndex = 0
End With
End Sub
```

Mithilfe der Methode AddItem können Sie ein Dropdownsteuerelement mit Einträgen füllen. Im ersten Dropdownfeld werden Grafikformate angeboten, die später eine gezielte Auswahl von Grafiken ermöglichen sollen. In der zweiten Schleife werden alle Folien der aktiven Präsentation ermittelt und über die Methode AddItem in das zweite Dropdownsteuerelement geschrieben. Im Auflistungsobjekt Slides sind übrigens alle Folien der Präsentation automatisch verzeichnet. Mithilfe der Eigenschaft Name können dann die Foliennamen abgerufen werden. Indem Sie die Eigenschaft ListIndex auf den Wert 0 setzen, erreichen Sie, dass standardmäßig der erste Eintrag des Dropdownfeldes angezeigt wird. Wird dieser Befehl vergessen, wird lediglich ein leerer Eintrag im Dropdownfeld angezeigt und der Benutzer muss in diesem Fall den Eintrag selbst auswählen.

Aufrufen der UserForm

Um das Dialogfeld aufzurufen, wird das Makro aus Listing 14.2 in Modul1 erfasst.

```
Sub Dia()
 UserForm1.Show (vbModeless)
End Sub
```

Listing 14.2:
Die UserForm
aufrufen

Über die Methode Show wird die UserForm aufgerufen. Die Konstante vbModeless bedeutet, dass die UserForm ungebunden aufgerufen wird, d.h. man kann im Hintergrund in der Folie Daten ansehen und eingeben, ohne die UserForm vorher schließen zu müssen.

Ungebundene Dialogfelder können erst ab PowerPoint 2000 standardmäßig eingesetzt werden.

HINWEIS

Beenden der UserForm

Soll die UserForm wieder geschlossen werden, dann verknüpfen Sie den folgenden Code aus Listing 14.3 mit einem Klick auf die Schaltfläche *Beenden*. Um das Grundgerüst des Codes vom Visual Basic-Skripteditor anlegen zu lassen, führen Sie in der UserForm einen Doppelklick auf der Schaltfläche aus. Um zwischen dem Code der UserForm und der UserForm selbst umzuschalten, verwenden Sie die Taste F7 bzw. die Tastenkombination Umschalt+F7.

```
Private Sub CommandButton1_Click()
 Unload Me
End Sub
```

Listing 14.3:
UserForm
schließen

Über die Anweisung Unload Me wird die aktive UserForm geschlossen.

Reihenfolge festlegen

Wenn Sie die Reihenfolge ändern möchten, mit der Sie über die Taste Tab von Element zu Element in der UserForm springen, können Sie dies ohne weiteres einstellen. Wählen Sie dazu den Menübefehl *Ansicht/Aktivierreihenfolge*. Ist dieser Menübefehl bei Ihnen deaktiviert, markieren Sie vorher eines der Textfelder oder eine der Schaltflächen auf der UserForm.

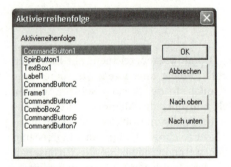

Abbildung 14.3:
Die Aktivierrei-
henfolge ändern

Die Reihenfolge ändern Sie, indem Sie das entsprechende Element im Listenfeld *Aktivierreihenfolge* markieren und auf die Schaltfläche *Nach oben* bzw. *nach unten* klicken.

Verzeichnisbaum anzeigen

Im nächsten Schritt muss das Verzeichnis eingerichtet werden, in dem die Grafikdateien liegen. Dazu kann man den Pfad direkt in das Textfeld schreiben oder auf die Schaltfläche Verzeichnis einstellen klicken, um den Pfad über eine API-Funktion einzustellen. API-Funktionen sind fertige Windows-Funktionen, die eingesetzt werden können, ohne das Rad immer wieder neu zu erfinden. Die API-Funktion SHBrowseForFolder beispielsweise bietet ein vollständiges Dialogfeld an, mit dem man das gewünschte Verzeichnis auswählen kann. Eine weitere API-Funktion SHGetPathFromIDList wertet das ausgewählte Verzeichnis aus.

Listing 14.4:
Einen Verzeichnisbaum über API-Funktionen anzeigen und auswerten

```
Public Type BROWSEINFO
    hOwner As Long
    pidlRoot As Long
    pszDisplayName As String
    lpszTitle As String
    ulFlags As Long
    lpfn As Long
    lParam As Long
    iImage As Long
End Type
'32-bit API-Deklarationen
Declare Function SHGetPathFromIDList Lib "shell32.dll" Alias "SHGetPathFromIDListA" _
    (ByVal pidl As Long, ByVal pszPath As String) As Long

Declare Function SHBrowseForFolder Lib "shell32.dll" Alias "SHBrowseForFolderA" _
    (lpBrowseInfo As BROWSEINFO) As Long

Function OrdnerAuswahl() As String
    Dim bInfo As BROWSEINFO
    Dim strPath As String
    Dim r As Long, X As Long, pos As Integer

    bInfo.pidlRoot = 0&
    ' Titel des Dialogs
    bInfo.lpszTitle = "Wählen Sie bitte einen Ordner aus."
    ' Unterverzeichnisses ermitteln
    bInfo.ulFlags = &H1
    ' Dialog anzeigen
    X = SHBrowseForFolder(bInfo)
    strPath = Space$(512)
    ' Ausgewähltes Verzeichnis einlesen
    r = SHGetPathFromIDList(ByVal X, ByVal strPath)
    If r Then
        pos = InStr(strPath, Chr$(0))
        OrdnerAuswahl = Left(strPath, pos - 1)
    Else
        OrdnerAuswahl = ""
    End If
End Function
```

Sie können für bInfo.pidlRoot auch einen anderen Wert als 0 verwenden, was zu den folgenden Ergebnissen führen würde:

Wert	Aufgerufene Ordner
1	Hauptverzeichnis
2	Programme
3	Systemsteuerung
4	Drucker
5	Eigene Dateien
6	Favoriten
7	Autostart
8	Recent (Verlaufsordner)
9	SendTo (Senden an)
10	Papierkorb

Tabelle 14.4:
Die verschiede-nen Möglich-keiten für Ordneraufrufe

Abbildung 14.4:
Der Verzeichnis-baum wird zur Auswahl ange-zeigt

Grafikformat festlegen

Nachdem das gewünschte Verzeichnis ausgewählt wurde, erfolgt die Auswahl des Grafikformats, in dem die Grafiken vorliegen. Diese Aufgabe wird über ein Drop-downfeld vorgenommen, welches schon beim Starten der UserForm gefüllt wurde. Da die Auswahl des Grafikformats aus dem Dropdownfeld ein Ereignis ist, das den Namen ComboBox_Change trägt, können Sie die Ereignisbehandlungsroutine aus Listing 14.5 verwenden, um auf dieses Ereignis zu reagieren.

```
Option Explicit
Dim verz As String
Dim Grafikformat As String
Dim i_BildZähler As Integer

Private Sub ComboBox1_Change()
 Grafikformat = ComboBox1.Value

On Error Resume Next
If Label2.Caption <> "Verzeichnisnamen" Then
```

Listing 14.5:
Das Grafikfor-mat auswählen

```
With Application.FileSearch
    .FileName = Grafikformat
    .LookIn = verz
    .Execute
    i_BildZähler = .FoundFiles.Count
UserForm1.Label4.Caption = i_BildZähler
SpinButton1.Value = 1
UserForm1.Image1.Picture = LoadPicture(.FoundFiles(1))
Label1.Caption = .FoundFiles(1)
End With
Else
End If
End Sub
```

Die Variablen verz, i_Bildzähler und Grafikformat werden als globale Variablen deklariert, da sie an mehreren Stellen im Programmcode des Bildbetrachters noch gebraucht werden.

Nachdem das gewünschte Grafikformat eingestellt wurde, muss geprüft werden, ob bereits ein Verzeichnis ausgewählt wurde. Wenn nicht, dann steht immer noch die Standardbeschriftung *Verzeichnisnamen* im Bezeichnungsfeld. In diesem Fall soll keine weitere Aktion erfolgen. Anderenfalls wird über das Objekt FileSearch nach den Grafikdateien gesucht. Dieses Objekt enthält Eigenschaften, über die Sie die Suche näher spezifizieren können. Mithilfe der Eigenschaft Filename legen Sie über die Dateiendung fest, welche Grafikdateien gesucht werden sollen. Über die Eigenschaft LookIn legen Sie den Ordner fest, indem nach den Grafiken gesucht werden soll. Dieser Ordner wurde bereits ermittelt und in die globale Variable verz geschrieben. Mit der Methode Execute wird die Suche gestartet. Nach der Suche stehen die Ergebnisse im Objekt FoundFiles. Mithilfe der Funktion Count werden die darin gefundenen Dateien gezählt und die Anzahl anschließend in das Bezeichnungsfeld Label4 übertragen. Immer wenn ein neuer Eintrag (Änderung des Grafikformats) im Dropdown ausgewählt wird, wird die Suche erneut gestartet und das Ergebnis der Suche in das dafür vorgesehene Bezeichnungsfeld geschrieben.

Die Drehfelder programmieren

Wurden der Pfad und das Grafikformat eingestellt, kann mithilfe der Drehfelder (engl. Spinnbutton) das gesamte Grafikverzeichnis Bild für Bild in der UserForm angezeigt werden. Der Code der hierfür mit der Drehschaltfläche verknüpft werden muss, kann im Makro aus Listing 14.6 eingesehen werden.

Listing 14.6:
Ein Bild nach
dem anderen
kann per
Mausklick ange-
zeigt werden

```
Private Sub SpinButton1_Change()
On Error GoTo Ende
With Application.FileSearch
    TextBox1.Value = SpinButton1.Value
    Label1.Caption = .FoundFiles(SpinButton1.Value)
    Image1.Picture = LoadPicture(.FoundFiles(SpinButton1.Value))
End With
Exit Sub

Ende:
End Sub
```

Dialogfelder und Oberflächen erstellen in PowerPoint

Mithilfe der Methode LoadPicture kann eine Grafik in das Steuerelement *Anzeige* geholt werden. Dabei wird die entsprechende Bildnummer über das Drehfeld eingestellt.

Abbildung 14.5:
Einzelbild-
betrachtung per
Mausklick

Bild importieren

Neben den bisherigen Funktionen gibt es ein paar weitere kleinere Features im Bildbetrachter. So kann beispielsweise eine momentan angezeigte Grafik in eine bestimmte Folie kopiert werden. Dazu wurden bereits beim Öffnen der UserForm die Namen der einzelnen Folien in das Dropdownfeld eingefügt. Nach dem Einstellen der gewünschten Zielfolie erfolgt der Import der Grafikdatei durch einen Klick auf die Schaltfläche *Bild einfügen*. Der dazu notwendige Code kann in Listing 14.7 eingesehen werden.

```
Private Sub CommandButton4_Click()
Dim pic As Shape

On Error Resume Next
'Bild einfügen
Set pic = ActivePresentation.Slides(ComboBox2.Value).Shapes.AddPicture _
(FileName:=Label1.Caption, LinkToFile:=msoFalse, _
SaveWithDocument:=msoTrue, Left:=40, Top:=30, Width:=640, Height:=480)
End Sub
```

Listing 14.7:
Bild importieren

Mithilfe der Methode AddPicture kann die momentan im Anzeigefeld aktive Grafik in eine bestimmte Folie importiert werden. Der Name sowie der Pfad der aktiven Grafik kann aus dem Bezeichnungsfeld Label1 entnommen werden. Als weiteres Argument der Methode AddPicture können die genaue Position sowie die Abmessungen des Bildes festgelegt werden.

Alle Bilder importieren

Sollen alle Bilder eines Verzeichnisses in die Präsentation eingefügt werden, starten Sie das Makro aus Listing 14.8.

Listing 14.8:
Alle Bilder eines
Verzeichnisses
werden nachein-
ander in die
Folien eingefügt

```
Private Sub CommandButton6_Click()
'Alle Bilder einfügen
Dim i_Bild As Integer
Dim i_Ges As Integer
Dim pic As Shape

 For i_Bild = 1 To UserForm1.Label4.Caption
 i_Ges = ActivePresentation.Slides.Count

 With Application.FileSearch
    TextBox1.Value = i_Bild
    Label1.Caption = .FoundFiles(i_Bild)
    Image1.Picture = LoadPicture(.FoundFiles(i_Bild))
    ActivePresentation.Slides.Add(Index:=i_Ges + 1, Layout:=ppLayoutText).Select
    Set pic = ActivePresentation.Slides(i_Ges + 1).Shapes.AddPicture _
    (FileName:=Label1.Caption, LinkToFile:=msoFalse, _
    SaveWithDocument:=msoTrue, Left:=40, Top:=30, Width:=640, Height:=480)
    Set pic = Nothing
 End With
 Next i_Bild
End Sub
```

Über das Objekt FileSearch wird nach den Grafikdateien gesucht. Zuvor muss aber noch ermittelt werden, ob schon genügend Folien in der Präsentation vorhanden sind. Dazu setzen Sie die Funktion Count ein. Nacheinander werden jetzt neue Folien eingefügt und dann die Bilder einzeln darin integriert.

Folien exportieren

Sollen alle eingefügten Grafiken in einer Präsentation exportiert werden, dann können Sie die Methode SaveAs einsetzen und die einzelnen Folien als Grafikdateien speichern. Starten Sie dazu das Makro aus Listing 14.9.

Listing 14.9:
Alle Bilder einer
Präsentation
exportieren

```
Private Sub CommandButton7_Click()
'Alle Grafiken in einem Verzeichnis ablegen
Dim sOrdner As String
Dim pic As Shape

verz = OrdnerAuswahl & "\"
sOrdner = verz

ActivePresentation.SaveAs FileName:= _
sOrdner & "\Bilder.jpg", FileFormat:=ppSaveAsJPG, _
EmbedTrueTypeFonts:=msoFalse
```

Dialogfelder und Oberflächen erstellen in PowerPoint

```
MsgBox "Die Bilder wurden exportiert!", vbInformation
Unload Me
End Sub
```

Über die Methode SaveAs können Sie die Folien der Präsentation im Grafikformat exportieren.

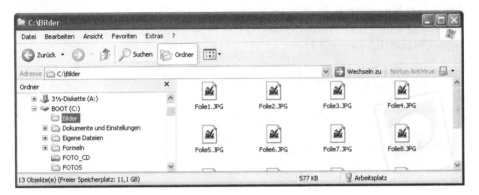

Abbildung 14.6:
Alle in der Prä-sentation enthal-tenen Folien wurden als Gra-fikdateien gespei-chert

UserForm ausdrucken

Soll die augenblicklich angezeigte UserForm ausgedruckt werden, dann starten Sie das Makro aus Listing 14.10.

```
Private Sub CommandButton2_Click()
'UserForm drucken
UserForm1.PrintForm
End Sub
```

Listing 14.10:
Eine UserForm ausdrucken

Über die Methode PrintForm können Sie die UserForm ausdrucken.

Eigene Symbolleisten erstellen

Die nächste Aufgabe besteht darin, dem Bildbetrachter eine eigene Symbolleiste hin-zuzufügen, über die man unter anderem die UserForm aufrufen kann.

Symbolfunktionen festlegen

Um eine neue Symbolleiste zu erstellen, muss man vorher wissen, dass jedes Symbol in PowerPoint eine eindeutige ID besitzt, über die man es ansprechen kann. Welche ID zu welchem Symbol passt, können Sie über das Makro aus Listing 14.11 ermit-teln. Dabei werden alle Symbole der Symbolleiste Steuerelement-Toolbox in eine Excel-Tabelle geschrieben. Dazu müssen Sie vorher die Microsoft Excel-Bibliothek in die Entwicklungsumgebung von PowerPoint über den Menübefehl *Extras/Verweise* einbinden.

Listing 14.11:
Alle Symbole einer Symbolleiste auslesen

```
Sub SymboleInTabelleKopieren()
Dim xlApp As Excel.Application
Dim xlMap As Excel.Workbook
Dim xlTab As Excel.Worksheet
Dim i As Integer
Dim zeile As Long
Dim iLeiste As Integer

Set xlApp = New Excel.Application
xlApp.Visible = True
Set xlMap = xlApp.Workbooks.Add
Set xlTab = xlMap.Worksheets.Add

zeile = 2
iLeiste = 3

On Error Resume Next
xlTab.Cells(1, 1).Value = "Symbol"
xlTab.Cells(1, 2).Value = "Beschriftung"
xlTab.Cells(1, 3).Value = "ID"
xlTab.Cells(2, 1).Select

    For i = 1 To CommandBars(iLeiste).Controls.Count - 1
        CommandBars(iLeiste).Controls(i).CopyFace
        xlTab.Paste
        xlTab.Cells(zeile, 2).Value = CommandBars(iLeiste).Controls(i).Caption
        xlTab.Cells(zeile, 3).Value = CommandBars(iLeiste).Controls(i).Id
        zeile = zeile + 1
        xlTab.Cells(zeile, 1).Select
    Next i
        xlTab.Cells(zeile, 1).Value = CommandBars(iLeiste).Name
End Sub
```

Über die Anweisung `Set xlApp = New Excel.Application` erstellen Sie eine neue Excel-Anwendung. Danach setzen Sie die Eigenschaft `Visible` auf den Wert `True`, um die neue Anwendung auch anzuzeigen. Über die Methode `Add` fügen Sie eine neue Arbeitsmappe sowie eine leere Excel-Tabelle ein. Danach füllen Sie die Überschriftenzeile der Tabelle, um anschließend alle Symbole der Symbolleiste Steuerelement-Toolbox auszulesen. Diese Aufgabe erledigen Sie mithilfe einer Schleife. Innerhalb der Schleife wenden Sie die Methode `CopyFace` an, um die einzelnen Symbole nacheinander zu kopieren. Über die Methode `Paste` fügen Sie diese Symbole in die Spalte A der Tabelle ein. In Spalte B schreiben Sie über die Eigenschaft `Caption` die Beschriftung des Symbols. In Spalte C wird die eindeutige ID des Symbols erfasst. Über diese `ID` ist die Funktion des Symbols eindeutig festgelegt. Sind alle Symbole der Symbolleiste ausgelesen, dann schreiben Sie den Namen der Symbolleiste eine Zeile weiter unten in die Tabelle.

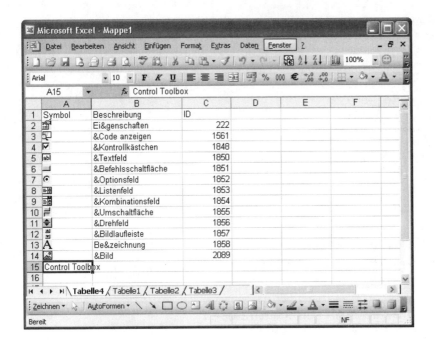

Abbildung 14.7:
Alle Symbole der
Symbolleiste
Steuerelement-
Toolbox sind in
einer Tabelle
dokumentiert

Das Aussehen über FaceId festlegen

Neben der Eigenschaft ID, die die Funktion eines Symbols festlegt, gibt es noch die Eigenschaft FaceId. Die FaceId-Eigenschaft bestimmt das Aussehen, jedoch nicht die Funktion einer Befehlsleisten-Schaltfläche.

Im nächsten Makro aus Listing 14.12 werden die ersten 250 FaceIds in PowerPoint in einer neuen Symbolleiste mit dem Namen *Symbole* eingefügt.

```
Sub FaceIDEinfügen()
Dim symb As CommandBar
Dim Icon As CommandBarControl
Dim i As Integer

On Error Resume Next
Set symb = Application.CommandBars.Add("Symbole", msoBarFloating)
 With symb
  .Visible = True
  .Top = 200
  .Left = 50
 End With

For i = 1 To 250
 Set Icon = symb.Controls.Add(msoControlButton)
 Icon.FaceId = i
 Icon.TooltipText = i
Next i
symb.Visible = True
End Sub
```

Listing 14.12:
Die ersten 250
Symbole
anzeigen

Wenn Sie die Maus über ein Symbol bewegen, wird die FaceId des Symbols angezeigt.

Symbolleiste anlegen

Im Makro aus Listing 14.12 wird die Symbolleiste *Symbole* mithilfe des Befehls Add angelegt. Dabei bestimmen Sie über die Eigenschaft Visible, dass die Symbolleiste auf dem Bildschirm angezeigt wird. Mit den Eigenschaften Top und Left legen Sie die exakte Anzeigeposition (linke obere Ecke) fest.

Im Makro aus Listing 14.13 wird nun die Symbolleiste für den Bildbetrachter angelegt. Dabei sollen folgende Symbole integriert werden:

- Ein Symbol, über das der Bildbetrachter gestartet wird.
- Ein Symbol zum Speichern der Präsentation.
- Ein Symbol zum Öffnen der Präsentation.
- Ein Symbol zur Neuanlage einer Präsentation.
- Ein Symbol zum Drucken der Präsentation.

Listing 14.13:
Die neue Sym-
bolleiste für den
Bildbetrachter

```
Sub BildbetrachterSymbolleisteAnlegen()
Dim Symb As CommandBar
Dim Icon As CommandBarControl

On Error Resume Next
Set Symb = Application.CommandBars.Add("Bildbetrachter", msoBarFloating)
With Symb
 .Visible = True
 .Top = 200
 .Left = 50
End With

On Error GoTo fehler
 Set Icon = Symb.Controls.Add(msoControlButton)
 With Icon
  .FaceId = 218
  .TooltipText = "Bildbetrachter aufrufen"
  .OnAction = "Dia"
End With

Set Icon = Symb.Controls.Add(msoControlButton, Id:=3)
 With Icon
```

```
    .TooltipText = "Präsentation speichern"
  End With

Set Icon = Symb.Controls.Add(msoControlButton, Id:=23)
  With Icon
    .TooltipText = "Präsentation öffnen"
  End With

Set Icon = Symb.Controls.Add(msoControlButton, Id:=18)
  With Icon
    .TooltipText = "Präsentation anlegen"
  End With

Set Icon = Symb.Controls.Add(msoControlButton, Id:=4)
  With Icon
    .TooltipText = "Präsentation drucken"
  End With
Exit Sub


fehler:
MsgBox "Es ist ein Fehler aufgetreten!"
End Sub
```

Wenn Sie für ein Symbol die Eigenschaft ID setzen, dann brauchen Sie sich um nichts mehr zu kümmern. Intern ist das Symbol mit der dazugehörigen Funktion fest verknüpft. Verwenden Sie hingegeben FaceId, dann haben Sie die Möglichkeit über die Eigenschaft OnAction eigene Makros zu hinterlegen. Über die Eigenschaft TooltipText können Sie festlegen, welcher Text in einem Quickinfo-Fenster angezeigt werden soll, sobald Sie den Mauszeiger über das Symbol bewegen.

Abbildung 14.9:
Die eigene Sym-
bolleiste für den
Bildbetrachter

Symbolleiste schützen

Sie können Symbolleisten jederzeit anpassen, d.h., Sie können neue Symbole hinzufügen oder bereits vorhandene Symbole entfernen. Weiterhin können Sie die Position von Symbolleisten auf dem Bildschirm frei bestimmen. Möchten Sie all dies verhindern, haben Sie die Möglichkeit, Ihre Symbolleisten zu schützen. Im nächsten Makro aus Listing 14.14 wird die Symbolleiste *Bildbetrachter* geschützt.

```
Sub SymbolleisteSchützen()
With Application.CommandBars("Bildbetrachter")
    .Protection = msoBarNoChangeVisible + msoBarNoCustomize
    .Visible = True
End With
End Sub
```

Listing 14.14:
Die Symbolleiste
Bildbetrachter
schützen

Setzen Sie die Eigenschaft `Protection` ein, um Ihre Symbolleisten zu schützen. Die Konstante `msoBarNoChangeVisible` bewirkt, dass die Symbolleiste nicht im Kontextmenü erscheint, wenn Sie eine beliebige Symbolleiste mit der rechten Maustaste anklicken. Die Konstante `msoBarNoCustomize` verhindert ein Anpassen der Symbolleiste. Dadurch ist es Ihnen nicht möglich, neue Symbole hinzuzufügen bzw. Symbole aus der Symbolleiste herauszunehmen.

Entnehmen Sie der Tabelle 14.5 die Möglichkeiten, die Sie mithilfe der Eigenschaft `Protection` haben.

Konstante	Bedeutung
`msoBarNoChangeDock`	Die Symbolleiste kann nicht aus ihrer Verankerung herausgelöst werden.
`msoBarNoChangeVisible`	Die Symbolleiste können Sie weder im Kontextmenü der Symbolleisten noch im Dialogfeld *Anpassen* sehen.
`msoBarNoCustomize`	Weder das Hinzufügen bzw. Löschen von Symbolen aus der Symbolleiste noch das Verschieben der Symbole ist möglich.
`msoBarNoHorizontalDock`	Die Symbolleiste kann weder am oberen noch am unteren Bildschirm angedockt werden.
`msoBarNoVerticalDock`	Die Symbolleiste kann weder rechts noch links am Bildschirm angedockt werden.
`msoBarNoMove`	Die Symbolleiste kann nicht auf dem Bildschirm frei bewegt werden.
`msoBarNoResize`	Die Symbolleiste kann in ihrer Form nicht verändert werden.

Heben Sie den Schutz wieder auf, indem Sie das folgende Makro aus Listing 14.15 starten.

```
Sub SymbolleistenSchutzWegnehmen()
With Application.CommandBars("Bildbetrachter")
    .Protection = False
    .Visible = True
End With
End Sub
```

Symbolleiste löschen

Um eine Symbolleiste wieder zu entfernen, setzen Sie die Methode `Delete`, wie in Listing 14.16 gezeigt, ein.

```
Sub SymbolleisteLöschen()
Dim Symb As CommandBar

Set Symb = CommandBars("Bildbetrachter")
On Error Resume Next
Symb.Delete
End Sub
```

Die Anweisung On Error Resume Next vor dem Löschbefehl wird eingesetzt, damit das Makro nicht abstürzt, wenn versucht wird, die bereits gelöschte Symbolleiste erneut zu löschen.

Eigene Menüs erstellen

Zusätzlich zur Symbolleiste *Bildbetrachter* könnten Sie auch einen Menübefehl im Standardmenü von PowerPoint integrieren, um den Bildbetrachter auch auf diese Weise aufzurufen. Das Makro für diese Aufgabe können Sie in Listing 14.17 sehen.

```
Sub NeuesMenüEinfügen()
Dim i As Integer
Dim i_Hilfe As Integer
Dim MenüNeu As CommandBarControl
Dim Mb As CommandBarControl

 i = Application.CommandBars("Menu Bar").Controls.Count
 i_Hilfe = Application.CommandBars("Menu Bar").Controls(i).Index

 Set MenüNeu = Application.CommandBars("Menu Bar"). _
Controls.Add(Type:=msoControlPopup, _
   Before:=i_Hilfe, Temporary:=True)
 MenüNeu.Caption = "B&ildbetrachter"

  Set Mb = MenüNeu.Controls.Add (Type:=msoControlButton)
 With Mb
       .Caption = "Bildbetrachter starten"
       .Style = msoButtonIconAndCaption
       .OnAction = "Dia"
       .FaceId = 218
       .BeginGroup = True
    End With
End Sub
```

Listing 14.17:
Das neue Menü
Bildbetrachter

Sie definieren im ersten Schritt zwei Integer-Variablen, die zum einen die Anzahl der Menüs ermitteln, die momentan in der Menüleiste eingebunden sind, und zum anderen die Position des Hilfemenüs bestimmen. Eine weitere Objektvariable vom Typ CommandBarControl wird benötigt, um den neuen Menüpunkt einzufügen. Über die Methode Count zählen Sie die Anzahl der Menüs in der Menüleiste und speichern sie in der Variablen i. Im nächsten Schritt ermitteln Sie die Position des Hilfemenüs, welches standardmäßig ganz rechts in der Menüleiste steht.

Mithilfe der Methode Add fügen Sie ein neues Menü ein. Die Methode Add hat die Syntax:

Add(Type, Id, Before, Temporary)

Mit dem Argument Type geben Sie an, um welche Art Steuerelement es sich dabei handeln soll. Zur Auswahl stehen die Konstanten aus der Tabelle 14.6.

Tabelle 14.6:	Konstante	Beschreibung
Die verschiedenen Steuerelemente für Menüleisten	msoControlButton	Fügt ein Schaltflächenelement ein.
	msoControlEdit	Fügt ein Eingabefeld ein.
	msoControlDropdown	Fügt ein Dropdownfeld ein.
	msoControlComboBox	Fügt ebenso ein Dropdownfeld ein.
	msoControlPopup	Fügt ein Dropdownmenü ein.

Beim Argument ID können Sie sich entscheiden, ob Sie zusätzlich zum Menütext auch noch ein Symbol anzeigen möchten. Dieses Argument funktioniert jedoch nur innerhalb eines Menüs, also für einen Menübefehl. Mit dem Argument Before legen Sie die genaue Position des Menüs fest. Übergeben Sie dem Argument die vorher ermittelte Position des Hilfemenüs. Setzen Sie das letzte Argument Temporary auf den Wert True, wenn das neue Steuerelement temporär sein soll. Temporäre Steuerelemente werden automatisch gelöscht, wenn die Anwendung geschlossen wird.

Die Eigenschaft Caption legt die Beschriftung des Menübefehls fest. Die Eigenschaft Style gibt Auskunft darüber, was genau angezeigt werden soll. Über die Konstante msoButtonIconAndCaption wird festgelegt, dass sowohl ein Symbol als auch eine Menübefehlsbeschriftung eingefügt werden soll. Mithilfe der Eigenschaft OnAction bestimmen Sie, welches Makro ausgeführt werden soll, wenn der Menübefehl ausgewählt wird. Die Eigenschaft FaceId bestimmt das Aussehen des Symbols. Dabei können Sie sich an der vorher erstellten Symbolleiste orientieren. Verwenden Sie hier die gleiche FaceId. Die Eigenschaft BeginGroup kann eingesetzt werden, wenn Sie mehrere Menübefehle untereinander setzen möchten und dabei eine sinnvolle Abtrennung, in Form eines horizontalen Trennstreifens im Menü, erreichen möchten.

Abbildung 14.10:
Das eigene Menü

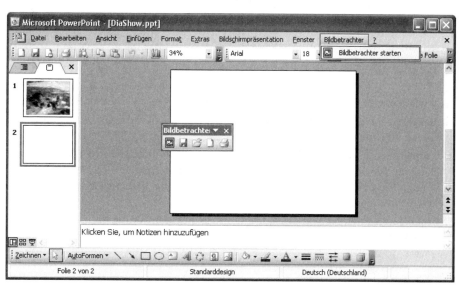

Menüs löschen

Soll das Menü wieder entfernt werden, dann setzen Sie hierfür die Methode `Delete` ein.

```
Sub MenüLöschen()
On Error Resume Next
    With Application.CommandBars("Menu Bar")
        .Controls("B&ildbetrachter").Delete
    End With
End Sub
```

Listing 14.18:
Das Menü wird
wieder entfernt

Der Bildbetrachter als Add-In

Im nächsten Schritt machen Sie Ihren Bildbetrachter zum Add-In. Dazu fügen Sie zunächst noch zwei Auto-Makros ein. Auto-Makros laufen, wie der Name sagt, mehr oder weniger automatisch ab. Beim Makro aus Listing 14.19 wird die Symbolleiste sowie das eigene Menü automatisch dann erstellt, wenn der Bildbetrachter geöffnet wird. Dieser Mechanismus funktioniert aber nur dann, wenn Sie aus dem Bildbetrachter ein Add-In machen. Dazu aber gleich mehr.

```
Sub Auto_Open()
  BildbetrachterSymbolleisteAnlegen
  NeuesMenüEinfügen
End Sub
```

Listing 14.19:
Die Symbolleiste
wird nach dem
Öffnen des Tools
automatisch
angelegt

Analog dazu muss die Symbolleiste und das Menü *Bildbetrachter* wieder dynamisch entfernt werden, wenn die Arbeit mit dem Bildbetrachter beendet wird. Dafür wenden Sie das Auto-Makro aus Listing 14.20 an.

```
Sub Auto_Close()
  SymbolleisteLöschen
  MenüLöschen
End Sub
```

Listing 14.20:
Die Symbolleiste
beim Entladen
des Tools wieder
entfernen

Erstellen Sie jetzt aus dem Bildbetrachter das Add-In. Dazu verfahren Sie wie folgt:

1. Speichern Sie die Datei **Diashow.ppt**, indem Sie aus dem Menü *Datei* den Befehl *Speichern unter* wählen.

2. Wählen Sie im Dropdown *Dateityp* den Eintrag *PowerPoint-Add-In(*.ppa)*. Dadurch wird automatisch das AddIns-Verzeichnis geöffnet. Dieses Verzeichnis können Sie beibehalten oder ein anderes Verzeichnis wählen, beispielsweise ein Verzeichnis auf einem Server.

3. Bestätigen Sie den Namen des Add-Ins sowie die Speicherung mit einem Klick auf die Schaltfläche *Speichern*.

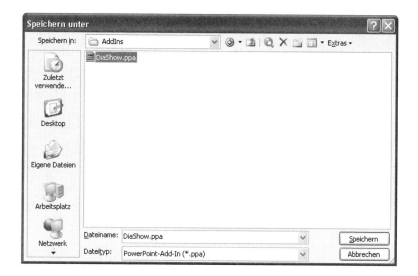

Um nun mit dem Add-In zu arbeiten, müssen Sie es vorher einbinden. Dazu wählen Sie aus dem Menü *Extras* den Befehl *Add-Ins*.

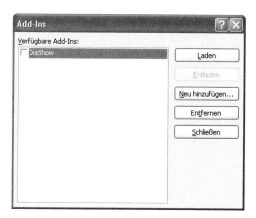

Aktivieren Sie das Kontrollkästchen für das Add-In *DiaShow* und beenden die Aktion mit *Schließen*.

Über den Add-Ins-Manager können Sie das Add-In jederzeit wieder entladen, indem Sie das Add-In auswählen und auf die Schaltfläche *Entladen* klicken.

---

15 FAQ – Fragen zur Programmierung in PowerPoint

Programmierfragen zu PowerPoint

In diesem Kapitel werden Antworten zu typischen Problemen in PowerPoint gegeben sowie interessante Makros vorgestellt.

 Alle hier vorgestellten Beispiele finden Sie auf der CD-ROM zum Buch im Verzeichnis **Kap15** in den Dateien **Datei.ppt**. und **Verknüpfungen.ppt**

Unter anderem werden folgende Fragen beantwortet:

○ Wie kann ich eine Präsentation auf Basis einer Vorlage erstellen?

○ Wie kann ich Präsentationen suchen und öffnen?

○ Wie kann ich Verknüpfungen in PowerPoint aufspüren?

○ Wie kann ich verknüpfte Office-Dateien automatisch öffnen?

○ Wie kann ich meine Makros in Textdateien sichern?

○ Wie kann ich Module automatisch exportieren?

○ Wie kann ich Module automatisch importieren?

○ Wie kann ich alle Makros aus einer Präsentation entfernen?

○ Wie kann ich messen, wie lange die einzelnen Folienübergänge dauern?

○ Wie kann ich einzelne Folien per VBA ausdrucken?

○ Wie kann ich die Neuanlage einer Präsentation überwachen?

○ Wie kann ich ein Excel-Diagramm-Objekt einfügen?

○ Wie kann ich überprüfen, ob Änderungen in einer Präsentation bereits gespeichert wurden?

○ Wie kann ich ein Shape-Objekt drehen und spiegeln?

○ Wie kann ich ein Objekt duplizieren?

○ Wie kann ich auf die Foliennummern einer Präsentation zugreifen?

○ Wie kann ich leere Textfelder löschen?

○ Wie kann ich den Namen und den Pfad einer Präsentation in die Fußzeile schreiben?

○ Wie kann ich einzelne Symbolleisten in PowerPoint ein- und ausblenden?

- Wie kann ich einen Text während einer Slideshow in einem Shape-Objekt anzeigen?
- Wie kann ich ein Bild in eine Folie einfügen und anpassen?
- Wie starte ich eine Bildschirmpräsentation per Makro?

Wie kann ich eine Präsentation auf Basis einer Vorlage erstellen?

Um diese Aufgabe zu lösen, starten Sie das Makro aus Listing 15.1. Passen Sie den Pfad zum Office-Paket an, sofern er bei Ihnen anders lautet.

```
Sub PräsentationAnlegen()
Dim PP As Presentation

Set PP = Presentations.Add(WithWindow:=msoTrue)
ActiveWindow.View.GotoSlide Index:= _
PP.Slides.Add(Index:=1, Layout:=ppLayoutTitle).SlideIndex
' Bitte achten Sie darauf, nachfolgend den Pfad zu dem
' Verzeichnis einzutragen, in dem Sie Office installiert haben.
PP.ApplyTemplate FileName:= _
"C:\Programme\Microsoft Office 2003\Templates\Presentation Designs\Stream.pot"
End Sub
```

Listing 15.1:
Eine neue Präsentation auf Basis einer Vorlage erstellen

Mithilfe der Methode Add erstellen Sie zunächst eine noch leere Präsentation. Danach fügen Sie über die Methode Add eine neue Folie ein. Im Argument Index wird die Foliennummer in der Präsentation festgelegt. Da es sich um die erste Folie der Präsentation handelt, setzen Sie diesen Wert auf 1. Über eine Layout-Konstante, die Sie in der Online-Hilfe nachschlagen können, wird die Art der Folie festgelegt. Mit der Methode ApplyTemplate können Sie der angegebenen Präsentation eine Entwurfsvorlage zuweisen. Mithilfe des Arguments FileName geben Sie den Namen sowie den Pfad zu Ihrer Vorlage an.

Abbildung 15.1:
Eine Präsentation auf Basis einer Vorlage anlegen

Wie kann ich Präsentationen suchen und öffnen?

Bei der folgenden Aufgabe sollen alle PowerPoint-Präsentationen auf Ihrer Festplatte gesucht und in einem Listenfeld in einer UserForm angeboten werden. Fügen Sie zu diesem Zweck in der Entwicklungsumgebung von PowerPoint eine UserForm ein und bestücken diese wie in Abbildung 15.2 gezeigt.

Abbildung 15.2:
In dieser User-Form sollen alle Präsentationen aufgelistet werden

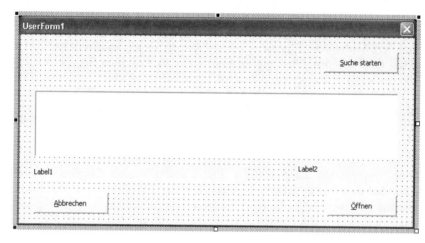

Präsentationen suchen

Über das Makro aus Listing 15.2 werden alle Präsentationen auf Ihrer Festplatte in das Listenfeld der UserForm eingelesen.

Listing 15.2:
Präsentationen suchen

```
Private Sub CommandButton2_Click()
'Suche starten
Dim VarPP As Variant
Dim s As String

With Application.FileSearch
        .NewSearch
        .LookIn = "c:\"
        .FileType = msoFileTypePowerPointPresentations
        '.FileName = "*.ppt"
        .SearchSubFolders = True

        If .Execute() > 0 Then
           For Each VarPP In .FoundFiles
              UserForm1.ListBox1.AddItem VarPP
           Next VarPP
        End If

        If .FoundFiles.Count = 1 Then
         s = " Präsentation"
        Else
         s = " Präsentationen"
        End If
```

```
        UserForm1.Label1.Caption = _
        " Es konnte(n) " & .FoundFiles.Count & _
        s & " gefunden werden!"
    End With
End Sub
```

Mithilfe des Objektes FileSearch können Sie eine Suchaktion durchführen. Dieses Objekt stellt Ihnen einige Eigenschaften zur Verfügung, über die Sie die Suche näher spezifizieren können. Über die Eigenschaft NewSearch werden alle Einstellungen für die Suche initialisiert. Mithilfe der Eigenschaft LookIn können Sie ein Laufwerk bzw. auch einen exakten Pfad angeben. Über die Eigenschaft FileType können Sie die Art der Dateien, die gesucht werden sollen, näher festlegen. Selbstverständlich können Sie auch über Wildcards wie * oder ? in Verbindung mit der Eigenschaft FileName ganz gezielt bestimmte Dateigruppen suchen lassen. Über die Eigenschaft SearchSubFolders, die Sie auf den Wert True setzen, legen Sie fest, dass in allen Unterverzeichnissen, die sich unterhalb des in der Eigenschaft LookIn festgelegten Ordners befinden, gesucht werden soll.

Die Methode Execute startet die eigentliche Suche. Dabei können Sie gleich vorab abfangen, ob überhaupt etwas gefunden werden konnte. Nur dann wird das Objekt FoundFiles in einer Schliefe abgearbeitet. In diesem Objekt sind standardmäßig alle »Suchtreffer« verzeichnet. Die Namen der Dateien fügen Sie mithilfe der Methode AddItem in das Listenfeld der UserForm ein.

Um genau festzustellen, wie viele Präsentationen gefunden werden konnten, setzen Sie die Funktion Count ein. In Abhängigkeit dieses Ergebnisses bilden Sie die Beschriftung des Bezeichnungsfeldes Label1.

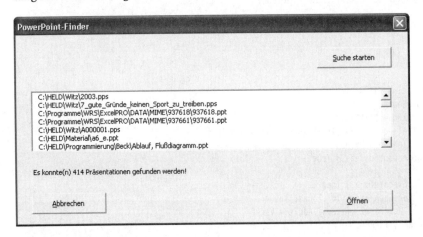

Abbildung 15.3:
Alle Präsenta-
tionen wurden
aufgelistet

Öffnen von Präsentationen

Das Öffnen einer Präsentation kann entweder per Doppelklick auf die angezeigte Präsentation im Listenfeld oder einen Klick auf die Schaltfläche *Öffnen* durchgeführt werden. Der Doppelklick wird realisiert, indem Sie in der Entwicklungsumgebung das Listenfeld doppelt anklicken und im Codebereich das Ereignis Click durch DblClick ersetzen.

Listing 15.3: *Die doppelt* *angeklickte Prä-* *sentation wird* *geöffnet*	``` Private Sub ListBox1_DblClick _ (ByVal Cancel As MSForms.ReturnBoolean) 'Öffnen der PowerPoint-Datei On Error GoTo fehler Application.Presentations.Open _ UserForm1.ListBox1.Value Exit Sub fehler: MsgBox "Fehler beim Öffnen der Präsentation aufgetreten!", _ vbCritical, "Fehler!" End Sub ```

Wenden Sie die Methode Open an, um die doppelt angeklickte Präsentation im Listenfeld zu öffnen.

Ein einfacher Klick auf die Präsentation im Listenfeld soll lediglich den Namen der Präsentation, ohne den Pfad in das Bezeichnungsfeld Label2 übertragen. Das Makro für diese Aufgabe können Sie dem Listing 15.4 entnehmen.

Listing 15.4: *Nur der Name* *der Präsentation* *wird übertragen*	``` Private Sub ListBox1_Click() 'Übertragen des Namens der Präsentation in das Bezeichnngsfeld UserForm1.Label2.Caption = NurName(UserForm1.ListBox1.Value) End Sub ```

Im Makro aus Listing 15.4 wird die Funktion NurName eingesetzt, um aus dem kompletten Pfadnamen lediglich den Namen der Präsentation zu ermitteln. Erfassen Sie die Funktion aus Listing 15.5 in einem Standardmodul.

Listing 15.5: *Die Funktion* *spaltet den Pfad* *vom Dateinamen*	``` Function NurName(s As String) As String NurName = Right(s, Len(s) - InStrRev(s, "\")) End Function ```

Die Funktion NurName erwartet als Argument eine Zeichenfolge, die in unserem Beispiel den kompletten Pfad der Präsentation darstellt. Innerhalb der Funktion wird die Funktion InStrRev angewendet, um vom rechten Rand des Pfades aus die Position des ersten »\« zu ermitteln. Als Rückgabe liefert die Funktion dann nur noch den Dateinamen ohne Pfadangabe.

Das Öffnen der markierten Präsentation kann auch über einen Klick auf die Schaltfläche *Öffnen* realisiert werden. Das Makro für diese Aufgabe lautet:

Listing 15.6: *Öffnen der mar-* *kierten Präsenta-* *tion über eine* *Schaltfläche*	``` Private Sub CommandButton1_Click() 'Öffnen der PowerPoint-Datei On Error GoTo fehler Application.Presentations.Open _ UserForm1.ListBox1.Value Exit Sub fehler: MsgBox "Fehler beim Öffnen der Präsentation aufgetreten!", _ vbCritical, "Fehler!" End Sub ```

Wie kann ich Verknüpfungen in PowerPoint aufspüren?

In PowerPoint haben Sie die Möglichkeit, Grafiken und andere Office-Dateien einzufügen und zu verknüpfen. In dem folgenden Makro aus Listing 15.7 werden alle verknüpften Elemente der aktiven Präsentation am Bildschirm ausgegeben.

```
Sub VerknüpfungenAufspüren()
Dim PP As Presentation
Dim Folie As Slide
Dim shp As Shape

Set PP = ActivePresentation
For Each Folie In PP.Slides
 For Each shp In Folie.Shapes
  If Not shp.HasTextFrame Then MsgBox shp.LinkFormat.SourceFullName
 Next shp
Next Folie
End Sub
```

Listing 15.7:
Alle verknüpften
Dateien aufspü-
ren

Mithilfe der Anweisung Set geben Sie bekannt, dass Sie auf die aktive Präsentation zugreifen möchten. In einer anschließenden Schleife werden alle Folien der aktiven Präsentation abgearbeitet. Innerhalb dieser Schleife werden in einer weiteren Schleife alle Shape-Objekte kontrolliert. Über die Eigenschaft HasTextFrame können Sie überprüfen, ob das Shape-Objekt einen Textrahmen hat. Wenn nicht, dann können Sie den Pfad der verknüpfen Datei mithilfe der Eigenschaft SourceFullName ermitteln.

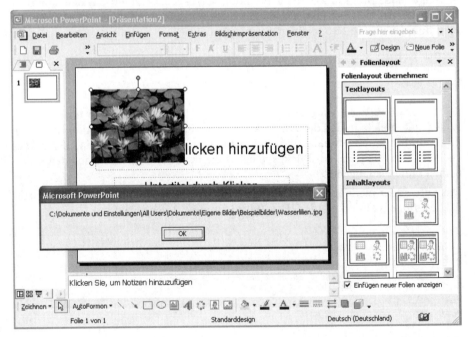

Abbildung 15.4:
Der Pfad zu den
verknüpften
Dateien wird
angezeigt

Wie kann ich verknüpfte Office-Dateien automatisch öffnen?

Bei der nächsten Aufgabenstellungen sollen alle in der Präsentation verknüpften Word-Dokumente sowie Excel-Tabellen geöffnet werden. Verknüpfen Sie zu diesem Zweck einmal eine Excel-Tabelle sowie ein Word-Dokument, indem Sie eine neue Folie einfügen und aus dem Menü *Einfügen* den Befehl *Objekt* wählen.

Abbildung 15.5:
Eine Excel-Tabelle verknüp-fen

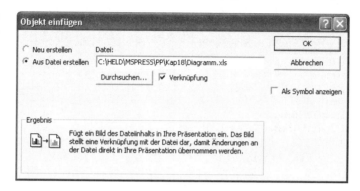

Aktivieren Sie die Option *Aus Datei erstellen*, klicken Sie auf die Schaltfläche *Durchsuchen* und wählen Sie eine Excel-Datei aus. Aktivieren Sie am Ende noch das Kontrollkästchen *Verknüpfung* und bestätigen Sie mit *OK*.

Abbildung 15.6:
Eine Excel-Tabelle samt Diagramm wur-den in Power-Point mit einer Folie verknüpft

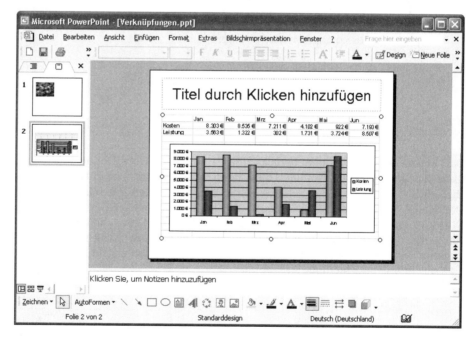

Die Aufgabe besteht jetzt darin, ein Makro zu schreiben, welches die verknüpften Dateien automatisch öffnet. Dieses Makro können Sie in Listing 15.8 sehen.

```
Sub OfficeVerknüpfungenÖffnen()
Dim PPDat As Presentation
im Folie As Slide
Dim shp As Shape
Dim s As String
'Mögliche Datentypen
Dim XL As Object
Dim DOK As Object

Set PPDat = ActivePresentation
For Each Folie In PPDat.Slides
 For Each shp In Folie.Shapes
  If Not shp.HasTextFrame Then
   s = Mid(shp.LinkFormat.SourceFullName, _
   InStrRev(shp.LinkFormat.SourceFullName, ".") + 1, 3)

   Select Case s
    Case "doc"
     'Word
     Set DOK = CreateObject("Word.Application")
      DOK.Visible = True
      DOK.documents.Open shp.LinkFormat.SourceFullName
    Case "xls"
     'Excel
      Set XL = CreateObject("Excel.Application")
      XL.Visible = True
      XL.workbooks.Open shp.LinkFormat.SourceFullName, 0
    Case Else
     Debug.Print "Datentyp noch nicht bekannt!"
   End Select
  End If
 Next shp
Next Folie
End Sub
```

Listing 15.8:
Die verknüpften
Office-Dateien
sollen geöffnet
werden

Das Makro aus Listing 15.8 berücksichtigt verknüpfte Word-Dokumente sowie Excel-Tabellen. Dabei werden alle Folien der aktiven Präsentation in einer Schleife abgearbeitet. Innerhalb dieser Schleife werden die verknüpften Daten über eine weitere Schleife abgearbeitet, die alle Shape-Objekte in den einzelnen Folien aufspürt. Dort wird unter anderem die Dateiendung der verknüpfen Datei ermittelt und über eine Select Case-Anweisung ausgewertet. Innerhalb dieser Anweisung wird über die Funktion CreateObject die jeweils zutreffende Office-Applikation erstellt. Danach wird die Datei mithilfe der Methode Open geöffnet.

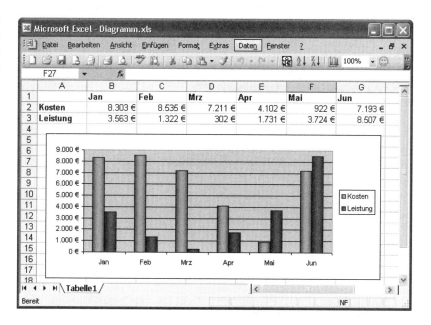

Wie kann ich meine Makros in Textdateien sichern?

Manuell können Sie diese Aufgabe durchführen, indem Sie in die Entwicklungsumgebung wechseln, ein Modul, eine UserForm oder eine Klasse mit der rechten Maustaste anklicken und den Befehl *Datei exportieren* auswählen.

Abbildung 15.8:
Ein Modul in
einer Textdatei
sichern

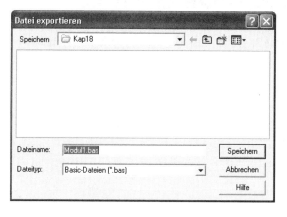

Die so erstellte Textdatei können Sie mithilfe eines normalen Texteditors öffnen, beispielsweise mit Notepad aus der Zubehörgruppe von Windows.

Über das Exportieren von Quellcode fällt der Import in andere Präsentationen auch recht leicht. Um z.B. ein Modul aus einer Präsentation in eine andere zu übertragen, verfahren Sie wie folgt:

1. Exportieren Sie zuerst einmal den Quellcode, wie gerade beschrieben.
2. Öffnen Sie die Präsentation, die den Quellcode erhalten soll.
3. Wechseln Sie dort in die Entwicklungsumgebung.

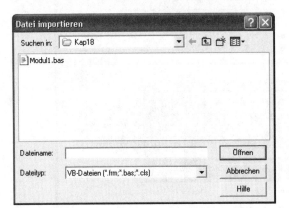

Abbildung 15.9:
Quellcode
importieren

4. Klicken Sie innerhalb des Projekt-Explorers mit der rechten Maustaste und wählen Sie aus dem Kontextmenü den Befehl *Datei importieren*.
5. Bestätigen Sie mit OK, um den Quellcode einzufügen.

Übrigens können auf dieselbe Weise auch UserForms exportiert sowie importiert werden, ohne dass Sie die Steuerelemente neu zeichnen müssen.

HINWEIS

Wie kann ich Module automatisch exportieren?

In der nächsten Aufgabenstellung soll das Sichern von Modulen automatisch, also per Makro, erledigt werden. Für diese Aufgabe muss die VBE-Programmierung eingesetzt werden.

```
Sub ModulExportieren()
Dim VBKomp As Object
Const ExportDatei = "c:\Modul1.txt"

On Error Resume Next
Set VBKomp = _
 ActivePresentation.VBProject.VBComponents("Modul1")

With VBKomp
    .Export ExportDatei
End With
End Sub
```

Listing 15.9:
Das Modul1 in
eine Textdatei
exportieren

Mit der Methode Export sichern Sie eine Komponente als Textdatei.

```
Modul1.txt - Editor
Datei  Bearbeiten  Format  Ansicht  ?

Attribute VB_Name = "Modul1"
Option Explicit

Sub PräsentationAnlegen()
Attribute PräsentationAnlegen.VB_Description = "Makro aufgezeichnet am 10.02.2004 von Held."
Dim PP As Presentation

Set PP = Presentations.Add(withwindow:=msoTrue)
ActiveWindow.View.GotoSlide Index:= _
PP.Slides.Add(Index:=1, Layout:=ppLayoutTitle).SlideIndex
PP.ApplyTemplate FileName:= _
"C:\Programme\Microsoft Office 2003\Templates\Presentation Designs\Stream.pot"
End Sub


Sub Dia()
 UserForm1.Show
End Sub

Function NurName(s As String) As String
 NurName = Right(s, Len(s) - InStrRev(s, "\"))
End Function


Sub ÜbergabePfad()
Dim s As String
s = "C:\Eigene Dateien\Power.ppt"

MsgBox NurName(s)

End Sub
```

Wie kann ich Module automatisch importieren?

Das Importieren erfolgt analog zum Exportieren. Starten Sie dazu das Makro aus Listing 15.10.

```
Sub ModulImportieren()
Dim CodeModul As CodeModule
Dim i As Integer
Const ImportDatei = "c:\Modul1.txt"

Set CodeModul = _
 ActivePresentation.VBProject.VBComponents _
 ("Modul1").CodeModule

With CodeModul
     .AddFromFile ImportDatei
 End With
End Sub
```

Mithilfe der Methode `AddFromFile` übertragen Sie die Textdatei in `Modul1`.

HINWEIS Bevor Sie das Makro aus Listing 15.10 starten, sollten Sie alle Makros aus `Modul1` löschen. Des Weiteren binden Sie die Bibliothek *Microsoft Visual Basic for Application Extensibility 5.3* unter *Extras/Verweise* in die Entwicklungsumgebung ein.

Wie kann ich alle Makros aus einer Präsentation entfernen?

Möchten Sie alle Makros und UserForms aus einer Präsentation entfernen, dann starten Sie das Makro aus Listing 15.11.

```
Sub AlleMakrosLöschen()
Dim CodeObj As Object

    With ActivePresentation.VBProject
       For Each CodeObj In .VBComponents
          Select Case CodeObj.Type
             Case 1, 2, 3
                .VBComponents.Remove CodeObj
             Case Else
          End Select
       Next CodeObj
    End With
End Sub
```

Listing 15.11:
Alle Makros aus einer Präsentation entfernen

Über die Eigenschaft Type können Sie feststellen, um welche VB-Komponente es sich handelt. Typ 1 meint die Standardmodule. Typ 2 identifiziert die Klassenmodule. Typ 3 ist für UserForms reserviert. All diese VB-Komponenten werden direkt im Anschluss über die Methode Remove aus der Präsentation entfernt.

Wie kann ich messen, wie lange die einzelnen Folienübergänge dauern?

Wenn Sie die einzelnen Folienübergänge automatisch nach jeweils ein paar Sekunden eingestellt haben, dann können Sie die einzelnen Übergangszeiten sowie die Gesamtdauer der Präsentation berechnen.

Stellen Sie dazu einmal die Folienübergänge über das Menü *Bildschirmpräsentation* und den Befehl *Folienübergang* ein.

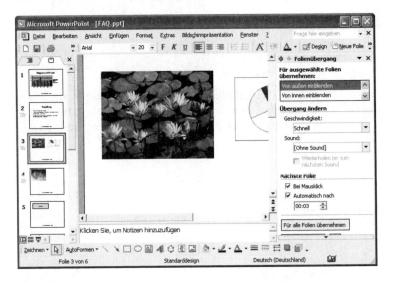

Abbildung 15.11:
Die Folienübergänge zeitlich terminieren

Stellen Sie für jede Folie die Übergangzeit sowie einen gewünschten Übergangseffekt ein. Danach starten Sie das Makro aus Listing 15.12.

Listing 15.12:
Die Übergangs-
zeiten messen

```
Sub ZeitenMessen()
Dim Folie As Slide
Dim i As Integer

Debug.Print "Nr"; vbTab; "Dauer"
For Each Folie In ActivePresentation.Slides
Debug.Print (Folie.SlideNumber); vbTab; _
            CStr(Folie.SlideShowTransition.AdvanceTime)
i = i + Folie.SlideShowTransition.AdvanceTime
Next Folie

Debug.Print ("Gesamtzeit der Präsentation: " & CStr(i))
End Sub
```

In einer For Each...Next-Schleife durchlaufen Sie alle Folien der aktiven Präsentation.
Über die Eigenschaft SlideNumber ermitteln Sie die Nummer der jeweiligen Folie. Mithilfe der Eigenschaft AdvanceTime können Sie die eingestellte Dauer der Folienübergänge in Sekunden festhalten. Diese Dauer geben Sie am Ende im Direktfenster der
Entwicklungsumgebung über die Anweisung Debug.Print aus.

Abbildung 15.12:
Die einzelnen
Übergangszeiten
sowie die
Gesamtzeit
messen

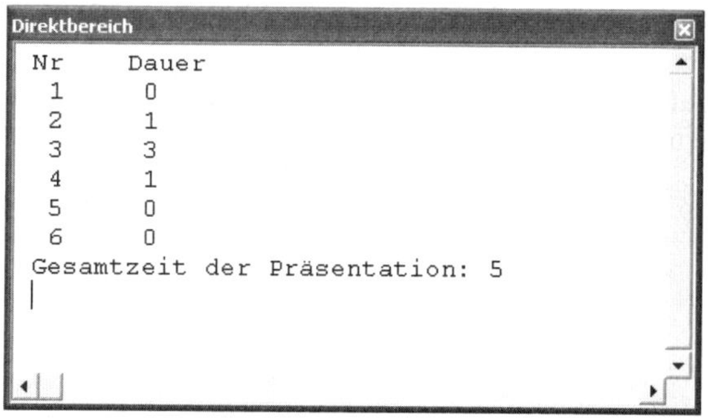

```
Direktbereich
Nr     Dauer
 1      0
 2      1
 3      3
 4      1
 5      0
 6      0
Gesamtzeit der Präsentation: 5
```

Wie kann ich einzelne Folien per VBA ausdrucken?

Für das Drucken einer Präsentation ist die Methode PrintOut zuständig. Bei dieser
Methode können mehrere Argumente angegeben werden. Die Syntax der Methode
lautet:

PrintOut(From, To, PrintToFile, Copies, Collate)

Über die Argumente From und To können Folienseiten angegeben werden, die gedruckt
werden sollen. Über das Argument PrintToFile kann der Ausdruck beispielsweise auch
direkt in eine Datei gedruckt werden. Wenn Sie bei diesem Argument einen Dateinamen angeben, dann erfolgt der Ausdruck nicht auf dem Drucker, sondern eben in
diese Datei hinein.

Das Argument Copies legt die Anzahl der Kopien fest, die gedruckt werden sollen.
Über das Argument Collate kann festgelegt werden, ob die Kopien sortiert werden sollen. Fehlt dieses Argument, dann werden die Kopien automatisch sortiert.

Im folgenden Beispiel aus Listing 15.13 werden alle Folien, bis auf die erste, auf dem Standarddrucker ausgegeben.

```
Sub Drucken()
Dim PP As Presentation

Set PP = ActivePresentation
With PP
 .PrintOut From:=2, To:=.Slides.Count, _
 Copies:=2, Collate:=msoFalse
End With
End Sub
```

Listing 15.13:
Alle Folien bis
auf die erste wer-
den ausgedruckt

Zuerst wird eine Objektvariable vom Typ Presentation deklariert. Danach wird der Objektvariablen PP mitgeteilt, dass damit die aktive Präsentation gemeint ist. Um Schreibarbeit zu sparen, setzen Sie danach die With...End With Struktur ein und schreiben im Anschluss anstatt der Objektvariablen PP einfach einen Punkt als Ersatz für die Variable. Wenden Sie die Methode PrintOut an, um den Druckvorgang zu starten. Damit der Ausdruck erst ab der zweiten Folie beginnt, übergeben Sie dem Argument From die Zahl 2. Damit alle nachfolgenden Folien gedruckt werden, ermitteln Sie über die Funktion Count die Anzahl der Folien, die sich in der aktiven Präsentation befinden. Damit jeweils zwei Kopien gedruckt werden, setzen Sie das Argument Copies auf den Wert 2. Verhindern Sie eine Sortierung des Ausdrucks, indem Sie das Argument Collate auf den Wert msoFalse setzen.

Soll hingegen der Ausdruck nicht auf dem Drucker, sondern in eine Datei ausgeführt werden, dann starten Sie das Makro aus Listing 15.14.

```
Sub DruckenInDatei()
Dim PP As Presentation

Set PP = ActivePresentation
With PP
 .PrintOut From:=2, To:=.Slides.Count, _
 Copies:=2, Collate:=msoFalse, PrintToFile:="Ausdruck"
End With
End Sub
```

Listing 15.14:
Der Output wird
in eine Datei
geschrieben

Geben Sie im Argument PrintToFile den Namen der Datei aus, in die gedruckt werden soll.

Wie kann ich die Neuanlage einer Präsentation überwachen?

Um die Neuanlage einer Präsentation zu überwachen, muss ein Klassenmodul erstellt werden. Die Ereignisse werden über die zwei Makros aus Listing 15.15, das Sie in einem Standardmodul eingeben, verfügbar gemacht bzw. wieder deaktiviert.

```
Dim PP_Klasse As New Klasse1
Dim b As Boolean

Sub EreignisseEin()
If b = True Then
```

Listing 15.15:
Ereignisse an-
und ausschalten

```
      Exit Sub
   End If
      Set PP_Klasse.PPTEvent = Application
      b = True
   End Sub


   Sub EreignisseAus()
   If b = True Then
      Set PP_Klasse.PPTEvent = Nothing
      Set PP_Klasse = Nothing
      b = False
   End If
   End Sub
```

Sie übergeben der neuen Klasse die Applikation, um damit die Ereignisse zu aktivieren. Über das Makro EreignisseAus können Sie die Ereignissteuerung in PowerPoint wieder aufheben, indem Sie die Klasse auf den Wert Nothing setzen.

Haben Sie die beiden Makros aus Listing 15.15 erfasst, dann legen Sie ein neues Klassenmodul an, indem Sie in der Entwicklungsumgebung aus dem Menü *Einfügen* den Befehl *Klassenmodul* auswählen. Erfassen Sie jetzt die folgenden Zeilen aus Listing 15.16.

Listing 15.16:
Das Anlegen neuer Präsentationen wird überwacht

```
Public WithEvents PPTEvent As Application

Private Sub PPTEvent_NewPresentation(ByVal Pres As Presentation)
   MsgBox "Eine neue Präsentation wurde eingefügt!"
End Sub
```

Wenn Sie jetzt einmal das zweite Dropdownfeld aufklappen, sehen Sie, dass eine ganze Reihe von Ereignissen angeboten werden.

Abbildung 15.13:
Weitere Ereignisse können flexibel eingestellt werden

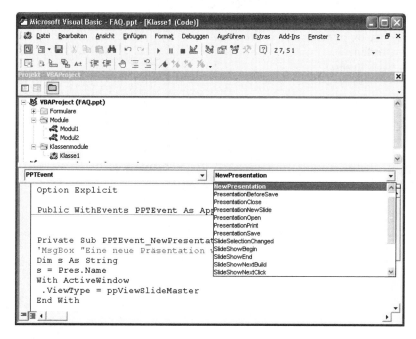

Das Beispiel aus Listing 15.16 soll nun ein wenig erweitert werden, und zwar soll auf jeder Präsentation, die neu eingefügt wird, das aktuelle Datum in die Masterfolie der Präsentation eingefügt werden. Dazu erfassen Sie folgendes Ereignis im Klassenmodul aus Listing 15.17.

```
Private Sub PPTEvent_NewPresentation(ByVal Pres As Presentation)
'MsgBox "Eine neue Präsentation wurde eingefügt!"
Dim s As String
s = Pres.Name
With ActiveWindow
 .ViewType = ppViewSlideMaster
End With
 Presentations(s).SlideMaster.Shapes(1).TextFrame.TextRange.Text = _
 "angelegt am: " & Date
End Sub
```

Listing 15.17:
Jede neue Prä-
sentation wird
vorab formatiert

Speichern Sie den Namen der neuen Präsentation in der String-Variablen s. Danach stellen Sie den Folienmaster der neuen Präsentation ein, indem Sie der Eigenschaft ViewType die Konstante ppViewSlideMaster zuweisen. Weitere ViewType-Konstanten können Sie jederzeit der Online-VBA-Hilfe von PowerPoint entnehmen, indem Sie die Eigenschaft ViewType markieren und danach die Taste F1 drücken.

Sie greifen auf das erste Shape-Objekt der neuen Präsentation zu und schreiben über die Funktion Date das aktuelle Tagesdatum hinein.

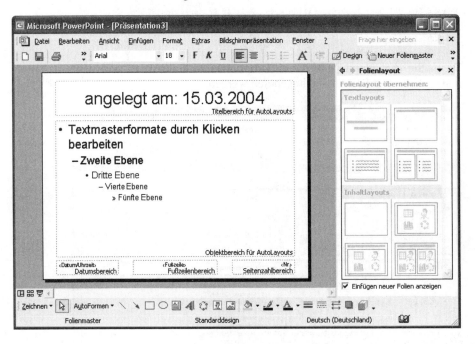

Abbildung 15.14:
Automatischer
Datumsstempel
in der Masterfolie

Wie kann ich ein Excel-Diagramm-Objekt einfügen?

Um ein Excel-Diagramm in eine PowerPoint-Folie einzufügen, können Sie das Makro aus Listing 15.18 starten.

Listing 15.18:
Ein Excel-Dia-
gramm einfügen

```
Sub ExcelDiagrammEinfügen()
Dim Folie As PowerPoint.Slide
Dim shp As Shape

Set Folie = ActivePresentation.Slides.Add(1, ppLayoutText)
Folie.Shapes(1).TextFrame.TextRange.Text = "Diagramm mit Excel"

Set shp = Folie.Shapes.AddOLEObject(10, 100, 600, 300, "Excel.Chart")
End Sub
```

Mithilfe der Methode Add fügen Sie eine neue Folie gleich zu Beginn Ihrer Präsentation ein. Danach kümmern Sie sich um die Überschrift der Folie. Dann wenden Sie die Methode AddOLEObject an, um ein Excel-Diagramm einzufügen. Die Argumente stehen für die Position der linken und rechten Ecke sowie die Breite und Höhe des Diagrammobjekts.

Abbildung 15.15:
Ein Excel-Dia-
gramm wurde
eingefügt

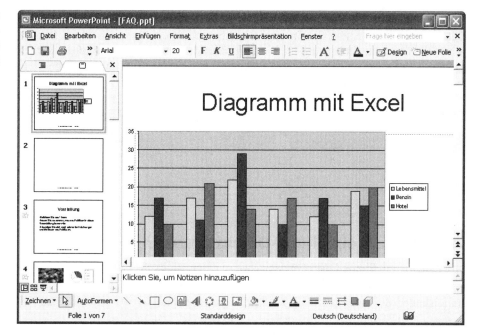

Sollen die Daten des Diagramms geändert werden, dann führen Sie einen Doppelklick auf dem Diagrammobjekt aus und klicken anschließend mit der rechten Maustaste auf die Diagrammfläche. Wählen Sie aus dem Kontextmenü den Befehl *Datenquelle*.

Wie kann ich überprüfen, ob Änderungen in einer Präsentation bereits gespeichert wurden?

Um zu ermitteln, ob Änderungen in einer Präsentation bereits gespeichert wurden, fragen Sie die Eigenschaft Saved ab. Meldet diese den Wert msoTrue, dann wurden die Änderungen bereits gesichert.

Im Makro aus Listing 15.19 wird überprüft, ob Änderungen in der aktiven Präsentation bereits gespeichert wurden. Wenn nicht, dann wird die Präsentation gespeichert.

```
Sub StatusPräsentation()
Dim PP As Presentation

Set PP = ActivePresentation

If PP.Saved = msoTrue Then
 MsgBox "Änderungen wurden bereits gespeichert!", vbInformation
Else
 MsgBox "Änderungen wurden noch nicht gespeichert!", vbInformation
 PP.Save
End If
End Sub
```

Listing 15.19:
Änderungen spei-
chern

Deklarieren Sie im ersten Schritt eine Objektvariable vom Typ Presentation. Danach geben Sie über die Anweisung Set bekannt, dass die Objektvariable auf die aktuell geöffnete Präsentation verweisen soll. Danach überprüfen Sie, ob die Eigenschaft Saved den Wert MsoTrue zurückmeldet. In diesem Fall brauchen Sie die Präsentation nicht zu speichern. Im anderen Fall wenden Sie die Methode Save an, um die Präsentation zu sichern.

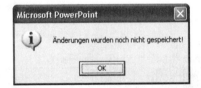

Abbildung 15.16:
Die Präsentation
braucht in die-
sem Fall nicht
noch einmal
gespeichert wer-
den

Wie kann ich ein Shape-Objekt drehen?

Möchten Sie ein Shape-Objekt, beispielsweise einen Blockpfeil, um 90 Grad drehen, dann können Sie dazu die Eigenschaft Rotation einsetzen.

Im folgenden Beispiel aus Listing 15.20 wird ein Blockpfeil um 90 Grad gedreht.

```
Sub ShapeObjektDrehen()
Dim Folie As Slide
Dim shp As Shape

Set Folie = ActivePresentation.Slides(5)
Set shp = Folie.Shapes(1)
shp.Rotation = 90
End Sub
```

Listing 15.20:
Shape wird
gedreht

Deklarieren Sie im ersten Schritt eine Objektvariable vom Typ Slide sowie eine Objektvariable vom Typ Shape. Danach geben Sie über die Anweisung Set bekannt, auf welcher Folie sich das Shape-Objekt genau befindet. Danach übergeben Sie der Eigenschaft Rotation den Wert 90, um das Objekt um 90 Grad zu drehen. Soll das Objekt gespiegelt werden, dann starten Sie das Makro aus Listing 15.21.

Listing 15.21:
Shape wird
gespiegelt

```
Sub ShapeObjektSpiegeln()
Dim Folie As Slide
Dim shp As Shape

Set Folie = ActivePresentation.Slides(5)
Set shp = Folie.Shapes(1)
shp.Rotation = 360
End Sub
```

Wie kann ich ein Objekt duplizieren?

Soll ein Objekt kopiert werden, dann setzen Sie die Methode Duplicate ein. Sehen Sie sich zunächst einmal folgendes Shape-Objekt aus Abbildung 15.17 an.

Abbildung 15.17:
Dieses Shape-
Objekt soll dupli-
ziert werden

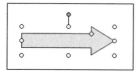

Im folgenden Makro aus Listing 15.22 wird der Blockpfeil mehrere Male hintereinander dupliziert.

Listing 15.22:
Ein Shape-
Objekt mehrfach
duplizieren

```
Sub ShapeObjektKopieren()
Dim Folie As Slide
Dim shp As Shape
Dim i As Integer
Dim neuePos As Integer

Set Folie = ActivePresentation.Slides(5)
Set shp = Folie.Shapes(1)
neuePos = 100

For i = 1 To 5
 With shp.Duplicate
  .Left = neuePos
  neuePos = neuePos + 100
 End With
Next i
End Sub
```

Geben Sie mithilfe der Anweisung Set bekannt, wo sich das Shape-Objekt befindet, das dupliziert werden soll. Danach durchlaufen Sie eine Schleife, in der das Shape-Objekt mehrmals hintereinander über die Methode Duplicate kopiert wird. Über die Eigenschaft Left können Sie den Abstand des Shape-Objekts vom linken Seitenrand angeben. Dieser Abstand muss bei jedem Schleifendurchlauf erhöht werden. Dazu wird die Variable NeuePos verwendet, die jeweils um den Wert 100 hoch gezählt wird.

Möchten Sie auch noch die Höhe des Shape-Objekts verändern, dann setzen Sie die Eigenschaft Top ein.

HINWEIS

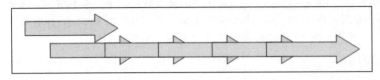

Abbildung 15.18:
Der Blockpfeil
wurde mehrfach
hintereinander
kopiert

Wie kann ich auf die Foliennummern einer Präsentation zugreifen?

Wenn Sie sich am linken Rand Ihrer Präsentation in der Normalansicht die Vorschau der einzelnen Folien ansehen, dann steht neben den Folien eine Nummer. Wie kann man jetzt diese Nummer auslesen? Diese Aufgabe wird mit dem Makro aus Listing 15.23 gelöst. Dabei wird die Foliennummer der aktiven Folie am Bildschirm ausgegeben.

```
Sub FolienNummerErmitteln()
MsgBox "Die aktive Folie hat die Nummer " & _
ActivePresentation.Windows(1).View.Slide.SlideNumber, _
vbInformation + vbOKOnly
End Sub
```

Listing 15.23:
Die Foliennum-
merierung
ansprechen

Über die Eigenschaft SlideNumber können Sie die aktuell aktive Folie identifizieren.

Möchten Sie anhand einer Folie auf den Namen der Präsentation Rückschluss ziehen, dann wenden Sie die Eigenschaft Parent an. Damit wird auf das darüber liegende Objekt verwiesen.

TIPP

```
MsgBox Windows(1).View.Slide.Parent.Name
```

Soll die Foliennummer der aktiven Folie während einer Bildschirmpräsentation ermittelt werden, dann starten Sie das Makro aus Listing 15.24.

```
Sub FolienNummerErmittelnPräs()
MsgBox "Die aktive Folie hat die Nummer " & _
ActivePresentation.SlideShowWindow.View.Slide.SlideNumber, _
vbInformation + vbOKOnly
End Sub
```

Listing 15.24:
Foliennummer
während einer
Bildschirmprä-
sentation ausle-
sen

Um die Foliennummer der aktiven Folie während einer Bildschirmpräsentation auszulesen, sprechen Sie das Objekt SlideShowWindow an.

Wie kann ich leere Textfelder löschen?

Vielleicht haben Sie es auch schon mal erlebt? Sie fügen neue Textfelder in Ihre Präsentation ein. Ehe Sie sich versehen, haben Sie woanders hingeklickt und das gerade eingefügte Textfeld ist scheinbar verschwunden und kann nicht mehr so einfach aktiviert werden.

Das folgende Makro aus Listing 15.25 durchsucht die komplette Präsentation und spürt dabei leere Textfelder auf.

Listing 15.25:
Leere Textfelder
werden aufge-
spürt und
gelöscht

```
Sub TextBoxenLöschenWennLeer()
Dim Folie As Slide
Dim shp As Shape
Dim i As Integer

For Each Folie In ActivePresentation.Slides
 For i = 1 To Folie.Shapes.Count
 Set shp = Folie.Shapes(i)
 If shp.Type = msoTextBox Then
    If (Not shp.TextFrame.HasText) Then
        shp.Delete
    End If
 End If
 Next i
Next Folie
End Sub
```

In einer `For Each...Next`-Schleife wird jede einzelne Folie der aktiven Präsentation abgearbeitet. In einer weiteren Schleife werden die sich auf der jeweiligen Folie befindlichen Shape-Objekte verarbeitet. Dabei können Sie mithilfe der Eigenschaft `Type` überprüfen, ob es sich dabei um ein Textfeld handelt. Wenn ja, dann prüfen Sie über die Eigenschaft `HasText`, ob dieses Textfeld beschrieben ist. Wenn nicht, dann wenden Sie die Methode `Delete` an, um das Textfeld zu löschen.

Wie kann ich den Namen und den Pfad einer Präsentation in die Fußzeile schreiben?

Wenn Sie den Namen sowie den Pfad einer Präsentation in den Folienmaster schreiben möchten, dann starten Sie das Makro aus Listing 15.26.

Listing 15.26:
Den Pfadnamen
in den Folien-
master schreiben

```
Sub FußzeileSchreiben()
Dim PP As Presentation
Dim s As String

Set PP = ActivePresentation
s = LCase(PP.FullName)

With PP.SlideMaster.HeadersFooters
   With .Footer
      .Text = s
   End With
End With
End Sub
```

Sie deklarieren zuerst eine Objektvariable vom Typ `Presentation`. Danach geben Sie über die Anweisung `Set` bekannt, dass Sie die aktive Präsentation zukünftig über die Objektvariable `PP` ansprechen möchten. Sie ermitteln den kompletten Speicherpfad der Präsentation, indem Sie die Eigenschaft `FullName` einsetzen und das Ergebnis in der

---

Variablen s zwischenspeichern. Damit der Name einheitlich in Kleinbuchstaben ausgegeben wird, wandeln Sie den Text mithilfe der Funktion LCase in Kleinbuchstaben
um.

Über die Eigenschaft SlideMaster können Sie direkt auf den Folienmaster zugreifen.
Dabei füllen Sie die Fußzeile, indem Sie die Auflistung HeadersFooters anzapfen, in der
alle Kopf- und Fußzeileneigenschaften verzeichnet sind. Die Fußzeile füllen Sie
schließlich über die Eigenschaft Text, die Sie auf das Fußzeilen-Objekt (Footer) anwenden. Weisen Sie der Eigenschaft Text den Inhalt der Variablen s zu.

Wie kann ich einzelne Symbolleisten in PowerPoint ein- und ausblenden?

Möchten Sie per Makro einzelne Symbolleisten ein- und wieder ausblenden, dann
greifen Sie auf das Objekt CommandBars zurück. Über dieses Objekt können alle Menü-
und Symbolleisten, ja sogar Kontextmenüs angesprochen werden.

Im folgenden Makro aus Listing 15.27 wird die Symbolleiste Format ausgeblendet.

```
Sub SymbolleisteAusblenden()
 Application.CommandBars("Formatting").Visible = False
End Sub
```

Listing 15.27:
*Symbolleiste aus-
blenden*

Setzen Sie die Eigenschaft Visible auf den Wert False, um eine Symbolleiste auszublenden. Blenden Sie die Symbolleiste wieder ein, indem Sie der Eigenschaft wieder den
Wert True zuweisen.

Wie kann ich während einer Bildschirmpräsentation einen Text in einem Shape-Objekt anzeigen?

Bei der folgenden Aufgabe soll während der Laufzeit einer Bildschirmpräsentation
beim Bewegen des Mauszeigers über ein Objekt ein Kurztext angezeigt werden.
Fügen Sie zu diesem Zweck eine neue Folie ein und integrieren aus der Symbolleiste
Zeichnen ein Rechteck.

Erfassen Sie jetzt das folgende Makro aus Listing 15.28.

```
Sub KurztextEin()
' Bitte nachfolgend die Nummer der Folie und des Objekts
' angeben, in dem der Text angezeigt werden soll.
ActivePresentation.Slides(5).Shapes(1). _
TextFrame.TextRange.Text = "Achtung!"
End Sub
```

Listing 15.28:
*Ein Kurztext soll
angezeigt werden*

Befolgen Sie nun die folgenden Arbeitsschritte:

1. Klicken Sie das Rechteck mit der rechten Maustaste an und wählen Sie aus dem
   Kontextmenü den Befehl *Aktionseinstellungen*.

2. Wechseln Sie zur Registerkarte *Mouseover*.

3. Aktivieren Sie die Option *Makro ausführen*.

4. Wählen Sie im Dropdownfeld das Makro *Kurztextein*.

5. Bestätigen Sie mit *OK*.

6. Starten Sie jetzt die Bildschirmpräsentation und streichen mit der Maus über das vorher eingefügte Rechteck.

Wie kann ich ein Bild in eine Folie einfügen und anpassen?

Möchten Sie ein Bild aus einem bestimmten Verzeichnis in eine Folie einfügen und danach beispielsweise in der Größe anpassen, sodass das Bild nur noch halb so groß ist, dann starten Sie das Makro aus Listing 15.29.

Listing 15.29:
Bild einfügen
und verkleinern

```
Sub BildEinfügenUndAnpassen()
Dim Folie As Slide
Dim shp As Shape

Set Folie = ActiveWindow.Presentation.Slides(2)

' Bitte nachfolgend einen eigenen Dateipfad und
' Dateinamen einfügen.
Set shp = Folie.Shapes.AddPicture _
("C:\Bilder\Folie1.jpg", msoFalse, msoTrue, 1, 1)

With shp
 .ScaleHeight 0.5, msoTrue
 .ScaleWidth 0.5, msoTrue
End With
End Sub
```

Sie deklarieren zuerst eine Objektvariable vom Typ Slide sowie eine Objektvariable vom Typ Shape. Danach geben Sie über die Anweisung Set bekannt, um welches Shape, in diesem Fall ein Bild, es sich handeln soll.

Über die Methode AddPicture fügen Sie das Bild ein. Dabei geben Sie den Pfad sowie den Namen zu dem Bild an. Im zweiten Argument legen Sie über eine Konstante fest, ob das Bild verknüpft eingefügt werden soll oder nicht. Indem Sie dieses Argument auf den Wert msoFalse setzen, wird das Bild ohne Verknüpfung eingefügt. Im dritten Argument definieren Sie, ob die Grafik mit der Präsentation gespeichert werden soll. Da Sie ja vorher keine Verknüpfung zum Bild hinterlegt haben, muss hier der Wert msoTrue gesetzt werden. Die folgenden zwei Argumente legen die obere linke Ecke der Folie fest, an der das Bild eingefügt werden soll.

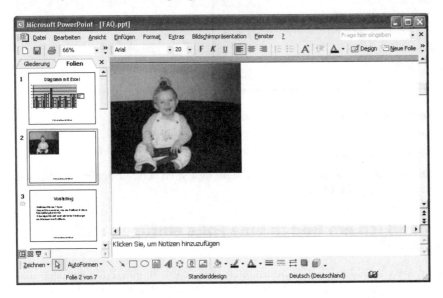

Abbildung 15.20:
Einzelnes Bild einfügen und in der Größe anpassen

HINWEIS

Eine Vergrößerung, beispielsweise auf das doppelte der ursprünglichen Größe, würden Sie über folgende Zeilen erreichen:

```
With shp
 .ScaleHeight 2, msoTrue
 .ScaleWidth 2, msoTrue
End With
```

Wie starte ich eine Bildschirmpräsentation per Makro?

Standardmäßig starten Sie eine Bildschirmpräsentation über die Taste F5. Per Makro können Sie dies tun, indem Sie die Methode Run, wie in Listing 15.30 gezeigt, anwenden.

```
Sub PräsentationStarten()
Dim pp As Presentations
Set pp = ActivePresentation

 pp.SlideShowSettings.Run
End Sub
```

Listing 15.30:
Eine Bildschirmpräsentation starten

Stichwortverzeichnis

M